内蒙古自治区人文社会科学重点研究基地——内蒙古社会治理与创新研究基地重点项目“西部地区地方政府能力建设与地方治理联动研究”（2016ZJD025）

西部地区地方政府能力建设与地方治理联动研究

RESEARCH ON THE LINKAGE OF LOCAL GOVERNMENT CONSTRUCTION AND LOCAL GOVERNANCE IN WESTERN CHINA

任维德　王永明　任博◎等著

中国经济出版社
CHINA ECONOMIC PUBLISHING HOUSE
·北京·

图书在版编目（CIP）数据

西部地区地方政府能力建设与地方治理联动研究 / 任维德等著. --北京：中国经济出版社，2022.10

ISBN 978-7-5136-7118-7

Ⅰ.①西… Ⅱ.①任… Ⅲ.①地方政府-行政管理-研究-西北地区 ②地方政府-行政管理-研究-西南地区 Ⅳ.①D625

中国版本图书馆 CIP 数据核字（2022）第 183660 号

责任编辑 李若雯
责任印制 马小宾

出版发行 中国经济出版社
印 刷 者 北京九州迅驰传媒文化有限公司
经 销 者 各地新华书店
开　　本 710mm×1000mm 1/16
印　　张 24
字　　数 380 千字
版　　次 2022 年 10 月第 1 版
印　　次 2022 年 10 月第 1 次
定　　价 98.00 元
广告经营许可证 京西工商广字第 8179 号

中国经济出版社 **网址** www.economyph.com **社址** 北京市东城区安定门外大街 58 号 **邮编** 100011

本版图书如存在印装质量问题，请与本社销售中心联系调换（联系电话：010-57512564）

目　录

CONTENTS

导　论

政府能力（governmental capabilities 或 administrative capabilities），即政府“能干什么”“会干什么”。自政府产生以来，政府能力作为研判政府优劣的重要标准之一，已经逐渐成为人们理解和表征政府发展的一般概念。早在2000多年前，古希腊的亚里士多德在其名著《政治学》中就充分肯定了政府能力的价值，指出：“凡显然具有最高能力足以完成其作用的城邦，才可算是伟大的城邦。”① 美国开国功勋、联邦宪法起草人汉密尔顿则从相反的方面强调了政府能力的价值：“软弱无力的行政部门必然造成软弱无力的行政管理，而软弱无力无非是管理不善的另一种说法而已；管理不善的政府，不论理论上有何说辞，在实践上就是个坏政府。”② 世界银行《1997年世界发展报告：变革世界中的政府》极其深刻地指出，历史反复地表明：“良好的政府不是奢侈品——它是发展所必需的……如果没有有效的政府，经济的、社会的和可持续的发展是不可能的。”③ 中国是一个幅员辽阔、人口众多的多民族发展中国家，各地区、各民族的经济社会发展是中国社会发展和现代化建设的重要组成部分。改革开放以来，我国经济社会发展和现代化建设取得了举世瞩目的成就，人民生活水平和生活质量

① ［古希腊］亚里士多德：《政治学》，高书文译，江西教育出版社，2014，第303页。

② ［美］汉密尔顿、杰伊、麦迪逊：《联邦党人文集》，程逢如等译，商务印书馆，1980，第356页。

③ 世界银行《1997年世界发展报告》编写组：《1997年世界发展报告：变革世界中的政府》，蔡秋生等译，中国财政经济出版社，1997，第15、17页。

大幅度提高，我国也在 2010 年成为世界第二大经济体。然而，在全国经济快速发展的情况下，各地区发展极不平衡，特别是西部地区[①]与东部沿海地区相比，发展差距长期存在并有进一步扩大的趋势。这成为新时代国家治理面临的严峻问题。与此同时，西部地区自然条件、社会环境和国际环境的特殊性，决定其稳定问题、安全问题必然与发展问题密切相连，三者共同构成当代中国西部地区地方治理的基本问题。在我们看来，破解这三大基本问题，需要多方协同配合与共同作用，地方政府能力建设就是其中一个重要的因素。当前，我国已进入全面深化改革的攻坚期，推进国家治理体系与治理能力现代化作为全面深化改革的总目标具有突出战略地位，而西部地区作为维护国家稳定和安全的底线，其治理必然成为国家治理的重要组成部分，西部地区地方治理体系是否科学完备、治理能力是高是低、治理手段是否有效，直接影响着我国推进国家治理体系和治理能力现代化的总体进程。基于这样的认识，我们尝试将西部地区地方政府能力建设与地方治理联系起来加以探讨，力求探寻两者之间的内在关系及其作用机理，提出提升西部地区地方政府能力、实现地方善治的基本思路与可行对策，为 21 世纪中华民族伟大复兴提供一种可能的理论支撑与实践指引。

第一节　选题背景与研究意义

理论研究是人们把握现实世界的基本方式，是人们在社会实践基础上对发展变化着的现实世界的理性思维，它由社会存在所决定，对社会存在与发展具有极其重要的意义。

---

① 本书的西部地区，特指内蒙古、新疆、西藏、宁夏、广西 5 个自治区以及少数民族集中的青海、贵州和云南 3 个省。

导 论

一、选题背景

世界各国的经济发展已经证明，政府能力是实现社会进步不可或缺的资源，是国家竞争力及其持续发展能力的基本组成部分。20 世纪中叶以来，在世界范围内，发展中国家的现代化进程出现了两种对比鲜明的现象：一方面，大部分发展中国家的现代化进程步履蹒跚，充满了坎坷与艰辛，甚至陷入“现代化陷阱”而不能自拔；另一方面，一部分发展中国家经过艰辛努力，顺利解决了发展过程中出现的诸多困难和问题，迅速实现了现代化。同是发展中国家，为什么起点相差无几，结果却大相径庭？对此，美国著名政治学者塞缪尔·亨廷顿指出：“各国之间最重要的政治分野，不在于它们政府的形式，而在于它们政府的有效程度。”[①] 亨廷顿这里所谓的“政府的有效程度”，显然包含有政府能力的含义。正是政府能力强与弱的差异，导致发展中国家现代化进程中出现两种不同的命运。

自 1978 年改革开放以来，在邓小平提出的“允许和支持一部分人、一部分地区通过诚实劳动和合法经营先富起来，鼓励先富起来的帮助未富起来的”思想的指导下，我国东部沿海地区迅速发展起来。与此同时，受政策因素影响，西部地区八省区——内蒙古、广西、西藏、宁夏、新疆、青海、贵州、云南，因自身特殊的自然条件与复杂的人文环境，经济与社会发展明显落后于东部沿海地区。20 世纪末，尽管国家相继实施了“西部开发”“振兴东北”和“中部崛起”等一系列区域协调发展战略，但西部地区与东部沿海地区的发展差距仍然存在且有进一步扩大的趋势。发展差距的存在与拉大，使西部地区的稳定与安全问题更加突出。稳定、发展和安全，这是西部地区地方治理面临的三大基本问题，制约着当代中国经济社会发展及现代化进程。世界现代化的历史与现实一再表明，政府能力是制约一个国家经济社会发展及现代化进程的重要因素，而西部地区地方政府能力则是制约我国经济社会发展及现代化进程的重要因素。综观多民族

---

① ［美］塞缪尔·亨廷顿：《变化社会中的政治秩序》，王冠华等译，三联书店，1989，第 1 页。

国家、发展中国家的历史与现实不难发现，地区发展不平衡，特别是各民族发展不平衡、差距过大，将会导致社会两极分化、秩序失范和心理失衡，危及边疆稳定和国家统一，从而使国家经济社会发展及现代化进程受阻或中断。从一定意义上说，加强政府能力建设、提升地方政府能力已经成为西部地区地方治理及其有效性以及中国特色社会主义现代化建设的重中之重。

制约西部地区地方治理及其有效性的因素是多方面的。对于造成这一差距的自然条件、历史原因、人文环境、政策环境、劳动力素质等因素，学界已有诸多论述，并且有的已基本达成共识。我们认为，地方政府能力是影响和制约西部地区地方治理及其有效性的又一重要因素。因而，要以推进地方政府治理能力建设为抓手，增强和提升西部地区地方政府的治理能力，实现西部地区稳定、发展和安全同步共进，进而推动我国经济社会发展及现代化进程。经济全球化、信息化、市场化和民主化的潮流给世界各国特别是发展中国家带来了新的机遇与挑战。新的环境变化和新的历史使命，对我国西部地区地方政府能力提出了新的要求。西部地区的特殊性以及西部大开发的长期性、复杂性和艰巨性，决定了该地区地方政府在开发中的重要地位。西部地区地方政府作为地区经济与社会发展的领导者和推动者，作为西部大开发战略的具体组织者和实施者，其治理能力直接关系到西部大开发战略的实施与实现，进而关系到当代中国经济社会发展及社会主义现代化建设的实际进程。如何加强地方政府能力建设，提升西部地区地方政府能力，实现地方善治，不仅是中央政府和地方政府面临的重大实践问题，也是时代赋予理论工作者的重大理论问题。

走过 70 多年风雨历程，新中国迎来了辉煌巨变。聚焦当下，我国正处于“两个一百年”奋斗目标的历史交汇期，当今世界正经历着百年未有之大变局，国际国内环境发生了深刻复杂变化，各种风险挑战明显增多。在改革进入深水区和攻坚期的今天，习近平总书记强调：“在新时代，中国人民将继续自强不息、自我革新，坚定不移全面深化改革，逢山开路，遇水架桥，敢于向顽瘴痼疾开刀，勇于突破利益固化藩篱，将改革进行到底。”[①] 把推进国家治理体系和治理能力现代化作为全面深化改革的总目标，在新时代具有重要且深刻的理论意义与现实意义。西部地区作为国家疆域的重要组成部分，其治理状况受到党和国家的高度关注。党的十九大报告指出，要“加快边疆发展，确保边疆巩固、边境安全”；党的十九届四中全会又明确提出，要“加强边疆治理，推进兴边富民”。地方治理的成效，不仅对西部地区的稳定、发展与安全具有极端重要性和特殊意义，而且对整个国家的稳定和发展、主权统一和领土完整、民族的前途和命运，甚至国际政治格局的形成以及国际关系的调整都影响巨大。因此，西部地区地方治理体系是否科学完备，以及治理能力的强弱，都直接影响着国家治理体系能否发挥效能和治理能力能否得到提升。基于这样的认识，我们尝试将当代中国西部地区地方政府能力与地方治理联系起来加以探讨，力求探寻两者之间的内在关系及其机理，使这一分析更具有实际意义，以便寻求提升地方治理有效性的良策，促进西部地区经济社会发展及现代化。

二、研究意义

在世界多极化、经济全球化、社会信息化、文化多样化的时代发展趋势下，实现国家治理体系和治理能力现代化越发显示出其重要性。地方政府承担着西部地区稳定、发展和安全的重大责任，在新的时代背景下，对西部地区地方政府能力建设与地方治理联动关系进行研究具有理论与现实两个层面的意义。

首先，就理论意义而言，开展“西部地区地方政府能力建设与地方治理联动研究”具有多方面的学术价值。

其一，在研究视角上，本书不囿于单一的地方治理或地方政府能力建设角度，而是定位于两者的联动关系角度，紧紧围绕西部地区地方治理的

① 《习近平主席在博鳌亚洲论坛 2018 年年会开幕式上的主旨演讲》，中国新闻网，2018 年 4 月 10 日，http：//www. chinanews. com/gn/2018/04-10/8487230. shtml。

基本问题——稳定、发展和安全，着重探讨与之密切相关的西部地区地方政府 9 个方面的能力建设问题，以政府能力建设促进地方治理绩效提升。

以往国内学术界对于西部地区地方治理多从自然、历史、人文、政策，或者稳定、发展和安全等方面进行单一研究，相应地提出对策与建议。本书在已有学术成果的基础上，运用政治学、行政学有关政府能力的理论，把当代中国西部地区地方治理及其问题与地方政府能力建设联系起来考察，认为：地方政府能力是制约和影响西部地区地方治理的一个重要现实因素，并由此提出加强地方政府能力建设、提升西部地区地方政府能力，进而实现善治的对策与建议。同时，对西部地区地方政府能力建设与地方治理进行联动研究，有助于人们充分认识地方政府能力建设在地方治理中发挥的积极作用，进而认识到地方政府能力建设在当代中国西部地区地方治理中的重要性。

其二，在立论上，将地方政府能力作为地方治理的内生变量，尝试建立西部地区地方政府能力与地方治理联动的关系模型，构建两者联动的函数关系，围绕西部地区地方治理的基本问题，通过设计评价指标体系对地方政府能力差异进行实证分析，揭示地方治理与地方政府能力之间的内在机理，有利于构建地方政府能力理论创新体系。目前，国内学术界较多地将地方政府能力作为某个研究主题的一个方面来探讨，如：中国科学院牛文元等在中国可持续发展评价体系中，从区域管理能力的角度对地方政府能力进行了评价；中国社会科学院倪鹏飞在中国城市竞争力研究中，也从地方政府能力的角度对城市的制度创新、管理能力等运用指标体系进行了评价。2004 年 8 月，浙江大学张钢、徐贤春、刘蕾在《管理世界》上发表《长江三角洲 16 个城市政府能力的比较研究》一文，分析了地方（城市）政府能力的含义并提出了评估指标体系。该文的发表可以说奠定了我国地方政府能力评价的基础，具有开拓性价值。其后，云南财贸学院邹再进、张继良在牛文元、倪鹏飞、张钢等的研究基础上，对他们各自设计的政府能力评价指标体系进行了整合、修正和完善，从而设计出了自己的评价地方政府能力的指标体系。本书基于上述研究成果，充分考虑西部地区地方政府的特殊性以及中央与民族区域自治地方的关系，围绕西部地区地方治理的三个基本问题，精心选择指标，合理设计和构建西部地区地方政府能力评价指标体系，探寻地方政府能力与地方治理之间的内在联系、一般逻辑以及作用机理。这对于构建中国现代化进程中地方政府能力理论创新体系无疑具有积极的学术价值和意义。

其次，就现实意义而言，开展“西部地区地方政府能力建设与地方治理联动研究”，具有多方面的应用价值。

本书围绕西部地区地方治理的基本问题，遵循科学性、系统性、可行性原则，尝试构建由“总体能力”“能力结构（构成）”和“具体指标”三个层面构成的“西部地区地方政府能力指标评价体系”。通过评估计算结果，找到西部地区地方政府能力存在的问题，进而提出有针对性的、可操作的对策与建议，从而使本书具有一定的应用价值，可以为政府相关部门决策提供学术支撑和理论依据。

其一，本书通过对制约西部地区地方政府能力的因素进行分析，使西部地区地方政府准确认识自身差距，提升政府能力。在当今全球竞争中，政府（包括地方政府）和其他公共部门的能力与效率被认为是一个国家或地区具有巨大国际竞争力的重要资本。伴随着经济全球化进程的加快，我国各级政府在面临机遇的同时也面临严峻挑战。对于肩负着维护边疆稳定、保障安全与促进发展历史任务的西部地区地方政府而言，需要不断提升其地方治理能力；市场经济条件下，地方政府间围绕吸引资本、技术、资源等可流动生产要素流入而在投资环境、市场制度、公共物品以及政府效率等方面展开的竞争，要求西部地区地方政府提升自身的治理能力和公共服务能力。因此，围绕西部地区地方治理的基本问题加强地方政府能力建设研究，为明确西部地区地方政府管理体制改革目标，优化治理方式和行为，提高其公共管理和公共服务的能力与水平提供理论参考，使西部地区地方政府成为对外能谙熟国际规则，对内具有高效率的公共管理能力以及能够提供高质量公共服务的地方政府，无疑具有重大的现实意义。

其二，本书通过对西部地区地方治理与地方政府能力相关性进行分析，为地方有效治理的实现提供可行路径。通过对地方政府能力与地方治理之间相关性的分析和研究，探寻两者之间的内在联系和逻辑，找出影响西部地区地方治理的政府能力变量，采取切实有效的措施，加强政府能力建设，使政府能力同地区经济社会发展之间形成良性互动，以高效率的公共管理、高质量的公共服务，推动西部地区的经济社会发展及现代化建设，为实现西部地区的善治探索切实可行的新途径。

其三，本书为巩固民族团结、国家统一和社会稳定提供了有效的西部地区地方政府治理能力创新路径。我国是一个幅员辽阔、人口众多、拥有56个民族的正在走向现代化的发展中国家。出于历史和现实的诸多原因，各地区、各民族发展不平衡，西部地区存在诸多稳定、发展与安全的问题，且这些问题在一定时期内难以消除。因此，加强地方政府能力建设，提升西部地区地方政府能力，对于推进地区经济社会发展及现代化进程、做好民族工作、促进民族团结进步事业、实现地方善治意义重大。这不仅是一个重大的经济问题，而且是一个重大的政治问题。没有少数民族和西部地区的稳定、发展和安全，就没有中华民族的兴旺发达和文明昌盛；没有少数民族和西部地区的现代化，就没有中国的现代化。西部地区地方政府能力与地方治理联动研究，有利于实现西部地区善治，维护边疆稳定，促进地区经济社会发展及现代化进程，进而保障国家安全。

最后，地方治理是国家治理的重要基础。本书为推进国家治理体系和治理能力现代化的理论研究及其实践提供了有益的参考。

地方治理、边疆治理是国家治理体系的重要组成部分，习近平总书记曾强调“治国先治边”。党的十九届四中全会审议通过了《中共中央关于坚持和完善中国特色社会主义制度 推进国家治理体系和治理能力现代化若干重大问题的决定》。治理体系和治理能力现代化，是一个国家、地区实现经济社会发展及现代化的重要内容，地方治理体系是否科学完备、治理能力的高低强弱，直接影响着国家治理体系能否发挥效能和治理能力能否得到提升。因此，地方政府能力特别是西部地区地方政府能力建设，应该成为国家治理体系和治理能力现代化建设的有机组成部分。提升西部地区地方政府能力对于推进和加快国家治理体系和治理能力现代化具有极其重要的理论和现实意义。

第二节 国内外研究现状

地方政府能力，既是地方治理及其效能的一个重要变量，又是实现地方善治的坚实基础。了解国内外学术界关于政府能力研究的现状，充分借鉴其合理性，是探寻地方政府能力与地方治理之间的内在关系、作用机理以及一般过程的学术基础，也是做好本项研究、达成预定目标的必要条件。正所谓“站在巨人的肩膀上才能比巨人看得更远”。这里，我们将全面梳理国内外研究成果，力图使我们的研究建立在科学、可靠的基础之上，进而实现新的突破与创新。

一、国外研究现状

“政府能力”已逐渐成为人们理解和表述政府发展的一般概念。早在2000多年前，古希腊的亚里士多德在其名著《政治学》中就充分肯定了政府能力的价值，指出：“凡显然具有最高能力足以完成其作用的城邦，才可算是伟大的城邦。”① 在国外，“政府能力研究总体上还是正在发展中的新兴领域”。② 对于什么是政府能力，西方学者众说纷纭。围绕政府能力的含义、构成与提升等问题，众多西方学者进行了论述。

（一）政府能力的含义及其特性

美国学者加布里埃尔·A. 阿尔蒙德等认为，抽象地说，政府能力是指政府能否成功地适应环境挑战的程度。具体来说，政府能力是指，“建立

① ［古希腊］亚里士多德：《政治学》，高书文译，江西教育出版社，2014，第303页。
② 汪永成：《中国现代化进程中的政府能力》，《政治学研究》2001年第4期。

政治行政领导部门和政府行政机构”，并使“它们具有制定政策和在社会中执行政策，特别是维护公共秩序和维护合法性的能力”。[①] 阿尔蒙德等的“政府能力”概念具有如下特征：一是整体性（或称系统性）。由于政府系统与其环境系统是一个相互关联的整体，因此，政府在其环境中的一切表现均可视作政府能力的有机组成部分。二是对环境的适应性。政府的能力不仅仅体现为政府部门本身的行为能力，更体现为政府对其环境变化压力和挑战的适应能力。三是可变性。政府系统对环境系统的适应性具有程度和侧重上的不同。随着环境状况的变化，政府能力会发生适应性流变：不仅是同一能力高低程度的变化，还有可能是不同能力侧重点的变化。[②]

D. C. 斯通认为，政府能力是指政府从事规划与执行政策、计划、方案或措施，以实现共同目标的机关能力。C. 林特莱认为，政府能力是指在提升机关在自主的情况下明智而有效地运作的能力。A. 布朗指出，政府能力建立的主要目标在于发展各机关的能力，管理自己的事务，更为有效地维护与增进自己的利益，减少外来破坏性变迁所造成的弱点。G. D. 施贝斯曼等指出，政府能力的建构包括发展政府之潜力，以做好其正在完成过程中的任务。斯通等的“政府能力”概念具有如下特征：一是综合性。政府能力是政府各个机关能力的总和。因此，加强各个机关的自治能力，改进各个机关的运作能力，是提升政府整体能力的有效途径和手段。二是双重性。政府能力不仅表现为外在的显性运作能力，还表现为内在的隐性潜在能力；不仅表现为政府机关对自己事务的管理能力，还表现为对社会事务的管理能力。[③]

J. R. 柯尔曼认为，政府能力主要指政府获取应有的资源，用以满足其公民的基本需求的生存能力。J. 劳勃则认为，政府能力指政府满足人民需求，寻找解决问题的方案，处理各种资讯，制定目标的优先顺序、政策的

① ［美］加布里埃尔·A. 阿尔蒙德等：《比较政治学：体系、过程和政策》，曹沛霖等译，上海译文出版社，1987，第433页。

② 参见施雪华：《政府权能理论》，浙江人民出版社，1998，第305页。

③ 参见施雪华：《政府权能理论》，浙江人民出版社，1998，第305—306页。

内容和程序的规则，提供回应，根据评估的基础改进原来的行为的能力。R. T. 兰兹认为，政府能力应当包括政府在与环境系统的互动关系中求得成长与发展的能力。凯特林基金会认为，政府能力是一种理性能力，这种理性能力乃是组织的成员在学习使用某些技术及模型后，更理性地做出决策与分配资源的能力。也有学者如 R. 霍金斯认为，政府能力建设的核心课题乃是抉择与发展各项政治和行政制度的安排，也就是说政府能力建设带有浓厚的政治色彩。柯尔曼等的“政府能力”概念具有如下特征：一是服务性。政府的任何能力都是为了满足社会和公民的物质和精神需求。为了满足社会和公民的需求，政府必须有一套完善的政治行政制度；否则，政府无力完成社会和公民委托政府的目标。二是复杂性。政府的能力不仅在于维护自身的“生存能力”，而且在于发展自身、发展社会的“发展能力”。同时，政府的任何能力都不能简单地看作理性选择的结果或是理性能力的发展，有时是政治利益的产物或者是政治需要的产物。因此，政府能力有时是理性与政治性相互结合的结果或者是理性与政治性共同增长的结果。①

世界银行认为：“政府能力——它有效地提供集体物品的能力——是为发展提供充满活力的机构性框架的中心。”② 即政府能力是政府提供公共产品和公共服务的能力。这个定义的合理性在于，它区分了政府职能与政府能力。一个合理建构的政府体制，就是政府职能与政府能力匹配良好的体制。

（二）政府能力的构成

关于政府能力的构成，美国学者将其分为两种：自我控制能力和社会控制能力。自我控制能力是指设定目标的能力，主要表现在政府精英的凝聚程度和社会群体的相对权力上；社会控制能力是指实现目标的能力，主

---

① 参见施雪华：《政府权能理论》，浙江人民出版社，1998，第 306—307 页。

② 世界银行《1997 年世界发展报告》编写组：《1997 年世界发展报告：变革世界中的政府》，蔡秋生等译，中国财政经济出版社，1997，第 38 页。

要表现在渗透能力、汲取能力和规范社会关系上。①

（三）政府能力的提升

早在美国开国之初，联邦党人的著名代表、被誉为“行政天才”的汉密尔顿就极为重视政府行政能力的问题。他指出，“使行政部门能够强而有力，所需要的因素是：第一，统一；第二，稳定；第三，充分的法律支持；第四，足够的权力”②。汉密尔顿是较早论及制约政府能力提升因素的西方学者和政治家，且其论述较为全面、完整，今天看来亦不失精辟。

20 世纪五六十年代以来，政府管理实践的发展，特别是发展中国家政治发展实践的现实，使西方学者逐渐意识到制度化对于政府能力的重要性。美国著名政治学者塞缪尔·亨廷顿认为：“制度就是稳定的、受珍重的和周期性发生的行为模式。”“组织和程序与其制度化水平呈正比例关系。”③ 他注意到了政府组织制度化对政府能力的影响，指出：“制度化程度低下的政府不仅仅是个弱政府，而且还是一个坏政府。”④ 由此可见，在亨廷顿看来，制度是影响政府能力的重要因素，提升政府能力必须使政府组织制度化。美国著名学者、耶鲁大学经济学和政治学教授查尔斯·林德布洛姆认为：“权威关系是支撑政府的基石。权威对政府之要紧，如同交换对市场制度之要紧一样。”⑤ 在现代社会，权威对政府能力是非常重要的。没有权威，即使政府拥有充裕的权力、人力、财力等要素，那也必然是一个“软骨巨人”。缺少权威的政府，要达成任何行政目标，都需要成倍的财力和权力。因此，提升政府能力必须确立政府权威。美国著名公共

---

① 参见［美］阿什利·泰利斯等：《国家实力评估》，门洪华、黄福武译，新华出版社，2002，第 118—143 页。

② ［美］汉密尔顿、杰伊、麦迪逊：《联邦党人文集》，程逢如等译，商务印书馆，1980，第 356 页。

③ ［美］塞缪尔·P. 亨廷顿：《变化社会中的政治秩序》，王冠华等译，三联书店，1989，第 12 页。

④ ［美］塞缪尔·P. 亨廷顿：《变化社会中的政治秩序》，王冠华等译，三联书店，1989，第 26 页。

⑤ ［美］查尔斯·林德布洛姆：《政治与市场：世界的政治—经济制度》，王逸舟译，三联书店，1992，第 14—15 页。

管理学家和国际发展问题专家、哈佛大学教授梅利里·S. 格林德尔在其主编的《获得好政府》一书中，从通过能力建设提升政府的治理能力方面讨论了发展中国家的治理问题。他认为，好政府与公共部门人力资源、组织和制度的质量有着很大的关系。获得好政府——提升政府能力，意味着公共部门要在其他行动之外，开发人力资源、实现组织发展以及改革（或创新）制度。政府能力的建设及其提升，需要采取有效的活动以开发人力资源的能力，尤其是要开发技术和专业人员的能力；需要强化组织的革新活动，尤其是集中于激励与管理体制的活动；需要进行制度变革，尤其是要处理那些对政府更有效地致力于国家发展活动来说具有根本性影响作用的限制因素。① 格林德尔从人—政府公务员、组织—政府组织和机构、制度—政府管理体制等方面论述了提升政府能力的具体途径，其合理性显而易见。

20 世纪 80 年代以来，政府能力进一步成为人们关注的焦点。这一问题不仅成为学术界探讨的重大理论课题，而且引起了官方的高度重视，甚至成为国际性组织关注的重大议题。在《1997 年世界发展报告：变革世界中的政府》中，世界银行为政府改革提供了一个指导性的框架：一是使政府的行动与其能力相适应；二是通过重振公共机构的活力来提高政府能力。该报告指出，如果政府的作用与其机构能力相适应，那么政府就可以对经济发展做出极为重要的贡献。然而，能力并不是从来就有的。如果政府要进一步促进经济发展和提高社会福利的话，那么就必须提高其能力。该报告认为，有三种相互关联的机构性机制有助于培养并提升政府的能力。这些机制旨在：一是在社会特别是政府内部实施规则和制约措施；二是增强政府内外的竞争压力；三是广开言路，并为参与政府内外部事务提供方便。②

此外，当代西方政治学和公共管理领域中有重要影响的理论和流派都

---

① 参见陈振明：《政府能力建设与“好政府”的达成》，《管理世界》2003 年第 8 期。

② 参见世界银行《1997 年世界发展报告》编写组：《1997 年世界发展报告：变革世界中的政府》，蔡秋生等译，中国财政经济出版社，1997，第 75—77 页。

或多或少地涉及政府能力的提升问题。例如，公共选择学派的代表人物布坎南，其在对政府能力低下及其运用方向偏差的原因进行分析后认为，西方国家政府选举制度的不完全性、竞争机制的缺乏、降低成本的激励机制的缺失、监督信息的不完备等，导致行政机构的自我膨胀、缺乏利润观念和成本—效益意识，使政府能力低下；并在“经济人”假设基础上分析了政府能力运行偏向的具体原因。在上述分析基础上，公共选择理论对政府能力的提升和政府能力运用方向的约束提出了对策，如打破公共物品生产的政府垄断，在公共部门引入竞争机制等。治理理论打破了政府能力研究中长期存在的政府（能力）与社会（能力）非此即彼的两分法传统思维方式，跳出政府本身，从政府与社会合作的新视角去思考政府能力的提升，提出了一种富有创意的解决政府能力与职能之间矛盾的思路，从而实现了政府能力研究的一大转变。①

二、国内研究现状

国内学术界对政府能力问题的研究是在改革开放以后政府职能转变和地方发展自主权日益扩大的背景下展开的，始于 20 世纪 90 年代。这一研究最初是在经济学领域进行的，缘起于经济学界对政府财政能力问题的研究。1993 年，王绍光、胡鞍钢发表《中国国家能力报告》，就如何进行中国的财税体制改革，进一步提升中央政府的财政能力进行了设计和论证，其关注点在于中央政府与地方政府的关系。其后，辛向阳在 1994 年出版的《新政府论》中首次将政府能力作为中国行政改革过程中的一个基本问题加以思考，并探讨了政府能力的界定、衡量、分类和提升等问题。②此后，时和兴从政治发展过程中国家与社会关系的角度对政府能力进行了深入探讨，在国内学术界首次对国外政府行动能力的学说进行了初步梳理，对结构功能主义、公共政策、经济史学和回归国家等学派的学术观点进行了归纳、分析和综合，并从政治统治和政治管理的角度对政府能力进

① 参见汪永成:《经济全球化与中国政府能力现代化》，人民出版社，2006，第 10—11 页。

② 参见辛向阳:《新政府论》，中国工人出版社，1994，第 196—212 页。

行了界定和分类，对政府能力有效性的限度和现代国家有效的行动机制进行了富有新意的探讨，其关于政府能力的界定和分类成为具有代表性的观点之一，影响了许多后来的研究者。① 再其后，施雪华在其 1998 年出版的《政府权能理论》中，从政府职能、政府权力和政府能力互动的角度对政府能力的概念、特征、分类、生长和发展等基本问题进行了深入详细的论述，其观点影响深远。② 与此同时，胡宁生、张成福等在《中国政府形象战略》中，从政府形象的角度对政府能力进行了探讨。③ 20 世纪 90 年代以来，许多学者争相提出许多深刻见解，需要特别指出的是，2000 年张国庆主编的《行政管理学概论》在国内行政学教科书中首次以“现代政府能力”为题，将政府能力纳入教科书的结构体系之中，可谓中国行政学界关于该问题研究取得进展的一个重要标志。④

国内学术界关于政府能力的研究集中于中央政府，主要从宏观上围绕政府能力的约束和政府能力的提升而展开，这是政府能力理论研究的两个基本主题。虽然不同的学者对这两个主题研究的侧重点各不相同，但主导的倾向在于关注政府能力的提升。迄今为止，围绕政府能力研究的上述主题，国内政治学界、行政学界关注和探讨的主要有以下几个问题：一是政府能力的含义与特征；二是政府能力的构成；三是政府能力的提升；四是政府能力的评估指标体系。我们将从以上四个方面对国内学术界关于政府能力问题的研究进行梳理、归纳与分析，以期为本书的研究提供理论基础与科学指引。

（一）政府能力的含义与特征

台湾学者张世贤认为，政府能力是指一个政府能够符合时代的趋势，具有国际竞争力和合作力，能够增进国民生产力、提升社会水准的整

① 参见汪永成：《中国现代化进程中的政府能力》，《政治学研究》2001 年第 4 期。

② 参见施雪华：《政府权能理论》，浙江人民出版社，1998，第 304—431 页。

③ 参见胡宁生、张成福等：《中国政府形象战略》，中共中央党校出版社，1998，第 207—357 页。

④ 参见张国庆主编《行政管理学概论》，北京大学出版社，2000，第 555—574 页。

体能力。他的这个定义表明政府能力具有以下特征：①发展性——符合时代的发展趋势；②参照性——以其他国家政府的能力作为参照系加以比较；③生产力性——提高国民生产力；④社会进步性——增进社会发展和促进社会进步、提升全体人民的生活水准。[①]

大陆学者多从政府本位或者行政主体的角度界定政府能力，例如，王绍光、胡鞍钢在《中国国家能力报告》中给出了国家能力的概念。在他们的理论中，国家能力、中央政府能力、政府能力这三个概念是等同的。他们认为，国家能力是指国家将自己的意志、目标转化为现实的能力。[②] 辛向阳认为，政府能力是政府依据自己的权力和权威，通过制定政策和组织动员，实施自己承担的职能、贯彻自己的意志、实现自己的目标的能力。[③] 也有学者从行政环境的角度界定政府能力，例如，胡宁生等从政府与环境互动关系的角度界定政府能力，认为政府能力的本质是政府与社会互动关系中政府活动的可能性与限度。[④] 还有学者从政府政策（手段、工具）的角度认识政府能力，强调政府能力表现为政府能否恰当运用政策、计划等工具。沈荣华认为："所谓政府能力，就是指政府能不能制定一个切合实际的政策，能不能有效地推行和贯彻这种政策，能不能持续稳定地将这种政策引向深入的能力。"[⑤] 谢庆奎认为，政府能力是指政府制定和执行政策的势能和效能。[⑥] 张国庆提出，政府能力是国家能力的基本组成部分。与政府职能相一致，政府能力主要指现代国家政府即国家行政机关，在既定的政府体制内，通过制定和执行品质优良、积极而有效的公共政策，最大可能动员、利用、组合、发掘、培植资源，为社会和公众提供广泛而良好的公共物品和公共服务，理性地确立社会普遍遵从的正式规则，并积极引导更为广泛的非正式的社会规则，维护社会公正和秩序，形成有效调节社

① 参见张世贤：《公共政策析论》，五南图书出版公司，1975，第147—149页。
② 参见王绍光、胡鞍钢：《中国国家能力报告》，辽宁人民出版社，1993，第222页。
③ 参见辛向阳：《新政府论》，中国工人出版社，1994，第197页。
④ 参见胡宁生等主编《中国政府形象战略》，中共中央党校出版社，1998，第222页。
⑤ 沈荣华：《关于政府转变职能的若干思考》，《政治学研究》1999年第4期。
⑥ 参见谢庆奎：《论政府发展的涵义》，《北京大学学报》2003年第1期。

会关系和社会行为的制度及其机制，进而在比较的意义上促进国家快速、均衡、持续、健康发展的能力。[①] 更有相当一部分学者从政府职能的角度界定政府能力。施雪华认为，政府能力是“为完成政府职能规范的目标和任务，拥有一定的公共权力的政府组织所具有的维持组织的稳定存在和发展，有效地治理社会的能量和力量的总和”。[②] 陈国权认为，政府能力即为政府在管理社会的过程中所实际拥有的能量和能力，是政府“能干什么”“会干什么”。[③] 汪永成等认为：“政府能力是一个政府在实现自己职能、从事行政管理活动过程中所拥有的资源、能量。”[④]

（二）政府能力的构成

关于政府能力的构成，学界的看法也不尽相同，形成了一系列观点。王绍光、胡鞍钢认为，国家能力由四种能力构成：①汲取能力（extractive capacity），是指国家动员社会经济资源的能力，国家汲取财政的能力集中体现了国家汲取能力；②调控能力（steering capacity），是指国家指导社会经济发展的能力；③合法化能力（legitimation capacity），是指国家运用政治符号在属民中制造共识，进而巩固其经济地位的能力；④强制能力（coercive capacity），是指国家运用暴力手段、机构、威胁等方式维护其统治地位的能力。其中，财政汲取能力是最重要的能力，是国家能力的核心和实现其他能力的基础。前两个能力，即汲取能力、调控能力是衡量国家能力的指标，这两个指标高，就是强政府和强中央，对经济发展和制度变换就有利；反之，就是弱政府和弱中央，就不利于经济发展和体制转轨。[⑤] 周平认为，政府能力可分解为规划发展能力、制度创新能力、财政汲取能力、市场规划能力和社会控制能力五个维度。[⑥] 施雪华认为，从不同角度分析政府能力，可以得到不同的政府能力结构：从政府社会行为能力角度

---

① 参见张国庆：《行政管理学概论》（第二版），北京大学出版社，2000，第562页。

② 参见施雪华：《政府权能理论》，浙江人民出版社，1998，第309页。

③ 陈国权：《政府能力的有限性与政府机构改革》，《求索》1999年第4期。

④ 汪永成、彭淼：《政府能力的属性分析》，《国家行政学院学报》2005年第2期。

⑤ 参见王绍光、胡鞍钢：《中国国家能力报告》，辽宁人民出版社，1993，第3页。

⑥ 参见周平：《县级政府能力的构成和评估》，《云南行政学院学报》2002年第5期。

来看，政府具有经济能力、政治能力、行政能力、司法能力、军事能力和文化能力；从政府履行公共职能的能力角度来看，政府具有政治统治、社会管理、社会服务和社会平衡等能力；从政府公共产品生产过程来看，政府具有公共产品的生产、分配、交换、消费和再生产等能力；从政府社会资源配置角度来看，政府具有资源动员、资源提取、资源分配、资源利用能力；从政府的政策过程来看，政府具有政策决定、政策执行、政策反馈和政策修正等能力；从政府的政治社会化能力来看，政府具有政治知识的积累传播、政治情感的培育和交流、政治理念的建构和灌输、政治信仰的确立和维持、政治行为的模式化和大众化等能力；从政府社会发展能力来看，政府具有社会反映、社会适应、社会稳定、社会调控和社会发展等能力；从政府国际关系能力来看，政府具有国际竞争、国际合作、国际对抗、国际维和、国际稳定和国际发展等能力。[①] 汪永成从内部结构及其外显能力两个方面来考察政府能力的结构，认为内部结构包括七种要素：权力资源、人力资源、财力资源、权威资源、文化资源、信息资源、结构资源（管理水平），它们在政府能力系统中分别以权力、人力、财力、公信力、文化力、信息力、结构力的形式发挥作用。政府能力的外显形式主要有：秩序维护能力、危机管理能力、竞争能力和政策创新能力。[②]

（三）政府能力的提升

我国社会经济发展所面临的复杂国际环境，要求强化和提升政府能力，特别是政府的国际竞争与合作能力，建立一个强有力的中央政府。同时，当前中国社会转型期经济发展的不平衡和差距拉大，要求强化和提升政府能力，特别是政府的社会平衡能力，调节利益矛盾，解决分配不公问题，逐步缩小发展差距。在政府能力提升方面，学术界大多聚焦于地方政府能力提升问题并展开了广泛研究。

有的学者认为，影响地方政府能力的因素主要有：管理理念、政府职

① 参见施雪华：《政府权能理论》，浙江人民出版社，1998，第 312—322 页。

② 参见汪永成：《政府能力的结构分析》，《政治学研究》2004 年第 2 期。

能、管理方式、政府行为、公务员的能力、信息化程度等。因此，必须从以下方面不断提升地方政府能力：一是强化公共管理理念；二是转变地方政府职能；三是改变地方政府管理方式；四是规范地方政府行为；五是加强政府人员的能力建设与加速电子政务的步伐。[①]

也有学者从社会转型这一背景出发，提出为与社会转型相适应、相协调，应当努力提升地方政府的政治生产能力、适应能力、统合能力。[②] 张文礼将地方政府能力提升措施大体上归为两类：消极地限制权力（限权）和积极地开发政府潜力（开发）。前者规定了地方政府的行为方向，具有根本性；后者提升了地方政府的效能，具有直接性。[③] 周平从西部大开发角度探讨了提升地方政府能力的重点，提出："通过对西部地方政府自身的改革来革除弊端，修炼内功，再造一个结构紧凑、运转灵活、管理科学、讲求效率、能力强劲的政府，是地方政府能力建设的重点所在。"同时，"外部的能力输入对西部地方政府迅速增强自身能力也是十分必要的。在这方面考虑采取两个方面的措施：第一个方面，中央对西部地方政府的能力输入……第二个方面，增加东部发达地区各级政府的能力输入"。[④]

（四）政府能力的评估指标体系

2000 年，国家行政学院杜钢建教授采用五级量表从界定度、自主度、参与度、课责度、透明度、可预度、自由度、强硬度等八个方面对政府规制能力评估进行了尝试[⑤]，成为国内较早对政府能力进行评估的学者。其后，中国科学院可持续发展研究组牛文元等在中国可持续发展评价体系中，从区域管理能力的角度对地方政府能力进行了评价，从政府效率、经济调控和社会调控绩效等三个方面对政府对资源的配置和运用进行了研

① 参见吴家庆：《提升地方政府能力的几点思考》，《湖南文理学院学报》2004 年第 6 期。
② 参见窦立夫：《论社会转型期的地方政府能力》，《学海》2002 年第 2 期。
③ 参见张文礼：《当代中国地方政府》，广东高等教育出版社，1994，第 348 页。
④ 周平：《大开发中的西部地方政府能力问题》，《学术探索》2001 年第 1 期。
⑤ 参见杜钢建：《政府能力建设与规制能力评估》，《政治学研究》2000 年第 2 期。

究，其指标设置较为完善。[①] 郝寿义、倪鹏飞在中国城市竞争力研究中，也从地方政府能力的角度对城市的制度创新、管理能力等运用指标体系进行了评价。[②] 但总的来讲，这些定量研究还是初步的、零散的，缺乏独立的分析视角和系统性，因而其研究成果难以全面反映我国地方政府能力的现状。2004 年 8 月，浙江大学张钢、徐贤春、刘蕾在《管理世界》上发表《长江三角洲 16 个城市政府能力的比较研究》一文，从独立的视角使地方政府能力研究朝可操作性方向迈出了坚实的一步。该文分析了地方（城市）政府能力的含义并提出了评估指标体系，指出地方（城市）政府具有以下四个方面的能力，即资源的获取、配置、整合和运用能力，并强调这些能力体现在地方政府对资源的投入和转换、对公共产品与服务的提供以及对社会其他部门资源的调动过程中。[③] 该文的发表，可以说奠定了我国地方政府能力评价的基础，具有开拓性价值。然而，这一评价体系仍然存在一些缺陷，如资源的获取方面仅涉及政府对社会财富的控制程度；资源配置方面指标差别大，原因复杂，简单用政府人均财政支出还不能反映问题的全貌等。正是基于这一状况，云南财贸学院邹再进、张继良在牛文元、郝寿义、倪鹏飞、张钢等的研究基础上，对他们各自设计的政府能力评价指标体系进行了整合、修正和完善，从而设计出了由“总体、准则和变量三层组成的地方政府能力评价指标体系”。[④] 周平则论述了县级政府的能力，并从县级政府的七项能力构成中选择发展规划、制度创新、资源配置、市场规制和社会控制等五个方面加以考察。对所选项目，又分别将其划分为“很弱”“弱”“中等”“强”“很强”五个等级，加以测量。[⑤] 在此划分基础上，形成一个评估体系，用以对具体的县级政府的能力状况

① 参见中国科学院可持续发展研究组编《2001 中国可持续发展战略报告》，科学出版社，2001，第 80—83 页。

② 参见郝寿义、倪鹏飞：《中国城市竞争力研究——以若干城市为案例》，《经济科学》1998 年第 3 期。

③ 参见张钢、徐贤春、刘蕾：《长江三角洲 16 个城市政府能力的比较研究》，《管理世界》2004 年第 8 期。

④ 邹再进、张继良：《中国地方政府能力评价研究》，《云南财贸学院学报》2005 年第 5 期。

⑤ 参见周平：《县级政府能力的构成和评估》，《云南行政学院学报》2002 年第 5 期。

进行综合评估，重点突出，极具启发意义。

第三节 研究思路、内容和方法

本节主要阐述研究思路、内容与方法，提取本书的主要内容和框架结构。研究思路将围绕研究的主要内容和结构展开，以技术路线图的方式呈现，目的是清晰展现本书的思维进路、所要解决的问题以及解决问题的方式。研究内容主要指本书的基本框架或章节结构，研究内容的简要阐述是对全书内容的提炼，有助于读者进一步了解本书的研究要点和主要内容。研究方法，即西部地区地方政府能力建设与地方治理联动研究所使用的研究方法。

一、研究思路

研究思路如图 0-1 所示。全书以提出问题、分析问题、解决问题为基本思路，围绕西部地区地方政府能力建设与地方治理的联动关系进行研究。

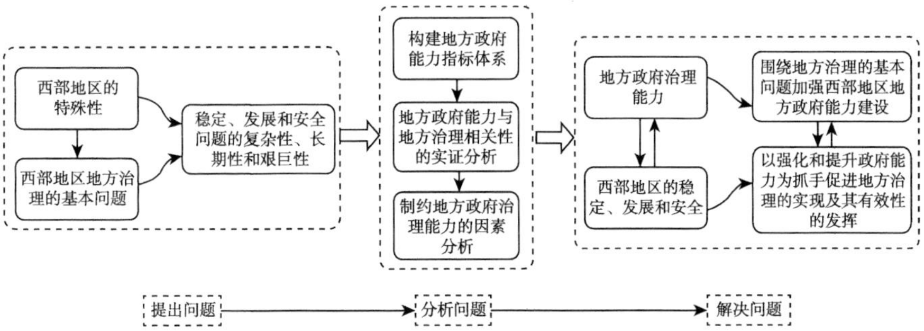

图 0-1 研究思路示意图

本书有导论和正文六章。导论阐释了选题背景与研究意义；国内外研究现状；研究思路、内容和方法；创新与有待进一步完善之处；概念界定与理论基础。正文分为三个部分：第一部分即第一章、第二章，西部地区的特殊性与地方治理的基本问题以及西部地区地方治理现状及存在的问题。第二部分即第三章、第四章、第五章，构建西部地区地方政府能力指标体系，并通过该指标体系对地方政府能力与地方治理进行相关性的实证分析，从自然因素、社会因素、人文因素、政策因素、体制因素、国际因素等方面找出制约西部地区地方政府能力的因素。第三部分即第六章。前面研究发现，西部地区地方政府能力建设与地方治理存在着极强的互动关系，地方政府能力的强化和提升有助于地区维护稳定、保障安全和促进发展。因此，要围绕西部地区地方治理的基本问题，加强地方政府能力建设。由此，提出实现西部地区地方政府能力建设与地方治理联动的对策与建议。

二、研究内容

本书研究内容主要包括以下几个方面。

导论：阐释选题的背景与研究意义，对国内外有关政府能力的文献进行评述，以便深入了解国内外政府能力的研究现状，阐明本书的思路、内容、方法、创新点及有待进一步完善之处，清晰界定本书的相关概念，系统论述本书所运用的理论资源。

第一章（西部地区的特殊性与地方治理的基本问题）：通过实地调研、查阅相关资料，结合图、表描述出西部地区特殊的自然条件、社会环境与国际环境。西部地区所具有的特殊性决定了地方治理的特殊性：稳定是压倒一切的问题、发展是根本问题、安全则是重大现实问题，稳定、发展和安全构成了西部地区地方治理的三大基本问题。西部地区地方治理过程中呈现出社会发展缓慢、落后，少数民族聚居、地广人稀，生态环境脆弱，与周边国家关系密切等基本特征。这些基本特征有的成为地方治理的有利因素，有的成为其阻碍因素。但无论如何，地方治理的基本问题和基本特征均与西部地区的自然属性相联系，三者共同构成了西部地区地方治理的基本样态。

第二章（西部地区地方治理现状及存在的问题）：西部地区地方治理实践自古有之，历朝历代的君主帝王都非常重视该地区的稳定和发展。新中国成立以来，我国西部地区和周边环境出现了新的变化，通过梳理总结新中国成立以来该地区地方治理的历程及所取得的成就，进而发现21世纪该地区地方治理的新情况、新特点，对有效应对地区稳定、发展和安全所面临的诸多威胁和挑战具有重大现实意义。本章具体分析了西部地区地方治理在稳定、发展和安全方面存在的问题及其主要表现，阐明了三大基本问题的长期性、复杂性和艰巨性，为实现西部地区有效治理提供了依据。

第三章（围绕西部地区地方治理的基本问题构建地方政府能力指标体系）：依据科学性、系统性和可行性原则，遵循维护西部地区政治社会稳定、促进经济发展、保障国土与生态安全的价值取向，合理构建地方政府能力指标体系，相关指标选取围绕西部地区稳定、发展、安全三个方面进行，具体包含若干对地方经济与社会发展有重大影响的指标，作为分析西部地区地方政府能力与地方治理相关性的依据。

第四章（地方政府能力与西部地区地方治理相关性的实证分析）：增强和提升地方政府能力是改善西部地区地方治理的有效路径，认识西部地区地方政府能力与地方治理的作用机理，把握两者之间的内在联系以及一般过程，是本书的重点。与西部地区地方治理基本问题高度相关的地方政府能力主要包含三个方面，即维护稳定的能力、推进发展的能力以及保障安全的能力。我们将以辩证唯物主义与历史唯物主义为指导，运用政治学、行政学、经济学的相关理论，将前面选取的对西部地区地方治理有重大影响的地方政府能力指标，即维护社会稳定、利益分配协调、公共服务供给、经济规划发展、市场制度创新、资源汲取利用、生态环境保护、公共危机处置、领土安全保卫等九项能力的若干衡量指标与地方治理进行相关性的分析，以此说明西部地区地方政府能力与地方治理的内在关系、作用机理，在此基础上，得出可信的实证结论，即西部地区地方政府能力偏低是制约地方有效治理的一个重要现实原因。

第五章（制约西部地区地方政府能力的因素分析）：全面系统地分析

制约西部地区地方政府治理能力的因素，主要有自然因素、社会因素、人文因素、政策因素、体制因素、国际因素等六个方面。具体来说，行政管理的自然环境以及恶劣的自然条件作为自然因素，加大了地方治理的行政成本，制约着政府治理能力的提升；落后的历史起点以及国内区域发展不平衡导致的利益分化作为社会因素，致使地方治理面临不利的发展基础，直接影响了西部地区地方治理的有效性；低下的教育水准、多样的文化差异以及政治文化建设意识淡薄作为人文因素，对地方治理提出了特殊要求，限制了地方政府治理能力的有效发挥，直接影响了地方治理效果；复杂民族关系下“重稳定、轻创新”的政策导向、流于“普惠制”的政策倾斜、地方发展的趋同，成为制约西部地区地方政府治理能力的政策因素；在体制方面，民族区域自治制度贯彻过程中遇到的实际问题、行政体制改革的滞后、制度创新成本高均制约着地方治理；经济全球化、网络化和信息化对西部地区地方政府治理的负面影响，是制约西部地区地方政府治理能力的国际因素。正是上述因素制约着西部地区地方政府的能力提升，进而影响西部地区地方治理乃至国家治理现代化的进程。

第六章（推进西部地区地方政府能力建设与地方治理联动的对策、建议）：地方政府能力与地方治理相关性研究结果显示，地方政府能力与西部地区地方治理存在着极强的相关性。因此，我们将在实证研究的基础上，提出实现地方政府能力建设与西部地区地方治理联动的总体思路。其重点有两方面：一是围绕西部地区地方治理的基本问题，加强地方政府能力建设；二是以强化和提升政府能力为抓手，促进西部地区地方治理的实现及其有效性的发挥。在总体思路的指导下，以强化和提升地方政府三个方面的九项能力为立足点，提出有效维护西部地区稳定、促进发展和保障安全的对策与建议。

三、研究方法

科学研究方法，是人们认识客观世界的有效工具。在社会科学研究中，理论与方法总是相互依存的，正如德国学者克劳斯·冯·柏伊姆所言："一种理论如果不能从方法上检验与发展，则永远是一种没有用处的理论；反过来，一种方法如果离开了理论即使是具有使用价值的方法，也永远是一种不结果实的方法。"[1] 同时，研究方法的选用，意味着认识主体对于认识客体的不同认识视角，丰富了主体对于客体的认识。因此，科学研究方法对于理论研究的成功起着至关重要的作用。从严格意义上的方法论出发，研究方法可以分为三个层次，即哲学意义上的方法论、研究方式和技术性的具体方法。[2] 本书以辩证唯物主义和历史唯物主义为指导原则，运用规范研究与实证研究相结合的研究方式，采用比较分析、文献分析、数量分析等技术方法。

（一）方法论：以唯物辩证法为指导原则

唯物辩证法是马克思主义哲学方法论的精髓。唯物辩证法主张从事物的内部出发，用全面的、联系的和发展的观点观察客观事物。这些要求在理论方法上集中体现为对于客观事物矛盾的研究。因此，毛泽东指出："辩证法的宇宙观，主要地就是教导人们要善于去观察和分析各种事物的矛盾的运动，并根据这种分析，指出解决矛盾的方法。"[3] 对于事物矛盾的研究，首先在于承认矛盾是客观存在的，"矛盾即是运动，即是事物，即是过程，也即是思想"。[4] 其次，要求把握矛盾的基本特性，即矛盾的普遍性和特殊性、矛盾的同一性和斗争性。矛盾的普遍性在于矛盾存在于一切事物的发展过程中并贯穿一切过程的始终；矛盾的特殊性在于矛盾着的事物及其每一个侧面各有其特点。矛盾的同一性在于矛盾的双方互相依存，处于一个统一体中，并依据一定的条件向各自相反的方向转化；矛盾的斗争性表现为矛盾双方不同程度的相互排斥。最后，要求明确解决不同矛盾的不同形式和方法。矛盾的解决方式是多种多样的，每一对不同的矛盾都有其适合自身的解决方式。

---

① ［德］克劳斯·冯·柏伊姆：《当代政治理论》，李黎译，商务印书馆，1990，第61页。

② 参见风笑天：《社会学研究方法》，中国人民大学出版社，2001，第6页。

③ 毛泽东：《毛泽东选集》（第一卷），人民出版社，1991，第304页。

④ 毛泽东：《毛泽东选集》（第一卷），人民出版社，1991，第319页。

唯物辩证法关于矛盾的基本观点，是我们研究西部地区地方政府能力建设与地方治理联动的根本方法论原则：

其一，这一方法论原则奠定了我们研究西部地区地方政府能力建设与地方治理联动过程中定性分析和定量分析相结合的基础。依据唯物辩证法，“事物的性质主要地是由取得支配地位的矛盾的主要方面所规定的”。[①] 因此，我们的定性分析就是要研究、分析地方政府能力的内在矛盾和矛盾的主要方面，而定量分析则要以数量显示对地方政府能力中矛盾的各个方面的实际状况和程度。

其二，这一方法论原则奠定了我们研究西部地区地方政府能力建设与地方治理联动过程中静态分析和动态分析相结合的基础。唯物辩证法认为，事物的静态是事物内部矛盾各个方面相对均衡而呈现的一种外在状况。因此，我们的静态分析就是通过相对静止的地方政府能力，分析其内在矛盾的均衡状况。而事物的动态不过是矛盾的发展变化，“运动本身就是矛盾”。[②] 我们的动态分析也就是要分析地方政府能力内在矛盾的诸方面及其相互关系的变化和发展。

其三，这一方法论原则奠定了我们研究西部地区地方政府能力建设与地方治理联动过程中价值分析和事实分析相统一的基础。依据唯物辩证法，政治（政府管理）价值的差异，不过是“客观矛盾的反映。客观矛盾反映人主观的思想，组成了概念的矛盾运动”。[③] 因此，只有把地方政府能力的实际状况和矛盾分析与其思想价值矛盾分析结合起来，才能得出科学的结论。

其四，这一方法论原则奠定了我们研究西部地区地方政府能力建设与地方治理联动过程中个案分析和一般分析相结合的基础。“矛盾的普遍性即寓于矛盾的特殊性之中”[④]，这是唯物辩证法的一个基本观点。按照这一

① 毛泽东：《毛泽东选集》（第一卷），人民出版社，1991，第323页。

② 中共中央马克思恩格斯列宁斯大林著作局编《马克思恩格斯选集》（第三卷），人民出版社，1972，第160页。

③ 毛泽东：《毛泽东选集》（第一卷），人民出版社，1991，第306页。

④ 毛泽东：《毛泽东选集》（第一卷），人民出版社，1991，第304页。

观点，每一地区地方政府能力中不仅包含着矛盾的特殊性，而且包含着矛盾的普遍性。分析地方政府能力个案的这两个方面，也就意味着同时进行了个案分析和一般分析。

其五，这一方法论原则奠定了我们研究西部地区地方政府能力建设与地方治理联动过程中比较分析的基础。比较分析的前提在于同类事物的差异，而“差异就是矛盾”。[①] 因此，对地方政府能力的比较分析，其任务就在于揭示西部地区地方政府能力内在矛盾的共性和个性。

（二）研究方式：规范研究与实证研究相结合

所谓规范研究，即从某种价值观念出发，以道德规范为评估标准研究社会现象，其目的在于为人类提供社会发展的方向，揭示社会问题的实质及社会运动的一般规律，强调社会现象的价值标准，并用以判断各种社会现象、社会活动的价值，其分析手段主要是定性分析。所谓实证研究，是指为确保知识内容的可靠性，其唯一途径是将知识建立于观察或经验的基础上，主张对具体社会现象和社会发展过程进行描述、分析和检验，从而检验各种理论。实证研究强调用实证数据来验证一般的理论与原则，只有经过验证才能得出具有相当普遍性的命题，其手段主要是定量分析和实证主义方法。在以往的社会科学包括政治学、行政学研究中，人们往往把实证研究与规范研究对立起来，而忽视了二者的互补性。在本书中，我们试图采用这两种分析方法。之所以如此，是因为“辩证唯物主义的世界观和方法论要求把规范研究与经验研究有机地结合起来，即对各种政治现象既要用马克思主义的立场、观点和方法做定性分析，也要运用现代科学手段，求得大量的经验材料，进行定性分析，在经验研究的基础上进行规范分析，在规范分析的指导下进行经验研究”。[②] 西部地区地方政府能力建设，是当代中国地方治理乃至国家治理体系和治理能力现代化所面临的一个重大实践课题。对于这一现实，除了通过实证研究揭示其存在

① 毛泽东：《毛泽东选集》（第一卷），人民出版社，1991，第 307 页。

② 张友渔、石啸冲、王沪宁：《中国大百科全书·政治学》，中国大百科全书出版社，1994，第 4 页。

的问题之外，更需要寻求合理有效的治理之道。因此，这就需要我们在积累大量经验材料的基础上进行规范研究。这样，二者的有机结合就是必然的。

（三）技术方法：比较分析、文献分析、数量分析

考虑到研究主题的需要，本书采用的具体技术方法主要有比较分析法、文献分析法、数量分析法。

其一，比较分析法。所谓比较分析法，就是把两个或多个不同对象的同类属性进行比较，发现其差异性、相关性及其特质，并从中揭示其一般规律和特殊规律的方法。相对于其他研究方法来说，比较分析法更直接、简便，可以发现更多问题，而且比较分析法已经内在地包括了归纳和演绎的方法。

研究当代中国的地方政府能力建设，我们将在比较分析中充分运用马克思主义政治学的政府基本理论；同时，运用西方政治学中某些具有科学成分的研究成果和分析工具，如政治发展理论、新公共管理理论、公共物品理论以及地方政府理论，等等。由于各国之间经济政治发展及其体制存在一定差异，特别是中国的具体国情与西方国家不同，本书将在马克思主义理论指导下，批判地运用西方政治学中的一些理论成果和认识工具，以便有效地帮助我们进行分析和研究。

在对当代中国地方政府能力评价体系、建设实践进行分析时，我们将对地方政府能力建设的历史背景、制约条件、现实可能性及其制度保障等进行深入系统的比较分析，确立合理的评价指标体系，找出西部地区的政府能力建设路径选择，进而提出对策建议。从我国的情况看，改革开放以来东部沿海地区之所以能够快速发展，不仅仅取决于经济常规增长、中央政府优惠政策支持以及地缘优势的推动，更重要和关键的原因是地方政府能力在地区发展中发挥了极其重要的推动作用，构成了地区发展的动力极。通过东部沿海地区与西部地区地方政府能力之间的比较分析，可以厘清西部地区地方政府在哪些方面与东部沿海地区存在差距，这对其选择适合本地区的政府能力建设模式、制定合理有效的发展政策以及机构改革和职能转变等均具有一定的指导意义。此外，通过西部地区内部不同省份地方政府能力的对比分析，探讨各地方政府当前所面临的主要问题和任务，有利于当地地方政府明确能力建设的侧重点和差异点。

其二，文献分析法。文献分析的具体展开，一般是根据一定的研究目的或课题，通过调查文献来获得资料，从而全面地、正确地了解和掌握所要研究的问题。为了更加充分而具体地说明问题，也为了使对策建议有更强的可行性，本书拟通过对各类期刊、著作、学位论文以及专题报告等文献资料中相关研究成果的归纳分析，概括出当代中国地方政府能力建设中西部地区地方政府能力的现状及发展轨迹，提出西部地区地方政府能力建设的现实途径。

其三，数量分析法。为了客观、充分且具体地阐释问题，也为了使对策建议更加科学合理，本书在研究中不同程度地采用数量分析法，把搜集到的相关研究数据运用计算机技术进行系统的整理和分析，以此增强本书的理论说服力。

第四节　创新与有待进一步完善之处

一、本书的创新之处

第一，研究视角独特。本书以地方政府能力为视角，研究西部地区地方治理，通过地方政府能力与地方治理的相关性分析，提出相应对策与建议。

国内文献资料表明，以地方政府能力为视角，系统地研究当代中国西部地区地方治理，即对地方政府能力与西部地区地方治理进行系统的相关性分析和研究，在学术界尚属新尝试。本书以地方政府能力为视角，运用政府能力理论、新制度主义理论、治理理论以及社会秩序理论及其分析框架，通过构建西部地区地方政府能力指标体系，从西部地区地方政府维护稳定的能力、推进发展的能力、保障安全的能力三个方面与地方治理进行相关性分析，揭示地方政府能力与地方治理之间的内在关联及其作用机理，进而提出实现地方政府能力建设与地方治理联动的总体思路，即：一是围绕西部地区地方治理的基本问题加强地方政府能力建设；二是以强化和提升地方政府能力为抓手促进西部地区地方治理的实现及其有效性的发挥。在当代中国，西部地区的稳定、促进发展和保障安全面临多元复杂的威胁和挑战，党的十八大报告明确提出要“完善国家安全战略和工作机制，高度警惕和坚决防范敌对势力的分裂、渗透、颠覆活动，确保国家安全”。[①] 党的十九届四中全会审议通过了《中共中央关于坚持和完善中国特色社会主义制度 推进国家治理体系和治理能力现代化若干重大问题的决定》，把推进国家治理体系和治理能力现代化再一次放到国家发展战略全局的重要位置上。本书认为，提升地方政府能力既是实现西部地区有效治理、维护稳定、促进发展和保障安全的关键性因素和动力，也是推进国家治理体系和治理能力现代化的重要手段。基于此，本书尝试提出实现西部地区地方政府能力建设与地方治理联动的对策与建议，从强化和提升地方政府维护社会稳定、利益分配协调、公共服务供给、经济规划发展、市场制度创新、资源汲取利用、生态环境保护、公共危机处置、领土安全保卫等九项能力的角度，为地方治理提供相应的社会基础、民心基础、经济基础、制度环境、财政支撑。

第二，跨学科研究。本书将地方政府能力与西部地区地方治理有机结合在一起，这对于构建有中国特色的地方治理创新理论，具有可能的学术价值。

我国是幅员辽阔、人口众多的发展中的统一的多民族国家，各地区经济社会发展及现代化进程是不平衡的，西部地区地方政府能力与东部地区地方政府能力之间存在显著差异。同时，我国也是世界上邻国最多、陆地边界线最长的国家之一，边疆地区的稳定、发展和安全是国家安全的重要

① 胡锦涛：《坚定不移沿着中国特色社会主义道路前进 为全面建成小康社会而奋斗》，共产党员网，2012 年 11 月 17 日，http：//www. 12371. cn/special/18cpcnc/baogao/。

保障，西部地区地方治理也是国家整体治理的重要组成部分。西部地区大多处于我国边疆地带，其地方政府能力直接影响我国地方治理的整体效果。当前，我国在推进国家治理体系和治理能力现代化的进程中仍面临重重阻碍，有国内政府体制的制约，也有国外政治环境的影响，政府在治理能力现代化的时代课题下必然要担负重任。然而，政府的能力成长、提升速度与地方治理的紧迫性之间存在矛盾是不争的事实，这是中国地方治理进程中出现的新情况、新问题，需要加以重视、研究。在此背景下，为了加强对西部地区地方治理基本问题的认识，并进一步为我国推进国家治理体系和治理能力现代化提供理论基础，学术界应重视从地方政府能力的角度研究西部地区地方治理问题，把加强地方政府能力建设纳入西部地区地方治理的理论研究和战略制定框架之中。就目前国内的文献看，这方面的研究极少，甚至是空白。因此，加强地方政府能力与西部地区地方治理的理论研究与探索，对于构建有中国特色的治理理论创新体系，具有潜在的学术价值和意义。本书力图通过科学有效的理论探索，达成这一学术目标。

第三，观点新颖。地方政府能力的强弱直接影响西部地区地方治理水平的优劣、绩效的高低。

目前，学术界在治理领域中较为关注的国家治理、地方治理、城市治理、社会治理等相关研究，多次提到了地方政府能力建设的重要作用，但把地方政府能力建设置于西部地区地方治理中进行联动研究的并不多见，属于新尝试。本书从西部地区的特殊性与地方治理的基本问题出发，分析西部地区地方治理的现状、特征及其存在的问题，运用政治学、行政学有关政府能力的理论，把制约西部地区地方治理的原因与政府能力联系起来进行考察，提出“地方政府能力的强弱，是影响西部地区地方治理有效性的一个重要的现实原因”这样一个基本假设。对于这一理论假设，我们将以辩证唯物主义和历史唯物主义为指导，通过建立地方政府能力评价指标体系，运用统计学理论与方法，以合理准确的文献数据、实证事实为基础，验证假设的存在及其科学性，并由此提出提升地方政府能力、促进西部地区地方有效治理的政策建议。在国内地方治理的研究中，不能不说是一个新的尝试。

第四，研究方法综合。单一的研究方法不足以支撑一项完整的研究，研究方法的综合使用能够较为全面、客观地反映所研究问题的全貌。

本书以辩证唯物主义和历史唯物主义为指导原则，运用规范研究与实证研究相结合的研究方式，采用比较分析、文献分析、数量分析等技术方法。

二、有待进一步完善之处

如前所述，由于“在西方国家，政府能力研究总体上还是正在发展中的新兴领域”,① 因此，国外政府能力研究的现状，决定了我们有关文献资料收集、占有方面的状况；加之，国内学术界有关国外政府能力研究的介绍甚少，更限制了我们这方面的学术视野。因此，本书“国外研究综述”部分略显不足，需要进一步收集、掌握资料，这是其一。

其二，对策可操作性方面有待进一步探索。地方政府能力及其建设是政治学和行政学领域特别是政府发展领域重大的实践问题。尽管我们在认真研究国外政府能力理论并力图使之中国化的基础上，有所借鉴国外特别是西方发达国家的一些理论、原则以及实践模式，并结合西部地区地方政府能力的现实，尝试提出了一些在我们看来适合该地区实际、具有地区和时代特色的地方政府能力建设理念、原则、方法以及实践模式、具体途径；但是，由于自身研究能力的局限，特别是囿于自己政府工作实践经验的匮乏以及国内地方政府能力建设的实践尚没有系统成熟的经验可资借鉴，加之当代中国周边环境的风云变幻，西部地区地方治理难度不可同日而语，本书提出的对策建议还只是停留于“思路”的层面上，具有相对性的特点，其可操作性还有待在今后的实践以及研究中进一步探索。在后续的研究中，我们将在进一步完善资料特别是第一手资料的基础上，结合西

① 汪永成:《中国现代化进程中的政府能力》,《政治学研究》2001 年第 4 期。

部地区地方政府能力建设的实际，把握地方治理的新特点和新趋向，加强实践层面的研究与探索，力争使西部地区地方政府能力建设的“操作思路”变成极具实践性的“操作方案”。

第五节　概念界定与理论基础

所谓概念界定，就是对研究课题的关键词做一个解释。研究课题中的核心概念或关键词，不仅对课题的清晰表述具有重要作用，还对研究课题的实践操作具有重要意义。因而，做研究要实实在在地把课题研究涉及的概念、术语弄懂弄透，而理论基础则是研究主体对研究客体进行研究时所依托和运用的理论。这里，就本书的核心概念和理论基础做一简要阐释。

一、相关概念界定

本书涉及的核心概念或关键词主要有地方政府能力、治理、地方治理，我们将对上述核心概念或关键词进行界定。

（一）地方政府能力

中国地方政府能力与地方政府的权力、职能及其特殊性直接相关，准确认识和把握地方政府的权力、职能及其特殊性，是科学界定地方政府能力的前提条件。这是因为：

第一，地方政府能力的强弱与地方政府权力的大小直接相关。政府权力是构成政府能力的必要条件，没有必要权力的政府必然是没有能力的政府。政府权力的大小，直接影响政府能力的实现程度。“权力是对价值的权威分配。权力大，意味着能获取和支配更多的资源；权力小，则意味着在资源的获取和分配上受到更多的限制。”[①] 因此，从法律授权或者政治惯例获得强大权力的政府，可以支配更多的资源，政府作为的空间也就比较

① 薄贵利：《集权分权与国家兴衰》，经济科学出版社，2001，第 199 页。

大，因而会相应提升自身的能力。例如，改革开放之初，中央政府地方分权的“东倾”，使东部沿海地区相关省级地方政府获得了较西部地区地方政府大而多的权力，从而提升了该地区地方政府的能力。

第二，政府能力总是同履行、实现一定职能的政府行为联系在一起的。能力又总是在履行、实现行政职能的政府行为中外显的，人们也总是从履行、实现一定的职能以及完成一定任务的观点来了解、考察和确定一个政府的能力的。在一定意义上讲，离开政府职能谈论政府能力是比较空泛和抽象的，所谓政府能力就是履行、实现政府职能的能力。政府职能本身是公共行政学的核心范畴，具有较强的关联性，它与行政主体、行政客体、行政环境、行政目标、行政工具、行政绩效以及行政过程等都具有密切的关联性，从职能这个角度来界定政府能力，其统摄性、包容性和解释性都比较强。[①] 因此，把握地方政府能力的内涵，要求我们必须准确认识地方政府的职能，以政府的职能界定政府的能力，使之具有较强的统摄性、包容性和解释性，成为我们理解地方政府职能及其实现职能速度快慢、质量高低以及绩效优劣的概念框架和分析工具。

第三，地方政府能力与当代中国地方政府的特殊性相关，界定地方政府能力概念应当充分考虑这一现实。中国地方政府的特殊性，要求我们在界定地方政府能力时不能照抄照搬国外学者的观点和方法，而必须从中国的客观实际出发，充分考虑地方政府的特殊地位、在国内政府间关系中的特殊性以及由中央政府授权所决定的权力的特殊性，考察其作为中央政府的代表及其执行机关、同级地方人民代表大会及常务委员会的执行机关以及地方国有资产管理者履行和实现其职能的速度快慢、质量高低以及绩效优劣，考察其协调、处理与中央政府、同级政府以及下级地方政府之间的关系，推动辖区经济社会发展的能力。只有这样，才能使地方政府能力概念中国化，反映当代中国的实际状况。

基于上述认识，我们对当代中国省级地方政府能力作如下界定：所谓

---

① 参见汪永成：《中国现代化进程中的政府能力》，《政治学研究》2001 年第 4 期。

地方政府能力，是指地方政府运用公共权力，履行和实现其职能，协调国内政府间关系，汲取和利用社会资源，以实现所辖行政区域经济社会发展的潜在和现实的功能性能量、能力的总和。

（二）治理

“治理”（governance）是20世纪90年代在社会科学领域中流行起来的核心概念，如今已成为公共管理领域的热点议题，并逐渐获得话语权。“今天的国际多边、双边机构和学术团体以及民间志愿组织关于发展问题的出版物很难有不以它为常用词汇的。”[①] 从治理在理论和实践中的发展来看，“治理”一词是相对于传统的“统治”（government）而言的。“治理”概念最早出自1989年世界银行报告，该报告在概括非洲国家的发展和公共管理情况时，首次使用了“治理危机”（crisis in governance）一词，并提出了“良好治理”的制度框架。此后，“治理”一词便被广泛地用于政治发展的研究中，许多国际组织和机构开始在各种报告和文件中频频使用这一概念。政治学、经济学和管理学等学科也纷纷引入“治理”概念，用以发展和完善各自的学科理论，并赋予它极其丰富的内涵，使其不仅涵盖范围远远超出了传统的经典意义，而且其含义也与统治相去甚远。

由于分析角度与对象的不同，学界对于“治理”并没有形成统一的定义。R. 罗茨指出，治理可用于指代任何活动的协调方式，至少有六种不同的用法：作为最小国家的治理、作为公司治理的治理、作为新公共管理的治理、作为“善治”的治理、作为社会—控制系统的治理和作为自组织网络的治理。[②] 世界银行提出，治理等同于单个国家的可统治性，指的是“为了发展而在一个国家的经济与社会资源的管理中运用权力的方式”。[③] 世界经济合作组织认为，治理是运用政治权威管理和控制国家资源，以求

① 辛西娅·休伊特·德·阿尔坎塔拉、黄语生：《“治理”概念的运用与滥用》，《国际社会科学杂志》（中文版）1999年第1期。

② 参见 R. Rhodes，“The New Governance：Governing without Government”，*Political Studies*，No. 44（1996）：653.

③ World Bank，“Governance and Development”，Washington，D. C.：World Bank，1992：3.

得经济和社会发展的方式。[①] 罗茨等将“治理”等同于“政策网络”，认为两者都是关于“政府与其他国家行动者和社会行动者之间的联系和依赖的概念”，表示“政府和其他社会行动者之间的一系列正式制度性联系以及非正式联系”。[②] 目前，学界普遍认同的是 1992 年全球治理委员会成立时，W. 勃兰特在《我们的全球近邻》报告中对治理的定义，“治理是各种公共和私人机构管理其共同事务的诸多方式的综合，它是使相互冲突的或不同的利益得以调和，并且采取联合行动使之得以持续的过程”。[③] 国内学者陈振明等认为，可以将治理一般地理解为一个上下互动的管理过程，它主要通过合作、协商、构建伙伴关系、确立认同和共同的目标等方式实施对公共事务的管理，其实质在于建立在市场原则、公共利益和认同之上的合作。它所关注的主要问题是，如何在日益多样化的政府组织形式下保护公共利益，如何在有限的财政资源下以灵活的手段回应社会的公共需求。[④]

（三）地方治理

地方政府作为一个国家政治和政府制度的重要组成部分是地方治理的主体，在地方治理实践中发挥主导作用，因此也是各国政府变革所关注的重点。经济全球化、信息化、市场化和民主化的当代世界潮流，给各国特别是发展中国家带来了新的机遇与挑战。新的环境变化和新的历史使命，要求政府进行改革与创新。在全国范围内，地方政府治理与变革成为我国政府改革的焦点之一。我国的政府改革在快速推进的同时，治理理论也被不断赋予新的内涵。基于这样的背景，我国当代的地方治理也应是吸纳了治理新思想、新理论的地方治理。随着改革开放的深入和经济社会的发展，与中央政府的改革同步，地方政府的治理变革也经历着一个不断实践与探索的过程。经过多次改革，我国地方政府在转变职能、理顺关系、

① 参见［瑞士］皮埃尔·德·塞纳克伦斯：《治理与国际调节机制的危机》，《国际社会科学》1999 年第 1 期。

② ［英］R. A. W. 罗茨、王宇颖：《如何管理政策网络?》，《中国行政管理》2015 年第 11 期。

③ 参见王学锋：《城镇密集地区规划编制与管理》，东南大学出版社，2007，第 80 页。

④ 参见陈振明等：《公共管理学》，中国人民大学出版社，2017，第 59 页。

调整机构设置及精减人员编制、减少审批环节、简化办事程序等方面迈出了实质性的步伐，取得了一定的突破。[①]

地方治理是指地方政府在治理理论指导下，通过分权、重组，促进公众参与，促进多中心网络的建立、发展，以适应各种不确定因素的挑战，以更好地处理地方公共事务，促进整个地方发展的过程。[②] 地方治理至少应有四个方面的内涵：一是地方治理是具有弹性的地方制度与组织结构安排；二是地方治理是地方政府改革和自主选择可持续发展道路的行动过程；三是地方治理运作依靠的是在地方形成的应对公共问题的公共政策和公民参与网络；四是地方治理极其关注环境变化和挑战，它的视野始终放在地方的战略发展前景上。

二、本书的理论基础

理论基础，即研究主体对研究客体进行研究时所依托和运用的理论。本书的内容、性质和目的，要求我们综合运用多种理论对所要研究的问题进行综合探讨。本书将主要运用政府能力理论、公共治理理论、民族发展理论分析、研究所涉及的问题。

（一）政府能力理论及其分析框架

关于政府能力，前面我们已经做了较为详尽的综述，这里不再赘言。

政府能力作为人们理解和表征政府发展及其有效性的一般范畴，尽管其研究“总体上还是正在发展中的新兴领域”[③]，但仍然可以作为本书的分析框架。

首先，政府能力有其结构构成，并有程度强弱不同之分。政府能力受多种因素制约，政府能力的约束条件不同，其强弱程度便不同，因而对经济社会发展及现代化进程的影响程度也就不同。通过分析政府能力的结

① 陈振明：《国家治理转型的逻辑：公共管理前沿探索》，厦门大学出版社，2016，第 142 页。

② 翁士洪、周一帆：《多层次治理中的中国国家治理理论》，《甘肃行政学院学报》2017 年第 6 期。

③ 汪永成：《中国现代化进程中的政府能力》，《政治学研究》2001 年第 4 期。

构，确定地方政府能力的评价指标，并选取若干对地区经济社会发展及现代化进程有重大影响的指标，对西部地区与东部沿海地区地方政府能力进行比较，找出两者存在的差距，分析制约地区地方政府能力的因素，进而可提出提升该地方政府能力的行之有效的对策建议。

其次，政府权力是构成政府能力的必要条件之一。从法律授权或者政治惯例获得强大权力的政府，可以支配更多的资源，政府作为的空间也比较大，因而会相应地提升政府能力；同时，政府能力又是政府权力得以维持、行使的必要手段和基础。

最后，政府能力同政府职能密切联系在一起。就两者的关系而言，政府职能的实现是以政府能力为基础的，缺乏有效能力的政府即使法律上具有广泛的职能，实际上也不会真正有所作为；而政府能力所赖以建立的许多资源又与政府职能有关，政府职能为政府能力的形成和发挥提供了制度保障，规定了其基本方向和任务。因此，政府能力范畴及其理论适用于本书研究。我国是一个幅员辽阔、人口众多的统一的多民族国家，地区差异的存在是不可避免的，因而地方政府面临的行政环境各异，其职能的内容、重心、运作方式的不同，造成地方政府能力的强弱差异。同时，我国是单一制国家，地方政府的权力由中央政府授予。地方分权不同，即中央政府授予地方政府的权力大小不同，必然影响地方政府的能力，这已被1978年以来中国改革开放政策实施的结果所证明：由于地方分权不均等，东部沿海地区地方政府因建立经济特区、沿海开放城市、计划单列市等拥有了充分的权力，可以支配更多的资源，政府作为的空间也比较大，因而相应地提升了其能力，政府能力普遍高于西部地区，并由此推动了东部沿海地区的经济社会发展及现代化进程。而西部地区地方政府则相反，由于没有获得充分的权力，可以支配的资源受限，政府作为的空间自然狭小，难以提升自身能力，进而影响了该地区经济社会发展及现代化的进程。

（二）公共治理理论及其分析框架

公共治理的兴起有其深刻的历史背景，从根本上说，它是对政府与市场“双重失效”的一种回应。

市场在提高资源配置效率中显示出巨大优越性的同时，也显现出十分严重的弊端，如在限制垄断、提供公共产品、约束和克服生产的随意性等方面存在着极大的局限性，单纯的市场手段不可能实现社会资源最优化的配置，无法达到经济学所追求的“帕累托最优”。同样，仅仅依靠政府强制的计划和指令，也无法实现资源的优化配置，相反还会出现职能错位、越位、缺位以及机构臃肿和效率低下、财政危机等现象，最终导致政府的合法性危机。在政府和市场面临“双重失效”的情况下，作为民间组织的“第三部门”开始兴起。这不仅是对政府（“看得见的手”）失效和市场（“看不见的手”）失灵的回应，也是国家权力向社会权力回归、公共权力与私人权力互相渗透这一客观现实的集中体现。民间组织具有不同于政府和市场的优越性，从而能够在一定程度上克服“市场失灵”和“政府失灵”，推动当代社会政治变革从自上而下型的“统治”模式向上下结合型的“治理”模式转变。在这样的宏观背景下，治理理论作为一种既重视发挥政府和市场的功能，又重视政府与社会组织相互合作、共同管理的方式和理念，登上了人类历史舞台。这一理论已经逐渐成为公共管理的一个重要价值取向和实践追求。

1989 年，世界银行首次使用“治理危机”一词，此后，“治理”便被广泛运用于政治发展和行政改革的研究与实践领域中。联合国有关机构还成立了一个“全球治理委员会”，并创办了一份名为《全球治理》的杂志。20 世纪 90 年代以来，在西方学术界，特别是政治学、行政学、管理学领域，治理理论成为探讨的重点和热点，以治理为研究对象的著述大量涌现。“从政治学的角度看，治理是指政治管理的过程，它包括政治权威的规范基础、处理政治事务的方式和对公共资源的管理。从公共行政学的角度看，治理理论则强调一种多元的、民主的、合作的、非意识形态化的公共行政。”① 全球治理委员会对治理的定义是：“治理是个人与机构、官方与私人治理其共同事务的总和，多种多样互相冲突的利益集团可以借此走

① 胡仙芝：《从善政向善治的转变：“治理理论与中国行政改革”研讨会综述》，《中国行政管理》2001 年第 9 期。

到一起，找到合作的办法。它是一个持续不断的过程，在这个过程中既可以是对立的或各异的利益彼此适应，也可以是采取合作的行动。它既包括为保证人们服从的正式制度和体制，也包括人们同意或接受符合其利益的非正式安排。”① 世界经济合作与发展组织（OECD）对其的定义是：“治理是指运用政治权威管理和控制国家资源，以求经济和社会的发展。”② 具体而言，治理指由许多不具备明确的等级关系的个人和组织进行合作以解决冲突的工作方式，它灵活地反映着多样化的规章制度甚至个人态度。

我们认为，公共治理是以政府为主体、多种公私机构并存的新型社会公共事务管理模式，是建立在市场原则、公共利益和相互认同基础之上的国家与社会、政府与非政府组织、公共机构与私人机构的合作。政府在管理社会公共事务方面可以而且应当将其一部分职能转交给社会，而且应当拥有多种管理手段与方法，以实现和增进公共利益。

公共治理理论的分析框架主要体现在以下几个方面：一是治理主体的多元化。参与管理的主体已经不只是政府部门，而是包括全球层面、国家层面和地方层面的各种非政府和非营利组织、政府间和非政府间国际组织、各种社会团体甚至私人部门在内的多元主体的分层治理。多元主体治理表明了横向分权的观念，分层治理表明了纵向分权的观念。不同治理主体对应着不同的治理对象或客体，发挥着各自的作用。这意味着，非政府组织、非营利组织、公民自组织等第三部门和私营机构将与政府一起共同承担管理公共事务、提供公共服务的责任，这些组织的权力也将得到社会和公民的认可。正如奥斯本和盖布勒在《改革政府：企业家精神如何改革着公共部门》一书中分析的那样，政府实现公共服务的方式将是“掌舵”而不是“划桨”，权力核心将从一元走向多元。③ 这一变革内在的行动逻辑是，民间自组织将成为一种主要的发展潮流，多元竞争将被不断引入公共

---

① 俞可平：《治理与善治》，社会科学文献出版社，2000，第 38 页。

② 参见［瑞士］皮埃尔·德·塞纳克伦斯：《治理与国际调节机制的危机》，《国际社会科学》1999 年第 1 期。

③ 参见［美］奥斯本、［美］盖布勒：《改革政府：企业家精神如何改革着公共部门》，周敦仁等译，上海译文出版社，2006，第 78 页。

物品和公共服务的生产与提供中。二是治理机制和手段的变革。公共治理不仅从规模、活动范围等方面对政府进行改革，更重要的是还从管理体制或者运行机制等方面对公共部门进行深层次的改革。改善管理机制，提高组织绩效和效率是公共治理理论关注的核心问题，而公共治理变革的核心是引入私人部门管理模式以改善公共部门的组织管理绩效：一方面，在公共部门的管理中积极引进私营部门中较为成功的管理理论、方法、技术和经验；另一方面，积极推进民营企业更多地参与公共事务和公共服务管理。同时，在明确区分公共部门和私营部门的不同责任的基础上，加强政府的应有责任。三是公共治理结构的转化。公共治理不再是单一的、政府自上而下控制的金字塔结构，而是多元主体互动的网络化结构。在公共治理中，多元主体在各自利益、行为方式、目标和运行模式等方面不尽相同：以政府为主体，通过权力运作方式，以满足公共需要为目的，提供公共服务的权威型模式；以私人营利组织为主体，通过市场交易方式，并以盈利为目的而提供公共服务的商业型模式；以营利组织、非营利组织或公民个人为主体，通过慈善方式和以满足社会需要为目的而提供公共服务的志愿型模式。正是多元主体在多个方面的不尽相同，使得它们之间在处理公共问题时有着比较优势；同时，它们在提供公共产品和服务时存在权力依赖，而这种权力依赖又让这三种模式相互交织在一起，产生了一种新的政府—社会之间的平等伙伴关系，最终形成了以信任、合作和互惠为基础的社会治理网络。

在本书中，公共治理理论作为一项理论资源为地方治理体制、机制、主体等方面提供了方法论层面的借鉴。具体问题具体分析，公共治理的一些思想在地方治理具体问题中不能随意使用。我们在引入和借鉴公共治理理论时，必须考虑治理理论对于中国西部地区地方治理的适用性问题。

从政治形态上看，西部地区民族众多，意识形态复杂，宗教信仰多元，治理的难度更大。因此，地方治理的主体在多元化的基础上要更加强调政治意识形态对不同主体的引领作用，以及社会主义核心价值观的带动作用。从经济发展上看，公共治理理论从西方发达国家的经验出发，主张限制政府的职能和作用，这种理论倾向往往不能适用于发展中国家的现实需求。特别是对于转型时期的发展中国家来说，更需要发挥政府的作用，不可以盲目照抄照搬公共治理理论的理论观点和政策主张。

要认识到公共治理的实践在中国是一个“摸着石头过河”的长期过程。在相当长的一段时期内，我们不仅不能将政府权力、责任分散化，而且还要加强政府的中心地位及其权威，以集中更多的政府资源来完善市场机制，实现向公共治理状态的“跨越式发展”。在当前条件下，应将培育软环境与“移植”具体的体制、机制及其做法并举。

总之，公共治理理论的出现，使我们能够从政府、市场、社会的多维度、多层面上观察、思考问题，它的现实积极意义在于为当前我国区域经济发展与政府改革提供了一种选择与参照系。这就要求中国政府特别是地方政府重新定位自己的角色和地位，优化自身的能力结构，多元参与区域经济发展，从而真正实现政府与民众、市场、社会的合理、良性互动。

（三）民族发展理论及其分析框架

民族发展理论作为民族理论的一个组成部分，随着社会发展变化的频度加快和程度加深而越来越受到人们的关注。它不但为民族发展、西部地区地方治理提供了直接的理论指导，而且为解决其他民族问题提供着越来越宽广的依据。如何在新的时代环境中适时调整民族发展的内涵，辨识民族发展和西部地区地方治理的制约因素，寻求各民族最适宜的发展模式，不仅成为理论界研究的重点，更是理论界不懈努力的追求目标。

中国特色社会主义民族发展理论，是马克思主义民族理论中国化实践的重要理论成果之一，是中国特色社会主义理论的重要组成部分。中国共产党历代领导集体在我国革命、建设、改革的各个历史时期，把马克思主义民族理论和中国民族发展、地方治理的具体实际相结合，提出了一系列与时俱进的民族发展理论，开辟了具有中国特色的解决民族发展问题进而实现西部地区地方善治的道路，使中国各民族获得解放，走上社会主义繁荣发展的道路。中国特色社会主义民族发展理论，以毛泽东民族发展理论为起点，以邓小平民族发展理论的奠立为标志，经历江泽民、胡锦涛民族发展理论的丰富与发展和习近平总书记关于民族工作的重要论述的深化阶段，迄今趋于成熟，其内容都带有中国民族发展的特性和中国民族发展及其地方治理的特点。

以毛泽东同志为代表的中共领导集体，把马克思主义民族理论与中国民族具体实际相结合，在团结和动员国内各族人民群众参与革命和建设实践的基础上，创立了在中国这样半殖民地半封建社会里如何解决国内民族发展问题的理论和政策，创造性地丰富和发展了马克思主义民族理论，对中国特色社会主义民族发展理论的形成作出了突出贡献。毛泽东民族发展理论是中国特色社会主义民族发展理论的起点与基础，是毛泽东思想的重要组成部分，是我党第一代领导集体的智慧结晶，是中国化的马克思主义民族理论。毛泽东在思考中国民族发展、地方治理问题的过程中，努力把马克思主义关于民族问题的普遍原理同中国民族具体实际相结合，最终确立了以民族区域自治、民族平等、民族团结、各民族共同繁荣为核心的民族发展理论的基本框架，从而为我们治理西部地区，实现边疆善治提供了理论基础。

邓小平民族发展理论是对毛泽东民族发展理论的继承与发展。邓小平民族发展理论结合改革开放的时代特点，遵循解放思想、实事求是的思想路线，运用新的实践经验，对民族发展理论做了新的论证，实现了马克思主义民族理论与中国民族实际相结合的历史性飞跃。邓小平在毛泽东探索社会主义建设的基础上，明确提出了“建设中国特色社会主义”这一概念，并以此为主题，围绕“什么是社会主义、怎样建设社会主义”这个首要的基本的理论问题，第一次比较系统地初步回答了在中国这样一个经济社会文化比较落后的国家，如何建设社会主义、如何巩固和发展社会主义等基本问题。邓小平民族发展理论主要包括：全面贯彻落实民族区域自治制度；发展平等、团结、互助的社会主义民族关系；解放和发展民族地区的社会生产力；坚持改革开放，增强少数民族和民族地区的自我发展能力；制定“两个大局”和“共同富裕”的战略发展方针；培养一支德才兼备、素质过硬的少数民族干部队伍；发展少数民族地区教育文化事业。

进入20世纪90年代，江泽民同志从国家长治久安和振兴中华民族的高度，从建设中国特色社会主义和实现国家现代化的高度，来认识促进民族政治经济文化不断发展的重要性和紧迫性。江泽民同志十分重视民族发展和边疆治理问题，把实现民族地区的发展当作边疆治理的首要工作执行，建立了在“三个代表”重要思想指引下，以民族区域自治为基本制度，以大力推动少数民族和民族地区的经济社会发展、实现各民族共同繁荣发展为根本目标，以推动民族团结进步事业和西部大开发为基本途径的解决中国特色社会主义建设时期民族发展问题的理论体系。江泽民民族发展理论主要包括：继续贯彻实施民族区域自治制度；进一步巩固和发展社会主义民族关系；加快民族地区的经济和社会发展；实施西部大开发战略；培养和使用少数民族干部；继续推进民族教育文化事业的发展。

党的十六大以来，以胡锦涛同志为总书记的党中央在继承毛泽东、邓小平、江泽民民族发展理论的基础上，面对新形势，在民族工作中就民族发展问题从理论和实践上进行了新的探索，提出了一系列新思想、新观点、新论断。这些内容包含在科学发展观体系当中，回答了实现什么样的发展、怎样发展等重大问题，是我们党对社会主义建设规律、共产党执政规律和人类社会发展规律认识的深化，从而把马克思主义民族理论推进到一个崭新的历史阶段，进一步丰富和发展了中国特色社会主义民族发展理论。胡锦涛民族发展理论主要包括：坚持民族区域自治制度不动摇；构建平等、团结、互助、和谐的社会主义民族关系；共同团结奋斗、共同繁荣发展；以科学发展观统领民族地区经济社会全面发展；加强少数民族干部队伍建设和民族地区人才资源开发；推动人口较少民族的发展；促进民族地区各项社会公益事业的发展。

党的十八大以来，以习近平同志为核心的党中央面对新形势，在民族工作中就民族发展和治边问题从理论和实践上进行了新的探索，提出了一系列新思想、新观点、新论断。进入中国特色社会主义新时代，习近平总书记在参加十二届全国人大一次会议西藏代表团审议时，明确提出“治国必治边”的重要战略思想，进一步突出了边疆治理的重要战略地位。2014

年1月26—30日，习近平总书记在内蒙古考察时指出：“要始终高举民族团结旗帜，坚持和发扬各民族心连心、手拉手的好传统，深入开展民族团结进步宣传教育，精心做好民族工作，把内蒙古建成祖国北疆安全稳定的屏障。”① 党的十九届四中全会审议通过的《中共中央关于坚持和完善中国特色社会主义制度 推进国家治理体系和治理能力现代化若干重大问题的决定》指出，要“坚定不移走中国特色解决民族问题的正确道路，坚持各民族一律平等，坚持各民族共同团结奋斗、共同繁荣发展，保证民族自治地方依法行使自治权，保障少数民族合法权益，巩固和发展平等团结互助和谐的社会主义民族关系”。② 他认为，加快民族地区经济社会发展，逐步缩小地区发展差距，实现区域协调发展，最终实现全国各族人民的共同富裕，是实现社会主义现代化和中华民族伟大复兴的一个重要出发点和落脚点，是建设中国特色社会主义的本质要求。建设一支能够担当重任、经得起风浪考验的高素质的各族干部与人才队伍，尤其是大力培养和造就一大批德才兼备的少数民族优秀干部，是更快更好地推动民族地区经济发展与社会进步的关键性因素。各级党委和中央有关部门要进一步增强做好新形势下少数民族干部工作的责任感和紧迫感，坚持德才兼备、以德为先的用人标准，一方面要注重在实践中特别是在地方和基层一线实践中培养、锻炼和提高少数民族干部，切实加强少数民族优秀年轻干部的培养选拔工作；另一方面要继续有计划、分层次组织安排少数民族干部到党校、行政学院、干部学院、民族干部院校进行培训，不断提高其政治素质和业务能力，增强抓好发展这个第一要务、履行好维护稳定这个第一责任的本领。③ 习近平总书记关于民族工作的重要论述为我们解决中国特色社会主义新时代发展不平衡不充分问题，解决当代中国的民族问题和西部地区地方治理

---

① 《习近平的民族观》，新华网，2015年8月24日，http：//www. xinhuanet. com/politics/2015-08/24/http：//www. xinhuanet. com/politics/2015-08/24/c_ 128160466. htm。

② 《坚定不移走中国特色解决民族问题的正确道路》，人民网，2019年12月5日，http：//opinion. people. com. cn/n1/2019/1205/c1003-31490502. html。

③ 《进一步做好少数民族干部培训工作》，光明网，2010年10月22日，http：//epaper. gmw. cn/gmrb/html/2010-10/22/nw. D110000gmrb_ 20101022_ 6-03. htm。

问题，实现西部地区稳定、发展和安全同步共进提供了理论指导。

在发展成为当代世界主题的今天，全球化和多元化交织演进的世界性趋势明显，在构建和谐社会的国家意志的作用下，我们明显地感受到少数民族和西部地区发展问题的重要性日益突出。这种日趋显著的重要性迫切要求我们在理论上对西部地区发展问题进行更为深入系统的思考，以期对促进少数民族和西部地区的发展发挥新的、更大的指导作用。当前，我国的民族发展理论日益成熟，民族工作不断取得好成绩。民族团结、民族和谐、民族繁荣和边疆善治的局面也在继续巩固和不断发展之中。但是，因为社会现实问题的复杂化，西部地区社会发展过程中同样会出现新问题、新矛盾。其中有一些问题总体上属于人民内部矛盾，诸如收入分配不公、教育资源配置不均、社会保障不到位、就业困难等，属于管理、治理、引导上的问题；还有一些问题属于敌我矛盾问题，是由于西方敌对势力利用民族、宗教问题对我国实行渗透和颠覆所产生的，对这类矛盾要引起警惕。面对新局面，当代中国民族发展理论的创新发展有其历史的合理性和必然性，这就要求民族发展理论的创新和发展遵循一定的原则，使民族理论研究上一个新台阶，以便指引民族工作实践和实现西部地区善治。

第一章　西部地区的特殊性与地方治理的基本问题

习近平总书记在党的十九大报告中指出，我国已经进入中国特色社会主义新时代。站在新的历史方位上，中国共产党和中国政府对西部地区经济与社会发展以及地方治理提出新的要求。党的十九大报告强调了实施区域协调发展战略的重大现实意义，提出要加大力度支持革命老区、民族地区、边疆地区、贫困地区加快发展，强化政策和措施推进西部大开发形成新格局。大力发展少数民族事业，是适应我国统一的多民族国家这一基本国情的客观需要和必然要求，是增进民族团结、促进各民族共同发展和共同繁荣以及维护西部地区稳定和国家统一的重要保障，是全面建设社会主义现代化国家的重要内容。西部地区八省区——内蒙古、广西、西藏、宁夏、新疆、青海、贵州、云南，是我国少数民族主要聚居地区，地处我国西北、西南边疆防线，其在自然条件、社会环境和国际环境方面的特殊性、复杂性，使得稳定、发展和安全成为本地区地方治理的基本问题。八省区作为西部地区的重要组成部分，其独特的自然地理和人文条件、脆弱的生态环境、较落后的经济社会发展状况、复杂的国际环境使得本地区地方治理呈现出诸多特点。

第一节　西部地区的自然条件、社会环境和国际环境

地方政府能力建设是加强地方治理的重大举措，是政府能力的自我提升，影响着西部地区的经济与社会发展以及地方治理。西部地区特殊的自然条件、社会环境和国际环境是该地区的本质特征，是地方治理与地区政治、经济、文化及社会发展以及国家安全、国际关系中基础性的影响因素。西部地区的区位条件、自然环境是该地区经济与社会发展的主要制约因素，自然资源型经济发展路径在为经济提速的同时也为生态环境保护埋下了隐患；涵盖领域广泛的社会环境，是西部地区地方政府能力建设的重点方向；复杂多变的周边国际环境，在为西部地区提供发展机遇的同时也影响着我国地区地方治理中的稳定、发展、安全等重大事项，事关国家主权、安全和领土完整等国家利益问题。这三重因素相互作用、相互影响，形成了西部地区地方政府能力建设的先天条件和重点考虑因素，关系着地方治理的持续发展和基本走向。

一、西部地区特殊的自然条件

自然条件是指一个地域经历上千万年的天然非人为因素改造成形的基本情况。一个国家或地区的自然条件，主要包括区位条件、自然环境和自然资源，它深刻地影响着该国家或地区的政治交往、经贸往来、人文交流以及科技合作，进而影响到该国家或地区政府能力建设及其绩效。我国西部地区特殊的自然条件，是该地区政府治理的首要考虑因素。与中部地区、东部沿海地区相比，西部地区处于更加复杂的政治环境中，经济发展面临诸多阻碍，人文交流受到多种限制，科技合作基础更为薄弱，而民族因素和边疆区位也为西部地区发展增添了多重制约。西部地区地域辽阔，东起大兴安岭西麓，西至帕米尔高原，南界为云南勐腊，东西跨经度52°，南北跨纬度近33°，地域面积广大，深居内陆，区位条件差，生态环

境复杂，物质资源丰富却难以开发利用。

（一）区位条件

区位条件是区位本身具有的条件、特点、属性及其资质，它是一个地区经济与社会发展的基础性资源，包括位置关系、地域分工关系、地缘政治关系、地缘经济关系以及交通、信息关系。一个地区因其区位条件而与周边其他地区发生经济、政治、文化、交通以及信息等多方面的联系，从而对该地区经济与社会发展产生深远影响。

置于陆地和全球环境，我国西部地区具有明显的区位优势。西部地区大部分省区处于我国边疆地带，与 13 个陆上邻国有接壤面积，历史上形成了丝绸之路、茶马古道等连接边疆与周边国家的贸易通道，现代则发展出铁路、公路、水路、航空、管道五种现代化运输方式，促进了边疆地区对外贸易发展，使多元化、开放化的边疆风貌展现在世人面前。同时，我国西部地区位于亚洲腹地，起着连接欧亚大陆的作用，是欧亚大陆桥的必经之地。欧亚大陆桥为欧洲与亚洲两侧海上运输线连接起来的便捷运输铁路线，现已运行的第一、第二、第三欧亚大陆桥连接了大西洋和太平洋，通向亚洲和欧洲的 40 多个国家和地区，完成了多种大宗商品的运输；规划中的第四、第五欧亚大陆桥，将使西部地区在欧亚大陆的连接上体现出更加突出的作用，西部地区的经济发展将更加深刻地融入全球化经济进程中。

置于海洋和国内环境，西部地区区位劣势突出。西部地区地域广大，深居内陆，距海遥远，增加了商品流通费用，自由贸易受到限制。从世界范围看，经济迅速崛起的城市大多具有沿海特征，中心城市快速崛起进而辐射周边城市形成城市群，全球范围内的六大世界级城市群都属于超大型城市群。一般而言，超大型城市群地域面积在 10 万平方千米以上；区域内总人口在 5000 万以上，其中城市人口在 2000 万以上；群体内有城市 40 座以上，并且城市等级结构完整。世界六大超大型城市群的中心城市或者核心轴线均属于沿海地带，这些中心城市依靠沿海的区位优势整合周围城市或者较小城市群的物质资源，形成大片的经济辐射范围，它们分别是以纽约为中心的美国东北部大西洋沿岸城市群，以蒙特利尔—多伦多—底特律—芝加哥为轴线的北美五大湖城市群，以东京为中心的日本太平洋沿岸城市群，以伦敦为中心的英伦城市群，由大巴黎地区城市群、莱因—鲁尔城市群、荷兰—比利时城市群所构成的欧洲西北部城市群，以上海—南京—杭州为中心的长江三角洲城市群。海运是国际贸易中最主要的运输方式，我国东部沿海地区位于亚洲东部边缘、大西洋西岸，包括渤海、黄海、东海、南海海域，对外开放条件充足，与各国贸易往来便利，区位经济优势明显。西部地区受地理位置、地形条件等因素的影响，交通不发达、信息相对闭塞，导致其对外开放程度低，经济发展缓慢。同时，西部地区位于我国西部边缘，远离以首都为核心的国家政治、经济、文化中心，这对西部地区的多领域、全方位发展产生了不利影响。在经济方面，西部地区虽然拥有丰富的自然资源，但区位条件差、地形复杂导致交通基础设施建设难度加大，交通不发达、信息相对闭塞进一步阻碍了各生产要素的自由流动，增加了生产成本，对产品输入与输出造成严重影响。地区内部难以形成辐射范围大、影响力广的城市群，并且处于占全国经济总量40%以上的京津冀、长三角、珠三角三大城市群经济辐射范围之外，产品即使能够利用现代运输方式远距离输送到全国的经济中心、人口大省、消费大省，也会因中间成本的多层支出而大大降低产品利润，陷入资源越富饶经济越贫穷的窘境。在政治方面，在以政府为主导的经济社会中，政府决策指引着人力、信息、科技等资源要素的流动。在我国，历代王朝对地理位置偏远的边疆、民族地区的治理政策都或多或少有别于中原地区。夏王朝按照距离京城的远近实行不同的治理方式，以500里为一区划将其统辖疆土分为甸服、侯服、绥服、要服、荒服五服，其中“要服”为蛮夷人（少数民族）居住的边疆地区，王朝只要求其缴纳少量的贡品，不背叛、不生乱即可；“荒服”为气候寒冷、多流沙、少水草的荒远地区，蛮夷戎狄人（少数民族）随水草迁徙、流移无常，王朝政教不能及，任其去来。改革开放初期，市场经济体制改革同样着眼于我国东部沿海地区，政策“东倾”逐步拉大了东西发展差距。在文化方面，偏远的地理位置和独具特色的民族文化使这些地区带有封闭性、地域性，民族文化内容丰富却因地域的阻隔阻碍了各民族间文化的交流与传播，而这也成为西部地区长远发展的主要障碍。

（二）自然环境

自然环境是相对于社会环境而言的，是由地质、地貌、水文、气候、土壤等自然事物所形成的环境。自然环境中的各个要素对人类活动均有不同程度的影响，它是影响一个国家或地区经济社会发展的重要因素之一，也是地方治理的基础条件。我国西部地区的自然环境极其复杂，具体表现为：地形多高原山地，开发利用难度大；气候种类多样，气温、降水差异大。

地形多高原山地，开发利用难度大。我国地势西高东低，呈阶梯状分布。地势的第一级阶梯是青藏高原，平均海拔在4500米以上，其北部、东部边缘以昆仑山脉、祁连山脉、横断山脉与地势第二级阶梯分界；地势的第二级阶梯平均海拔在1000~2000米，其间分布着大型的盆地和高原，东部以大兴安岭、太行山脉、巫山、雪峰山与地势第三级阶梯分界；地势的第三级阶梯上分布着广阔的平原，间有丘陵和低山，海拔多在500米以下。西部地区占据着第一级阶梯的全部以及第二级阶梯的一半以上，地形多高原、盆地、山地，平原面积狭小，拥有世界上最高的高原——被称为“世界屋脊”的青藏高原，内蒙古高原横贯于内蒙古境内，云南东部以及贵州的大部位于云贵高原上，世界上最大的盆地——塔里木盆地和我国第二大盆地——准噶尔盆地都位于新疆境内。而我国的三大平原，东北平原、华北平原、长江中下游平原都位于我国的东部地区，西部地区则少有平原。除此之外，西部地区还有大片不可利用的沙漠、戈壁、冰川冻土等，适宜人类居住和发展生产的区域更加有限。

气候种类多样，气温、降水差异大（见表1-1）。西部地区地域广阔，地形地貌复杂多样，气候类型呈现出多样化的特点，以大陆性季风气候为主。横向上，西部地区以温带大陆性气候、亚热带季风气候、热带季风气候以及高原山地气候为主，处于干旱半干旱季风带，气候受季风支配，是大陆性气候与海洋性气候的混合型气候。夏季风在4月、5月亚洲大陆升温迅速，形成热低压，其中心位于青藏高原西边，而由太平洋暖湿气流深入北部及河套一带，其气候特点表现为湿热且多雷阵雨。冬季风只盛行于低空（3000 米以下），中国西南青藏高原海拔平均在 4000 米以上，因此冷空气很难越过青藏高原，冬季风流向中国东部地区，在北部多大风晴天，在云贵高原地区则表现为大范围的阴雨天气。纵向上，西部地区多高原、山地，海拔高度不同导致气温、降水差异大。气温随海拔的升高而降低，据推算，海拔每升高 100 米，气温下降 0.6℃。青藏高原平均海拔在 4000 米以上，该地区辐射强，日照时间长，气温日较差大；冬季干冷、大风天气多，夏季温和多雨。

表 1-1　西部地区八省区主要城市气候情况

城市	年平均气温/℃	年降水量/毫米	年平均相对湿度/%
呼和浩特	7.3	412.2	48
南宁	22.1	1222.6	80
拉萨	9.6	491.0	37
银川	10.8	145.5	48
乌鲁木齐	8.3	226.9	56
西宁	6.4	536.5	57
昆明	16.7	840.2	66
贵阳	15.0	1254.1	82

资料来源：《中国统计年鉴 2020》。

（三）自然资源

西部地区地域广袤，地形条件复杂，气候类型多样，自然资源丰富。这些资源随着科学技术的发展越来越多地被发现、挖掘、开采并加以利用，自然资源产生的价值不仅成为地区经济发展的基石，也充当着东、中部地区经济发展的助推器。西部地区的资源状况具有三个基本特点：一是矿产资源、能源资源储量丰富；二是可利用水资源匮乏；三是土地资源利用率低。

我国的矿产资源储量大、种类多，特别是西部地区资源优势突出，见表 1-2、表 1-3。气候、地形的限制，使得目前开采量仅占总探明储量的

7%左右，且其中70%是褐煤，主要分布在内蒙古、新疆和云南三省区。当前，我国的煤炭资源探明储量比例仍然比较低，未来可探明、可开采空间广阔。

表 1-2　西部地区八省区主要黑色金属矿产基础储量

项目	石油储量/万吨	天然气储量/亿立方米	煤炭储量/亿吨
全国	355000.00	59665.80	17182.60
内蒙古	8381.30	9630.49	510.27
广西	154.00	1.58	0.90
西藏			0.12
宁夏	2432.40	274.44	37.45
新疆	59576.30	10251.78	162.31
青海	8252.30	1354.44	12.39
云南	12.20	0.47	59.58
贵州		6.10	110.93
总计	78808.50	21519.30	893.95
占全国比重/%	22.20	36.07	5.20

资料来源：《中国统计年鉴2020》。

注：空白处表示数据缺失。下同。

表 1-3　西部地区八省区有色金属、非金属矿产基础储量

项目	铜矿金属/万吨	铅矿金属/万吨	锌矿金属/万吨	铝土矿矿石/万吨	菱镁矿矿石/万吨	硫铁矿矿石/万吨	磷矿矿石/亿吨	高岭土矿石/万吨
全国	11253.60	9832.90	20025.00	547000.00	350000.00	628000.00	259.10	354000.00
内蒙古	437.83	647.65	1444.45			12377.14	0.11	4586.92
广西	3.12	52.74	188.26	49178.83		6002.52		43180.03
西藏	272.32	89.51	40.27					
宁夏							0.01	
新疆	224.76	102.62	196.35			3774.87		7.84
青海	18.04	43.68	97.79		49.90	50.08	0.60	
云南	298.99	240.98	982.69	1397.14		4878.86	6.27	136.10
贵州	0.17	13.45	114.96	14382.18		6043.09	6.44	15.00
总计	1255.23	1190.63	3064.77	64958.15	49.9	33126.56	13.43	47925.89

续表

项目	铜矿金属/万吨	铅矿金属/万吨	锌矿金属/万吨	铝土矿矿石/万吨	菱镁矿矿石/万吨	硫铁矿矿石/万吨	磷矿矿石/亿吨	高岭土矿石/万吨
占全国比重/%	11.15	12.11	15.30	11.88	0.01	5.27	5.18	13.54

资料来源：《中国统计年鉴2020》。

地域面积广大，但土地资源难以利用（见表1-4）。西部地区地域总面积约占全国的59.1%，但由于地形、地质条件复杂，干旱、半干旱或高寒区难以利用的沙漠、裸岩广布。我国沙漠总面积约为70万平方千米，戈壁总面积为50多万平方千米，占全国陆地总面积的13%。中国八大沙漠——塔克拉玛干沙漠、古尔班通古特沙漠、腾格里沙漠、乌兰布和沙漠、库布齐沙漠、库木塔格沙漠、巴丹吉林沙漠、柴达木沙漠，全部位于西部地区。

表1-4 西部地区八省区土地资源利用情况

项目	总面积/万平方千米	园地/千公顷	牧草地/千公顷	耕地/千公顷	居民点及工矿用地/千公顷	交通运输用地/千公顷	水利设施用地/千公顷
全国	960.00	14214.2	219320.3	134881.2	32131.0	3833.5	3609.5
内蒙古	118.30	56.4	49507.0	9270.8	1369.7	233.9	69.7
广西	23.76	1080.5	5.2	4387.5	929.1	142.5	181.2
西藏	122.84	1.5	70683.0	444.0	106.7	42.2	8.3
宁夏	6.64	50.0	1491.7	1289.9	273.7	40.7	9.4
新疆	166.49	620.7	35714.8	5239.6	1241.2	159.8	240.1
青海	72.23	6.0	40794.6	590.1	242.2	53.3	63.4
云南	39.41	1628.2	147.0	6213.3	866.1	120.6	118.4
贵州	17.62	162.1	72.2	4518.8	579.5	107.0	41.8

资料来源：《中国统计年鉴2020》。

整体水资源总量大，局部时空分布不均（见表1-5）。西部地区的水资源总量、地表水资源量、地下水资源量占全国的40%~50%，但是各个省区水资源分布极不均衡。从人均水资源量来看，有的省区接近全国人均水资源量，如内蒙古；有的省区远远低于全国人均水资源量，如宁夏，为182.2立方米；有的省区远远高于全国人均水资源量，如西藏，达到129407.2立方米。

表1-5　西部地区八省区水资源储量

项目	水资源总量/亿立方米	地表水资源量/亿立方米	地下水资源量/亿立方米	地表水与地下水资源重复量/亿立方米	人均水资源量/立方米
全国	29041.0	27993.3	8191.5	7143.8	2077.7
内蒙古	447.9	305.8	233.8	91.7	1765.5
广西	2105.1	2103.8	445.0	443.7	4258.7
西藏	4496.9	4496.9	1037.0	1037.0	129407.2
宁夏	12.6	10.3	18.4	16.1	182.2
新疆	870.1	829.7	508.5	468.0	3473.5
青海	919.3	898.2	412.7	391.6	15182.5
云南	1533.8	1533.8	554.6	554.6	3166.4
贵州	1117.0	1117.0	267.0	267.0	3092.9

资料来源：《中国统计年鉴2020》。

二、西部地区特殊的社会环境

西部地区八省区地域面积广大，国内与多省毗邻，国外与多国接壤，人口分布不均衡、民族成分复杂、宗教信仰多种多样。同时，该地区八省区各自的政治、经济、文化发展状况亦体现出诸多特殊性。西部地区特殊的社会环境不仅影响着本地区的长远发展，也对国家整体发展战略提出了更高要求。

（一）政治

西部地区八省区的政治特殊性主要体现在政治环境、政府职能以及地方治理三个方面。

其一，政治环境具有复杂性、不稳定性。所谓政治环境，是指政治主体所处的、对其政治行为产生影响的一系列条件和背景。广义的政治环境，包括一切对于政治主体发生影响和作用的条件与背景，全部的自然、社会、文化环境；狭义的政治环境，则指对某一具体政治主体、政治事件、政治现象等发生直接和重要影响、作用的各种因素和条件。政治环境是相对于政治主体而言的多种客观因素的结合，它们之间通过信息交流存在着相互作用和相互影响的关系。① 这里所说的政治环境即狭义的政治环境，并将政治环境分为外部政治环境和内部政治环境。西部地区八省区的地理位置、民族因素、历史变迁是其政治环境复杂的主要原因，这三种因素交互作用，对西部地区地方治理产生重大影响。西部地区八省区地处我国边疆、亚洲中心地带，地理位置特殊，周边邻国众多，国际环境复杂，是该地区外部政治环境的主要影响因素。与我国相邻的 14 个国家中有 13 个与西部地区接壤，双方在政治交往、对外贸易、国际安全、国家主权等方面存在广泛的联系。随着全球化程度的加深，公共管理领域的合作治理也逐渐成为政治交往中的主要方面。同时，各少数民族内部都有稳定的观念体系、价值体系、宗教信仰和理想信念，表现出来的风俗习惯和民族面貌风格迥异，这些带有少数民族特征的思想观念和行为方式对西部地区地方政府的决策方式、执政方式、治理方式都有决定性的影响，从而形成地区内部复杂且不稳定的政治环境。此外，西部地区八省区的发展进程相对全国其他地区落后，区域内各省区的发展变迁又有各自的特点，从而形成了复杂而不稳定的政治环境。

其二，政府职能更加突出。西部地区八省区大部分位于我国西部边疆且为民族地区，地方政府职能要兼顾西部边疆地区和民族地区的发展要求。在政治职能方面，其核心在于维护国家主权不受侵犯和领土完整，巩固国家政权，维系社会稳定。由于我国西部地区八省区大部分位于边疆地带，承担着保卫国土、维护主权的重任，其地方政府的政治职能更加凸显，需要在辖区内运用国家授予的权力，通过法律法规和政策规范约束社会团体和公民个人行为，以制度保障社会主义核心价值观的引领作用，达

① 参见刘本旺主编《参政议政用语集（修订本）》，群言出版社，2015，第 60 页。

到稳定社会秩序的目的。在经济职能方面，西部地区八省区的经济起点落后，市场主体发育不完善，市场制度不健全，需要地方政府充分发挥经济职能，引导和扶持市场主体发展，帮助建立完善的市场体系，对违反市场秩序的团体和个人进行规制，从而建立起市场诚信体系。在文化职能方面，文化是一个国家的精神力量，是综合国力竞争的重要因素，坚定文化自信是一个民族、一个国家以及一个政党对自身文化价值的充分肯定和积极践行，并对其文化的生命力持有的坚定信心。西部地区所蕴含的丰富多彩的民族文化是我国坚定文化自信的力量源泉，其地方政府在维护民族文化多样性的历史任务上扮演着关键角色，优秀的民族文化需要运用地方政府的资源渠道进行传播和弘扬。在社会职能方面，西部地区经济发展落后，低收入群体较多，医疗教育欠发达，地方政府要提高地区经济发展质量、建立和完善覆盖城乡居民的社会保障体系、加大教育投资力度、促进基本公共服务均等化，从而提高西部地区各族人民生活质量，实现社会稳定、健康发展。

其三，地方治理意义重大。2020 年 10 月，党的十九届五中全会审议通过的《中共中央关于制定国民经济和社会发展第十四个五年规划和二〇三五年远景目标的建议》提出，要“聚焦铸牢中华民族共同体意识，加大对民族地区发展支持力度，全面深入持久开展民族团结进步宣传教育和创建，促进各民族交往交流交融”。[①] 西部地区是中华民族命运共同体的重要组成部分，西部地区地方治理是铸牢中华民族共同体意识的必要过程和首要途径，在促进民族平等、民族团结、各民族共同繁荣的民族事业中意义重大。因此，西部地区地方政府应加强自身能力建设，与全国保持一致步调，致力于推进本地区治理体系和治理能力现代化进程。首先，要在中国共产党领导各族人民实行民族区域自治过程中，根据治理民族地区实际需要安排的制度体系中提高维护社会稳定、利益分配协调、公共服务供给、经济规划发展、市场制度创新、资源汲取利用、生态环境保护、公共危机

① 《中共中央关于制定国民经济和社会发展第十四个五年规划和二〇三五年远景目标的建议》，中国政府网，2020 年 11 月 3 日，http：//www.gov.cn/zhengce/2020 - 11/03/content_556991.htm。

处置、领土安全保卫等9项能力。其次，要在地方治理过程中始终坚持和完善民族区域自治制度，保障少数民族合法权益，巩固和发展平等团结互助和谐的社会主义民族关系，打牢中华民族共同体思想基础，加强各民族交往交流交融，不断提高各族群众生活水平。

（二）经济

根据国家统计局数据，2019年我国国内生产总值为990865.1亿元，西部地区八省区生产总值为100452.12亿元，占全国国内生产总值的10.14%。[①] 受诸多自然条件、历史原因以及社会环境等的限制，西部地区八省区经济发展缓慢、落后。当前，这一状况主要表现在以下几个方面：一是市场发育程度低；二是教育水平相对落后，人力资本存量较小、素质有待提升；三是资源、能源依赖性较强，地区发展差异明显；四是科技转化为生产力的水平较差，高新技术产业发展滞后。

受自然和政策因素的限制，西部地区八省区市场发育程度低。究其原因，地理位置偏远、自然环境复杂、生态环境脆弱是其自然因素；政治体制成熟晚，地方政府能力建设受限，市场经济起点落后、发展缓慢，国家经济社会发展政策“东倾”是其政策因素。根据王小鲁、樊纲、胡李鹏的著作《中国分省份市场化指数报告（2018）》，我国东部地区、中部地区、西部地区及东北地区之间在市场化程度上历来存在显著的差距。2016年按地区计算的市场化指数得分水平（见表1-6），依次为东部地区8.67分、中部地区6.91分、东北地区6.53分、西部地区八省区5.05分。西部地区八省区得分最低，与最高的东部地区相差3.62分。

表1-6　2016年我国按地区计算的市场化指数　　单位：分

全　国	东部地区	中部地区	东北地区	西部地区八省区
6.72	8.67	6.91	6.53	5.05

资料来源：王小鲁、樊纲、胡李鹏：《中国分省份市场化指数报告（2018）》，社会科学文献出版社，2019，第35页。

① 根据《中国统计年鉴2020》相关数据计算得出。

教育水平相对落后，人力资源存量较小、素质有待提升。教育水平与地区经济发展水平、中央和地方教育经费投入直接相关并相互作用、相互影响。教育水平的落后，导致西部地区经济发展所依赖的人力资源素质不高、存量较少，不仅人才培养面临困难，优秀人才流失的现象同样不可遏制。《中国统计年鉴》数据显示，2019 年，全国国家财政性教育经费为 4.00 万亿元，东部沿海地区教育经费在 1.88 亿万元以上，其中国家财政性教育经费在 1.49 亿万元以上；西部地区教育经费为 0.65 亿万元，其中国家财政性教育经费为 0.57 万亿元，在教育经费投入方面，西部地区明显落后于东部沿海地区。根据 2019 年全国 6 岁及以上人口受教育程度的抽样调查样本数据可知，西部地区 6 岁及以上人口占全国 6 岁及以上人口的 14.3%，而其未上过学的人口却占全国未上过学人口的 20%。表 1-7 中数据显示，西部地区高素质人才严重短缺。在知识经济时代，人力资本作为最具价值的资源，在一个国家和地区的经济与社会发展中占据首要地位。因而，西部地区人力资本的匮乏是导致其经济与社会发展缓慢、落后的重要因素之一。

表 1-7　西部地区八省区 6 岁及以上人口受教育程度　　单位：人

项目	6 岁及以上人口	未上过学	小学	初中	普通高中	中职	专科	本科	研究生
全国	1016417	51892	257030	379039	132219	48066	77946	63739	6485
内蒙古	18679	885	4101	6669	2459	725	2016	1740	83
广西	35151	1317	9442	15250	3883	1937	1979	1274	71
西藏	2448	803	811	464	134	28	101	105	2
宁夏	4937	429	1336	1695	593	185	380	304	14
新疆	17833	810	5399	6316	1824	830	1572	1015	66
青海	4348	512	1508	1216	366	148	294	291	13
云南	36584	2993	13080	12369	2983	1524	2071	1494	70
贵州	25671	2624	9041	8967	2115	788	1148	965	23
占全国比重/%	14.3	20.0	17.4	14.0	10.9	12.8	12.3	11.3	5.3

资料来源：根据《中国统计年鉴 2020》相关数据计算得出。

注：本表是 2019 年全国人口变动情况抽样调查样本数据，抽样比为 0.780‰。

资源、能源依赖性较强，地区发展差异明显。自然禀赋差的省区经济发展较为缓慢，生态环境压力大、地形地质条件差和极端天气的不良影响更加制约了地区经济发展。位于我国第一大高原的西藏，受土壤、地形条件的限制而难以开发利用自然资源，历年统计数据显示，西藏的地区生产总值居于全国以及西部地区最低位置。西部地区八省区的主要能源产品消费量居全国前列。

科技转化为生产力的水平较差，高新技术产业发展滞后。西部地区八省区受经济发展方式、经济发展政策、教育水平、科技水平的影响，科技转化为生产力的水平较差，高新技术产业化水平较低，高新技术产业发展明显滞后。根据国家级高新技术经济区企业主要经济指标，西部地区八省区在全国位次靠后，企业及从业人员少、营业收入和出口总额低（见表 1-8）。

表 1-8　西部地区八省区国家级高新技术经济区企业主要经济指标

项目	企业数/家	从业人员/人	营业收入/万元	出口总额/万元
全国	141147	22134834	3855494314	413714707
内蒙古	634	188995	30563628	1068025
广西	2464	487129	71437876	6763727
宁夏	181	27240	2384934	110566
新疆	803	279914	49568434	283272
青海	99	10071	602620	8504
云南	502	124931	34455221	370462
贵州	1051	240277	27063480	923585
西部地区总计	5734	1358557	216076193	9528141
占全国比重/%	4. 1	6. 1	5. 6	2. 3

资料来源：根据《中国统计年鉴 2020》相关数据计算得出。

注：缺少西藏数据。

2019 年，全国高新技术企业有 141147 家，西部地区有 5734 家，西部地区的占全国的 4. 1%；全国高新技术企业从业人员有 22134834 人，西部地区有 1358557 人，西部地区的占全国的 6. 1%；全国高新技术企业营业收入为3855494314万元，西部地区为216076193万元，西部地区的占全国的5.6%；全国高新技术企业出口总额为413714707万元，西部地区为9528141万元，西部地区的占全国的2.3%。

（三）文化

我国少数民族分布具有“大杂居、小聚居”的特点。西部地区有多个少数民族聚居，蕴含着丰富灿烂的民族文化，这是其与中部地区、东部地区最大的不同之处。党的十八大以来，习近平总书记在多个场合强调作为一个统一的多民族国家文化自信的重要性，并在外交活动中通过多种形式弘扬我国的传统文化，用传播中华传统文化的方式让世界了解中国各民族发展的历史。

内蒙古地区的“祭敖包”是蒙古族传统的宗教活动，民众通过祭敖包表达自己崇尚自然的情感，也用这种方式向大自然祈福。每年7月、8月举行的草原盛会——那达慕是蒙古族的传统节日，“那达慕”在蒙古族语言里是“娱乐、游戏”的意思，用以庆祝丰收的喜悦。此外，内蒙古的“乌兰牧骑”象征着内蒙古地区牧民坚韧不拔、乐观向上的精神形象，在为牧民带来欢乐的同时也成为内蒙古地区的一张“文化名片”。广西的少数民族节庆和民俗活动种类丰富，广西人民政府门户网站公布的民俗活动有28种之多，至今均得到了较好的传承。宾阳炮龙节、桂林恭城桃花节、武鸣“三月三”歌圩、布洛陀民俗文化旅游节等节日和民俗活动，以舞龙、祭祀、歌舞表演、艺术作品展示、竞技比赛等多种独特形式记录和传承着各自珍贵的民族文化，也使中国的民族文化更加丰富多彩。西藏地区藏族的宗教文化历史悠久，以藏传佛教最为有名，藏传佛教在西藏的寺庙众多，住寺僧侣约有4.6万人。2019年，西藏定结县陈塘镇、贡嘎县杰德秀镇、札达县托林镇等3个城镇获批国家历史文化名镇。① 宁夏地区回族人口较多，主要信奉伊斯兰教，因此每年6月有圣纪节，9月有开斋节。

① 《西藏三城镇获批国家历史文化名镇》，人民网，2020年1月13日，http://xz.people.com.cn/n2/2020/0113/c138901-33711701.html。

新疆少数民族历史史诗《江格尔》《玛纳斯》，维吾尔族大型古典音乐“十二木卡姆”等一大批少数民族的传统文化作品影响了一代又一代新疆人，文化在传承下焕发出新的生机。贵州是一个多民族聚居的省份，苗族人口最多，苗族剪纸远近闻名，成为代表当地文化的一张名片。云南是我国民族和宗教种类最多的省份，90%以上有宗教信仰的民众是少数民族，复杂的民族构成和独特的地理位置使其成为少数民族文化的孕育圣地。青海的风景名胜独具特色，是国内外游客心驰神往的纯净之地，当地的古文化遗址、宗教建筑群、动物岩画和宗教岩画以及独具特色的民间刺绣，都是吸引游客的“亮点”。

我国的传统文化、传统道德、传统思想价值体系在几千年的历史文明中孕育而成，也要在新时代的历史定位下与时俱进、茁壮成长、持续发展。民族文化有先进的也有落后的，少数民族的思想意识形态若局限于本民族古老的文化认同中，不与时俱进地发展，也会对文化的继承和传播产生不良影响，增加地方政府治理的难度，府际关系会变得错综复杂，进而制约整个地区的政治文明建设、经济与社会发展。因此，西部地区地方政府有责任维护本地区民族文化的繁荣发展，取其精华，使优秀的民族文化在全国甚至全世界熠熠生辉。

（四）宗教

宗教是一种独特的文化现象，属于社会意识形态。宗教信仰在一些人的一生中始终占据着主导地位，对他们而言，从意识形态的世界观、人生观、价值观到生活实践中的生产生活方式、物质资料的选择，宗教如同隐形的双手，用一种神秘的力量统摄万物。历史文化渊源以及地理位置的特殊性，使得我国西部地区成为多种民族、宗教的汇集之地。民族宗教是指民族成员共同信奉的宗教，它在西部地区发展中具有特殊的地位和作用。我国西部地区信奉的宗教不仅有被称为“世界三大宗教”的基督教、伊斯兰教、佛教，还有从中国本土宗教——佛教分化出来的藏传佛教、汉地佛教、小乘佛教以及原始宗教，即民族内部一致认同的神灵、民族的守护神。

西部地区地方治理是民族地区的社会治理，社会良好治理的秘诀在于社会各个层面治理的有序协作以及治理理论和治理实践的有效结合。宗教作为一种特殊的社会意识形态，对民众的治理观念有着“塑性”的作用，社会整体治理有赖于此。西部地区孕育了灿烂的宗教文化，丰富多彩的宗教文化在当地形成了独特的意识形态和行为准则，历史悠久的宗教文化和新兴的社会治理之间产生了“新”与“旧”的冲突。宗教治理力图把宗教中有利于社会治理的观念及行为进行整合，使其在不丧失传统宗教文化的同时符合新时代社会治理的需要。“‘社会治理’无论在理论上还是在实践中都须积极互动才能实现，宗教治理是整个社会治理的一个组成部分，宗教治理与社会治理一样都是现代化的建设进程。”①

（五）民族、人口

西部地区八省区面积为 567.29 平方千米，占我国国土面积的 59.1%，人口却仅有 2 亿，占全国总人口的 14.40%②，具有地广人稀的特点。西部地区是以汉族为主体、少数民族聚居的地区，包含全国 56 个民族。55 个少数民族，按其人口规模大致可分为三类：人口在 100 万以上和 10 万以下，以及介于二者之间。人口在 10 万以下的少数民族称为人口较少民族，全国 41 个人口较少民族有超过 90%分布在我国的西部地区。民族成分最多的是云南，全国 56 个民族中，云南就有 52 个，其中人口在 5000 人以上的民族有 26 个，除汉族外，少数民族有 25 个。复杂的民族成分塑造了每个少数民族地区各自独特的民族文化，地域上的阻隔与封闭完好地保留了其民族特色。

2010 年第六次人口普查数据显示，内蒙古蒙古族、满族、回族、达斡尔族人数最多，分别为 4226090 人、452765 人、221483 人、76255 人。广西壮族、瑶族、苗族、侗族人数最多，分别为 14448422 人、1493530 人、475492 人、305565 人。西藏民族成分比较单一，藏族人口超过汉族人

---

① 金泽：《如何理解宗教治理在我国治理体系现代化建设中的地位与作用》，《世界宗教研究》2019 年第 4 期。

② 根据《中国统计年鉴 2020》相关数据计算所得。

口，有2716388人，超过西藏总人口的90%；其次，回族人数最多，有12630人。宁夏回族人数最多，有2173820人。新疆维吾尔族人数最多，同样超过汉族人口数，为10001302人；其次依次是哈萨克族1418278人，回族983015人，柯尔克孜族180472人，蒙古族156280人。贵州苗族人数最多，有3968400人。其次依次是布依族，有2510565人；土家族，有1436977人；侗族，有1431928人。云南是我国少数民族种类最多的省份，其中彝族、哈尼族、白族、傣族、壮族、苗族人口均超过百万人。青海藏族人数最多，有1375059人。其次是回族，有834298人；土族人数也较多，有204412人。

三、西部地区特殊的国际环境

从整体看，西部地区位于亚洲腹地，与亚洲多个国家或地区关系密切，不仅是亚洲内部陆路交通的必经之地，也是连接亚欧大陆的纽带，在区位上具有重要的战略地位。从局部看，西部地区与我国边疆地区有很大的重合部分，8个省区分别与俄罗斯、蒙古、哈萨克斯坦、吉尔吉斯斯坦、塔吉克斯坦、巴基斯坦等13个国家接壤，多个民族跨境而居，具有共同的血脉渊源和文化渊源，在政治、经济、文化、外交、国际安全、边疆治理等领域具有密切合作的地缘基础。新中国成立70多年以来，我国西部地区地方治理基本保持稳定，国土安全和国家主权得到了充分保障，但也不排除周边国际环境不稳定因素的增长，国家安全环境面临着不断上升的政治、战略和军事压力。“中亚地区政治、经济、安全和国际关系形势十分复杂，威胁和挑战增多，政治局势也面临考验。”① 我国周边存在不少安全隐患，朝鲜半岛局势、中亚局势、阿富汗局势和缅甸局势等不容乐观。中国作为一个自古以来奉行和平外交的发展中大国，面对周边国际环境中不断增长的不稳定因素，在事关稳定、发展和安全等重大问题上，既要坚决维护国家主权、安全和发展利益，也要维护双边关系和对外关系的大局。

---

① 郑启荣：《中国周边外交的新进展与新挑战》，《边界与海洋研究》2017年第3期。

第二节　稳定、发展与安全是西部地区地方治理的基本问题

我国是一个统一的多民族国家，少数民族聚居的西部地区因其特殊的自然环境与复杂的人文社会环境，使得发展、稳定和安全问题显得极其重要和突出。习近平总书记强调，全国各民族要共同团结奋斗、共同繁荣发展。地方治理水平是衡量和检验一个国家是否繁荣强盛、国泰民安的重要标准。西部地区地方治理作为国家治理的重要组成部分，其首要问题就是发展，而经济、社会、政治、文化的发展则有赖于稳定的社会秩序与安全的生存环境。同时，发展也是为了构建更加和谐的社会、为了争取维护和平与安全的更多话语权。在全球进入和平发展环境的时代，在中国特色社会主义进入新时代的今天，稳定、发展与安全是西部地区地方治理的基本问题。

一、稳定是西部地区地方治理压倒一切的问题

自1990年开始，中国政府民族工作的两大任务被确立为“发展与稳定”。西部大开发、区域协调发展战略等一系列国家用于支持西部地区建设发展的战略措施实施后，西部地区的经济实现了质与量的提升；而伴随着经济的发展，社会稳定问题面临的威胁却依然存在，并未减少。国内因素以及国外势力的并存对西部地区的经济与社会发展构成巨大威胁，加剧了西部地区治理的复杂性。稳定作为实现西部地区善治的首要环节，是解决民族问题的基本条件，具有重要战略价值与全局意义，是西部地区治理压倒一切的问题。

（一）理论层面

稳定，其含义是稳固安定，状态不易改变。按照唯物辩证法的观点，物质世界是普遍联系和不断运动变化的统一整体，即物质世界是不断

变动的。因而“稳定”置于人与环境构成的社会中则是指一种相对状态。稳定与变动，双方在对立统一中互为依赖，共生发展。变动，分为消极变动和积极变动。积极变动是指事物向上、向好变动，即发展；消极变动是发展过程中的曲折与倒退，在社会中则表现为失序，即政治失序、权力滥用，经济失序、市场混乱，文化失序、价值观垮塌，生态失序、环境失衡……因此，我们所追求的稳定即社会的有序状态。秩序是人们进行生产活动的必要基础，对社会健康发展具有重要意义。

秩序的重要性在于：一是它是人的基本需要。卢梭指出，“社会秩序乃是为其他一切权利提供了基础的一项神圣权利”①，并认为它与自由同样具有最高的价值。二是它是经济和社会运行的基础。秩序意味着信赖和合作，当社会失去秩序时，信赖和合作就会被瓦解，交易成本将迅速上升，劳动分工将难以为继，经济效率会下降。诺思等在《暴力与社会秩序》一书中指出：“当秩序占据主导地位时，人们就可以预见未来，从而能更好地与他人合作，也能对自己冒险从事创新性试验感到自信。”② 秩序是在人与人的互动中产生的，它天然地具有公共性。美国政治学家塞缪尔·亨廷顿曾经强调：“首要的问题不是自由，而是创建一个合法的公共秩序。很显然，人类可以无自由而有秩序，但不能无秩序而有自由。”③ 稳定的社会是古往今来人类孜孜以求的一种美好状态。

纵观国内，早在春秋时期，儒学大家孔子就提出了道德本位的社会秩序论，主张整合“礼崩乐坏”的社会秩序，防止社会动乱，以使百姓安居乐业。继孔子之后，荀子集各家思想之精华，提出“礼法并重”的社会秩序论，希冀通过维持社会稳定来实现国泰民安。自秦统一六国建立起中国有史以来第一个大一统的封建君主制朝代以来，社会秩序成为君主统治的

---

① ［法］卢梭：《社会契约论》，何兆武译，商务印书馆，1997，第8页。

② ［美］道格拉斯·C. 诺思、约翰·约瑟夫·瓦利斯、巴里·R. 温格斯特：《暴力与社会秩序：诠释有文字记载的人类历史的一个概念性框架》，杭行、王亮译，上海人民出版社、格致出版社，2013，第26页。

③ ［美］塞缪尔·P. 亨廷顿：《变革社会中的政治秩序》，李盛平等译，华夏出版社，1988，第8页。

根基，社会秩序思想也愈加蓬勃发展。董仲舒在继承孔子伦理学说的基础上进行了发展，提出了“三纲五常”的儒家伦理思想，“君为臣纲，父为子纲，夫为妻纲”“仁、义、礼、智、信”是中国儒家伦理文化中的重要思想，儒教通过“三纲五常”的教化来维护社会的伦理道德、政治制度，强调人的社会责任和历史使命。当代中国学者对社会秩序含义的理解，更加强调其对构建和谐社会和维护社会稳定的重要作用。我国社会学者郑杭生等认为，社会结构与社会和谐具有密切的关系，“构建合理的社会结构可以促进和谐社会的建立”。①

放眼国外，从“社会学之父”孔德的社会秩序论到马克思的社会秩序观，再到韦伯的“理性化”秩序理论，他们都从不同的学科角度出发，运用科学论证方法，建立系统的理论框架，以期构建和谐社会秩序，保障社会有序运行，推动经济健康发展。马克思从国家的起源角度揭示了社会秩序的载体，认为国家是阶级矛盾不可调和的产物，当社会分裂为不可调和的对立面又无法摆脱时，国家作为凌驾于社会之上的力量，把冲突控制在“秩序”范围内，国家是秩序的保障。② 孔德则从社会静力学的角度剖析了社会秩序的进化规律，认为社会是一种有规律的结构，它与生物有机体有极大的相似性，是一个由各种要素组成的整体。③ 而帕森斯、默顿的结构功能主义侧重于对社会系统的制度性结构进行功能分析，主张用功能分析方法认识和说明整个社会体系和社会制度以及它们之间的关系，认为社会生活之所以能维持下去，是因为社会找到了一种结构去满足人类的需要。④ 韦伯更是从制度设计的角度落实社会秩序，认为社会秩序是人们对一种统治的服从和认可，他设计了等级森严的科层制官僚体系，通过严格的制度

① 郑杭生、李路路：《社会结构与社会和谐》，《中国人民大学学报》2005 年第 2 期。

② 参见《马克思恩格斯文集》（第 4 卷），中共中央马克思恩格斯列宁斯大林著作局编译，人民出版社，2009，第 193 页。

③ 参见 Auguste Comte, *Cours de Philosophie Postive*, *Tome Quatrieme*, *Se Edition* (Paris: Lidrairie C. Reinuwaid, 1908), p. 283.

④ 欧阳锋、徐梦秋：《默顿的科学规范论的形成》，《自然辩证法通讯》2007 年第 5 期。

和严密的机构规制人的个人情感，实现稳定的社会秩序。[①] 奥地利裔英国经济学家哈耶克反其道而行之，作为自由主义思想的集大成者，他认为，遵循自由主义的社会秩序会产生更加有利的结果。借助于“秩序”来描述人类社会是哈耶克社会理论所具有的特点，他将社会秩序分为人造的秩序和自生自发的秩序两种。自生自发的社会秩序是在社会中的成员为实现各自的目标并与他人互动的过程中产生的，这些人在行动时设计的这些秩序并不是有意识的行为，而是他们的行动自发地导致了秩序的产生。这种自生自发的秩序在哈耶克的社会理论中占有极其重要的地位，他强调这种秩序的原因就是个人在这种秩序的帮助下能更好地适应未知的环境。[②] 美国政治哲学家罗尔斯在其经典著作《正义论》中给出了“一个组织良好的社会的概念”，这个概念包含两重含义：一是社会中的每一个人有共同遵守的正义原则；二是这个社会由它的公开的正义观念来调节。罗尔斯认为，社会制度所带来的稳定性和正义原则是一个组织良好的社会的必备条件：“稳定性是各种道德观念的一个值得向往的特点。”“由于一个组织良好的社会是持久的，它的正义观念就可以稳定，就是说，当制度公正时，那些参与这些社会安排的人们就获得一种相应的正义感和努力维护这种制度的欲望。”[③]

自古至今，从国内到国外，从理论意义上讲，构建稳定且有序的社会一直是人类永恒的主题。而从现实层面上来说，尤其是对于人文环境与地理环境更为复杂的西部地区来说，良好的社会秩序更是其经济与社会发展的基石。没有稳定和谐，何来安居乐业，更难求繁荣发展。

---

① 参见 Max Weber, *Economy and Society 1 vol*, （Berkeley: University of California Press, 1978）, p. 31.

② 参见邓正来：《哈耶克关于自由的研究》，《哲学研究》2008 年第 10 期。

③ ［美］约翰·罗尔斯：《正义论》，何怀宏等译，中国社会科学出版社，1988，第 440—442 页。

（二）现实层面

当前，在我国进入中国特色社会主义新时代之际，改革开放进入攻坚期，西部地区的稳定发展事关全国改革发展稳定大局，事关祖国统一、民族团结、国家安全。

位于中国西南边陲的云南，是中国民族种类最多的省份，26 个世居民族在此交错分布，其毗邻缅甸、越南和老挝，拥有 4000 多千米边境线、25 个边境县，是中国通往东南亚和南亚的窗口与门户。云南邻接世界上最大的毒品生产基地——“金三角”，且具有复杂的地理环境，因此毒品问题和边境难题一直是影响云南稳定发展的头号因素。云南一直是中国禁毒斗争的前沿阵地和主战场，仅 2018 年云南警方就破获毒品刑事案件 1.2 万余起，抓获毒品犯罪嫌疑人 1.2 万余名，缴获毒品 28.29 吨。[①] 此外，缅北战乱从 2015 年就开始蔓延至中缅边境。云南承担着我国西南边陲安全的重要责任。在云南建立稳定的社会秩序，将是实现云南善治、推进西部地区地方治理、维持边境安全的先决性手段。

二、发展是西部地区地方治理的根本性问题

伟大的思想家、哲学家、政治家马克思曾指出：“世界上一切事物都处在永不停息的变化之中，世界是永恒发展的。发展的实质是事物的前进和上升，是新事物的产生和旧事物的灭亡。”[②] 在马克思看来，社会是处在不断变化和发展过程中的有机体和复杂系统。

（一）理论层面

发展是一个具有多重含义的概念。在经济学家看来，发展可能代表着 GDP 的增长；在政治学家看来，发展可能是日趋完善的体制、逐渐专业化的政府职能；在社会学家看来，发展抑或是代表着良好的社会秩序、日渐

① 参见《云南警方 2018 年缴获毒品 28.29 吨》，中国新闻网，2019 年 2 月 1 日，http://news.sina.com.cn/2019-02-01/doc-ihqfskcp236984.shtml。

② 李秀林等主编《辩证唯物主义和历史唯物主义原理》，中国人民大学出版社，1984，第 114 页。

攀升的人民满意感。

随着意识形态的逐步升华与物质世界的日渐丰富，发展被赋予更加全面的意义，“可持续发展”一词应运而生，它意味着维护、合理使用并且提高自然资源基础，这种基础支撑着生态抗压力及经济的增长。目前，尽管人们对“可持续发展”的定义并未获得普遍认同，但是，有一种定义被人们所熟知，即 1987 年《布伦特兰报告》提出的“既满足当代人需求，又不损害后代人满足其自身需求的能力”。① 可持续发展这一概念一经提出，便引起了学术界的广泛研究与讨论，并形成了“极限增长”“三支柱理论”“绿色增长”三大理论流派。“极限增长”是美国环境学家 Donella Meadows 于 1972 年在《增长的极限》一书中提出的。她指出：“如果全球范围内的人口、工业化、污染、粮食生产和资源枯竭保持目前的增长趋势不变，这个星球的增长极限将在未来一百年内的某个时候达到。”② 一旦达到增长极限，会引起不可控制的人口急剧减少与工业退化。这种学说在 20 世纪 70 年代盛行并影响至今。“三支柱理论”是流传范围最广且最为广泛接受的一种理论，这种理论强调社会、环境、经济三个方面的协调统一及其同等的重要性。三大支柱相互作用、同步发展。此外，这一概念包含了许多小的分支，如环境保护、资源的可持续利用、社会平等、社会福利、消除贫困和可持续经济增长等。“绿色经济”是 21 世纪兴起的一个比较新的概念。它强调经济的复原能力与抵御能力，对环境的保护被视作具有长期经济利益和推动经济增长的能力。为实现绿色增长，主要强调三点：研发环境友好型技术、维护绿色市场、拓展国际合作。③

结合我国的具体实际，并以马克思主义为指导，毛泽东于 20 世纪 20 年代提出了符合中国国情的发展观，为新中国的前进指明了发展方向、发展道路与发展目标。他曾提出“落后就要挨打”的深刻论断，要想改变被

① 张晓玲：《可持续发展理论：概念演变、维度与展望》，《中国科学院院刊》2018 年第 33 期。

② ［美］德内拉·梅多斯、乔根·兰德斯、丹尼斯·梅多斯：《增长的极限》，李涛、王智勇译，机械工业出版社，2013，第 8 页。

③ 参见李晓灿：《可持续发展理论概述与其主要流派》，《环境与发展》2018 年第 30 期。

帝国主义压迫和奴役的命运以及拯救中国落后的生产力，必须发展现代工业、建立强大的国防、加快实现现代化。毛泽东的发展观指导并带领中国共产党和中国人民完成了过渡时期国民经济恢复的任务，实现了由新民主主义社会向社会主义社会的伟大转变，建立起了社会主义制度，以坚定有力的步伐向社会主义现代化迈进。改革开放以来，我国经济飞速发展。1992 年春，邓小平在南行途中得知乡镇企业发展繁荣，欣喜指出："我们的国家一定要发展，不发展就会受人欺负，发展才是硬道理。"[①] 随后，在意识到人口过快增长、自然资源不平衡且破坏严重等情况后，为解决人与自然关系日益严峻的问题，他提出了以"先富带动后富"的协调发展思想，"分三步走"的发展战略以及重点关注人口、资源、环境协调发展的思想为主要观点的发展理论。"和平与发展"是邓小平对当今时代特征做出的科学论断，发展已然成为世界的中心问题。进入 21 世纪，新中国在中国共产党的领导下实现了从站起来到富起来再到强起来的巨大历史飞跃，中国特色社会主义已经进入了新时代。习近平总书记用"创新、协调、绿色、开放、共享"的新发展理念总结并创新了发展实践，赋予其新的含义。发展理念是发展行动的先导，该理念为我国实现"十四五"时期发展目标，破解发展难题，实现新的发展飞跃，提供了意识指引与科学遵循。变是唯一的不变，世界万物始终处在永不停息的变化与发展之中。发展是人类永恒的主题。历代革命家、思想家、中国特色社会主义的建设者，都以科学、系统的理论诠释了为什么要发展、怎么发展、发展什么的问题。习近平总书记曾做出深刻论断："发展是党执政兴国的第一要务，是解决我国一切问题的基础和关键。"[②]

西部地区地方治理是国家治理中不可或缺的一部分。一国要发展，欠发达地区首先应发展，发展是西部地区地方治理的根本问题。党的十九大

---

① 邓小平：《在武昌、深圳、珠海、上海等地的谈话要点》（1992 年 1 月 18 日—2 月 21 日），载《邓小平文选》（第 3 卷），人民出版社，1993，第 377 页。

② 习近平：《经济工作要适应经济发展新常态》（2014 年 12 月 9 日），载中共中央党史和文献研究院《十八大以来重要文献选编》（中），中央文献出版社，2016，第 245—246 页。

报告强调，要加大力度支持革命老区、民族地区、边疆地区、贫困地区加快发展，强化举措推进西部大开发形成新格局，深化改革加快东北等老工业基地振兴，发挥优势推动中部地区崛起，创新引领率先实现东部地区优化发展，建立更加有效的区域协调发展新机制。加快西部地区发展，确保边疆巩固、边境安全，实现西部地区善治，是我国迈向社会主义现代化的必由之路。

（二）现实层面

我国是一个幅员辽阔的统一的多民族国家，地区间自然条件差异显著，西部地区与东部沿海地区存在较大差距，地区间发展不平衡是我国由来已久的焦点问题。

改革开放以来，我国经济得到快速发展，从 1978 年到 1999 年的 20 多年间，国内生产总值平均每年增长 9.8%，这是中华人民共和国成立以来经济发展最快的时期，中国经济也成为世界上增长最快的经济。与此同时，人民生活水平也得到大幅度提升，生活质量明显改善。2010 年，我国国内生产总值超过日本，我国成为世界第二大经济体，进出口额位居世界第一，7 亿多人摆脱贫困。然而，在中国取得令人瞩目的发展成就的同时，出现了地区发展失衡、差距过大的问题，且有进一步扩大的趋势。当前，我国社会的主要矛盾已经转化为人民日益增长的美好生活需要和不平衡不充分的发展之间的矛盾。西部地区战略位置重要、资源储存量大、发展潜力巨大，但出于自然条件恶劣、生态环境脆弱以及历史、社会等原因，其发展远远落后于东部沿海地区。这里，我们以地区生产总值、城镇居民人均可支配收入为衡量指标，对西部地区的经济发展情况进行分析。

1999 年，内蒙古地区生产总值为 1268.20 亿元，广西最高，为 1953.27 亿元，西藏最低，为 105.61 亿元，宁夏为 241.49 亿元，新疆为 1168.55 亿元，青海为 238.39 亿元，云南为 1855.74 亿元，贵州为 911.86 亿元。西部地区生产总值为 7743.11 亿元，仅占国内生产总值的 9.63%；东部沿海地区生产总值为 45439.26 亿元，占国内生产总值的 56.5%。2019 年，内蒙古地区生产总值为 17212.53 亿元，广西最高，为 21237.14 亿元，西藏最低，为1697.82亿元，宁夏为3748.48亿元，新疆为13597.11亿元，青海为2965.95亿元，云南为23223.75亿元，贵州为16769.34亿元。西部地区生产总值为100452.12亿元，仅占国内生产总值的10.14%；东部沿海地区生产总值为511161.19亿元，占国内生产总值的51.59%。西部地区生产总值占全国的比重仅提升了0.51个百分点（见表1-9）。

表1-9　1999年、2019年西部地区八省区与东部沿海地区生产总值比较

单位：亿元

西部地区			东部沿海地区		
省份	1999年	2019年	省份	1999年	2019年
内蒙古	1268.20	17212.53	北京	2174.46	35371.28
广西	1953.27	21237.14	天津	1450.06	14104.28
西藏	105.61	1697.82	河北	4569.19	35104.52
宁夏	241.49	3748.48	上海	4034.96	38155.32
新疆	1168.55	13597.11	江苏	7697.82	99631.52
青海	238.39	2965.95	浙江	5364.89	62351.74
云南	1855.74	23223.75	福建	3550.24	42395.00
贵州	911.86	16769.34	山东	7662.10	71067.53
			广东	8464.31	107671.07
			海南	471.23	5308.93
小计	7743.11	100452.12	小计	45439.26	511161.19

资料来源：《中国统计年鉴2000》《中国统计年鉴2020》。

从城镇居民人均可支配收入来看，1999年，内蒙古城镇居民人均可支配收入为4770.53元、广西为5619.54元、西藏为6908.67元、宁夏为4472.91元、新疆为5319.76元、青海为4703.44元、云南为6178.68元、贵州为4934.02元，西部地区城镇居民人均可支配收入的平均值为5363.44元；东部沿海地区城镇居民人均可支配收入的平均值为7522.84元，西部地区与东部沿海地区相差2159.4元。2019年，西部地区城镇居民人均可支配收入的平均值为35800.23元，东部沿海地区为51264.28元，西部地区与东部沿海地区相差15464.05元，差距扩大了6倍多（见表1-10）。

表 1-10　1999 年、2019 年西部地区八省区与东部沿海地区城镇居民人均可支配收入比较

单位：元

西部地区			东部沿海地区		
省份	1999 年	2019 年	省份	1999 年	2019 年
内蒙古	4770.53	40782.5	北京	9182.76	73848.5
广西	5619.54	34744.9	天津	7649.83	46118.9
西藏	6908.67	37410.0	河北	5365.03	35737.7
宁夏	4472.91	34328.5	上海	10931.64	73615.3
新疆	5319.76	34663.7	江苏	6538.20	51056.1
青海	4703.44	33830.3	浙江	8427.95	60182.3
云南	6178.68	36237.7	福建	6859.81	45620.5
贵州	4934.02	34404.2	山东	5808.96	42329.2
			广东	9125.92	48117.6
			海南	5338.31	36016.7
平均值	5363.44	35800.23	平均值	7522.84	51264.28

资料来源：《中国统计年鉴 2000》《中国统计年鉴 2020》。

西部地区经济落后，与东部沿海地区发展存在差距且差距呈逐渐拉大趋势，严重阻碍了我国社会主义现代化建设进程并影响着社会的和谐稳定。因此，为实现区域协调发展，缩小东西差距，支持西部地区发展，我国于 2000 年成立西部地区开发领导小组，2006 年 12 月 8 日审议通过《西部大开发“十一五”规划》，以推动西部地区经济快速向好发展，稳步提高人民生活水平。如今，西部大开发已经实施了 20 多年。经过奠定基础阶段，当前处于加速发展阶段，西部地区经济保持了总体平稳、稳中有进的发展态势，经济结构不断优化，质量效益不断提升，高质量发展迈出坚实的步伐；然而，与东部沿海地区相比仍有一定差距。这种状况“如果长期不能改变，让落后的民族地区永远落后下去，各民族的平等就不可能真正实现。社会主义现代化建设是各民族共同的事业，只有各民族都实现现代化建设的宏伟目标，民族平等、共同繁荣进步的目标才能达到”。[①] 西部地区地方治理的根本目的就是要解决西部地区的发展问题，缩小与内陆地区特别是沿海地区的发展差距，实现共同富裕的社会主义目标。

三、安全是西部地区地方治理的重大现实问题

我国是一个以汉族为主体、由56个民族组成的统一的多民族国家。西部地区位于祖国边疆防线上，少数民族在这里聚居与杂居，多种文化与多种宗教错综复杂存在，同时又受到国际国内多种因素影响，西部地区的安全问题成为国家安全中至关重要的组成部分。人口复杂、语言多样、宗教文化差异、生态矛盾等传统与非传统问题相互交织，错综复杂，成为限制西部地区发展的现实因素。维护西部地区安全是我国加强西部地区地方治理、实现民族团结、建设和谐社会和安定国家的重大现实问题。

（一）理论层面

“安全”，即平安、无损害、不处于危险境地。《现代汉语词典》中对“安全”的解释为：“没有危险；不受威胁；不出事故。”《辞海》中“安全”则是平安、没有危险。一个概念在孤立情况下仅仅只是一个概念，只有放到特定的情境之中才会被赋予意义。

立于国家高度上，安全则代表着国家主权不被干涉，领土完整不受侵犯，国家机密不被窃取、泄露和出卖，社会秩序不被扰乱，生态环境不被破坏，人民生命和财产不受外来势力威胁和侵犯，国家政治制度和经济制度不被颠覆等，也就是指国家处于没有危险的状态，既没有外部环境的威胁与祸患，也没有内部环境的混乱与纠纷。置于西部地区发展方面，安全又被赋予更具体的含义，意味着各民族之间没有冲突、民族不被分裂、社会治安不被暴力恐怖势力胁迫、宗教健康和谐发展、生态环境健康可持续等。

---

① 温家宝：《深刻认识我国民族关系的本质特征，努力促进少数民族和民族地区发展》，http：//www. seac. gov. cn/seac/zcfg/201208/1071805. shtml。

安全是人类生存的基本前提。自古以来，安全便是人类生存的根本环境与底线，安居乐业、安邦定国、安国富民、国泰民安等词语，就是人们肯定安全、向往安全、追求安全的直观体现。“国安才能国治，治国必先治安。”国家安全问题历来处于我国较高战略位置上。新中国成立以来，历届党和国家领导人均从不同历史时期的客观现实情况出发，不同程度地阐明了国家安全的重要性，并构建了系统的安全理论体系。

新中国成立初期，面对西方霸权主义的威胁与国内反革命反动势力的扰乱，以毛泽东同志为核心的党的第一代中央领导集体在全面深刻审视并冷静分析国家安全所面临的复杂且严峻的形势后，强调建立以军事为核心的传统国家安全观，以期维护国家主权安全、政治安全，从而奠定了当代我国国家安全理论的基础，并将其作为战略思想指导新中国进行建设社会主义强国的伟大实践。进入 20 世纪 70 年代末期，以邓小平同志为核心的党的第二代中央领导集体对已经发生改变的国际国内形势敏锐把握，随之做出科学判断，提出了以经济安全和政治安全为中心的国家综合安全观。邓小平指出：“不搞现代化，科学技术水平不提高，社会生产力不发达，国家实力得不到加强，我们国家的安全就没有可靠的保障。”① 邓小平的国家综合安全观是站在新的历史起点上对国家传统安全观的继承与发扬，也为安全观的进一步发展打下了坚实的理论基础。20 世纪 90 年代，和平与发展已经成为世界的主题，伴随着经济全球化的深入，世界局势发生了深刻的变化。以江泽民同志为核心的党的第三代中央领导集体深刻洞察、大胆创新，适时提出了新国家综合安全观，认为：“国家安全不仅仅是军事上的安全，而应是包括经济、科技、政治、军事在内的综合安全。”② 新国家综合安全观以“互信、互利、平等、协作”为中心，呼吁世界通过交流与合作共同维持国际安全，同时表明中国态度，共谋人类幸福。21 世纪，进入全球经济化、信息化、知识经济时代，世界经济快速发

---

① 邓小平：《邓小平选集》（第二卷），人民出版社，1994，第 86 页。

② 《“三个代表”与新安全观》，人民网，2003 年 8 月 12 日，http://www.people.com.cn/GB/guandian/1033/2012129.html。

展，科学技术日新月异，中国以全新的面貌登上世界舞台中心，创造了一个又一个的奇迹。世界在发生深刻而重大变化的同时也并不安宁，以胡锦涛同志为总书记的党中央适时地提出新国家安全观。该安全观以科学发展观为统领，以构建和谐社会、和谐世界为目标，全面构建安全中国，倡导世界人民共同应对安全问题，向世界展示了中国对维护本国与国际安全的坚定立场与强烈的责任意识。站在中国特色社会主义进入新时代的起点，改革开放进入深水区，当今成为世界第二大经济体的中国发展迅速，但经济增长带来的问题依然需要我们足够重视，如生态脆弱、地缘纷争不断、贸易摩擦持续。习近平总书记在此错综复杂的新形势下，在2014年4月15日的中央国家安全委员会第一次会议上首次提出总体国家安全观，并指出，既重视传统安全，又重视非传统安全，构建集政治安全、国土安全、军事安全、经济安全、文化安全、社会安全、科技安全、信息安全、生态安全、资源安全、核安全等于一体的国家安全体系。

综观新中国成立以来我国历届党和国家领导人的国家安全思想可以发现，国家安全始终立于首要战略高度之上，应给予高度重视。习近平总书记曾指出，国泰民安是人民群众最基本、最普遍的愿望。实现中华民族伟大复兴的中国梦，保证人民安居乐业，国家安全是头等大事。

（二）现实层面

21世纪以来，对于地处国防线的西部地区来说，军事对抗的威胁趋于淡化，传统安全问题减少，更加多样与复杂的非传统安全问题日渐凸显。

一是跨境而居的少数民族众多。我国的陆地边境线长达2.2万多千米，同朝鲜、俄罗斯、蒙古、越南、印度、老挝等14个国家接壤，与境外同一民族相邻而居的就有30多个跨境民族。因此，我国不仅是多民族国家，也是多跨界民族的国家。例如，新疆中哈边境的哈萨克族，内蒙古中蒙边境的蒙古族，广西中越边境的壮族、瑶族与彝族，云南中挝、中缅边境的傣族、景颇族等。这些跨境民族同根同源，语言相通，文化相同，人口具有较大流动性。非法跨境行为的长期存在使得边疆安全防线十分脆弱。

二是毒品走私屡禁不止。毗邻境外毒源地的云南，是我国禁毒前沿阵地，毒品犯罪形势依旧严峻复杂，毒品犯罪案件长期居于高位。仅2018年，云南警方破获的毒品刑事案件就高达1.2万余起，抓获毒品犯罪嫌疑人1.2万余名，缴获毒品28.29吨，缴毒再创历史新高。① 毒品在毒害人们身心的同时也是传染艾滋病的一种主要载体，给社会带来了极大的不稳定因素，也极大地损害和浪费了大量社会财富。当今境外毒品形势复杂多变，多头入境、贩运猖獗是西部地区地方治理、维护西部地区安全必须直面的现实。

三是生态环境脆弱。西部地区疆土辽阔，地形结构复杂，以高原、山地和盆地为主，土地资源开发利用难度大，具有高原、戈壁、沙漠、冰川冻土等多种恶劣自然地理类型。其中新疆、内蒙古深居内陆，距海遥远，地处干旱、半干旱地带，土地荒漠化、旱灾等自然灾害时有发生。大陆性气候明显，大气降水少，蒸发量大，水资源极度匮乏。《中国统计年鉴2020》数据显示，2019年，占国土面积59.1%的西部地区，水资源总量占全国的39.6%。在西部地区八省区中，内蒙古、宁夏水资源总量最少，分别占西部地区水资源总量的3.9%和0.1%。② 受到地质与水文这两个生态环境的脆弱因子的影响，这两个自治区的生态系统十分脆弱，生态环境安全面临巨大压力。地处我国地势第一、第二级阶梯的西藏、新疆，由于地理位置特殊，地势高峻，形成了复杂多变的独特高原气候；随着高原抬升和全球气候变暖，生态环境脆弱程度将进一步加大。广西地处我国西南边陲，自然生态环境相对脆弱，山高、坡陡、植被少、土层薄、石山多、灾害频繁，是我国典型的生态环境脆弱地区之一。欠发达地区在满足经济发展要求、推进现代化进程的同时，其活动对耕地、山林、水体、植被、生物等造成了严重的破坏，并由此引发水土流失、环境污染、自然灾害等问题。因此，广西也是我国南方地区水土流失的典型地区之

① 参见《云南警方2018年缴获毒品28.29吨》，中国新闻网，2019年2月1日，https://www.dzwww.com/xinwen/shehuixinwen/201902/t20190201_18360574.htm。

② 根据《中国统计年鉴2020》相关数据计算得出。

一。西部地区生态环境的脆弱性与敏感性不仅威胁到个人安全，使人类的生产、生活和健康方面失去保障，更威胁到一个区域、国家的安全，削弱了经济可持续发展的支撑能力，对物质基础以及上层建筑的发展环境构成威胁。面对现实严峻的生态形势，党的十九大报告深刻阐述了生态安全的重要性，指出要“坚定走生产发展、生活富裕、生态良好的文明发展道路，建设美丽中国，为人民创造良好生产生活环境，为全球生态安全作出贡献”。①

第三节　西部地区地方治理的基本特征

西部地区深居祖国内陆，远离经济发展中心，交通不便，从而使得经济活动成本升高、各类资源流动不畅通；同时，因其距海遥远，多样的地形结构包括高原、山地和盆地使得自然环境复杂，气候类型特殊，自然灾害多发。封闭的区位特点、恶劣的自然条件以及历史发展因素，使得西部地区经济社会发展相比东部沿海地区差距较大，绝对贫困与相对贫困同时存在。

一、地方治理与经济社会发展滞后、缓慢相联系

改革开放初期，邓小平同志提出让一部分人先富起来，先富带动后富，最终实现共同富裕的发展目标。1978 年以来，国家对东部沿海地区实施了一系列发展政策与优惠政策，促使人、财、物等资源大量聚集，并通过大量开放渠道进行配置与流通。这些政策的实施使得东部沿海地区的经济得到快速发展，我国经济实力飞速提升。然而，在取得举世瞩目的成就的同时，随着东部沿海地区的飞速发展，西部地区与东部沿海地区的差距进一步扩大。我们主要选取 2010—2019 年西部地区八省区地区生产总值、人均地区生产总值、居民人均可支配收入以及产业结构这四个方面的数据

① 习近平：《决胜全面建成小康社会 夺取新时代中国特色社会主义伟大胜利——在中国共产党第十九次全国代表大会上的报告》，人民出版社，2017，第 24 页。

来与东部沿海地区进行对比，以阐明西部地区经济发展滞后、缓慢的现状；从基础设施、教育水平、医疗卫生、社会保障、社会服务五个方面的数据对比来阐明社会发展的滞后与短板。西部地区经济与社会发展滞后、缓慢的社会主义初级阶段的基本国情，成为认识我国现阶段西部地区地方治理基本特征的主要依据。

（一）经济发展的缓慢与滞后

一是从地区生产总值来看，西部地区相比东部沿海地区明显落后。2010年，西部地区地区生产总值为42053.20亿元，占国内生产总值的10.20%，而东部沿海地区地区生产总值为232030.67亿元，占国内生产总值的56.30%，约是西部地区地区生产总值的5倍；2013年，西部地区地区生产总值为64772.10亿元，东部沿海地区为322258.89亿元，分别占国内生产总值的10.92%与54.35%，东部沿海地区地区生产总值依旧是西部地区的5倍；2016年，西部地区地区生产总值为79553.08亿元，占国内生产总值的10.66%，而东部沿海地区为410186.44亿元，占国内生产总值的54.96%；2019年，西部地区地区生产总值为100452.12亿元，占国内生产总值的10.14%，东部沿海地区则为511161.19亿元，占国内生产总值的51.59%。10年间，东部沿海地区的地区生产总值始终占据国内生产总值的一半以上，而西部地区的地区生产总值占比不到国内生产总值的20%（见表1-11）。

表1-11　西部地区八省区与东部沿海地区地区生产总值比较

年份	西部地区八省区		东部沿海地区	
	地区生产总值/亿元	占国内生产总值比重/%	地区生产总值/亿元	占国内生产总值比重/%
2010	42053.20	10.20	232030.67	56.30
2013	64772.10	10.92	322258.89	54.35
2016	79553.08	10.66	410186.44	54.96
2019	100452.12	10.14	511161.19	51.59

资料来源：根据《中国统计年鉴》相关年份数据计算得出。

二是从人均地区生产总值来看，西部地区与东部沿海地区相比差距明显。2010 年，西部地区人均地区生产总值为 22315.31 元，东部沿海地区为 45797.03 元，高于西部地区一倍多；2013 年，西部地区与东部沿海地区人均地区生产总值分别为 33710.89 元和 62190.53 元，相差 28479.64 元；2016 年，西部地区人均地区生产总值为 40421.26 元，东部沿海地区为 77465.29 元，相差 37044.03 元；2019 年，西部地区人均地区生产总值为 49835.33 元，东部沿海地区为 94372.05 元，相差 44536.72 元。10 年间，尽管西部地区人均地区生产总值增长速度较快，但与东部沿海地区的差距持续扩大，呈现出东西发展不平衡的态势（见表 1-12）。

表 1-12　西部地区八省区与东部沿海地区人均地区生产总值比较

单位：元

年份	西部地区八省区	东部沿海地区	差额
2010	22315.31	45797.03	23481.72
2013	33710.89	62190.53	28479.64
2016	40421.26	77465.29	37044.03
2019	49835.33	94372.05	44536.72

资料来源：根据《中国统计年鉴》相关年份数据计算得出。

三是从居民人均可支配收入来看，西部地区居民人均可支配收入低于全国平均水平，与东部沿海地区存在较大差距。2013 年，西部地区和东部沿海地区居民人均可支配收入分别为 13420.78 元、25848.31 元，两大地区差距较大；2016 年，西部地区居民人均可支配收入为 17800.09 元，东部沿海地区为 33447.71 元，是西部地区的近 2 倍；2019 年，西部地区居民人均可支配收入为 23249.66 元，东部沿海地区为 42947.17 元，两大地区居民人均可支配收入差距依旧悬殊且在持续扩大（见表 1-13）。

表 1-13　西部地区八省区与东部沿海地区居民人均可支配收入比较

单位：元

年份	西部地区八省区	东部沿海地区	全国
2013	13420.78	25848.31	18310.8
2016	17800.09	33447.71	23821.0
2019	23249.66	42947.17	30732.8

资料来源：根据《中国统计年鉴》相关年份数据计算得出。

四是产业结构方面。西部地区 2010 年、2013 年、2016 年、2019 年第一产业增加值占地区生产总值比重分别为 14.1%、13.7%、13.5% 和 13.0%，而同期东部沿海地区第一产业增加值占地区生产总值比重分别为 6.3%、6.2%、5.3%和 4.6%，西部地区第一产业增加值占地区生产总值比重高于东部沿海地区。西部地区 2010 年、2013 年、2016 年、2019 年第二产业增加值占地区生产总值比重分别为 48.1%、47.3%、42.7% 和 35.9%，同期东部沿海地区第二产业增加值占地区生产总值比重分别为 49.4%、46.9%、42.3%和 38.9%，西部地区第二产业对地区生产总值的贡献相当于东部沿海地区。西部地区 2010 年、2013 年、2016 年、2019 年第三产业增加值占地区生产总值比重分别为 37.8%、39.0%、43.8% 和 51.1%，同期东部沿海地区第三产业增加值占地区生产总值比重分别为 44.3%、47.0%、52.4%和 56.5%，从第三产业增加值来看，西部地区与东部沿海地区的差距明显。产业结构对经济增长起着决定性的影响作用，西部地区与东部沿海地区相比，第一产业所占比重较大，依靠第二产业增加地区生产总值的趋势有所缓解，但产业结构依旧有继续优化的必要，要逐步强化服务业在地区生产总值中的贡献程度（见表 1-14、图 1-1 和图 1-2）。

表 1-14　西部地区八省区与东部沿海地区三次产业增加值占地区生产总值比重比较

（%）

年份	西部地区八省区			东部沿海地区		
	第一产业	第二产业	第三产业	第一产业	第二产业	第三产业
2010	14.1	48.1	37.8	6.3	49.4	44.3
2013	13.7	47.3	39.0	6.2	46.9	47.0
2016	13.5	42.7	43.8	5.3	42.3	52.4
2019	13.0	35.9	51.1	4.6	38.9	56.5

资料来源：根据《中国统计年鉴》相关年份数据计算得出。

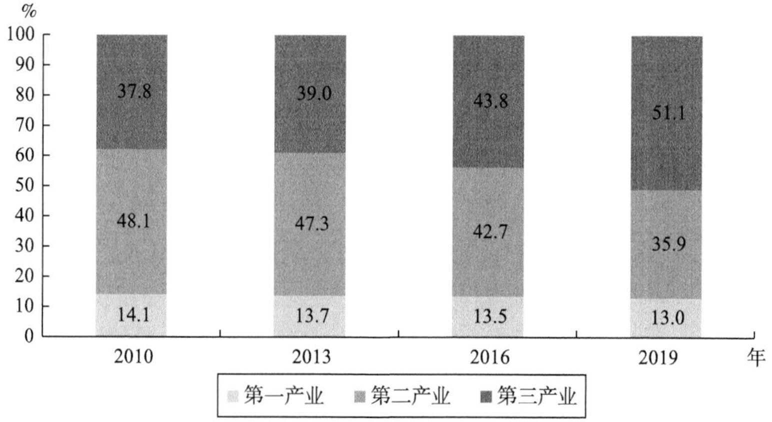

图 1-1　2010—2019 年西部地区八省区三次产业增加值占地区生产总值比重

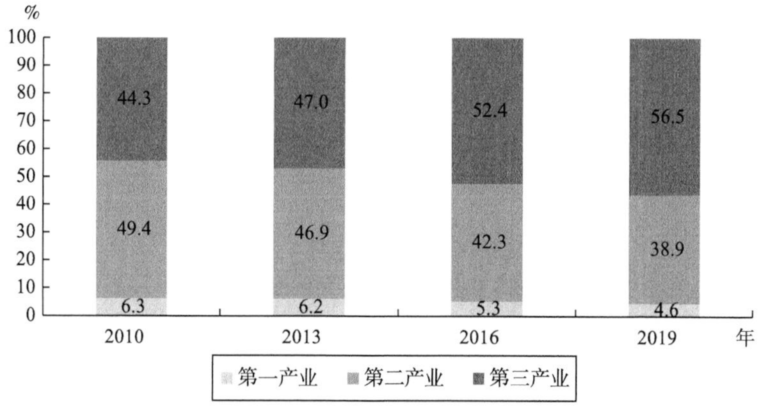

图 1-2　2010—2019 年东部沿海地区三次产业增加值占地区生产总值比重

当前，西部地区发展态势良好，地区生产总值逐年增长，居民人均可支配收入稳步增长，产业协调发展，整体经济呈现出一种稳定向好的局面。然而，发展的绝对差距以及与东部沿海地区之间的相对差距依然存在，且有进一步扩大的趋势，西部地区经济的滞后与发展的缓慢仍是其迈向现代化征程的最大绊脚石。

（二）社会发展的缓慢与滞后

社会发展有广义和狭义两种含义。广义的社会发展是指人类社会的自然历史过程，即人类社会有规律地发展，是关于社会历史观的一种观点。狭义的社会发展是指由以生产力和生产关系为基础的社会矛盾运动而引起社会变动，并使社会向前推进的现象和过程，是一种社会形态向更高的社会形态的过渡。衡量社会发展水平的指标有两类：一类是主观生活质量指标，强调作为主体的人对社会及其环境的主观感受，比如对生活各个方面（家庭、工作、闲暇等）的感受；另一类是客观社会指标，主要根据一些社会及其环境的客观条件指标来反映社会发展水平，如人口数量、出生率、死亡率、收入与消费水平、受教育程度、就业率、卫生设施和应用程度等。这里，我们将从基础设施、教育水平、医疗卫生、社会保障、社会服务五个方面阐明西部地区的社会发展现状。

一是基础设施方面。选取城市道路长度、公园个数、道路清扫保洁面积作为指标，与东部沿海地区进行比较。

城市道路长度是衡量一个地区道路建设程度的主要指标，是该地区公共交通发展水平高低的直观表现，指道路长度和与道路相通的桥梁、隧道的长度，按车行道中心线计算。国家统计局数据显示，2010 年，西部地区城市道路长度为 2. 73 万千米，东部沿海地区为 15. 76 万千米，相差 13. 03 万千米；2013 年，西部地区城市道路长度为 3. 38 万千米，东部沿海地区为 17. 26 万千米，相差 13. 88 万千米；2016 年，西部地区与东部沿海地区的城市道路长度分别为 4. 05 万千米和 19. 25 万千米，相差 15. 20 万千米；2019 年，西部地区城市道路长度为 5. 29 万千米，东部沿海地区为 23. 07 万千米。从表 1-15 中可以看出，东部沿海地区的城市道路长度为西部地区的3~4倍，两大地区间公共交通发展差距巨大，尽管西部地区的城市道路长度逐年攀升，但发展缓慢，与东部沿海地区城市道路长度差距仍在进一步拉大。

表1-15　西部地区八省区与东部沿海地区城市道路长度比较

单位：万千米

年份	西部地区八省区	东部沿海地区	差额
2010	2.73	15.76	13.03
2013	3.38	17.26	13.88
2016	4.05	19.25	15.20
2019	5.29	23.07	17.78

资料来源：根据《中国统计年鉴》相关年份数据计算得出。

城市公园是人类社会发展到一定程度的产物，是社会文明的标志，是城市园林绿化的重要组成部分。一个城市公园行业的管理与发展水平，直接表示着这个城市的经济状况与文明程度。据统计，2010年，西部地区有1131个公园，东部沿海地区有6037个，相差4906个；2013年，两地区拥有的公园个数分别为1404个和7448个，相差6044个；2016年，西部地区的公园个数为1801个，东部沿海地区为9095个，相差7294个；2019年，西部地区的公园个数为2339个，东部沿海地区为9994个，相差7655个。10年间，西部地区公园个数增长缓慢，与东部沿海地区存在明显差距（见表1-16）。

表1-16　西部地区八省区与东部沿海地区公园个数比较　单位：个

年份	西部地区八省区	东部沿海地区	差额
2010	1131	6037	4906
2013	1404	7448	6044
2016	1801	9095	7294
2019	2339	9994	7655

资料来源：根据《中国统计年鉴》相关年份数据计算得出。

环境卫生是构建社会主义和谐社会的重要内容，是经济发展的基础，与地区的发展、人民的生活密切相关，不仅体现了该地区的基础设施完善程度，更体现了该地区的社会文明程度，对于促进地区经济可持续发展具有重要意义。这里，我们选择道路清扫保洁面积作为衡量环境卫生的主要指标。道路清扫保洁面积，指对城市道路和公共场所（主要包括城市行车道、人行道、车行隧道、人行过街地下通道、道路附属绿地、地铁站、高架路、人行过街天桥、立交桥、广场、停车场及其他设施等）进行清扫保洁的面积。一天清扫多次的，按清扫保洁面积最大的一次计算。2010 年，西部地区与东部沿海地区的道路清扫保洁面积分别为 47490 万平方米和 255753 万平方米；2013 年，西部地区的道路清扫保洁面积为 72311 万平方米，东部沿海地区为 333301 万平方米；2016 年，西部地区的道路清扫保洁面积实现较大增长，为 101680 万平方米，东部沿海地区为 380236 万平方米，东西部差距仍然较大；2019 年，西部地区的道路清扫保洁面积为 119254 万平方米，东部沿海地区为 429008 万平方米。西部地区与东部沿海地区环境卫生的差距一直存在，尽管其社会发展呈现一个稳定向好的局面，但其发展速度远落后于东部沿海地区（见表 1-17）。

表 1-17　西部地区八省区与东部沿海地区道路清扫保洁面积比较

单位：万平方米

年份	西部地区八省区	东部沿海地区	差额
2010	47490	255753	208263
2013	72311	333301	260990
2016	101680	380236	278556
2019	119254	429008	309754

资料来源：根据《中国统计年鉴》相关年份数据计算得出。

二是教育水平方面。“发展是第一要务，人才是第一资源，创新是第一生产力。”经济与社会的发展需要人才的推动，而人才的培养与输出则需要依靠教育。经济基础的建设需要教育的推动，上层建筑的继承与繁荣更需要教育的发展。改革开放以来，我国始终将教育摆在经济和社会发展的重要位置。邓小平同志曾指出：“我们国家，国力的强弱，经济发展后劲的大小，越来越取决于劳动者的素质，取决于知识分子的数量和质量。”① 因此，我们将对比西部地区与东部沿海地区教育事业的发展情况，进而阐明两者的发展差距。

高等教育是在完成中等教育的基础上进行的专业教育和职业教育，是培养高级专门人才和职业人员的主要社会活动。高等教育是教育系统中互相关联的各个重要组成部分之一，高等学校作为实施高等教育的学校，其发育成熟程度直接反映了高等教育的发展程度。“211 工程”是中华人民共和国成立以来国家正式立项，在高等教育领域进行的规模最大的重点建设工程，是国家“九五”期间提出的高等教育发展工程，也是高等教育事业的系统改革工程。“985 工程”指为创建世界一流大学和高水平大学而实施的工程，即“世界一流大学建设项目”。“双一流”是指世界一流大学和一流学科建设，是党和国家作出的重大战略决策，也是中国高等教育领域继“211 工程”“985 工程”之后的又一国家战略。这里，我们以“211 高校”“985 高校”“双一流高校”的数量，来比较西部地区与东部沿海地区教育发展的差距。由于“双一流”建设于 2015 年提出并于 2017 年公布名单，因此这里只统计 2018 年数据。

表 1-18 西部地区八省区与东部沿海地区重点高校数量比较 单位：所

年份	西部地区八省区		东部沿海地区	
	“211”“985”	“双一流”	“211”“985”	“双一流”
2009	6		61	
2012	7		62	
2015	7		62	
2018	7	2	62	22

资料来源：根据《中国统计年鉴》相关年份数据计算得出。

由表 1-18 数据可知，2009 年，西部地区八省区“211”“985”高校数量为 6 所，东部沿海地区为 61 所。2012—2015 年，西部地区与东部沿

① 《一个意义重大的题词》，邓小平纪念网，2019 年 9 月 5 日，http：//cpc.people.com.cn/n1/2019/0905/c69113-31338679.html。

海地区的“211”和“985”高校数量分别为7所和62所。2018年，西部地区“211”“985”高校数量仍维持7所不变，“双一流”高校数量为2所；同期，东部沿海地区“211”“985”高校数量也维持62所不变，但“双一流”高校则数量为22所。因此，从重点高校来看，西部地区教育水平与东部沿海地区相比差距较大。

三是医疗卫生方面。医疗卫生服务与人民群众切身利益密切相关，是贯彻落实科学发展观、实现经济和社会协调发展、构建社会主义和谐社会的重要内容。党的十六大把医疗卫生的发展提到空前战略高度，把提高全民族的健康素质作为全面建设小康社会的奋斗目标之一，要求我们“建立适应新形势要求的卫生服务体系和医疗保健体系，着力改善农村医疗卫生状况，提高城乡居民的医疗保健水平”。医疗卫生事业的发展水平是一个地区或国家综合实力的反映，也是政府治理能力的体现。这里，我们选取医疗卫生机构和卫生人员数量两个指标来比较西部地区与东部沿海地区医疗卫生事业的发展情况。

医疗卫生机构包括医院、基层医疗卫生机构、专业公共卫生机构、其他医疗卫生机构。卫生人员指在医院、基层医疗卫生机构、专业公共卫生机构及其他医疗卫生机构工作的职工，包括卫生技术人员、乡村医生和卫生员、其他技术人员、管理人员和工勤人员。2010年，西部地区拥有医疗卫生机构13.4万所，卫生人员104.7万人；东部沿海地区拥有医疗卫生机构30.5万所，卫生人员323.2万人。2013年，西部地区的医疗卫生机构数量、卫生人员数量分别为14.6万所和132.4万人；东部沿海地区的分别为31.5万所和388.5万人。2016年，西部地区的医疗卫生机构数量、卫生人员数量分别为14.7万所和157.4万人；东部沿海地区的分别为32.2万所和442.8万人。2019年，西部地区有医疗卫生机构14.9万所，卫生人员187.2万人；东部沿海地区有医疗卫生机构34.6万所，卫生人员517.5万人。在医疗卫生方面，相比东部沿海地区，西部地区发展较滞后，差距明显且逐年扩大（见表1-19）。

表 1-19　西部地区八省区与东部沿海地区医疗卫生机构数、卫生人员数比较

年份	西部地区八省区		东部沿海地区	
	医疗卫生机构数量/万所	卫生人员数量/万人	医疗卫生机构数量/万所	卫生人员数量/万人
2010	13.4	104.7	30.5	323.2
2013	14.6	132.4	31.5	388.5
2016	14.7	157.4	32.2	442.8
2019	14.9	187.2	34.6	517.5

资料来源：根据《中国统计年鉴》相关年份数据计算得出。

四是社会保障方面。社会保障是以国家或政府为主体，依据法律，通过国民收入的再分配，对公民丧失劳动能力以及生活出现困难时给予物质帮助，以保障其基本生活的制度。这是一项国家基本制度。社会保障既是社会发展的稳定器，又是经济发展的调节器，它是否完善已经成为社会文明是否进步的重要标志之一。社会保险作为社会保障制度的主要内容之一，包括养老保险、失业保险、医疗保险、工伤保险和生育保险。养老保险作为社会保险五大险种中最重要的险种之一，在我国国民经济与社会发展中占有十分重要的地位，国家对养老需求的满足程度是经济发展和社会进步程度的重要体现。这里，我们将选取城乡居民社会养老保险覆盖率这一指标，来比较西部地区和东部沿海地区在社会保障方面的发展差距。

城乡居民社会养老保险覆盖率对社会和谐稳定具有重要影响，是社会发展的重要衡量指标。2013 年，西部地区城乡居民社会养老保险覆盖率为 37.3%，东部沿海地区为 31.0%；2016 年，西部地区与东部沿海地区的城乡居民社会养老保险覆盖率分别为 38.6%和 30.8%；2019 年，西部地区城乡居民社会养老保险覆盖率为 41.5%，东部沿海地区为 30.6%。从城乡居民社会养老保险覆盖率来看，西部地区高于全国平均水平，也高于东部沿海地区，社会保障水平逐年提升（见表 1-20）。

表 1-20　西部地区八省区与东部沿海地区城乡居民社会养老保险覆盖率比较（%）

年份	西部地区八省区	东部沿海地区	全国
2013	37.3	31.0	36.6
2016	38.6	30.8	36.8
2019	41.5	30.6	38.0

资料来源：根据《中国统计年鉴》相关年份数据计算得出。

五是社会服务方面。社会服务是一种以提供劳务的形式来满足社会需求的社会活动。有广义和狭义之分。狭义的社会服务，指直接为改善和发展社会成员生活福利而提供的服务，如衣、食、住、行、用等方面的生活福利服务。广义的社会服务，包括生活福利性服务、生产性服务和社会性服务。生产性服务指直接为物质生产提供的服务，如原辅材料运输、能源供应、信息传递、科技咨询、劳动力培训等；社会性服务指为整个社会正常运行与协调发展提供的服务，如公用事业、文教卫生事业、社会保障和社会管理等。党的十六届六中全会明确指出，社会组织既是加强和完善社会管理的重要内容，又是公众参与社会管理、提供公益服务的重要组织载体。社会组织作为政府和市场之间的"第三部门"，通过提供社会性服务、生活福利性服务，推动社会主义经济建设、社会建设和文化建设，对经济和社会发展作出了重要贡献。这里，我们以社会组织单位数量为指标对西部地区与东部沿海地区的社会发展差距进行分析。

2010 年，西部地区共有 55979 个社会组织，东部沿海地区有 193238 个，两大地区相差 137259 个，东部沿海地区是西部地区的 3 倍多；2013 年，西部地区社会组织发展到 70193 个，东部沿海地区则发展到 237895 个，两大地区相差 167702 个；2016 年，西部地区和东部沿海地区社会组织的个数分别为 91669 个和 320408 个，差距进一步扩大到 228739 个；2019 年，西部地区社会组织个数增长到 103054 个，东部沿海地区增长到 398120 个，相差 295066 个（见表 1-21）。两大地区社会组织数量存在较大差距，且随着经济社会的发展差距逐渐拉大。可见，西部地区的社会发展速度较东部沿海地区相对缓慢和绝对滞后。

表 1-21　西部地区八省区与东部沿海地区社会组织单位数比较　单位：个

年份	西部地区八省区	东部沿海地区	差额
2010	55979	193238	137259
2013	70193	237895	167702
2016	91669	320408	228739
2019	103054	398120	295066

资料来源：根据《中国统计年鉴》相关年份数据计算得出。

（三）地方治理与地区经济社会发展滞后、缓慢相联系

社会主义初级阶段的基本国情以及与之相联系的西部地区经济与社会发展滞后、缓慢，决定了现阶段我国西部地区地方治理具有如下基本特征：

首先，总体均衡性。改革开放初期，国家在资源条件有限的情况下，实行了使一部分人、一部分地区先富起来的“非均衡发展战略”，国家的绝大部分政策与资源均用于支持东部沿海地区的发展，将改革和发展的重心放在东部沿海地区。这一发展战略的实施，使中国在较短时期内迅速取得了巨大的发展成果。从 1978 年至 20 世纪末的 20 多年间，国内生产总值平均每年增长 9.8%，是中华人民共和国成立以来发展最快的时期，中国经济也成为世界上增长最快的经济。[①] 此后，具有发展优势的东部沿海地区获得了更多的发展机会，资源与资本的不断累积使其经济与社会发展取得巨大飞跃。而在东部沿海地区高速发展的同时，西部地区却由于自然条件的先天缺陷与资源配置的后天因素而经济社会发展滞后、缓慢，并与东部沿海地区拉开差距且逐步扩大，大有出现“马太效应”的趋势。经济状况东富西贫、发展速度东快西慢的失衡状态长期存在，已经严重制约了我国社会主义现代化进程。当前，中国发展的当务之急是防止“两极分化”，实现东西均衡、协调发展，在保持东部沿海地区发展良好势头的同时积极推进西部开发建设，逐步缩小地区差距，实现经济与社会的

① 参见林毅夫、蔡昉、李周：《中国的奇迹发展战略与经济改革》，格致出版社，2014，第 2 页。

健康可持续发展。

其次，区域倾斜性。公共政策的本质是对社会利益的权威性分配，政策的形成过程就是政策主体对各种复杂利益关系的调整过程。美国政治学家戴维·伊斯顿认为，公共政策是政府对整个社会的价值做权威性的分配。政策的一个重要功能就是分配社会资源、促进社会发展，创办经济特区就是政策这一功能的最好体现。创办经济特区是我国 20 世纪 70 年代末 80 年代初实行的特殊经济政策，通过实行优惠税率、提供良好的投资环境等，吸引外资，引进先进技术和管理经验，促进区域经济发展。对经济特区实行的特殊经济政策，使得深圳由一个小渔村变成今日繁华的国际现代化大都市，实现了巨大的经济跨越，取得了丰硕的经济成果。截至 1988 年，我国共有 5 个经济特区，分别是广东省的深圳、汕头、珠海，福建省的厦门市和海南省，均位于东部沿海地区。对比东部沿海地区，国家对西部地区的资源投入与政策扶持力度相对较小。因而，国家 1999 年实施西部大开发战略，2010 年在新疆霍尔果斯、喀什设立经济特区。要打破当前的失衡发展局面，缩小东西经济社会差距，地方治理应加大财政转移支付力度与政策倾斜，使资源配置服务西部地区的开发与建设，使西部地区大踏步赶上东部沿海地区。

最后，区内针对性。西部地区的不均衡发展不仅存在于与东部沿海地区的比较上，还存在于区内 8 个省区之间。国家统计局相关资料显示，2019 年，云南地区生产总值为 23223.75 亿元，居西部地区首位，而地区生产总值最低的西藏仅为 1697.82 亿元，两者相差约 12.7 倍。① 在西部地区内，西藏、贵州、宁夏的经济社会发展明显落后于广西、云南、内蒙古等省区，且差距较大。各地之间自然条件、资源禀赋、产业结构的不同，导致经济与社会发展速度的差异。西部地区地方治理在缩小与东部沿海地区发展差距的同时，更要着力推进地区内八省区差距的缩小，针对不同省区不同情况进行不同程度的政策倾斜，加大对口支援力度并根据各省

---

① 根据《中国统计年鉴 2020》相关数据计算得出。

区区位特征、自然环境等条件构建合理的产业结构布局，逐步缩小区内差异，实现西部地区内的均衡发展。

二、地方治理与少数民族聚居、地广人稀相联系

我国是一个统一的多民族国家，56 个民族共同构成中华民族，在 5000 多年的文明历程中不断发展、融合。在长期的历史发展过程中，各民族通过相互交往形成了目前我国各民族大杂居、小聚居、交错杂居的分布格局。一个民族聚居区内，杂居或聚居着多个民族。汉族主要聚居在东部沿海地区、中部地区，而少数民族则主要聚居于西部地区以及中部、东北部地区，且少数民族聚居地区地广人稀。

（一）少数民族聚居的西部地区

据 2010 年第六次人口普查统计，我国共有 56 个民族，总计约 13.33 亿人。其中，汉族约 12.21 亿人，占全国总人口的 91.60%；少数民族约 1.12 亿人，约占全国人口总数的 8.40%。我国少数民族具有人口少、分布广的基本特点，55 个少数民族不同程度地分布于全国 34 个省级行政区。西部地区位于祖国地域广袤的西疆，包括 5 个民族自治区、3 个少数民族聚居集中的省级行政区和 72 个自治县，是我国少数民族分布最集中的地区。国家统计局数据显示，在全国 55 个少数民族中，西部地区拥有人口 3000 人以上的少数民族共 53 个，总计约 0.8 亿人；东部沿海地区拥有人口 3000 人以上的少数民族共 34 个，总计约 0.2 亿人（见表 1-22）。

表 1-22　西部地区八省区与东部沿海地区少数民族分布情况比较

项目	西部地区八省区	东部沿海地区
人口≥3000 人的少数民族数/个	53	34
少数民族人数/亿人	0.8	0.2

资料来源：根据“中国 2010 年人口普查资料”相关数据计算得出。

西部地区少数民族人口是东部沿海地区少数民族人口的 4 倍。其中，全国 70% 的蒙古族人口集中在内蒙古，82% 的壮族人口聚居于广西，99%的维吾尔族人口聚居于新疆，89%的藏族人口聚居于西藏，白族、

傣族、哈尼族、彝族、傈僳族、佤族、拉祜族、纳西族、景颇族等少数民族人口的绝大多数都集中分布在云南。

（二）地广人稀的西部地区

我国国土辽阔，陆地面积约为960万平方千米，在世界各国中，陆地面积仅次于俄罗斯、加拿大，居世界第三位。我国地势西高东低，地势如同阶梯，自西向东逐级下降，与此相适应，人口分布也呈现东密西疏的特点。

西部地区位于第一、第二级阶梯，拥有广阔疆域，面积为567.29万平方千米，约占我国国土面积的59.1%。其中，新疆面积最大，为166.49万平方千米；西藏其次，面积为122.84万平方千米；内蒙古第三，面积为118.3万平方千米。而东部沿海地区10个省市，其总面积仅为92.8万平方千米，约占全国总面积的9.67%（见表1-23）。

表1-23 西部地区八省区与东部沿海地区面积比较

单位：万平方千米

西部地区八省区		东部沿海地区	
省份	面积	省份	面积
内蒙古	118.30	北京	1.6
广西	23.76	天津	1.2
西藏	122.84	河北	18.9
宁夏	6.64	上海	0.6
新疆	166.49	江苏	10.7
青海	72.23	浙江	10.6
云南	39.41	福建	12.1
贵州	17.62	山东	15.7
		广东	18.0
		海南	3.4
小计	567.29	小计	92.8

资料来源：《中国统计年鉴》。

2019 年，西部地区人口总数为 20156. 81 万人，东部沿海地区为 54164. 47 万人。西部地区人口仅为东部沿海地区的一半，占地面积却为东部沿海地区的 6 倍。东部沿海地区平均每平方千米居住人口 583. 67 人，西部地区则平均每平方千米居住 35. 53 人，东部沿海地区人口密度极大（见表 1-24）。

表 1-24　西部地区八省区与东部沿海地区人口面积比较

项目	西部地区八省区	东部沿海地区
面积/万平方千米	567. 29	92. 80
人口/万人	20156. 81	54164. 47
（人口/面积）/（人/平方千米）	35. 53	583. 67

资料来源：根据《中国统计年鉴 2020》相关年份数据计算得出。

（三）地方治理与地区少数民族聚居、地广人稀相联系

少数民族聚居，且地广人稀的现实，决定了西部地区地方治理具有其自身的特殊性，成为当代中国地方治理必须高度关注的问题。

首先，高成本的资源流动。经济学家普遍认为，资源的流动性是现代经济的重要特征，是衡量一个经济机制优劣、成熟与否的重要标志。一个保持较高流动性的经济机制，将使国民经济结构可以随时得到调整，资源配置可以不断得到优化，供求关系的失衡可以比较顺利地得到解决，经济要素也可以按照效率原则得到重组。因此，流动性本身必将增加经济资源的价值。资源向某个地区流动的动力强度取决于该地区在区位条件、资源禀赋、基础设施、资源配置能力、政策法规、社会环境等方面的相对优劣程度。西部地区的经济社会发展必然要通过资源的配置来实现，而西部地区包括 8 个省级行政区，陆地总面积为 567. 29 万平方千米，约占国家总面积的 59. 1%。地域辽阔、位置偏远的显著特征，使得西部地区人、财、物等资源的流动具有一定限制性，且成本较高，这成为该地区地方治理的一个重要特点。

其次，高难度的区域合作。“区域经济一体化”“城市群”建设是当前中国城市化发展的主要形态。区域经济一体化是指区域内两个或两个以上

的国家或地区之间，通过建立共同的协调机构，制定统一的经济贸易政策，消除相互之间的贸易壁垒，逐步实现区域内协调发展和资源的优化配置，以促进经济贸易发展。城市群则是“区域经济一体化”的直观体现，即在特定的地域范围内具有相当数量的不同性质、类型和等级规模的城市，依托一定的自然环境条件，以一个或两个特大或者超大城市作为地区经济的核心，借助于现代化的交通工具和综合运输网，以及高度发达的信息网络，发生与发展着城市个体之间的内在联系，共同构成的一个相对完整的“集合体”。高度集中的城市布局则是城市群发展、实现区域合作的首要条件。西部地区地处我国西疆，城市布局分散，人口密度低，平均每万平方千米仅居住 35.53 人，具有地广人稀的特征。分散的城市布局使得城市间的交流互动具有较高难度，缺乏实现区域协调合作的发展基础，因而成为该地区地方治理需要高度重视的问题。

三、地方治理与生态环境脆弱相联系

西部地区自然资源、能源储量巨大，是国内多条大江、大河的发源地，关系着中部、东部沿海地区生态系统的稳定运行和经济社会的长期发展。西部地区也是我国干旱、风沙、水土流失、地震、滑坡、泥石流、雪灾等灾害最为严重的地区，生态平衡脆弱、遭受破坏后很难恢复。最新调查数据显示，西部地区自然灾害直接造成的经济损失达 755 亿元，占全国的 25%。[①] 生态环境脆弱直接导致西部地区经济发展滞缓，从而成为加大地方治理难度的基础性原因。自然资源部、中国地质调查局、地质环境监测院编制完成的《全国地质环境安全程度图》，反映了我国地质环境条件和安全程度，揭示了区域地壳稳定性、地质灾害易发程度和区域分异特征。我国地质环境安全程度由高到低划分为五个等级，所占国土面积分别为 28.34% 、29.36% 、21.00%、4.51%和 4.24%。[②] 其中，安全程度最低

① 根据《中国统计年鉴 2019》相关数据计算得出。

② 孟晖：《〈全国地质环境安全程度图〉编制完成》，自然资源部中国地质调查局网站，2019 年 2 月 25 日，https://www.cgs.gov.cn/gzdt/zsdw/201902/t20190225_476450.html。

区约占国土面积的4.24%，此区域构造稳定性极差，极易发生地质灾害，主要分布在西部地区的云南中西部、甘肃南部天水和陇南地区。西部地区脆弱的生态环境要求国家实施具有针对性、系统性和协调性的治理政策和措施。在实现经济社会健康快速发展的同时，应做好生态环境的保护与修复工作，以实现西部地区长足发展和可持续发展的良性循环。脆弱的生态环境同样对地方治理提出挑战，治理基础的脆弱性与复杂性要求地方政府具备更高的治理能力与治理水平，要求强化和提升地方政府能力，进而促进地方治理的实现及其有效性的发挥。

四、地方治理与周边国家关系密切

中国陆地边界长达2.28万千米，有14个陆上邻国，与6个国家隔海相望，西部地区八省区分别与俄罗斯、蒙古、哈萨克斯坦、吉尔吉斯斯坦、塔吉克斯坦、巴基斯坦、印度、阿富汗、尼泊尔、不丹、缅甸、老挝、越南等13个陆上邻国接壤。中国的发展离不开周边国际环境，西部地区的发展也离不开周边国际环境。我国西部地区与周边国家关系密切，地方治理处于复杂多变的周边国际环境中，具有明显的特殊性。我国西部地区与边疆地区联系紧密，发挥着内外联系互动的桥梁作用；西部地区与周边国家复杂而紧密的关系中蕴含着丰富的机遇与挑战。西部地区地方治理要维护西部地区稳定发展、满足西部地区人民的公共需求，维护西部地区稳定、促进西部地区发展、保障西部地区安全，首先要营造良好的周边国际环境，处理好与“邻居”的关系，排除一切影响西部地区稳定发展的威胁和隐患。

首先，西部地区应与周边国家始终保持睦邻友好的互利合作关系，在交往的过程中不断创造出新的发展机遇。

西藏依靠毗邻尼泊尔等南亚国家的独特区位优势，在经贸、文化、科技等领域不断加大对外开放力度。2018年10月，第十六届中国西藏—尼泊尔经贸洽谈会在拉萨成功举办，156家企业参展。自1985年以来，中国西藏—尼泊尔经贸洽谈会已成功举办十六届，成为西藏与周边邻国开展投资、贸易和经济技术合作的重要平台。云南利用跨境电子商务平台建立与南亚、东南亚地区电子商务共享体系，科技创新助力西部地区经济发展。2018 年 7 月，国务院批准云南省昆明市设立跨境电子商务综合试验区，云南将通过先行先试，把中国（昆明）跨境电子商务综合试验区建设成为培育外贸发展新动能、促进产业转型升级、构建国际合作新平台并具有云南特点的重要载体，使之成为我国面向南亚、东南亚的跨境电子商务辐射中心。2013 年 9 月，习近平主席提出建设“新丝绸之路经济带”倡议。2015 年 3 月 28 日，国家发展改革委、外交部、商务部联合发布了《推动共建丝绸之路经济带和 21 世纪海上丝绸之路的愿景与行动》。“一带一路”（“丝绸之路经济带”和“21 世纪海上丝绸之路”）倡议自提出以来得到世界多个国家和地区的积极响应，以和平合作、开放包容、互学互鉴、互利共赢为核心的丝路精神最终会带领西部地区走出贫寒之门，在世界舞台上绽放出中国的西部地区色彩。“一带一路”是一项立足周边、面向世界的伟大倡议，是在有效地方治理下西部地区繁荣稳定发展的全方位、宽领域的对外开放规划，是一条和平、繁荣、开放、创新、文明之路，它充分发挥了西部地区的区位优势、资源优势，将自然资源科学转化为经济发展动力，从而促进西部地区经济全面转型升级，与全国其他省份齐头并进追求经济的高质量发展，真正提升西部地区人民的幸福感。俗话说“远亲不如近邻”，西部地区与周边国家的睦邻友好关系对我国具有极其重要的战略意义，地方治理要立足本地区人民的公共需求，加强与周边国家的战略合作，形成“亲、诚、惠、容”的和谐周边外交关系，打造与周边国家的“命运共同体”。

其次，西部地区处于复杂多变的周边国际环境，对地方治理提出了新的挑战。

西部地区与内陆地区是利益相关的“唇齿关系”，西部地区的安全、稳定对维护国家主权和领土完整具有重大战略意义。2013 年 10 月，习近平总书记在周边外交工作座谈会上强调，“周边对我国都具有极为重要的战略意义”“我国周边外交的基本方针，就是坚持与邻为善、以邻为伴，坚持睦邻、安邻、富邻，突出体现亲、诚、惠、容的理念”①。周边国际环境给我国西部地区带来发展机遇的同时也带来一系列的挑战，西部地区地方治理的特殊性要求西部地区地方政府着重强化抵御风险的能力，强化与周边国家维护睦邻友好的互利合作关系的能力，要建立起相应领域的应急机制，做好应急管理工作。西部地区只有提升地方治理能力，能够保证我国的国家主权和领土完整，才能立足周边，不断加大对外开放力度，最终实现中华民族伟大复兴的中国梦。

① 习近平在周边外交工作座谈会上发表重要讲话，共产党员网，2013 年 10 月 25 日，https：//news. 12371. cn/2013/10/25/ARTI1382710911892622. shtml？from=groupmessage&isappinstalled=0。

第二章　西部地区地方治理现状及存在的问题

正确判断和认识当代中国西部地区八省区地方治理，把握西部地区治理的现状，是本书需要解决的问题。基于稳定、发展和安全是我国西部地区八省区治理的基本问题，我们将从这三个方面考察新中国成立以来我国西部地区地方治理的历程、取得的成就以及存在的问题，把握21世纪我国西部地区地方治理的新情况、新特点。从1949年中华人民共和国成立到2019年新中国诞生70周年，内蒙古、宁夏、青海、新疆、西藏、云南、贵州、广西等西部地区八省区在地方治理领域，无论是政治民主进程、经济社会发展，还是科技教育文化卫生事业都取得了全方位、多领域的巨大成绩，积累的西部地区地方治理经验同样弥足珍贵。与此同时，在推进西部地区地方治理的过程中，也存在不少问题，并主要集中在稳定、发展和安全三个方面。客观分析和认识我国西部地区地方治理的现状及存在的问题，有助于我们总结经验、吸取教训，立足现实、展望未来。

第一节　西部地区地方治理的历程和现状

新中国成立以来，西部地区依靠国家政策定方向、自身努力求发展的实干方针，逐渐形成了党委领导、政府负责、民主协商、社会协同、公众参与、法治保障的地方治理格局，并且在政治、经济、文化、社会、生态等多领域取得了令人瞩目的成就。

一、新中国成立以来我国西部地区地方治理的历程

新中国成立以来，我国西部地区地方治理先后经历了新生政权巩固与社会主义改造、艰苦创业和艰辛探索、改革开放和社会主义现代化建设、全面深化改革砥砺奋进新时代四个阶段。

（一）新生政权巩固与社会主义改造阶段

新中国成立后，我国西部地区百废待兴。首先要进行的就是对新生政权的巩固，之后开展的社会主义改造对不适应西部地区发展的经济结构以及阶级关系进行了调整。

1. 新生政权的巩固

西部地区在实现解放后，将巩固新生人民政权，扫清国民党残余势力、敌特势力以及土匪设定为主要任务。为此，中国人民解放军在云南、贵州展开了大规模剿匪作战，经过大举清剿、重点进剿、肃清残匪三个阶段的艰苦斗争，取得了剿匪斗争的胜利。1952 年底基本解决了民主革命遗留问题，统一战线的人民政权得到有效巩固。西藏作为全国最晚实现解放的地区，在党中央的领导下，中国人民解放军和西藏各族干部充分依靠西藏百万农奴以及团结爱国进步的上层人士，取得了平叛的伟大胜利，成立了西藏自治区。波澜壮阔的民主改革，消灭了西藏存在了数个世纪的封建农奴制度，荡涤了旧社会遗留下来的污泥浊水，使百万农奴在政治、经济和社会生活各方面获得解放，使西藏社会面貌焕然一新，开创了西藏发展的新纪元。

2. 社会主义改造

1952 年，全国范围内对农业、手工业和资本主义工商业进行社会主义改造，西部地区也积极响应，对不适应该地区发展的经济结构和阶级关系进行了调整。内蒙古地区开展了土地改革运动，废除了封建剥削制度，农牧民翻身做了主人。在牧区推行民主改革，“牧场公有、放牧自由”“不斗、不分、不划阶级”“扶助贫苦牧民，牧工牧主两利”等因势利导、因地制宜的政策接连落地，内蒙古草原呈现出一派兴旺景象；在城镇，为促

进工商业发展，陆续恢复和建立了军械厂、皮革厂和被服厂，所生产的武器和军需品源源不断运往前线补给东北野战军。广西从1953年起有计划、有步骤地对私营工业加强了计划指导，对加工订货进行统一行政监督、管理与分配，工业发展取得了可喜的成绩。据统计，1953年全省私营工业企业加工订货总值达4754万余元。① 宁夏和贵州坚持“慎重稳进”的方针，秉持充分尊重少数民族意愿和习惯的原则，注意各民族之间和民族内部团结。到1956年秋收后，贵州全省全行业公私合营基本完成，工业总产值从1949年的21392万元增加到66956万元，增长了2.13倍。在农业改造方面，全省进行了初级社升级、并社工作。到1957年春耕前，贵州全省高级农业生产合作社已有2.41万个；入社农户有296.74万户，占全省总农户的90.5%。② 1956年底，宁夏高级社增加到2218个，参加农户达267544户，占农村总户数的92.23%。③ 两省区基本实现了高级农业合作化。青海在社会主义改造中紧紧围绕发展生产这个中心任务，吸引更多的牧民参加合作社。到1957年，青海牧业总产值由1949年的7028万元增加到13056万元；全省畜牧总头数由解放时的748.73万头（只）发展到1500.04万头（只），增长100.3%。④ 1956年底，云南地区基本完成了对农业、手工业和资本主义工商业的社会主义改造，其中，入社农户已占到农户总数的85%以上，占全省95.1%的手工业工人被组织到各类合作社中。在新疆，社会主义改造主要表现为农业合作化运动。1956年底，新疆共建立高级社6956个，入社农户占到总农户的76.5%。⑤ 新疆农业社会主义改造与全国同步完成。西藏解放后，维护稳定为第一要务。因此，将西藏的社会主义改造暂时推迟，中共西藏工委和中央书记处分别于1964年7

---

① 参见沈君积：《广西资本主义工商业的社会主义改造》，《广西民族学院学报》1990年第1期。

② 《这组文物，带你“穿越”到72年前的贵州》，澎湃新闻网，2021年8月26日，https://www.thepaper.cn/newsDetail_forward_14234073。

③ 参见饶彦久、郭小涛：《宁夏农业社会主义改造的历史经验与思考》，《宁夏党校学报》2008年第1期。

④ 参见李建宁：《论青海牧业区的社会主义改造》，《青海民族研究》1999年第3期。

⑤ 参见朱杨桂：《试论新疆农业社会主义改造》，《新疆大学学报》1995年第2期。

月和1965年3月讨论并决定在西藏进行社会主义改造的试点，中共中央又于1970年12月8日正式发布《关于西藏社会主义改造问题的指示》，西藏社会主义改造全面展开。至1975年底，全区1929个乡（不含阿里）中，先后建起1921个人民公社，大体上是一乡一社。对城镇私营商业、手工业进行的社会主义改造主要集中在拉萨、日喀则等几个城镇。全区共划出资本家206户，其中拉萨城区140户（商业资本家121户、房产资本家13户、手工业资本家6户）[①]，对划出的资本家实行了赎买的政策。至此，西部地区社会主义改造圆满完成。

（二）艰苦创业和艰辛探索阶段

"三大改造"完成之后，西部地区发展同全国一样，开始在探索中前进。第一、第二个五年计划顺利实施，一些大型重点项目陆续上马。但是，受"文革"的影响，西部地区经济和社会事业停滞不前。粉碎"四人帮"、拨乱反正后，西部地区的发展开始重新步入正轨，逐渐在经济建设、基础设施兴建、新项目筹备投建、科教文卫事业等方面开始进行艰辛的探索。

在经济建设方面，西部地区根据中共中央、国务院提出的对国民经济实行"调整、巩固、充实、提高"的八字方针和工作部署，开始对国民经济进行全面调整。但受"文化大革命"的影响，无论是地方经济建设还是兵团屯垦戍边事业都遭受到严重破坏。总体来看，西部地区经济建设虽有所进展，但受限于当时的国际环境和社会环境，发展质量、水平均较为滞后。

在基础设施兴建方面，西部地区基础设施兴建的范围涵盖机场、公路等大型项目。从1962年至1974年，先后完成了南宁吴圩机场启用、邕江大桥通车、天山独库公路（即217国道独山子至库车段）兴建、新疆大型现代化煤井——乌鲁木齐一号立井正式投入生产、乌鲁木齐机场扩建、克

① 参见徐继增：《西藏的社会主义改造与社会的跨越式发展》，《西藏民族学院学报》2002年第1期。

拉玛依至乌鲁木齐的输油管线竣工等众多基础设施投建工程。

在新项目筹备投建方面，广西开展了“三线建设”“五大会战”，开工了一批新的建设项目。从上海迁来的合众橡胶厂、罐头食品厂、印刷厂为南宁市基础产业的发展提供了契机。1969 年 4 月，柳州机械厂和柳州农械厂联合生产出“柳江牌”汽车，结束了广西不能生产汽车的历史。

在科教文卫事业方面，中国第一颗原子弹、氢弹分别于 1964 年 10 月 16 日、1967 年 6 月 17 日在新疆罗布泊爆炸成功。1977 年 9 月国家恢复高考制度；同年，西部地区相继发布《关于 1977 年高等学校、中等专业学校招生工作的通知》，西部地区的青年从车间、农田、军营等地走进了改变自己和国家命运的考场。在文化方面，反映土地改革的小说《美丽的南方》在全国产生较大影响，代表广西文艺最高水平的民间歌舞剧《刘三姐》先后到全国各地巡演。20 世纪 70 年代，为解决广西偏远山区少数民族地区群众看病难问题，顾忠会、杨兴蓉等天津支援医生用马驮着药物器材，到各村寨开展巡回医疗。

（三）改革开放和社会主义现代化建设阶段

1978 年 12 月 18 日至 22 日，党的十一届三中全会在北京召开。全会高度评价了关于真理标准问题的讨论，确定了“解放思想，开动脑筋，实事求是，团结一致向前看”的指导方针，果断停止使用“以阶级斗争为纲”的口号，做出了把党和国家工作中心转移到经济建设上来、实行改革开放的历史性决策，实现了新中国成立以来党的历史上具有深远意义的伟大转折。在党的十一届三中全会精神指引下，西部地区开启了改革开放和社会主义现代化建设的历史新时期。

1. 从“草畜双承包”责任制到“两区一带”总体战略

改革开放以来，内蒙古从建设中国特色社会主义的总体要求出发，立足实际，较早地在农区推行家庭联产承包责任制，在牧区创造性地制定了“草畜双承包”责任制，使农牧区经济社会发展步伐进一步加快。1987 年 12 月，自治区四届五次全委会提出全区经济发展“三项奋斗目标”，对自治区 20 世纪后 10 年经济社会发展作出了总体规划和部署。进入 21 世纪，在改革开放的浪潮中，内蒙古抓住西部大开发等国家战略机遇，先后提出“林木为主、多种经营”建设方针、“两区一带”总体战略、经济社会发展“五大战略”、“两个转变，两个提高”、“科学发展，富民强区”等战略方针，促进资源优势向经济优势转变，不断把改革开放和现代化建设推向前进。

2. 从以农牧区为主到农牧区、城市双向并重

改革开放初期，西藏把农牧区改革作为切入点，推行各种生产责任制，实行休养生息，确立了“两个长期不变”的政策，推动了农牧区经济的较快发展。其间，中央先后于1980年3月和1984年2月召开第一、第二次西藏工作座谈会，在深入调查研究的基础上，指导思想实现了“一个解放、两个为主、两个转变”①，极大地激发了西藏的生产活力。按照党中央的决策部署，西藏自治区党委、政府相继出台了《关于农村牧区若干政策规定（试行）》《关于民族手工业若干政策的暂行规定（试行）》《关于发展边境小额贸易有关问题的通知》等系列重要改革文件，确定了“放、免、减、保”四字方针，实行了“两个长期不变”的政策，在坚持土地、草场、森林公有制的前提下，农区实行“土地归户使用，自主经营，长期不变”的政策，牧区实行“牲畜归户，私有私养，自主经营，长期不变”的政策，逐步调整理顺农牧区的生产关系和经营体制，实现了经济体制改革的政策框架基本定型，解放和发展了农牧区生产力。

从党的十二届三中全会召开到邓小平南方谈话发表前夕，西藏的改革从以农牧区为重点转向农牧区、城市并重，确立了“一个中心、两件大事、三个确保”的指导方针，农牧区经济体制改革进一步深化，企业改革稳步实施，“两个开放”的政策加快推进。其间，1984年10月党的十二届

① “一个解放”，指解放思想，放开手脚，一切从西藏实际出发，从有利于调动广大农牧民和职工发展生产的积极性出发，充分发挥西藏自身优势，制定符合西藏的方针、政策；“两个为主”，指按照西藏生产发展水平和群众意见，在坚持土地、森林、草场公有制前提下，实行以家庭经营为主、以市场调节为主的生产经营方针；“两个转变”，指逐步从封闭式的经济转变为开放式的经济，增强自身活力，逐步实现西藏城乡经济的良性循环，使供给型经济逐步转变为经营型经济，以提高经营者积极性，提高经济效益。

三中全会确立了经济体制改革的目标是建立有计划的商品经济；1987 年党的十三大进一步提出了“国家调控市场，市场引导企业”的方针，明确改革的重点由农村转向城市。1989 年 10 月，中央政治局听取自治区党委汇报后，形成了《中央政治局常委讨论西藏工作会议纪要》，强调西藏工作要紧紧抓住政治局势稳定和发展经济两件大事，这是西藏工作的“一个转折点”。按照党中央的决策部署，1985 年 1 月自治区党委、政府出台了《关于改革经济体制和加快经济发展的意见》，1990 年 7 月自治区第四次党代会提出了“一个中心、两件大事、三个确保”的基本指导思想，全面部署了经济体制改革工作，把农牧区改革若干政策进一步具体化，实行企业扩权试点，全面启动城市经济体制改革，实施“两个开放”政策；与此同时，援藏工作向纵深推进，对外交流合作不断扩大，外向型经济开始起步。

3. 从思想解放大发展到富民兴桂新跨越

改革开放后，广西紧紧抓住建设西南出海大通道、西部大开发、北部湾经济区建设等历史机遇，坚持以人民为中心、全面协调可持续发展，加快工业化、城镇化和农业现代化建设。20 世纪 80 年代，广西经济体制改革的重点是推进国有企业改革，主要包括扩大企业自主权、试行经济责任制、实施利改税、推行承包经营责任制等工作。1980 年 8 月，财政部正式批准柳州市为国营企业上交利润改为上交税收试点之一，选择所属的 73 个国营企业进行试点。之后，自治区政府印发《关于切实做好税制改革试点的通知》《关于工交企业实行经济责任制的若干规定》《关于工交企业推行经营承包责任制的若干规定》等文件，展开了对全区国营和集体工业企业的一系列改革。1985 年，南宁百货大楼实行公开招标承包，通过下放利用外资审批权和放宽外资自营出口权，进一步加强外贸体制改革。在农村地区，广西提出土地承包期延长至 15 年以上，并且将荒山、水面、滩涂列入可承包范围。1984 年，撤销人民公社制，建立乡（镇）政府，逐步开始实行村公所体制。

解放思想谋求大发展，广西壮族自治区党委、政府着力推进形成沿海沿边沿江对外开放格局。1992 年 6 月，在岑溪县召开的自治区对外开放工作会议，提出了对外开放的指导思想、总体布局、方针政策等，吹响了广西全面对外开放的号角。同年，为落实中央建设西南出海大通道的决策，提出加快 15 项交通工程建设计划（简称“一二三四五工程”），铁路、港口、公路、内河、机场等交通基础设施建设取得重大进展。

党的十六大胜利召开后，广西开启了全面建设小康社会的新征程。全区加快工业化及城镇化建设步伐，大力发展非公有制经济，积极扩大对外开放，加快广西北部湾经济区开发，构建中国—东盟合作共赢平台，加强基础设施建设，各族群众生活水平迈上新台阶。2000 年 6 月，自治区党委、政府召开西部开发工作会议，提出广西实施西部大开发，做好水，路，生态环境保护和建设，产业结构调整，科技、教育和人才“五篇文章”的工作思路。

4. 从主抓能源开发到民生稳定双落实

改革开放后，新疆依靠资源优势，全面规划能源开发。1989 年 4 月，塔里木石油开发勘探指挥部成立，塔里木石油会战全面展开。1990 年 8 月 22 日至 9 月 1 日，江泽民一行到新疆考察工作，针对新疆的稳定工作、民族团结和党的建设、农村改革、石油开发、对外开放以及兵团工作、军队工作作了一系列重要指示，对实现新疆的稳定与发展具有重大的指导意义。1991 年 2 月 2 日，吐鲁番—哈密盆地发现大油田。根据中国石油天然气总公司的决定，于 2 月 25 日成立吐鲁番—哈密石油勘探开发指挥部，以玉门油田管理局为主体，调集全国力量，加快吐哈油田勘探开发大会战。截至 1995 年 6 月，塔里木石油勘探经过 6 年会战，获得三大成果：一是找到年生产 460 万吨原油的储量资源，1996 年将形成 460 万吨年生产能力；二是已找到年生产能力 100 万吨的凝析油储量资源；三是已找到年生产能力 25 亿立方米的天然气储量资源。2011 年 8 月，新疆维吾尔自治区党委提出“五个坚定不移”的发展策略：坚定不移推进跨越式发展和长治久安，坚定不移打击“三股势力”，坚定不移推进民生建设，坚定不移以现代文化为引领，坚定不移加强党的建设和基层基础工作。

5. 从黔路难行遇困境到黔路通畅大发展

改革开放后，贵州依靠交通设施改善，东看南望充分发挥地理优势。2017年底，贵州已建成1个干线和10个支线机场，贵州支线机场出港直飞航线达到130余条。交通条件的改善给贵州的发展带来了新的机遇。大数据、智能制造等新兴产业接连落地，让贵州的发展有了坚实的翅膀。着眼于东西部均衡发展和全面建成小康社会目标的实现，贵州的发展得到了中央和发达地区的倾力支持和援助。为激励贵州探索西部欠发达地区后发赶超，国家为贵州提供了大数据综合发展试验区和生态文明国家级试验区、西部内陆开放型经济试验区三大发展平台；此外，中央部委和深圳、苏州、青岛等发达地区均伸出援手对口帮扶贵州。在国家政策和发达地区的帮扶下，贵州投资、营商环境逐年向好。惠普、富士康、IBM、微软、高通等企业纷纷投资贵州，苹果中国云、华为、腾讯等数据中心在贵州落地。贵州商务厅数据显示，已在贵州落地的200多个大数据项目投资额超过2400亿元，落户贵州的世界500强企业和中国500强企业已超过150家。[①] 贵州被纳入长江经济带和珠江—西江经济带，受益于大交通格局的形成，贵州东西南北四向均可有所作为，过去的地理劣势正在转化为地缘优势。贵州正在从不沿江、不沿海、不沿边的“三不沿”状态转变为近江、近海、近边的“三临近”发展优势，将迎来更多的开放机遇。

6. 从关键领域重点改革到综合实力全面提升

宁夏的发展腾飞与改革开放同向同行，从贺兰县家庭联产承包责任制的试点到农村经济体制改革的不断深化，从相对单一薄弱的工业体系到以高质量发展引领转型升级，从民间松散的横向经济协作关系到闽宁对口扶贫协作模式的成熟，从第一家合资企业的成立到开辟内陆开放新空间，从重点领域关键环节改革到着力破除制约市场在资源配置中起决定性作用、更好发挥政府作用的体制机制弊端。基础弱、底子薄的宁夏在改革开放的洪流中走出了一条欠发达地区的突围之路，改革开放40年来，宁夏地区生

① 《改革开放40年：看贵州“三个变化、两个创新”》，中国新闻网，2018年2月10日，http://www.chinanews.com/gn/2018/02-10/8445971.shtml。

产总值年均增长 9.8%，快于同期全国 9.5%的经济增长速度。[①] 吴忠至中卫城际铁路、银西和中兰高铁、京藏高速宁夏段改扩建等加快建设，煤制油、高端锂电池、差别化氨纶、宁浙特高压输电等投产运行，宁东基地工业产值突破 1000 亿元。粮食生产“十四连丰”，产量达 368 万吨，草畜、瓜菜、枸杞、酿酒葡萄等特色农业品牌效应显现。[②] 宁夏以努力建设黄河流域生态保护和高质量发展先行区为目标，以继续建设经济繁荣、民族团结、环境优美、人民富裕的美丽新宁夏为总领，以守好“三条生命线，走出一条高质量发展的新路子”为要领，通过践行新发展理念，深入实施“三大战略”；坚持民生需求导向，不断增加民生福祉；落实“五个扎实推进”，全区综合实力大幅增强。

7. 从“镁锂钾园”谋发展到生态和谐大转型

世界锂资源在中国，中国锂资源在青海，青海锂资源的储量占整个中国的 80%以上，盐湖锂资源占世界储量的 1/3 。改革开放后，青海作为名副其实的“锂资源大省”，在靠资源致富的道路上实现了向生态发展的逐步转型。2017 年，习近平总书记在视察青海时提出，青海的发展要实现“四个转变”，努力实现从经济小省向生态大省、生态强省转变，从人口小省向民族团结进步大省转变，从研究地方发展战略向融入国家战略转变，从农牧民单一的种植、养殖、生态看护向生态生产生活良性循环转变。[③] 在以推动高质量发展为主题，以深化供给侧结构性改革为主线的大力改革中，青海实现了“百日绿电三江源”再创世界新纪录，不仅清洁能源装机占比全国领先，也成为全国首个实现新能源是第一发电电源的省份，还通过青豫直流工程把清洁能源从三江源头送到中原古城。此外，青海还投运了全国首个全清洁能源运营的大数据产业园，上线运行了西北地区首个根镜像服务器，高纯电子级多晶硅、钛金属电子束冷床熔炼炉成套

① 《宁夏：改革的脚步永不停顿》，《宁夏日报》2018 年 11 月 27 日。

② 《2018 年宁夏回族自治区政府工作报告》，《宁夏日报》2018 年 2 月 6 日。

③ 《聚焦“四个扎扎实实”重大要求 加快建设富裕文明和谐美丽新青海》，《青海日报》2016 年 12 月 30 日。

设备国产化技术、高端锂电池隔膜核心生产技术等填补了国内发展空白，成功打破了国外垄断。绿色映底蕴，山水见初心，“青海最大的价值在生态、最大的责任在生态、最大的潜力也在生态”。改革开放后，三江源、祁连山、青海湖等区域重点生态工程成效明显，湿地面积稳居全国首位，可可西里申遗成功。通过打造国家清洁能源产业高地、国际生态旅游目的地、绿色有机农畜产品输出地，青海构建起具有特色的现代化经济体系。

8. 从资源性产品出口到农产品出口逐步兴起

改革开放后，云南外贸经营主体不断壮大，贸易方式更加多元。自2004年外经贸部取消外贸经营权审批，改为备案登记后，云南外贸发展出现了井喷之势，许多中小企业如雨后春笋般成长起来，外贸经营主体迅速壮大。截至2017年底，云南登记备案的外贸企业达到16480家。贸易伙伴更趋多元，拓展至230个国家和地区。①近年来，磷化工产品、机电产品、农产品出口持续增长，有色金属出口持续下滑。高科技、生态农业成为云南发展的方向。2017年，农产品出口成为第一大类出口商品，出口总额达到41.90亿美元，约占全省出口商品总额的40%。改革开放以来，云南进出口贸易蓬勃发展，到2017年，云南实现进出口贸易总额233.94亿美元。一般贸易进出口总额为134.94亿美元，约占进出口贸易总额的57.68%；其中出口总额为78.86亿美元，进口总额为56.08亿美元。加工贸易总额为29.42亿美元，其中，出口贸易总额为10.50亿美元，进口贸易总额为18.92亿美元。边境小额贸易总额为34.22亿美元，其中，出口贸易总额为19.32亿美元，进口贸易总额为14.90亿美元。②

（四）全面深化改革砥砺奋进新时代阶段

党的十八大以来，西部地区深入贯彻习近平总书记系列重要讲话精神和治国理政新理念新思想新战略，统筹推进“五位一体”总体布局，协调推进“四个全面”战略布局，攻坚克难、扎实工作，胜利完成“十二五”

---

①② 《改革开放40年 云南跨越发展开创未来》，新华网，2018年8月7日，http://www.xinhuanet.com/2018-08/07/c_1123234455.htm。

规划、顺利实施“十三五”规划，各方面工作都取得了新进展、新成就。

内蒙古第十次党代会提出了一系列符合内蒙古发展实际的战略思路，引领内蒙古发展走进了全面转型升级的新时期。新时期各项事业不断前进的关键是要加强和改善党的领导，坚持全面从严治党，大力培养使用少数民族干部，加强各类人才资源开发。全区切实履行全面从严治党使命，坚持在党言党、在党忧党、在党为党，做到在党爱党、在党兴党、在党护党，不断提高自治区党的建设科学化水平，为内蒙古各项事业发展提供了坚强有力的保证。

党的十八大以来，宁夏全区广大干部群众深入贯彻落实习近平总书记关于民族工作的重要论述，全面贯彻落实习近平总书记视察宁夏时的重要讲话精神，坚持走中国特色解决民族问题的正确道路，坚定不移地坚持和完善民族区域自治制度，推动宁夏各项事业取得了显著成就。宁夏紧握发展是解决民族地区各种问题的总钥匙，始终保持民族团结、社会和谐稳定的大好局面。始终坚持发展这个第一要务，千方百计保障和改善民生，奠定了各民族团结进步稳固的物质基础。党的十八大以来，宁夏定下了“实现经济繁荣、民族团结、环境优美、人民富裕，与全国同步建成全面小康社会”的奋斗目标，进一步发挥“创新驱动、脱贫富民、生态立区”三大战略优势，为宁夏长足发展提供不竭动力。

党的十八大以来，以习近平同志为核心的党中央高度重视新疆工作，在第二次中央新疆工作座谈会上确定了新形势下的治疆方略，明确了社会稳定和长治久安总目标，新疆的发展也进入了继往开来的新时代。新疆维吾尔自治区党委、政府按照依法治疆、团结稳疆、长期建疆的要求，把维稳工作作为当前压倒一切的政治任务，坚决打好严打攻坚、群众工作和社会面防控“三场硬仗”，加大了督导问责力度。深入贯彻习近平新时代中国特色社会主义思想和党的十八大、十九大精神，持续深化供给侧结构性改革，全力推进三大攻坚战，紧紧围绕改善民生推动经济发展，推动新疆各项事业在新时代取得历史性跨越发展。以深化供给侧结构性改革为主线，“三去一降一补”五大任务有力推进，“去钢铁”任务提前完成，电价大幅降低；大力推进社会事业改革，异地就医结算走在全国前列，全民免费健康体检、全面分级诊疗、农村双语幼儿园建设等惠民工程扎实推进；丝绸之路经济带核心区建设取得实质性成效，成立“中欧国际货运班列联盟”，新疆迈进高速发展阶段。

党的十八大以来，习近平总书记把西藏工作在党和国家工作全局中的重要战略地位提升到了前所未有的高度，提出了“治国必治边，治边先稳藏”的重要战略思想，作出了“加强民族团结、建设美丽西藏”等重要指示。特别是2015年8月，习近平总书记主持召开中央第六次西藏工作座谈会并发表重要讲话，明确了新形势下西藏工作的指导思想和目标任务，提出了党的治藏方略和“依法治藏、富民兴藏、长期建藏、凝聚人心、夯实基础”的重要原则，指明了西藏工作的着眼点和着力点、出发点和落脚点，确定了“十二五” “十三五”中央支持西藏的一大批重点建设项目，制定了惠及全区各族干部群众的一系列特殊优惠政策，成为党的西藏工作历史上又一个划时代的重要里程碑。自治区第九次党代会以来，在历届自治区党委、政府打下的良好工作基础上，自治区党委、政府牢固树立“四个意识”、坚定“四个自信”、做到“两个维护”，始终把西藏工作放在党和国家大局中来谋划，坚持以人民为中心的发展思想，贯彻落实新发展理念，以供给侧结构性改革为主线，以处理好“十三对关系”为根本方法，坚持“越改越好、越改越符合实际、越改越对群众有利”的基本原则，加强对中央改革整体谋划的承接，着力推动改革举措落地生根，各项事业取得新的重大成就，使西藏进入改革开放以来最好的发展时期。

云南借助于西部大开发战略、“一带一路”倡议等，深入贯彻落实新发展理念，扎实推进“三大攻坚战”，全面推进改革开放各项事业，实现了从“末端”到“前沿”的巨大跨越。牢固树立“两手都要硬”的发展理念，一手聚焦高质量发展，一手抓牢高品质生活，推动民生领域各项改革举措落地生根，为群众带来看得见的实惠和希望。特别是党的十九大以来，云南经济发展和社会各项事业进一步提速。为缓解群众出行难，重点实施县域高速公路“能通全通”工程，打通贫困地区交通“最后一公里”，全省高速公路通车总里程已达5086千米；进一步降低义务教育阶段辍学率，加快改善农村义务教育办学条件，改革高考招生制度，从“有学上”到“上好学”；向“看病难、看病贵”顽疾发力，全面推开公立医院综合改革，公立医院全部取消药品加成，进一步减轻建档立卡贫困人口就医负担，成为西南地区首个全面实施统一的城乡居民基本医保制度的省份；公安机关22条便民措施着力解决难点、热点问题，113项事项“最多跑一次”，遍布全省的“公安自助便民服务超市”全天候服务，累计为53万无户口人员办理落户；关注留守儿童、农民工等群体，深入推进住房保障、收入分配、创业就业、社会信用等公共服务管理改革；在全省81个试点基层检察院全部提起公益诉讼，提起诉讼案件数量和办理诉前程序案件数量均居全国第二。在脱贫攻坚方面，习近平总书记2019年4月10日给云南省贡山县独龙江乡群众回信，祝贺独龙族实现整族脱贫，勉励乡亲们为过上更加幸福美好的生活继续团结奋斗，为云南脱贫攻坚发展注入新的动力源泉。

广西深入实施创新驱动、开放带动、双核驱动、绿色发展四大战略，强力推进基础设施建设、产业转型升级、农村全面脱贫三大攻坚战。通过优结构、增动力，扬优势、补短板，以更宽广的视野联通世界，走活了经济发展新棋局。2013—2016年，广西北部湾经济区全力提高区域综合实力和核心竞争力，生产总值较成立之初增长3.1倍，财政收入增长4.5倍，进出口总额增长8倍。广西抓住珠江—西江经济带上升为国家战略的机遇期，向先进生产力靠拢，与周边省份对接，优化产业布局，2013—2016年全区招商引资到位资金累计2.44万亿元，年均增长10.2%。在互联互通、口岸开放、边境贸易、人员往来、通关便利化等方面服务更加优化，2014年全区加工贸易突破100亿美元，比2013年翻了一番。“南向、北联、东融、西合”开放发展新格局加快构建，改革开放和现代化建设取得新的历史成就，全区呈现经济快速发展、社会和谐稳定、民族团结和睦、生态环境优美、人民安居乐业的良好局面。

青海实现了经济建设由工业化初期向中期的转变，实现了人民生活水平由总体小康向中上等收入水平的转变，实现了生态环境由总体恶化向重点功能区明显好转的转变，实现了改革开放由相对滞后、层次较低向亮点纷呈、全方位拓展的转变。2019 年，全省城乡居民收入年均增长 9.87%和 11.68%，分别比 2011 年提高了 1.52 万元和 0.56 万元。2011 年起，全省 75%的财力用于改善民生，城乡居民就医、就学、住房、社保等方面的保障水平得到大幅提升。2018 年，全省养老保险参保人数为 377.45 万人，占常住人口总数的 62.57%；医疗保险参保人数为 548.99 万人，占常住人口总数的 91%；享受城镇最低生活保障人数为 13.2 万人，享受农村最低生活保障人数为 42.1 万人，基本实现了老有所养、病有所医、困有所助、弱有所济。① 同时，青海围绕乡村振兴战略，加强乡风文明建设，大力推广文明信用工程、美德乡村建设、乡村环境治理、婚丧嫁娶简办等经验做法，开展移风易俗、树文明新风活动，助推精神脱贫。省政府各成员单位积极开展农牧区惠民实事项目，落实包虫病免费筛查治疗、基层综合文化服务中心、乡村健身广场、农村公路新建改建、农村环境整治等基本公共服务项目。此外，青海大力推动行业特色、特色职业文明单位创建活动，党政机关普遍开展“创人民满意机关、做人民满意公务员”活动；执法部门强化文明执法理念；窗口单位完善公示制、承诺制、首问负责制、“一站式”服务等工作制度；引导文明单位利用自身优势，履行社会责任，开展结对帮扶活动。2018 年，全省 120 个单位荣获“全国文明单位”称号，734 个单位被评为“省级文明单位”。②

党的十八大以来，贵州积极平衡生态环境保护与发展的关系，因地制宜选择发展产业，让绿水青山充分发挥经济社会效益，切实做到经济效益、社会效益、生态效益同步提升，实现百姓富、生态美的有机统一。贵州协调推进“四个全面”战略布局，大力改善交通基础设施，在西部率先实现县县通高速公路、组组通硬化路，通航机场 9 个市州全覆盖，贵阳成

① 《新中国成立以来青海经济发展的成就、经验与启示》，《青海日报》2019 年 11 月 4 日。

② 《弘扬时代新风正气汇聚建设新青海的磅礴力量——党的十八大以来青海省精神文明建设工作综述》，青海新闻网，2018 年 11 月 15 日，http：//www. yidianzixun. com/article/0KZjOn7q。

为全国高铁枢纽之一。在生态建设方面，森林覆盖率达 61.51%，县级以上城市空气优良天数比率达 99.4%，主要河流出境断面水质优良率保持 100%。[①] 在经济发展方面，数字经济增速连续 6 年位居全国第一，贵阳贵安成为全世界聚集超大型数据中心最多的地区之一。在民生建设方面，贵州是西部地区率先实现县域义务教育基本均衡发展的省份，在全国率先建成省市县乡四级远程医疗网。守好发展和生态两条底线，创新发展思路，发挥后发优势，贵州正在开创百姓富、生态美的多彩贵州新未来。

二、新中国成立以来我国西部地区地方治理取得的成就

新中国成立以来，西部地区经过 70 多年的探索和发展，围绕稳定、发展和安全等西部地区治理的基本问题，进行了大量地方治理的探索与实践，有效解决了国家所面临的各种地方治理问题，从根本上改变了西部地区的面貌，促进了西部地区的建设和发展，改善了人民的生活，建立了平等、团结、互助的新型民族关系，缩小了与东部沿海地区的差距，巩固了边防，实现了西部地区的安宁，维护了国家的主权和领土完整。

（一）新中国成立以来我国西部地区地方治理在稳定方面取得的成就

1. 在西部地区建立了巩固的人民政权，实现了国家制度的统一

新中国成立后，在西部地区地方治理中，政权建设是最先被提上日程的，具有决定性意义。[②] 经过长期的政权建设，西部地区的政权状况与新中国成立以前相比，发生了根本性的变化，实现了国家制度的统一。

人民民主政权在西部地区全面建立起来并得到巩固，渐次推进的政权改造又使西部地区地方政权不断增强，在实现国家制度统一的同时，也为多民族国家族际政治整合程度的提高和政治统一性的巩固及增强奠定了坚实的基础，这些对多民族国家的统一和稳定具有十分重要的意义。西部地区在党的领导下先后经历了革命、建设和改革时期。早在大革命时期，中

① 《牢记殷切嘱托推动多彩贵州精彩蝶变——党的十八大以来贵州经济社会发展实现历史性跨越》，《贵州日报》2021 年 6 月 30 日。

② 参见周平：《中国边疆治理研究》，经济科学出版社，2011，第 97 页。

国共产党就在内蒙古地区建立了党组织，领导各族人民开展革命活动。抗战时期，一大批蒙古族青年奔赴延安。抗战胜利后，乌兰夫等同志从延安回到内蒙古，树立起中国共产党领导内蒙古自治运动的伟大旗帜，全区各族人民紧跟党走、维护统一、促进团结、追求进步，不断从胜利走向新的胜利。新中国成立以后，在党中央的领导下，西部地区稳妥、有序地开展了牧区民主改革和农村土地改革，废除了封建剥削制度，农牧民翻身做了主人，积极进行社会主义改造，各项建设事业取得了令人瞩目的成就。改革开放以来，在党中央正确路线指引下，西部地区逐步迈入又好又快的发展轨道，人民的生活发生了翻天覆地的变化。

2. 党和政府的公信力在西部地区得到显著提升

西部地区在行政过程中积极推进“四办”改革、简政放权、“互联网+政务服务”、重点领域立法，强化行政执法队伍建设，注重社会矛盾纠纷多元化解。以西藏地区为例，树立大抓基层的鲜明导向，健全完善经常性整顿软弱涣散基层党组织机制，创新基层党建工作载体，推动基层党组织全面进步、全面过硬。改革开放 40 多年来，全区党的基层组织由 1978 年的 4441 个增加到 1.9 万多个，党员人数由 1978 年的 6.14 万名增加到 36.4 万名①；机关干部到村担任党支部第一书记实现全覆盖，村（居）“两委”班子成员中党员比例达到 100%。在完善党的基层组织建设的同时，加强重点领域立法，畅通公众参与政府立法渠道，大力推行“开门立法”，在广泛调研的基础上召开座谈会、论证会等，并通过政府门户网站广泛征求对立法项目的意见建议，对公众提出的意见建议精心梳理，认真研究，充分采纳，进一步提高了党和政府的公信力。

3. 保障了西部地区的人民，尤其是少数民族的民主权利

西部地区人民民主政权的建立，赋予了人民管理国家事务的权力。为了将西部地区长期存在的地方性少数民族政权纳入国家政权制度当中，国家在少数民族地区实行了民族区域自治制度。西部地区包括五区三省，在

① 《庆祝改革开放四十年系列述评之三：党旗飒飒迎风展》，人民网，2018 年 6 月 5 日，http://xz.people.com.cn/n2/2018/0605/c138901-31668508.html。

少数民族聚居地区实行民族区域自治制度，既符合中国国情和实际治理的需要，又有力地保障了各民族人民当家作主的民主权利，对于促进西部地区社会进步有着十分重要的意义。民族区域自治制度充分尊重和保护各族人民各项权利，营造了团结、和谐、稳定的社会环境，增强了各族人民对党和政府的信任、对社会主义的信念、对改革开放的信心。西部地区八省区在民族区域自治制度的良好推行下，经济社会得到长足发展，充分显示出民族区域自治制度的优越性。

4. 精准打击违法犯罪确保西部地区大局稳定

西部地区聚焦总目标，全力维护社会大局稳定，始终把维护稳定作为压倒一切的政治任务，全面贯彻党的民族政策。增强各民族凝聚力和向心力，认真学习贯彻习近平法治思想，按照全面依法治国总要求，扎实稳妥推进依法治理工作。各地方政府聚焦社会稳定大局，着力化解社会矛盾，防范社会风险，进一步促进了社会的和谐稳定。云南边境线长4000余千米，有8个边境州市、25个边境县分别与缅甸、老挝、越南三国山水相连，毗邻境外毒源地“金三角”。近年来，国家禁毒大数据云南中心建设取得显著成效，立体化边境防控体系建设持续推进，党政军警民“五位一体”强边固防工作不断加强，扫黑除恶高压态势初步形成。仅2020年开展了一个月的整治跨境犯罪专项行动，就先后查获中国籍人员妨害国（边）境管理案件1600余起3660余人，查处“三非”（非法入境、非法居留、非法就业）案件1790余起2970余人。[①] 此外，严打走私活动，共查获涉私案件790余起，案值3500余万元人民币，有效打击遏制了走私活动的蔓延势头。

5. 推进公正高效权威的社会主义司法制度改革

习近平总书记在召开中央全面深化改革委员会第十三次会议时强调，要全面深化司法体制改革和智慧法院建设，加快推进审判体系和审判能力现代化。云南的司法体制四项改革试点取得显著成效。全省司法人员

① 《云南专项整治跨境违法犯罪 一个多月缴毒1000余公斤》，新华网，2020年4月16日，https：//news. sina. com. cn/o/2020-04-16/doc-iirczymi6729003. shtml。

分类管理改革基本完成，遴选出员额法官4060人、检察官3148人，25个世居少数民族均有入额法官、检察官。员额法官、检察官全部到一线办案，实现人员科学分类，优质司法资源回归办案一线，院庭长办案成为常态，加大了办案力度。现代警务管理体制改革深入推进，公安实战化水平和执法规范化水平明显提升，人民群众的安全感和满意度逐年提升（2015年、2016年、2017年综合满意率分别为88%、90%、92%）。[①] 同时，云南重点打造深化改革与现代科技融合，构建跨部门大数据办案平台，实现信息互联互通、数据自动推送、资源共享共用，打通了“线上+线下、现场+远程”的矛盾纠纷化解双通道。

（二）新中国成立以来我国西部地区地方治理在发展方面取得的成就

经过长期的开发和建设，西部地区已经不再是贫穷落后的代名词，其贫穷落后的面貌得到根本性改变，经济和社会发展的水平得到迅速提高。

1. 经济发展速度、水平和质量取得实质性飞跃

新中国成立后，西部地区总体呈现出经济总量小、人均水平低、综合实力较弱的特点。经过70多年的快速发展，西部地区经济快速增长，产业结构不断优化升级，特色优势产业不断发展壮大，对外经济开放水平显著提高。1950年，云南地区生产总值仅有9.53亿元，而到了2019年，云南实现地区生产总值23223.75亿元[②]，是1950年的2437倍。西藏经济发展在新中国成立以后经历了三次大的跨越：1978—1999年，历经22年突破100亿元；2000—2009年，突破500亿元；2010—2017年，进入高速增长期，每年增加约100亿元，并在2015年突破1000亿元大关。[③] 2019年，西藏地区生产总值达1697.82亿元，比1978年实际增长62倍，西藏地区生产总值也实现了连续27年保持两位数增长的良好态势。广西壮族自

① 《25个世居少数民族均有入额法官检察官 我省司法质效进一步提高》，网易网，2018年12月7日，https://dy.163.com/v2/article/detail/E2ETIP830530TF40.html。

② 黄小军：《新中国成立七十年云南取得的辉煌成就》，云南省社会科学院网，2019年10月11日，http://www.sky.yn.gov.cn/zgsd/04376099877089070996。

③ 《改革开放40年来西藏经济社会发展取得辉煌成就》，林芝市统计局网，2019年1月8日，http://www.tjj.linzhi.gov.cn/tjj/c103486/201901/7456a3f71e4b4542848311f7001804b5.shtml。

治区成立之初，地区生产总值为 24.5 亿元，到 2011 年突破 1 万亿元，2018 年突破 2 万亿元，地区生产总值、财政收入、外贸进出口总额分别由 1950 年的 9.4 亿元、0.67 亿元、428 万美元提高到 2018 年的 20352 亿元、2790 亿元、623 亿美元，分别翻了 11.1 番、12 番、13.9 番。① 1978 年新疆地区生产总值为 39.07 亿元，2017 年已经达到 10920 亿元，大约增长了 278 倍。② 新中国成立以来，贵州经济实现跨越式发展，经济总量逐步攀升，贵州地区生产总值 1949 年为 6.23 亿元；2018 年达到 14806.45 亿元，约是 1949 年的 2377 倍。③ 2018 年，青海地区生产总值达到 2865 亿元，约是 1950 年经济总量 1.34 亿元的 2138 倍。④ 与此同时，宁夏经济总量达到 3705 亿元，比 1949 年增长了 3278 倍。⑤ 内蒙古地区生产总值从 1978 年的 58 亿元增长到 2017 年的 1.6 万亿元，年均增长 11.7%，其间 2002 年到 2009 年连续 8 年增速“蝉联”全国第一，到 2010 年跻身“万亿元俱乐部”。⑥

2. 经济结构呈现重大转变

1949 年，云南仅有 1400 个小型工业企业，工业经济非常落后。经过 70 多年的发展，产业结构日趋合理化，三次产业结构从 1978 年的 42.7∶39.9∶17.4 调整为 2017 年的 14.3∶37.9∶47.8，实现了由农业主导向工业和服务业主导的历史性转变。⑦ 西藏地区产业结构类型实现了由“一二三”到“三一二”再到“三二一”的重大转变。与改革开放前的产

① 《庆祝新中国成立 70 周年广西专场新闻发布会在京举行》，广西新闻网，2019 年 9 月 2 日，http：//www.gxnews.com.cn/staticpages/20190902/newgx5d6cfa88-18636381.shtml。

② 《40 年改革开放，新疆发展交出靓丽答卷》，中国网，2019 年 1 月 7 日，http：//opinion.china.com.cn/opinion_ 56_ 198556.html。

③ 《数字贵州：70 年经济增长翻天覆地》，《贵州日报》2019 年 9 月 29 日。

④ 《新中国成立以来青海经济发展的成就、经验与启示》，中国社会科学网，2019 年 10 月 28 日，http：//www.cssn.cn/skyskl/skyskl_ jczx/201910/t20191028_ 5021713.shtml。

⑤ 《70 年来宁夏到底发生了哪些变化？石泰峰书记这样说 》，人民网，2019 年 8 月 30 日，https：//www.sohu.com/a/337509052_ 114731。

⑥ 《改革开放 40 年：内蒙古经济社会发展取得辉煌成就》，搜狐网，2018 年 12 月 4 日，https：//www.sohu.com/a/279496617_ 667741。

⑦ 黄小军：《新中国成立七十年云南取得的辉煌成就》，云南省社会科学院网，2019 年 10 月 11 日，http：//www.sky.yn.gov.cn/zgsd/04376099877089070996。

业比重相比，2017 年第一产业比重下降了 41.3 个百分点，第二产业比重上升 11.5 个百分点，第三产业比重大幅上升 29.8 个百分点，彻底转变了西藏以农业为主的落后局面，新兴的服务业的支撑作用已经显现。[①] 内蒙古全区三次产业比例由 1978 年的 32.7∶45.4∶21.9 演进为 2017 年的 10.2∶39.8∶50，农牧业综合生产能力跃上新台阶。[②] 贵州经济结构不断优化，新旧动能持续转换。农业增加值由 1949 年的 5.17 亿元增加到 2018 年的 2276.74 亿元。制造业、工业经济持续快速增长，2012 年规模以上工业增加值突破 2000 亿元，到 2018 年达 4378.91 亿元，是 1978 年的 287 倍。全省服务业增加值 1949 年仅为 0.28 亿元，到 2018 年达 6891.37 亿元，接近 7000 亿元。[③] 2018 年，青海三次产业结构由 2015 年的 8.64∶49.95∶41.41 调整为 9.4∶43.5∶47.1，实现了由“二三一”到“三二一”的历史性转变。[④] 新中国成立 70 多年，广西产业结构不断优化，由“一二三”转变为“三二一”，第三产业增加值比重不断上升，形成二产、三产共同拉动经济增长的良好态势。新疆三次产业比重由 1952 年的 64.7∶22∶13.3 优化为 2018 年的 13.9∶40.3∶45.8，产业结构从依靠“一黑一白”（石油、棉花）到基本形成以农业为基础、工业为主导、第三产业占重要地位的初具现代工业化水平的产业结构。[⑤]

3. 特色优势产业不断壮大

西部地区在提升经济总量、调整产业结构的同时，注重依托特有的区位优势以及资源条件发展特色产业，实现了经济的快速增长。云南集中力量培育特色优势产业，逐步构建起“传统产业+支柱产业+新兴产业”的产

① 《改革开放 40 年来西藏经济社会发展取得辉煌成就》，林芝市统计局网，2019 年 1 月 8 日，http：//www.tjj.linzhi.gov.cn/tjj/c103486/201901/7456a3f71e4b4542848311f7001804b5.shtml。

② 《改革开放 40 年：内蒙古综合经济实力实现历史跨越》，新华网，2018 年 12 月 4 日，https：//m.xinhuanet.com/nmg/2018-12/04/c-1123802936.htm。

③ 《数字贵州：70 年经济增长翻天覆地》，《贵州日报》2019 年 9 月 29 日。

④ 《新中国成立以来青海经济发展的成就、经验与启示》，中国社会科学网，2019 年 10 月 28 日，http：//www.cssn.cn/skyskl/skyskl_jczx/201910/t20191028_5021713.shtml。

⑤ 《从十大数据看新疆和平解放 70 年变迁》，新华网，2019 年 9 月 25 日，http：//www.xinhuanet.com/politics/2019-09/25/c_1125039737.htm。

业迭代体系；以“两型三化”为核心促进产业转型升级，生物医药和大健康产业、旅游文化产业、信息产业、物流产业、高原特色现代农业产业、新材料产业、先进装备制造业、食品与消费品制造业等八大产业和“绿色能源”“绿色食品”“健康生活目的地”三张牌发展势头良好。内蒙古依托伊利、蒙牛、鄂尔多斯羊绒、蒙草等龙头企业不断发展壮大，乳业成为超千亿元级产业，牛奶、羊肉、羊绒产量均居全国首位。汽车制造、光伏发电、电子信息、生物医药等战略性新兴产业从无到有、从小到大，逐步形成规模优势；云计算服务器装机能力、煤炭、稀土化合物和煤制油、甲醇、天然气等产能产量均居全国第一。西藏有效利用高原优势、资源优势不断加快推进旅游文化、清洁能源、净土健康、天然饮用水、绿色建材等特色产业发展。2017 年，西藏全区酒、饮料和精制茶制造业产值达 33. 11 亿元，藏医药制造业产值达 15. 02 亿元，分别比 1995 年增长 287. 5 倍和 75. 6 倍。[①] 新疆因地制宜，通过产业带动、庭院养殖、政策性奖补、科技培训等方式，扎实推进畜牧业升级发展，优化、升级畜牧业生产结构，打造现代畜牧业绿色发展“升级版”。高技术、战略性新兴产业大幅增长。2018 年，全区高技术制造业增加值比上年增长 32. 1%。丝绸之路经济带创新驱动发展试验区建设稳步推进，聚集 130 多家产学研机构联合创新，高新技术企业收入增长 36%，科技成果转化增长 35%。[②] 贵州聚力农村产业改革，调减低效传统作物，通过大力发展生态产业，形成了涵盖茶叶、食用菌、刺梨、石斛、油茶、竹、中药材、精品水果、蔬菜、辣椒、生态畜牧、生态渔业等 12 个大类的特色生态产业，进一步促进百姓致富。[③] 宁夏建立起以现代煤化工、新能源、装备制造业为引领，具有一定规模和技术水平的现代特色工业体系，打造出国能宁煤、共享集团、吴忠仪表等一批

---

① 《保护生态环境 建设美丽西藏》，中国西藏网，2019 年 9 月 18 日，http：//www. tibet. cn/cn/ecology/201909/t20190918_ 6683289. html。

② 《2018，新疆经济稳中有进活力增强》，新疆维吾尔自治区人民政府网，2019 年 2 月 1 日，http：//www. xinjiang. gov. cn/2019/02/01/154256. html。

③ 《贵州发展 12 大特色生态产业 能让 280 万农民脱贫》，第一财经网，2019 年 8 月 4 日，http：//finance. sina. com. cn/roll/2019-08-04/doc-ihytcerm8480862. shtml。

在行业领先的优势骨干企业，建成世界单套装置规模达400万吨煤制油项目，该项目打破了国外在该领域的长期垄断，成为我国继核电、高铁外可成套向国外输出的装备和技术。青海凭借独特的地理位置和高原大陆性气候，大力推进高原特色产业，着力开发高原特有的黑枸杞、青稞、沙棘、藜麦、牦牛肉、冬虫夏草等特色产品。此外，形成了涵盖有机绿色农畜产品、工业产品、文化旅游产品、光伏新能源、动力电池等领域的青海优势特色产业链。

4. 基础设施状况显著改善

交通的便捷程度与区域经济发展状况存在明显的互动发展关系。新中国成立初期，西部地区交通、通信等基础设施不畅通，极大地阻碍了地区的发展与对外交流，经过70多年的发展，基础设施状况明显改善。云南基础设施建设迈出新步伐，公路通车总里程从1978年的4.18万千米增长到2017年的24.3万千米，其中，高速公路总里程从1996年第一条昆嵩高速公路零的突破增长到2017年的5022千米；截至2017年，云南共建成15个民用机场，还有5个机场在建，成为国内拥有机场多、机场标准高的省份之一；全省内河通航里程从1978年的1263.5千米增长到2017年的4293.82千米；随着沪昆高铁、云桂高铁的开通，云南进入高铁时代，泛亚铁路东线、西线、中线建设有序推进。[①] 改革开放前，西藏交通设施不发达，改革开放40多年来不断加大交通设施投入，现代化交通格局基本形成。全区公路通车里程由1978年的1.59万千米增至2019年的10万千米，约增长6.29倍。截至2019年底，全区开通国内外航线101条。[②] 内蒙古始终坚持补齐基础设施短板，地区发展保障能力得到大幅提升。截至2017年底，全区公路通车总里程达到19.9万千米，是1978年的11倍，高速公路和一级公路里程均居全国前列，全区99%的旗县通高速和一级公

---

① 《改革开放四十年云南经济发展成就》，云南理论网，2019年1月8日，http://llw.yunnan.cn/system/2019/01/08/030173136.shtml。

② 《天堑变通途 出行不再难》，西藏自治区人民政府网，2020年3月11日，http://www.xizang.gov.cn/rsxz/lydt/202003/t20200311_134042.html。

路；铁路运营总里程超过 1. 4 万千米，是 1978 年的 8. 8 倍，居全国首位；民用机场达到 27 个，实现盟市运输机场全覆盖；信息通信业发展迅速，2017 年互联网上网用户达到 2854. 3 万户，比 2010 年增长 13. 9 倍。除此之外，内蒙古还实施了黄河海勃湾水利枢纽等重大水利工程，建成电力外送通道 500 千伏 11 条、800 千伏 3 条、1000 千伏 2 条，跨省外送电量居全国第一，有力保障和推动了全区经济跨越发展。贵州经过 70 年发展，先后进入高速时代、高铁时代和地铁时代。2018 年，贵州获批建设交通强国西部试点省，现代化立体综合交通网基本形成。党的十八大以来，贵州率先在西部地区实现县县通高速公路，全省公路里程达 19. 69 万千米，是 1949 年的 101 倍；铁路通车里程达 3560 千米，是 1957 年的 24 倍；高速公路达到 6453 千米，高速公路综合密度居全国第一，通车总里程位列全国第七；高铁总里程达 1262 千米；通航机场实现市州全覆盖。能源、信息等基础产业方面，从“县县乡村通电”到“户户通电”，2018 年，全省电力装机总容量突破 6000 万千瓦，基本形成“三横一中心”，500 千伏主网架覆盖所有市州；43 个县通天然气管道，天然气供应量为 8. 92 亿立方米；通信光缆达 96. 9 万千米。① 在青海，截至 2018 年末，全省公路通车里程为 8. 21 万千米，是 1949 年的 174 倍。全省 8 个市州、29 个县级行政区已实现通高速公路或一级公路，46 个县级行政区全部通二级以上公路。② 新中国成立前，宁夏没有一寸铁路，几百千米的黄河上没有一座大桥。现在的宁夏交通、水利、通信等基础设施条件大为改观，公路、水利、通信四通八达，县县通高速、乡乡通油路、村村通公路。2018 年，宁夏银川河东机场旅客吞吐量达到近 900 万人次，银西高铁于 2020 年建成通车。③

---

① 《数字贵州：七十年经济增长翻天覆地》，贵州省人民政府网，2019 年 6 月 5 日，http：//news. gog. cn/cms_ udf/2019/szgz/index. shtml。

② 《青海基础设施建设实现跨越发展》，青海省人民政府网，2019 年 9 月 19 日，http：//www. qh. gov. cn/dmqh/system/2019/09/19/010341526. shtml。

③ 《宁夏经济总量达 3705 亿元 较 1949 年增长 3278 倍》，中国网，2019 年 8 月 30 日，ht-tps：//news. sina. com. cn/o/2019-08-30/doc-iicezzrq2212089. shtml。

5. 对外经济开放继续扩大

西部地区深挖对外开放优势，逐步形成全方位多层次宽领域的对外开放格局。随着“一带一路”倡议和面向南亚、东南亚辐射中心建设的推进，云南从开放“末端”走向了“前沿”。2017 年，全省进出口总额为 233.94 亿美元，比 1978 年增长 223.9 倍，年均增长 14.9%①；成功举办 5 届南博会，设立了 26 个驻外商务代表处。2017 年，云南实际利用外资增速排名全国第三。内蒙古的经济发展始终坚持对外开放，开放型经济水平明显提高。全区外贸进出口总额由 1978 年的 0.16 亿美元增加到 2017 年的 139 亿美元；贸易结构进一步优化，2017 年一般贸易比重上升到 57%，机电、高新技术产品出口分别增长 75.5%和 52.8%；口岸优势明显，国务院批准设立的对外开放口岸有 18 个，国际航空口岸有 4 个，满洲里、二连浩特成为我国对俄对蒙最大陆路口岸。2017 年，全区口岸进出境货运量为 8707 万吨、客运量为 586 万人次，有效发挥了向北开放桥头堡作用。② 西藏在实行改革开放前，经济基本上处在封闭半封闭状态，对外贸易规模很小。改革开放 40 多年来，西藏进出口总额增长 203.1 倍，年均增长 14.6%。其中，出口增长 1083.6 倍，进口增长 112.0 倍。2017 年，西藏与 68 个国家和地区开展了双边贸易。③ 西藏主动对接国家“一带一路”建设，启动中尼跨境经济合作区建设，成立南亚标准化（拉萨）研究中心。新疆依托 19 个国家级对外开放口岸大力发展进口商品加工产业、边境（跨境）旅游、边民互市贸易、电子商务等外向型经济，推动新疆的区位优势、资源优势转变为经济优势。新疆设立了丝绸之路经济带创新驱动发展试验区，已与 98 个国家和地区开展了跨境人民币业务。广西制定了以旅

① 《改革开放四十年云南经济发展成就》，云南理论网，2019 年 1 月 8 日，http://llw.yunnan.cn/system/2019/01/08/030173136.shtml。

② 《改革开放 40 年：内蒙古各项事业取得了辉煌的成就》，搜狐网，2018 年 12 月 3 日，https://www.sohu.com/a/279390006_469808。

③ 《“数”说历史性跨越——统计数据展现改革开放 40 年中国经济社会发展成就》，中国西藏网，2018 年 8 月 28 日，http://www.tibet.cn/cn/index/politics/polotocs2/201808/t20180828_6211861.html。

游品牌促对外发展战略，通过“壮族三月三”电商节等活动，创建全域旅游示范区和广西特色旅游名县，实现国内外游客增长 30.6%的成效。除此之外，通过实施外贸稳增长 12 条措施，稳定外贸进出口，完成加工贸易进出口增长 13.8%。[①] 新中国成立初期，宁夏的外贸主要是收购、调拨畜产品、土特产给口岸出口，数量少，规模小，外贸处于初创时期。现在的宁夏构建出涵盖通道建设、经贸平台、开放载体和开放环境等领域，涉及空中快线、国际班列、口岸物流等全方位多层次对内对外开放格局。目前，与宁夏有经贸合作的国家和地区达 180 多个。2018 年，全区实现进出口总额 249.1 亿元。[②] 改革开放以来，贵州对外贸易活力显著增强，进出口规模不断扩大。1978 年，贵州全省进出口总额仅为 1645 万美元；2018 年全省进出口总额实现 76.03 亿美元，是 1978 年的 462 倍，年均增速达到 17%。[③]

6. 民族教育得到全面发展

新中国成立以来，西部地区的教育事业得到了一定程度的发展，特别是党的十八大以来，民族教育事业得到党和国家的更多关注和高度重视。内蒙古在发展民族教育方面，注重打造针对民族地区发展的学科、专业，大力扶持民族教育发展，在教育发展层次的高度和广度上均有所拓展，民族教育继续保持全国领先水平。截至 2018 年，全区独立设置的民族中小学校有 493 所，实行蒙汉双语教学的有 441 所，建立了从学前到中小学和高等学校各阶段有效衔接的双语教育体系。全区少数民族在校生达 96.9 万人，较 1978 年增加 38.6 万人，累计培养出 50.6 万名少数民族大学

---

① 《2018 年广西全力以赴稳增长 调结构》，2019 年 2 月 2 日，https：//baijiahao.baidu.com/s？id=1624345069501541860。

② 《70 年，宁夏对外贸易行稳致远》，新浪财经网，2019 年 10 月 9 日，https：//finance.sina.com.cn/roll/2019-10-09/doc-iicezuev1047755.shtml。

③ 《新中国 70 年 贵州形成对外开放新格局》，环球网，2019 年 8 月 30 日，https：//finance.huanqiu.com/article/9CaKrnKmxX8。

生，民族教育走在全国前列，成为内蒙古的一张亮丽名片。[①] 新疆在发展民族教育方面倾向扩大对于少数民族学生的录取与培养规模。2018 年，新疆全区各级各类学校少数民族在校生有 458.90 万人，占全区在校生的 74.11%；少数民族专任教师有 19.26 万人，占全区专任教师的 49.52%。[②] 云南民族教育发展至今已形成近 500 所民族中小学、6 所民族中专、1 所民族大学等民族学校教育与普通学校教育相互交融、协调发展的民族教育体系。目前，云南 25 个世居少数民族都有了本民族的大学生，以及硕士、博士研究生。截至 2018 年底，云南各级各类学校共有少数民族在校生 363.59 万人，占云南各级各类学校在校生总数的 36.79%。[③] 广西为发展民族教育，大力举办民族班和民族预科班，实施少数民族高层次骨干人才培养计划，深入开展学校民族团结和民族文化教育，评估确认 81 所自治区民族文化教育示范学校。稳妥开展壮汉双语教育，全区壮汉双语学校达 216 所，4 所高中开展壮语文教学，实现高中壮语文教学零的突破。2017 年，全区少数民族在校生有 423.18 万人，占全区各级各类在校生的 37.02%，少数民族学生接受各级各类教育机会不断扩大。2018 年，全区共有普通高校少数民族毕业生 7.2 万人，占毕业生总数的 32.4%。[④] 此外，青海、宁夏、贵州通过教育提升专项行动，强化质量管理、健全激励约束机制、加强基础学科与薄弱学科教学改革、加强综合实践活动课程建设、提升民族文化传统文化育人质量等，促进民族地区教育更好地服务乡村振兴和新型城镇化建设。

---

① 《从“立柱架梁”到“内部精装”——内蒙古改革开放 40 年教育事业发展综述》，内蒙古新闻网，2018 年 12 月 22 日，http：//inews. nmgnews. com. cn/system/2018/12/22/012624281. shtml。

② 《2018 年新疆维吾尔自治区教育事业发展统计公报》，新疆维吾尔自治区教育厅网，2019 年 5 月 31 日，http：//jyt. xinjiang. gov. cn。

③ 《云南民族教育 70 年发展成绩显著》，中国民族宗教网，2019 年 8 月 5 日，http：//www. mzb. com. cn/html/report/190830115-1. htm。

④ 《砥砺奋进铸辉煌 凝心聚力谱华章——新中国成立 70 年广西教育改革发展纪实》，广西南宁市隆安县人民政府门户网站，2019 年 9 月 27 日，http：//lax. gov. cn/gkyw/sjzyxx/t3943118. html。

7. 文化建设基础工程全面升级

西部地区通过文化建设基础工程的全面升级，为发展教育和科学、普及群众文化以及提高全民族的文化水平助力。西部地区开展的文化建设基础工程覆盖省、市（盟）、县（旗）、乡镇（苏木）、村（嘎查），涉及文化馆、图书馆、博物馆等多个文化场馆。内蒙古全面提升公共文化服务水平，盟市级群艺馆、旗县级图书馆和文化馆、苏木乡镇文化站覆盖率均达到100%，嘎查村文化室覆盖率达到96%，形成了覆盖全区的五级公共文化设施网络。2018 年，全区广播和电视人口覆盖率均达到99. 2%，比1980 年分别提高了 45. 9 个和 96. 3 个百分点。[①] 新疆通过实施“县级文化馆、图书馆修缮工程”“文化信息资源共享工程”“乡镇综合文化站工程”等一系列文化基础工程，全面提升公共文化服务能力。截至 2017 年，新疆共建成公共图书馆 112 个、博物馆和纪念馆 173 个、美术馆 57 个、文化馆 119 个、文化站和文化室 12158 个，有各级各类广播电视台（站）302 个，广播和电视人口覆盖率分别达到 97. 1%和 97. 4%，有体育场地 29600 个，形成了相对完整的各级公共文化服务体系。[②] 广西除了通过编织五级网络提升服务效能外，还将村级公共服务中心建设得更加规范化。截至 2018 年，自治区财政累计投入 24. 31 亿元，已经累计建设 11522 个村级公共文化服务中心，覆盖广西 80%的行政村，实现了对全区 14 个民族自治县、边境县行政村的全覆盖。

8. 实现重大科技成果产业化

在当今世界范围内，经济的竞争愈来愈表现为科学技术的竞争，具体表现为科技成果，特别是高技术成果转化数量、质量和转化速度的竞争。近年来，西部地区加大对科技领域的投入，在科技方面取得了一大批重大成就。2017 年，云南地方一般公共预算支出中用于科学技术的投入达

---

① 《文化强区建设稳步前进》，中国社会科学网，2017 年 8 月 7 日，http：//www. cssn. cn/whjs/201708/t20170807_ 3603468. shtml。

② 《公共文化服务：为人民美好生活赋能》，央广网新疆分网，2019 年 9 月 9 日，http：//xj. cnr. cn/2014xjfw/2014xjfwws/20190909/t20190909_ 524768927. shtml。

53.97 亿元，比 1978 年增长 1324.7 倍。其中，用于全省 R&D（研究与试验发展）的经费支出为 157.76 亿元，较上年增加 25 亿元，增长 18.8%；R&D 经费投入强度为 0.95%，提高 0.06 个百分点。通过科技计划的实施，云南突破重大核心关键技术 700 项以上，推动 556 项重大科技成果产业化，研发具有自主知识产权的重大新产品 541 个。全省科技进步贡献率达到 48.53%；1239 家高新技术企业实现工业总产值 2351.75 亿元，实现销售收入 2532.89 亿元。① 新疆科技创新蓬勃发展，成效显著：截至 2017 年底，新疆累计取得重大科技成果 10804 项，科技成果数较 2012 年增长 10.61%；获得国家和自治区奖励的成果 5263 项，科技奖励数较 2012 年增长 14.17%。② 科技创新已成为推动新疆经济社会发展的"第一动力"。贵州科技创新能力不断提升，2018 年全省高新技术企业达 1173 家，有效发明专利拥有量首次突破 1 万件，高新技术产业化指数居全国第 11 位，研发投入强度增幅居全国第 2 位，科技进步贡献率达 48.6%。③ 青海科技创新体系不断完善，战略科技力量得到加强，科技创新活力逐步释放，"十三五"期间，全省取得科技成果 2623 项，农业科技园产值从 150.6 亿元增加到 248.4 亿元，国家级科技创新平台数量从 25 个增加到 59 个，科技创新能力实现总体提升。④

9. 建立起覆盖城乡的社会保障体系

新中国成立以来，西部地区坚持以人民为中心的发展思想，抓住医疗、社会保障、就业等重点领域深化改革，基本公共服务均等化程度不断提高，社会事业加快发展，城乡面貌发生深刻变化。主要表现在以下三个方面。

---

① 《庆祝改革开放 40 周年主题新闻发布 云南经济发展取得巨大成就》，搜狐网，2018 年 12 月 13 日，https://dali.focus.cn/zixun/d9501136d2e0dc29.html。

② 《科技创新引领新疆加速跑》，人民网，2018 年 12 月 11 日，http://xj.people.com.cn/n2/2018/1211/c186332-32394798.html。

③ 《70 年发奋图强 贵州实现跨越发展 人均生产总值翻了 937 倍!》，多彩贵州网，2019 年 6 月 5 日，http://www.gog.cn/zonghe/system/2019/06/05/017263425.shtml。

④ 《青海省取得科技成果 2623 项》，《西海都市报》2021 年 2 月 7 日。

一是西部地区社会保障范围不断扩大，覆盖城乡的服务网络逐步形成。广西2018年全区参加基本养老、基本医疗、失业、工伤、生育保险的人数分别达到1889.62万人、5136.69万人、323.52万人、412.6万人、366.2万人，12万人享受城镇居民最低生活保障，182.2万人享受农村居民最低生活保障，24.7万人享受特困人员救助供养。① 西藏覆盖城乡的社会保障体系基本建立，城乡低保等多项惠民政策连续提标扩面，城乡居民医疗保险实现全覆盖，孤儿和有意愿的五保老人实现集中供养。至2017年底，西藏各类保险参保人数达到343.24万人次，全民参保计划稳步实施。

二是医疗卫生事业资金投入和设施、机构建设比重不断提高。内蒙古医疗卫生建设成效显著，年投入由1978年的4908万元提高到2017年的907.2亿元，占地区生产总值的比重由0.8%提高至5.6%；全区卫生机构达到2.42万个，是1978年的6倍。② 广西贺州“土瑶”深度贫困地区，贫困人口基本医保参保率达100%，住院合规费用实际报销比例达到90.9%。③

三是住房条件持续改善，住房保障体系建立。内蒙古大力实施百姓安居工程，仅“十二五”期间就为220万户城乡困难家庭改善了住房条件。2016年，城镇居民和农牧民人均住房建筑面积分别达到32.2平方米和27.4平方米，分别是1990年的3.6倍和2.3倍。④ 贵州全力组织实施林业棚户区改造和公租房建设。截至2020年7月底，全省已累计分配公租房74.81万套，分配率为94.55%（不包括已盘活公租房套数）；发放城镇住

① 《砥砺奋进、谱写华章！新中国成立70年来，广西取得了这些翻天覆地的变化》，搜狐网，2019年9月2日，https：//www.sohu.com/a/338195479_394179。

② 《改革开放40年：内蒙古经济社会发展取得辉煌成就》，搜狐网，2018年12月4日，https：//www.sohu.com/a/279496617_667741。

③ 《广西财政支出80.5%用于民生领域》，北京网络广播电视台，2019年1月29日，https：//item.btime.com/06dd179np6sm7q84vrg2kfli7cb。

④ 《70年，内蒙古经济社会发展“沧桑巨变”》，ZAKER新闻网，2019年8月7日，http：//www.myzaker.com/article/5987c4099490cbfd79000025/。

房保障家庭租赁补贴 4.44 万户。[①] 新疆通过多措并举的方式初步建立了以公租房为主体，租赁补贴、经济适用房为补充的多层次、广覆盖的住房保障体系。

此外，就业是民生之本、收入之源。西部地区各级党委和政府把就业作为最大的民生工程、民心工程和根基工程。以新疆为例，2018 年全年新增城镇就业人口 47.58 万人，农村富余劳动力转移就业 280.5 万人次，其中，南疆四地、州转移就业 173.6 万人次，占全疆的 62.1%。[②]

（三）新中国成立以来我国西部地区地方治理在安全方面取得的成就

西部地区地域辽阔，资源丰富，邻国众多，民族多样，文化多元，问题复杂，战略地位显要，在整个国家安全与发展战略中占有重要地位。在全球化、信息化时代，西部地区传统安全问题与非传统安全问题相互交织、国内问题与国际问题相互交织、历史问题与现实问题相互交织、敌我矛盾与人民内部矛盾相互交织。综观我国西部地区及周边态势，各种安全威胁的挑战日趋复杂与综合。新中国成立以来，西部地区在安全治理方面取得了一系列成就。

1. 维护意识形态安全取得的成就

“意识形态”对统治者的政治合法性进行了阐释和解读，自然也成为政治安全的精神屏障。我国西部地区政治安全是一种特殊的状态，意识形态安全是它的灵魂。西部地区具有多元、多样的政治思想和文化，主流意识形态成为凝聚人心的有力抓手和重要杠杆，对整个西部地区思想文化起着整合和引领的作用。

第一，统一党内政治思想。我国西部地区不仅世代居住和生活着大量的少数民族，而且是多元文化的传承、繁衍和汇聚之地，较难形成统一的政治思想；新中国刚刚成立，反共残余势力也在西部地区大肆宣传反共言

① 《2020 年 7 月贵州省保障性安居工程进展情况》，中国质量新闻网，2020 年 8 月 5 日，https://www.cqn.com.cn/fangchan/content/2020-08/05/content_8622571.htm。

② 《2018，新疆经济稳中有进活力增强》，中国新闻网，2019 年 9 月 2 日，http://www.chinaxinjiang.cn/zixun/xjxw/201902/t20190202_573669.htm。

论，煽动各族群众反对甚至反抗中国共产党的领导。中国共产党要从满腔热情的革命党成功转变为执掌全国政权的执政党，在新的形势下必须首先统一党内政治思想，进而统一全国各阶级、各族群众的思想。中共中央显然意识到了这个问题，并通过下发《关于发展和巩固党的组织的指示》等文件，在全国各地包括广大的西部地区掀起一场大规模、大范围和深层次的整风运动。通过整风运动，统一了党内政治思想，保持了党的先进性，获得了各族群众的支持和认同，确保了马克思主义的指导地位，维护了意识形态安全。毛泽东同志审时度势，认为“现在要整风，将来还要整风”。[①] 除对各族群众进行教育以外，还通过全体党员教育、支部教育和党政干部理论学习制度等方式方法对我国西部地区全体党员，特别是少数民族党员干部进行培训、教育和深造，进一步统一党内政治思想，维护马克思主义的意识形态安全。

第二，社会阶级思想改造。新中国成立之初，中国共产党虽然带领全国人民取得了战争的胜利，但是对在我国实行什么样的政治道路还没有形成共识。中国共产党通过抗日战争和解放战争在全国各族群众心中获得了极高的支持和认同，但我国还存在着一定的资产阶级，其内心深处对社会主义还有所排斥和拒绝，社会各阶级之间也还存在一定的矛盾，特别是在资产阶级和工人阶级之间。意识形态安全是指国家主流意识形态获得国家公民的认同和信仰，维护国家安全和稳定的状态。首先，对广大知识分子开展思想政治教育活动。新中国成立之初，我国民族地区针对知识分子举办了各级学习委员会、各部门学习动员大会，系统地开展马克思主义和毛泽东思想等政治理论学习。民族地区广大的知识分子对照自己的思想进行改造，树立了为人民服务、为社会主义奋斗的先进思想。其次，在西部地区学校建立思想政治教育制度。根据《共同纲领》的规定，依据新中国的发展和要求，循序渐进地改革旧社会的教育制度、内容和方法。[②] 人民政

---

① 毛泽东：《毛泽东文集》（第 7 卷），人民出版社，1999，第 275 页。

② 中共中央文献研究室编《建国以来重要文献选编》（第 1 册），中央文献出版社，1992，第 87 页。

府取缔了民族地区国民党训导制度和各种反动的政治理论课，在民族地区各高校建立政治工作制度，开设马克思主义主流意识形态的政治理论课，并专门设置了政治辅导员对民族地区各族师生开展思想政治教育工作。最后，我国西部地区各省级行政单位相继出版和发行了《马克思恩格斯选集》《毛泽东选集》等著作和《新华月报》《光明日报》等报刊，掀起了各族群众学习马克思主义政治理论、中国共产党党史以及中国共产党民族政策的热潮。

第三，宣传党的民族政策。在王朝国家时期，民族隔阂、民族矛盾和民族冲突相对来说比较严重。中国共产党能否解决民族地区出现的各种问题，能否让其接受马克思主义和毛泽东思想就成为维护意识形态安全的重要组成部分，就成为考验中国共产党执政能力的关键。从 1950 年 6 月开始，由中央人民政府专门针对民族地区组建的西南、西北和东北等四组中央民族访问团，分别走访了我国各区域民族地区，把中国共产党的民族政策主动向各族群众进行了宣传、解说和教育。除中央民族访问团外，中央还针对民族地区组建了慰问团、医疗队和调查组，慰问、调查并解决了我国广大民族地区的现实问题，有效维护了党在民族地区的意识形态安全。人民解放军在进军西藏的过程中，严格遵守《三大纪律八项注意》，主动向藏民介绍党的民族政策，帮助藏民从事生产，被藏民热情地称为“新汉人”。同时，中共中央还积极主动地组织了 13 批西藏各族普通群众前往东、中部地区参观、学习和访问，从而进一步加强了西藏上下各阶级各民族的群众对马克思主义主流意识形态的信任、支持和认同。

2. 维护国家主权和领土安全取得的成就

国家主权是至高无上、无出其右的绝对权力，其对内具有治理国家事务的绝对权力，对外享有处理国际事务的平等权力。新中国成立之初，国家主权安全在民族地区主要表现为国家对我国西部地区 8 个省级行政单位有管辖权、所有权和不可侵犯权，对陆地疆域内居住和生活着的人们，以及存在的事和物都拥有排他性的最高权力。国家领土安全成为那个时代最突出的矛盾。我国为维护国家领土安全主要做了以下工作：一是巩固边防武装力量。新中国成立之初，我国军事力量主要集中于解放军，为了更好地巩固边防武装力量，于 1949 年 11 月着手动用解放军的力量组建了公安部边防局。自此，我国陆地边境处于战争状态或敌对状态的地区由解放军负责驻防，而边境口岸、出入境检查和友好邻国地区则由边防武警部队驻防。此外，新中国成立之初，随着战争的结束，大量的解放军归属问题成为一大矛盾。生产建设兵团是毛泽东同志为维护民族地区政治安全、开发民族地区经济和稳定民族地区人口规模的一大创举。中共中央于 20 世纪 60 年代伊始，在我国民族地区着手建立了大量的生产建设兵团，其中，在西南建立了云南生产建设兵团，在西藏建立了西藏农建师，在新疆建立了新疆生产建设兵团，在北部建立了兰州军区生产建设兵团，在北京军区建立了内蒙古生产建设兵团。除此之外，还在民族地区安置了军队转业人员，以及大量来自内地的干部、知识分子和很多年轻人。这些人的到来给民族地区带来了知识、经验、朝气和活力，维护了西部地区的安全稳定，促进西部地区繁荣和发展。二是妥善处理与毗邻国家的关系。新中国成立之初，在我国 22000 多千米的陆地边界线上有 12 个邻国，西南毗连着越南、老挝和缅甸等国，西藏连接着不丹、印度和锡金等国，新疆和巴基斯坦、阿富汗和苏联等国接壤，北部和东北则和苏联、蒙古等国相邻。但是，王朝国家并无明确的边界一说，而中华民国时期国内局势混乱致使中央政府无力加强对此区域的治理。因而，新中国一经成立就面临着陆地边界勘查、确定和划定的重大任务。处理好与邻国的关系是维护国家领土主权的必要手段，是维护西部地区政治安全和国家统一的正义之举。20 世纪 60 年代，在我国积极主动的调解和周旋下，分别与缅甸、巴基斯坦和朝鲜等 6 个国家相继解决了边界问题，维护了西部地区政治安全和国家领土安全。三是应对境外军事威胁。新中国的诞生，标志着中华民族信任、支持和认同的民族国家应运而生、初具雏形，而国界也成为划分国与国的标准。任何国家、组织和个人强行逾越我国国界，非法闯入我国境内都是对我国政治安全和领土主权的侵犯。新中国成立后，我国西南、西部、北部民族地区都遭受过境外的军事威胁，甚至和印度、苏联发生了战争。

3. 维护生态环境安全取得的成就

首先，全面落实污染防治及生态修复战略。新中国成立以来，西部地区坚持全民共治、源头防治的基本原则，在大气、水、流域环境和近岸海域污染防治行动中取了可喜成绩。与此同时，还实施了天然林保护、京津风沙源治理、退耕还林还草等重大生态修复工程。一是实施环境污染防治工程。为确保雪域高原天蓝地绿水清，西藏自治区政府对矿产资源开发推行“一支笔”审批和环境保护“一票否决”制，实现“三高”企业和项目零审批、零引进，坚守了生态安全底线，完成74个县区生态保护红线划定工作；同时，大气、水、土壤污染防治行动成效显著，全区主要城镇环境空气优良率保持在95%以上，地表水环境质量全部达到Ⅲ类及以上标准，地级以上城市饮用水水源地水质优良率达到100%。[①] 中科院评估认为，西藏高原各类生态系统结构稳定、总体趋好，绝大部分区域处于原生状态，仍然是世界上环境质量最好的地区之一。二是开展生态系统修复工程。内蒙古开展“一湖两海”综合治理，呼伦湖面积增加，岱海水位下降趋势减缓，乌梁素海流域修复工程被列入国家第三批山水林田湖草生态保护修复试点项目。2013—2016年，甘肃祁连山、“两江一水”和渭河源区等三大生态保护和综合治理规划获国家批复，基本形成了以重点生态功能区和生态脆弱敏感区为生态综合治理主战场的战略规划体系。三是积极开展造林绿化工作。宁夏被乌兰布和沙漠、腾格里沙漠、毛乌素沙漠三面环绕，新中国成立初期，生态环境恶劣，土地沙化、荒漠化问题严重。70多年来，宁夏人民大规模开展国土绿化和沙化、荒漠化、小流域综合治理，在全国第一个实行全区域封山禁牧，推动山川大地由“黄”向“绿”转变，森林覆盖率由新中国成立初期的1.5%提高到2018年的14.6%。[②] 同样，广西深入实施珠江防护林、沿海防护林、退耕还林、石漠化综合治

---

① 《2018年西藏自治区生态环保工作综述》，人民网，2019年1月22日，http：//xz. people. com. cn/n2/2019/0122/c138901-32561649. html。

② 《新闻办就宁夏回族自治区“建设美丽新宁夏 共圆伟大中国梦”举行发布会》，中国网，2019年8月30日，http：//www. gov. cn/xinwen/2019-08/30/content_ 5425867. htm。

理、造林补贴5个国家重点造林工程，全区森林资源总量快速增长。“十二五”以来，共完成荒山造林1199万亩、迹地更新1282万亩，完成中幼龄林抚育3893万亩。截至2016年底，广西森林覆盖率达62.28%，森林面积为2.22亿亩，森林蓄积量为7.6亿立方米；人工林面积居全国第一位。广西植被生态质量和植被生态改善程度均居全国首位，植被生态质量正常偏好区域达95.1%，比全国平均水平高出23个百分点。①

其次，建立自然保护区，推行生态文明建设。西部地区秉持“绿水青山就是金山银山”的发展理念，贯彻落实创新、协调、绿色、开放、共享的新发展理念，把人的经济和社会活动限制在自然资源和生态环境能够承受的限度内，给自然生态留下休养生息的时间和空间。一是西部地区建成自然保护区。截至2018年12月，云南累计建成2个国家生态文明建设示范市县、10个国家级生态示范区、85个国家级生态乡镇、3个国家级生态村。② 青海累计建成可可西里、三江源、青海湖、柴达木梭梭林、循化孟达、隆宝、大通北川河源区7个国家级自然保护区。二是保护物种多样性。云南素有“植物王国”之称，是我国植物多样性资源最丰富的省份，区域面积为39.4万平方千米，仅占全国的4.1%，但各类群生物物种数均接近或超过全国的一半。云南现记录有大型真菌、地衣、高等植物、脊椎动物25434种。其中，大型真菌、地衣、高等植物、脊椎动物分别占全国的56.9%、60.4%、50.2%、52.1%。截至2018年底，全省90%的典型生态系统和85%的重要物种得到有效保护。③ 同样，西藏已经实施三大类11项重点生态保护建设工程，保护区的面积达40多万平方千米，125种野生动物和39种野生植物得到了有效保护。④

---

① 《党的十八大以来广西生态文明建设综述》，广西文明网，2017年9月30日，http：//gx.wenming.cn/zbgx/201709/t20170930_4442991.htm。

② 《建设美丽云南 共享生态文明》，搜狐网，2018年12月5日，https：//www.sohu.com/a/279708743_381560。

③ 《5·22国际生物多样性日 云南生物多样性保护多项探索和实践走在全国前列》，搜狐网，2020年5月22日，https：//www.sohu.com/a/396946056_391599。

④ 《新中国成立70年 西藏各项事业取得历史性成就》，人民网，2019年9月13日，http：//yn.people.com.cn/n2/2019/0913/c378440-33351779.htm。

三、21 世纪我国西部地区地方治理面临的新情况、新特点

进入 21 世纪，伴随着全球化发展和“一带一路”倡议的深入推进，我国西部地区地方治理呈现出新情况、新特点。

（一）西部地区地方治理的复杂化

西部地区地方治理的复杂化不是单一维度的因素导致的，这种复杂化既包括社会环境的复杂化、治理主体的复杂化，也包括治理内容的复杂化。

首先，西部地区地方治理社会环境的复杂化。西部地区地方治理的过程不是在封闭的环境中完成的，而是与整个社会环境有着千丝万缕的联系。西部地区与东部沿海地区在经济发展速度以及整体发展水平上呈现出的不同步，人民对基本公共服务供给感受性上的差异以及区域发展潜力上的差距等一系列社会环境问题，都会对西部地区地方治理产生影响，这就导致西部地区地方治理不仅要处理好族际关系问题，还要考虑到复杂的社会环境。

其次，西部地区地方治理主体的复杂化。治理主体复杂化既体现为治理主体的多元化，也体现为主体之间关系的错综复杂。治理主体由传统的“单一”主体，逐渐转向多元主体，彻底改变了传统的政府一元化、单向度的治理导向。治理主体多元化进一步推动了政府与企业、社会机构、民间团体等主体间的互利合作，通过增强企业自主参与意愿，吸收社会资本参与合作。多元主体间应彼此相互尊重、相互合作、协调沟通，进而实现共建、共治、共享。

最后，西部地区地方治理内容的复杂化。西部地区地方治理内容的复杂化体现为既要处理好西部地区的政治、经济、社会、文化、生态等领域的问题，又要立足西部地区实际，重点研究和解决西部地区多元文化的交流与融合、稳定与安全、国家认同与政治认同、跨境社会问题、地缘政治影响、区域合作以及与毗邻国家关系等其他问题。

（二）西部地区地方治理的立体化

西部地区地方治理的立体化，主要表现在西部地区地方治理概念的立体化、治理结构的立体化以及治理安全网络的立体化。

首先，西部地区地方治理概念的立体化。西部地区地方治理是一个动态性的概念，呈现出空间开放性和延伸性特征，形塑着人们对国家的疆域认知的变化。近年来，对于西部地区地方治理的研究逐步形成了从领土（陆地、海洋、高空）向战略（利益、信息、文化）的延伸，西部地区地方治理概念逐渐发展为多维度空间的立体式治理。

其次，西部地区地方治理结构的立体化。西部地区地方治理结构的立体化，即在宏观层面要划分并明确“国家—市场—社会”在西部地区地方治理中各自的权责范畴；在中观层面明确西部地区地方治理中各层级的权责关系，既存在“管理型结构”也存在“授权型结构”；在微观层面西部地区地方治理最终要通过“多中心”“分层分化”与“网络结构”实现。所以，西部地区地方治理在结构上呈现从宏观到微观的立体化治理结构。

最后，西部地区地方治理安全网络的立体化。西部地区稳定是确保社会各项事业持续、长期、稳定发展的基础。要实现西部地区稳定就要不断提高区域安全防控能力，严厉打击非法出入境等违法犯罪活动，切实维护西部地区社会安全。要构建州（县）内重点路段、重点区域、重点单位全覆盖，街道社区和农村牧区全覆盖，线上、线下全覆盖，“公安”“巡警”“村警”“企警”联防联控的、覆盖全域的立体化安全防控网络。

（三）西部地区地方治理的精细化

随着经济社会的飞速发展和民众权利意识、民主意识的觉醒，传统粗放的、经验式及全能型的社会管理模式，已无法适应国家治理体系和治理能力现代化的时代需求。2015 年，党的十八届五中全会提出的推进社会治理精细化，是经济发展和社会进步的必然结果，是推进国家治理体系和治理能力现代化的题中应有之义。

西部地区地方治理精细化的发展趋势源自多方面的发展需求。首先，社会的开放性和流动性加快。随着经济社会的发展及经济全球化的深入，西部地区社会开放性加快、人口流动加速，大量农村劳动力不断涌入城市。因此，必须采取更加细化的、可操作的、更人性化的手段制定治理方案。其次，社会公众需求的多样性。目前，西部地区不同省区、行业、民族、群体之间的差距日益拉大，阶层分化日益加剧。不同的公众由于所处的地域及社会地位和学历等不相同，其对政府提供的公共产品和公共服务会有不同的要求。因此，如果不加以区别，完全按照相同的模式、方法、手段进行治理，就难以实现善治的目标。

西部地区地方治理精细化，就是要把精细化理念引入西部地区地方治理实践中，遵循细致、精益及严格的原则，按照标准化、科学化、规范化、人性化、精准化的思路，推进西部地区地方治理制度、理念、手段、技术的精细化，利用专业的方式、标准的程序、先进的科学技术，实现更关注细节、更人性化、更高效、更专业的社会治理效果。① 西部地区地方治理精细化的特征主要表现在以下几个方面：

第一，治理理念先进。西部地区地方治理精细化践行以人民为中心的服务理念。在治理实践中，以政府为主的治理主体对公民的利益诉求做出精准而迅速的回应，以公民需求作为出发点和落脚点，遵循利民、便民、惠民的原则，关注民生、维护民权、保障民利、发展民用，从而实现发展成果由人民共享。

第二，治理主体多元。精细化地发挥多元主体的协同作用，加强党委领导的同时，发挥政府的主导、推动及引导作用，并支持公民个人的积极参与，鼓励社会各方面的配合、协同。打破地方和各部门的条块分割及其界限，建立全方位、全覆盖的社会治理体系，从而实现社会治理资源的集约化配置及整体联动，有效避免社会治理过程中的交叉、推诿，避免治理资源的浪费。

第三，治理流程精密。西部地区地方治理精细化要求对治理过程的每

---

① 参见王志辉：《我国西南边疆社会治理精细化研究》，博士学位论文，云南大学，2017，第 25 页。

一个环节都进行最优设计，并进行全程监管，以保障资源流通、信息共享等每一个环节和流程都步调一致、统筹联动。精细化要求治理技术和手段的专业化，这是提升社会治理科学性、高效性的前提和基础。

第四，治理成本精算。在西部地区地方治理过程中，要对治理成本进行精算，以降低治理成本，最大限度减少资源浪费，实现低投入、高效率。通过多元主体的协同、治理资源的集约、治理流程的精密及其专业化、规范化的治理手段和方法，实现西部地区地方治理效果的最优化和最大化，以让民众切切实实得到实惠，共享改革发展红利，从而实现共治共享的治理新格局。

（四）西部地区地方治理的信息化

大数据催生了新的问题形态，更丰富了西部地区地方治理的治理资源。部分学者将研究的重点放在“数字治理”“信息安全”等重要领域，审视大数据时代西部地区地方治理的“数字安全”。所谓数字治理，就是指在计算机网络和信息技术的推动下，通过包括组织、制度、流程、工具在内的管理体系的运行，实现国家和区域数字战略。因此，在大数据时代，需重新认识西部地区八省区地方治理的数字化、信息化特征。首先，大数据和信息技术推动了西部地区地方治理形态、内容的多样化。将数字治理引入西部地区地方治理的涵盖范围内，不仅实现了西部地区地方治理的精细化、便捷化，而且实现了“线下治理”与“线上治理”的联动与融合，充分打通了西部地区地方治理过程中的数字死角和信息盲区。其次，数字治理推动了社会监管机制的变革。通过将数字治理理念引入传统政治监管、社会监管、舆论监管范畴，实现了数字化系统生产、登记、运行、反馈等环节的闭环监管和地方事务的全链条全生命周期的闭环管理，从而精准分析研判风险隐患，及时预警处置，提高安全保障水平，提升社会治理效能。最后，西部地区地方治理的数字化、信息化，便于构建“跨领域、跨区域、跨层级、跨部门”的大协同机制，实现社会综合治理流程再造、管理重构和制度重塑，从而全面提升安全管理水平，切实保障民众生命财产安全和合法权益。

第二节　西部地区地方治理存在的问题

西部地区八省区在新中国成立后开始了大规模的民族地区建设，其治理实践贯穿于西部地区建设的全程。2019年是新中国成立70周年，在西部地区地方治理领域，无论是政治民主进程、经济发展，还是科教文卫事业等取得的成绩都是全方位、多领域的，积累的经验都弥足珍贵。与此同时，在推进西部地区地方治理的过程中，同样也存在不少的问题，并主要集中在稳定、发展和安全三个方面，对此我们将分别进行论述。

一、稳定方面存在的问题及其主要表现

当前，我们始终强调发展是第一要务，稳定是第一责任。西部地区的稳定对于营造良好的国内外环境，落实民族平等、民族团结、各民族共同繁荣的民族政策，构建和谐民族关系，落实西部大开发战略，不断推进和加快我国的西部地区地方治理进程，落实“一带一路”倡议等，都具有重大而现实的意义。西部地区稳定是我国其他事业发展的重要基础，抛开西部地区稳定谈发展无异于空中楼阁。对于西部地区而言，稳定的责任更重、压力更大。

（一）政治稳定方面存在的问题

邓小平认为：“发挥社会主义的优越性，归根到底要大幅度发展生产力，逐步改善提高人民的物质生活和精神生活。如果没有一个稳定的政治局面，这一切都是不可能的。”① 对于西部地区的治理而言，政治稳定是第一位的稳定，脱离了政治稳定，治理就无从谈起。在政治稳定方面，特别是政治系统稳定方面，西部地区的问题突出表现在以下三个方面：

第一，政治权力寻租导致腐败问题易发多发。通常情况下，政府被认

---

① 邓小平：《邓小平文选》（第二卷），人民出版社，1994，第251—252页。

为是公共利益的代言人，没有追逐经济利益的动机。经历了改革开放40多年以经济建设为中心的实践，我国不同层级的政府机构开始具有双重角色：一方面，它们是一些不同层级的公共管理机构；另一方面，它们又成了追求自身利益的“经济人”。[①] 西部地区由于其独特的地理区位和资源禀赋，在发展过程中也往往成为权力寻租活动的重点所在，在矿产资源、房地产资源开发等领域中，手中掌握公权力的领导干部尤其是高级领导干部往往成为“被围猎”的对象。特别是在边远的基层农区牧区，开发企业以利益为中心，搞粗放式开采，造成严重的生态环境问题，引起当地群众特别是少数民族群众的强烈不满。

第二，政治参与度不足，利益表达渠道不够畅通。随着西部地区地方治理的深入推进，各族群众当家作主意识逐步觉醒，政治参与热情不断提升，但政治参与程度较浅。其原因是多方面的：一是利益表达渠道不够畅通。西部地区一些少数民族群众在表达自己的利益诉求时，因对正式的表达渠道不知悉抑或不善于运用现代科技手段及时进行反馈和表达，在自身利益诉求得不到满足的情况下，会对现行利益表达渠道进行质疑。二是群体的自信不足。部分少数民族群众主人翁意识不强，认为本民族人数较少、发展水平不高，受教育程度与汉族群体存在较大差距，或是在以往参与过程中所提的意见建议未获积极的回应，造成政治参与意愿降低。三是自然条件的限制。西部地区，如内蒙古、新疆、西藏等地广人稀，少数民族群众居住相对分散，一部分还保持着逐水草而居的传统游牧习俗。虽然作为现代通信工具的手机被大量使用，但人们受传统生活方式的影响在政治参与上始终没有太大的兴趣，即使是参与也仅仅是在维护自身利益时（如发放各类补贴）的有限参与，参与的广泛性与深入性往往大打折扣。

第三，政府治理能力不足，权力公开程度低。“供给创造需求”的萨伊定律强调，通过供给的调整，增加有效供给，可消除获取收入的障碍，进而提高需求。对于新供给主义而言，“新供给是能够持续创造新需

① 刘莘：《诚信政府研究》，北京大学出版社，2007，第242页。

求、形成新市场的一种新技术、新产品或新的商业模式或管理模式”。① 如果把政府治理看作一种管理模式的话，那么在西部地区地方治理领域中，这类管理模式的供给依然存在不少问题。一是治理思维僵化。长期以来，中央政府对西部地区的要求基本就是保持地区政治社会稳定，那么相应地，地方政府所采取的往往是严格的管控思维，即之前社会管理所呈现出的“刚性稳定”。在新时代背景下，随着治理理念的不断深化，这种稳定必然要由“刚性稳定”向“韧性稳定”转变，但相应的西部地区地方政府的执政理念并未发生根本转变，依然沿袭之前的固有经验，很容易导致治理行为的失范，加剧社会的对抗情绪。二是治理供给效能不足。治理较管理而言，其社会内涵更加丰富，也更加注重以人民为中心。在制度、资源、政策的供给方面，更多地着眼于贯彻新发展理念，不断提升发展成果的全民共享性。但在西部地区，地方政府在相应的治理供给上，既存在先天不足，又存在后续乏力的现象。三是权力公开透明程度不足。近些年，随着西部地区基层政治民主建设进程的加快，政府权力公开逐步成为常态。但这种公开还属于低层次的公开，部分群众对相关政策并不了解，再加上权力寻租的可能，本应公开的问题实际并未公开或者是有选择地公开，引起群众对政府公权力行使过程的质疑。

（二）社会稳定方面存在的问题

西部地区地方治理在社会稳定方面存在的问题，主要有利益分配不均衡导致社会不公平问题、贫困问题深度制约社会稳定以及干群关系的负面效应。

第一，利益分配不均衡导致社会不公平问题。罗尔斯指出，差别原则体现了补偿原则的要求。“补偿原则认为，为了平等地对待所有人，提供真正的同等机会，社会必须更多地注意那些天赋较低和出生于较不利的社会地位的人们。这个观念就是要按平等的方向补偿由偶然因素造成的倾斜。遵循这一原则，较大的资源可能要花费在智力较差而非较高的人身

---

① 滕泰：《新供给主义经济学》，东方出版社，2017，第3—4页。

上，至少在某一阶段。”① 按照公平原则的精神，对于西部地区而言，在人力物力财力的投入上力度应当更大，事实上中央政府也确实对西部地区投入极大、期望较高。但在实然层面，一是人力物力财力在各领域的投入不均衡。投放到西部地区的各类资源其效应并没有得到最大化发挥，部分资源以各种形式集中到某些重点行业、重点领域。二是资金回报周期长，影响了西部地区民众的公平感。资金投入之后，部分属于投资大、效果慢的基础设施建设，西部地区民众认为这类资金的投入并未给他们带来生产生活的实质性改变。

第二，贫困问题深度制约社会稳定。没有少数民族的脱贫，就没有西部地区的整体脱贫，就没有全国的全面脱贫。对于西部地区而言，由于当地生产、生活条件较为恶劣，人口居住分散，经济发展水平滞后，相对贫困问题一直以来都是制约其发展的重大现实问题，需要接续奋斗，实施乡村振兴战略。

第三，干群关系的负面效应。和谐的民族关系和良好的干群关系是社会稳定的润滑剂，其关键在于双方之间的相互调适，但因相互调适不够而出现的负面因素往往会对社会稳定构成更大的威胁。比如，基层掌握部分公权力的乡镇一级政府，在低保、社保、扶贫资源分配中的优亲厚友、形式主义、官僚主义问题，往往会形成很大的社会负面效应，既损害了少数民族群众的利益，更加剧了当地群众对地方政府的不信任感，造成干群关系的紧张。当前，西部地区普遍推进的“三务公开”就是加强权力公开、接受群众监督的重要方式。

（三）机制稳定方面存在的问题

机制或制度的构建是稳定的重要体现形式，承载着重要的社会功能，也是全面深化改革重要的制度性成果。尤其是在西部地区，构建稳定的社会治理体系，首先要在机制制度上做好顶层设计和准备。

第一，认同机制有待健全。西部地区民众无论是在民族认同上，还是

① ［美］约翰·罗尔斯：《正义论》，何怀宏等译，中国社会科学出版社，1988，第 96 页。

在情感认同上，都对中华民族这一身份高度认同；但同时，西部地区在认同机制建设方面同样存在不少问题值得关注。比如，思想宣传教育力度的弱化。西部地区虽然在不断强化意识形态建设，但其作用发挥受风俗习惯以及其他因素影响较大，特别是在政治参与普遍不足的情况下，认同机制尽管在大背景下得到了巩固发展，但其背后往往会因宣传不足、教育力度较弱，甚至因广大少数民族群众利益保障的不到位而产生认同弱化的情形。

第二，利益分配机制不完善。西部地区八省区具有丰富的自然资源，广西 10 种有色金属产量居全国第一位，内蒙古煤炭储量居全国第一位，其他省区资源优势也十分明显。除此之外，西部地区还具有独特的文化资源和旅游资源，劳动力价格相对低廉，与邻国开展经贸合作具有先天的便利条件。但在这样的优势条件下，西部地区迫于基础设施、科技水平、资金投入等方面的压力，无论是发展层次还是发展水平都与东部沿海甚至中部地区存在较大差距。虽然近些年发展较快，但其利益分配机制建设仍不完善，导致群众的利益保障并不如预期那样，群众受益程度不高，生活水平实质提高不足成为现实问题。部分项目建设承建方多为外地企业，安置吸收本地就业人口不多，本地群众普惠性受益较低，特别是某些资源项目，绝大部分利润被企业带走，利税收入甚至低于污染治理成本。

第三，矛盾疏解机制缺乏。西部地区稳定的重要挑战主要源于“很大一部分人还没有机会享受早先经济增长带来的红利就陷入经济滑坡”的危机。[①] 究其内容来讲，社会矛盾比较集中地存在于征地拆迁补偿、矿产资源开发、草牧场征占、林地开发、生态环境污染等领域，这些领域涉及点多线长面广，处理方式上依然多采取管控措施，相应的疏解机制并不健全。

（四）环境稳定方面存在的问题

把环境作为西部地区稳定的重要组成部分，在于其本身是发展的基础

---

① ［美］傅高义：《邓小平时代》，冯克利译，生活·读书·新知三联书店，2013，第 659 页。

性因素。对于西部地区而言，内部、外部稳定环境的建构同样具有重大意义。

第一，生态环境的脆弱性。西部地区由于其特殊的地理区位，自然环境与其他省市不同，八省区所处区位自然条件较为恶劣，生态环境十分脆弱，一旦遭到破坏，恢复起来难度极大。例如，内蒙古13亿亩草原不同程度地存在着退化、沙化现象①；宁夏的水资源安全问题也十分突出，严重制约着当地经济的发展。

第二，内部环境的不稳定性。在利益格局调整过程中，西部地区存在为整体利益或地方发展政绩而忽视甚至损害部分群体利益的现象。在压力型体制下，面对群众的不满，假如地方政府不是试图以解决问题为核心，而是单纯强调维护稳定将会继续加重刚性社会稳定的压力，这将不仅导致政府公信力的丧失、民众对立情绪的加剧，更可能导致危及社会稳定的大问题，致使刚性的脆弱进一步增加断裂的风险。在内部环境的营造过程中，一些普通治安、刑事案件以及网络舆情事件等人民内部矛盾往往会被敌对势力利用，无限上纲上线、混淆视听、制造矛盾，抨击和抹黑地方政府，造成工作的被动。当然，在内部环境整体和谐稳定的情况下，也不排除个别利益未得到满足的人员，以持续上访的手段来引起重视。在此过程中地方政府疲于应对，甚至会采取截访等手段寻求稳定，这在一定程度上触发了内部环境的不稳定性。

第三，外部环境的复杂性。西部地区特别是新疆、西藏、内蒙古等省区一直是国外敌对势力关注的重点，他们通过各种非法途径对我国进行渗透、破坏活动，使我国西部地区地方治理问题面临的外部环境尤为复杂。位于我国西南边陲的云南，受“金三角”贩毒活动的恶劣影响，加剧了外部环境的复杂性。

（五）人才稳定方面存在的问题

稳定的人才队伍对于西部地区的发展至关重要，无论是党政人才，还

① 《布小林：内蒙古草原存在退化沙化现象》，正北方网，2010年3月27日，http://www.northnews.cn/p/130914.html。

是高层次科研人才，对推进西部地区紧跟时代前进步伐都具有重大意义。但现实情况却不尽如人意，西部地区人才稳定无论是政策、体制、机制，还是现实操作，都存在诸多问题，人才队伍结构不平衡、引育管用环节的制约因素等，都影响着西部地区社会的稳定发展。

第一，人才外流趋势严重。西部地区作为人才“洼地”，人才外流趋势十分明显，大量科技人才、高层次人才不断流失，“孔雀东南飞”造成西部地区发展的人才瓶颈。近些年来，西部地区虽然对人才引进十分重视，但出于平台有限、资金不足、后续保障不到位等诸多原因，造成了本地人才不愿留，外来人才留不下、待不长的困境。同时，还存在某些领域核心人才流失造成整个团队流失的现象，这对西部地区而言影响尤其突出。这些人才往往属于高层次人才队伍，其“以足投票”的机会更多、意愿更强，一旦西部地区所提供的平台无法满足其施展才华的需要，那么向资源富集区域或更高平台流动就会成为他们的必然选择。

第二，人才本土培养不足。西部地区由于经济发展水平滞后，地方财政供给能力相对有限，地区制订的人才计划重点多着眼于外来人才的引进，对于本土人才培育投入普遍不足。主要表现：一是在政策制定上，前期调研不够广泛，出台的政策兼顾性不强。对实用新型技术人才的培养虽然被纳入计划范畴，但在政策执行过程中没有落实到位，推进过程中走形变样，致使人才培养政策效果不太明显。在政策反馈过程中，西部地区群众本身话语权较少，在自身利益方面表达声音不强，特别是人才政策归属于提高性政策，并非急迫性强的刚需领域，因此易出现反馈不足的情况。二是职业教育培育有待强化。职业教育投入近些年虽大幅度增加，但与东部沿海地区相比差距明显，特别是在培养职业教育品牌方面，意识不强、理念落后、推进乏力。三是人才结构调整步伐远远落后于产业结构调整。西部地区更愿意承接东部沿海地区劳动密集型产业的转移，比如加工制造业等，但在高新技术产业发展方面更主要的是依赖其他省份转移过来的技工，在本地蓝领人才的培养上缺乏系统性长远规划。

第三，人才引育管用链条尚未形成。在人才的引育管用链条上，西部地区存在层层失守的现象。一是与东部沿海发达省份相比，在投入力度上明显处于劣势。在待遇提供、研发平台搭建、课题支撑等方面全方位落后，引才通道不畅通。同时，在人才引进之后，缺乏行之有效的量化考核指标，无法起到激励示范作用。二是在人才的本土培养上，方式方法有待更新。虽然每年都有机会派出相关人员到东部沿海地区甚至发达国家进修、培训，但受益人员数量有限，不能以点带面提升整体人才队伍水平。三是在人才的管理上有待加强。尤其是高校行政化色彩浓厚，导致部分高精尖人才虽在申报课题、申请经费上消耗大量时间，却无助于提升本地科研水平。同时，部分高层次人才囿于当地平台限制，在完成阶段性任务后，携团队奔走于东部沿海地区，以争取更优厚的待遇，造成科研领域“洼地”。四是人才的使用缺乏足够弹性。人才使用政策的灵活性不够，导致引进的人才作用发挥不充分，不能够最大限度地为当地发展贡献聪明才智。

二、发展方面存在的问题及其主要表现

新中国成立以来，内蒙古、宁夏、青海、广西、贵州、云南、西藏、新疆八省区在大规模的地方治理实践中，得到了长足的发展。尤其是党的十八大以来，在以习近平同志为核心的党中央坚强领导下，西部地区借助于“一带一路”倡议、西部大开发战略，持续探索西部地区地方治理的新模式，加快基础设施建设，不断适应经济发展新常态，深化供给侧结构性改革，经济社会发展的韧性不断增强，抵御风险能力不断提高，为实现第一个百年奋斗目标奠定了坚实基础。但在发展实践的探索过程中，由于西部地区发展条件的差异，发展基础的薄弱，发展理念的滞后，发展过程中不可避免地存在不少问题。这些问题既来自经济发展速度、质量、规模和效益，也来自环境保护的巨大压力，还面临科教文卫事业发展的巨大短板。这些问题相互交织，共同构成了制约西部地区发展的问题。

（一）经济发展方面存在的问题

第一，经济规模不够大，基础设施建设比较滞后。经济发展存在的主要问题是与东部沿海地区甚至中部地区相比，在经济体量上存在明显

差异。

西部地区八省区地区生产总值总量 2012 年为 58518.52 亿元，同期全国为 538580.00 亿元，占全国比重为 10.87%；2019 年为 100452.12 亿元，同期全国为 990865.10 亿元，占全国比重为 10.14%（见表 2-1）。八省区经济发展总体规模虽不断上升，经济体量不断增大，但占全国的比重却呈总体下降态势。

表 2-1　2012—2019 年西部地区八省区地区生产总值数据一览表

单位：亿元

项目	2012 年	2013 年	2014 年	2015 年	2016 年	2017 年	2018 年	2019 年
内蒙古	15880.58	16916.50	17770.19	17831.51	18128.10	16096.21	16140.76	17212.53
广西	13035.10	14449.90	15672.89	16803.12	18317.64	18523.26	19627.81	21237.14
贵州	6852.20	8086.86	9266.39	10502.56	11776.73	13540.83	14806.45	16769.34
云南	10309.47	11832.31	12814.59	13619.17	14788.42	16376.34	20880.63	23223.75
西藏	701.03	815.67	920.83	1026.39	1151.41	1310.90	1548.39	1697.82
青海	1893.54	2122.06	2303.32	2417.05	2572.49	2624.83	2865.23	2965.95
宁夏	2341.29	2577.57	2752.10	2911.77	3168.59	3443.56	3705.18	3748.48
新疆	7505.31	8443.84	9273.46	9324.80	9649.70	10881.96	12809.39	13597.11
总计	58518.52	65244.71	70773.77	74436.37	79553.08	82797.89	92383.84	100452.12
全国	538580.00	592963.20	643563.10	688858.20	746395.10	832035.90	919281.10	990865.10
占全国比重/%	10.87	11.00	11.00	10.81	10.66	9.95	10.05	10.14

资料来源：《中国统计年鉴》相关年份数据。

在基础设施建设方面，近些年西部地区根据交通建设规划，进行了大规模基础设施建设，相关的机场、高铁、高速公路项目扎实立项、稳步推进，为西部地区发展注入了全新活力。但总体来看，西部地区特殊的地理位置，特别是受脆弱的生态环境限制，极大地影响了基础设施的建设。比如，西藏由于高寒气候、冻土影响等，高铁项目的实施就遇到了前所未有的困难；新疆、内蒙古由于地域辽阔，不少地方人口稀少，许多在建机场项目面临开工即亏损的状况，需要国家及自治区政府进行大量补贴。

第二，经济结构有待优化。从产业结构上分析，八省区第二产业即工业增加值比重依然较高，而第二产业中的高附加值产业相对不足，传统制造业比重较大（见表 2-2）。如内蒙古 2018 年地区生产总值为 17289. 22 亿元，相应的第一产业增加值为 1753. 82 亿元，产业占比为 10. 14%；第二产业增加值为 6807. 30 亿元，产业占比为 39. 37%；第三产业增加值为 8728. 10 亿元，产业占比为 50. 48%。西藏 2018 年地区生产总值为 1477. 63 亿元，相应的第一产业增加值为 130. 25 亿元，占 8. 81%；第二产业增加值为 628. 37 亿元，占 42. 53%；第三产业增加值为 719. 01 亿元，占 48. 66%。

表 2-2　西部地区八省区 2018 年产业比重情况

地区	地区生产总值/亿元	第一产业增加值/亿元	第一产业占比/%	第二产业增加值/亿元	第二产业占比/%	第三产业增加值/亿元	第三产业占比/%
内蒙古	17289. 22	1753. 82	10. 14	6807. 30	39. 37	8728. 10	50. 48
广西	20352. 51	3019. 37	14. 84	8072. 94	39. 67	9260. 20	45. 50
贵州	14806. 45	2159. 54	14. 59	5755. 54	38. 87	6891. 37	46. 54
云南	17881. 12	2498. 86	13. 97	6957. 44	38. 91	8424. 82	47. 12
西藏	1477. 63	130. 25	8. 81	628. 37	42. 53	719. 01	48. 66
青海	2865. 23	268. 10	9. 36	1247. 06	43. 52	1350. 07	47. 12
宁夏	3705. 18	279. 85	7. 55	1650. 26	44. 54	1775. 07	47. 91
新疆	12199. 08	1692. 09	13. 87	4922. 97	40. 36	5584. 02	45. 77

资料来源：《中国统计年鉴》相关年份数据。

第三，发展不平衡，相对贫困问题依然突出。西部地区八省区发展不平衡的问题日益突出。一是与东部地区发展差距拉大。随着国家西部大开发战略、“一带一路”倡议等的支持，中央财政转移支付力度加大，但西部地区由于基础差、底子薄，无论是发展速度，还是发展质量，都无法与东部地区相提并论。二是区域内部发展不平衡。地区内部由于资源禀赋的差异、产业结构集聚程度的差异等，出现某些地区发展进入快车道，而其他地区发展增速回落的现象，比如内蒙古的东中西部发展不平衡问题、新疆的南疆和北疆发展不平衡的问题等。特别是经济发展进入新常态之后，西部地区保增长、防风险的压力进一步加大，也导致相应发展受到制约。三是相对贫困问题依然突出。2020 年 11 月 23 日，随着贵州宣布最后 9 个深度贫困县退出贫困县序列，全国 832 个贫困县实现全部脱贫摘帽。这意味着我国部分地区的绝对贫困问题暂时得到解决，但西部地区相对贫困问题依然严峻。如何巩固脱贫攻坚成果，深入推进产业扶贫与乡村振兴相衔接，实现扶贫工作长足发展，依然是西部地区地方治理面临的重要问题。

（二）环境保护压力增大

西部地区在经济发展过程中，不可避免地存在环境污染问题，这些问题既与绿色发展理念相违背，也对环境系统造成了不可逆转的负面影响。习近平总书记在参加十三届全国人大二次会议内蒙古代表团审议时强调："在我国经济由高速增长阶段转向高质量发展阶段过程中，污染防治和环境治理是需要跨越的一道重要关口，必须咬紧牙关，爬过这个坡，迈过这道坎。要保持加强生态环境建设的定力，不动摇、不松劲、不开口子。"① 对照习近平总书记这一重要论述，西部地区在推进环境保护方面仍然有很多欠账要补。一是污染防治攻坚战面临压力。近年来，发展过程中粗放的经济发展方式导致污染防治面临的压力日益增大。例如，内蒙古"一湖两海"的治理，新疆的石漠化、沙漠化，宁夏的水土流失，云南的重金属污染，昆明滇池治理等问题，对生态环境构成了较大压力，也使打赢污染防治攻坚战面临较大压力。同时，干部群众环境保护意识普遍需要加强，主要表现为对环境污染的感知较为缺乏。地方政府在推进污染防治攻坚战过程中，在处理经济发展与环境保护的关系时不够有力到位，特别是某些地方还存在"边污染边治理"的发展逻辑，在出现环境问题时只进行简单处理，应对中央环保督察流于形式。二是环境污染问题时有发生。近些年，西部地区环境问题日趋复杂化和多样化，比如草场沙化，生物多样性减少，甚至产生雾霾等极端天气。同时，受地区经济发展等压力的影

① 《习近平：保持加强生态文明建设的战略定力》，中国新闻网，2019 年 3 月 5 日，http://www.chinanews.com/gn/2019/03-05/8772354.shtml。

响，水污染、水资源浪费等问题亦十分突出。特别是污染企业为降低污染治理成本，偷排污水废气，对环境治理造成了巨大压力。三是存在系统性环境问题风险。西部地区生态环境大多比较脆弱，发生系统性环境问题的风险较大。比如，草原、湿地、沙漠、冰川等，一旦发生系统性环境风险，就会变得不可逆转，这对整个环境系统来说都是致命性的。而对于西部地区而言，经济发展的压力增大，相对贫困人口数量较多，往往存在先解决经济发展问题，环保问题先放一放、缓一缓的想法，理念的滞后造成了发展的“竭泽而渔”。

（三）教育事业发展滞后

百年大计，教育为本。纵观西部地区的发展历程，是培养人力、实现人力资源效应最大化的过程。中央政府高度重视西部教育事业发展，在教育政策、资源方面加大投入，地方政府在教育投入上不断强化人力资源开发，推动教育事业实现良性循环发展，为地方经济社会发展储备了大量人才。但是，西部地区教育事业由于起步晚、基础差，发展仍然较为滞后。

第一，教育经费投入不足，与中东部地区差距持续拉大。相对于中东部地区而言，西部地区在经济发展速度、规模及财政收入等方面的滞后，相应地影响了西部地区教育事业的发展。在资金投入过程中，资金利用效率不高，且相对集中地使用在条件较好的高等院校，导致其他高等学校、高职高专院校投入不足。在研究领域课题申报时，西部地区高校缺乏话语权，除有限的民族特色课题项目能够申报成功外，其他领域申报成功的案例并不多见。

由表2-3可知，2012年西部地区八省区，内蒙古、广西、贵州、云南、西藏、青海、宁夏、新疆教育经费投入分别为439.97亿元、589.24亿元、500.51亿元、674.82亿元、94.48亿元、171.81亿元、106.45亿元和473.86亿元。经过多年发展，教育经费投入力度不断加大。2018年西部地区八省区，内蒙古、广西、贵州、云南、西藏、青海、宁夏、新疆教育经费投入分别为576.33亿元、933.22亿元、985.95亿元、1077.43亿元、232.15亿元、199.10亿元、170.47亿元和812.88亿元。较2012年教育投入金额分别约增长了31%、58%、97%、60%、146%、16%、60%、72%。但是，与中部的湖北、河南，东部的北京、上海相比，教育经费无论从绝对投入，还是相对投入来看，其差距都在逐渐扩大。

表 2-3　教育经费投入情况一览表　　单位：亿元

地区	2012 年	2015 年	2016 年	2017 年	2018 年
内蒙古	439.97	536.53	554.97	561.85	576.33
广西	589.24	789.69	854.55	920.20	933.22
贵州	500.51	772.91	843.54	901.96	985.95
云南	674.82	767.46	871.14	998.33	1077.43
西藏	94.48	167.27	169.64	227.20	232.15
青海	171.81	163.19	171.36	187.51	199.10
宁夏	106.45	142.51	152.57	170.65	170.47
新疆	473.86	647.93	664.52	722.59	812.88
河南	1106.51	1271.00	1343.76	1493.11	1664.67
湖北	732.37	913.05	1047.37	1101.35	1065.64
北京	628.65	855.67	887.37	964.62	1025.51
上海	648.95	767.32	840.97	874.10	917.99

资料来源：《中国统计年鉴》相关年份数据。

第二，教育资源过度集中。西部地区在教育事业发展过程中，教育资源过度向省会（首府）城市集中，造成了事实上非省会（首府）城市教育资源的相对剥夺。一是无论是高等院校、高职高专院校，抑或是中学、小学，优秀教育资源大多向省会（首府）城市集聚，导致教育两极分化有加重趋势。二是教师队伍的流动性增强。学校资源的分配不均与差距的拉大，使得部分教师在薪酬、发展平台以及子女受教育等方面产生了更高层次的需求，进而采用“以足投票”的方式从四、五线城市流动到省会（首府）城市。三是相关政策项目的倾斜。在教育资源集聚过程中，由于部分高校掌握着大量优质师资，在申报专业项目时处于竞争的有利位置，在申请政府某些资金项目时更容易受到关注，申报成功概率更高。

第三，产学研机制不健全，对地方发展的支持作用不足。在教育事业发展过程中，虽然政府给予的支持较多，扶持力度较大，但在高水平大学建设过程中，尤其是优质师资力量的整合发展过程中，高校的研究与地方发展存在“两张皮”的现象。一是产学研机制衔接不畅通。一方面，西部地区高等院校数量较少，绝大部分高校在专业领域处于全国靠后位置，许多高校的品牌专业与实用技术存在衔接不畅的问题，虽然投入巨大，但无助于经济发展，或者对经济发展的助推作用小于所投入的资金。另一方面，人文社科领域个别专业的发展与研究成果处于领先位置，对于丰富哲学社会科学学科较为有益，但却无助于推动实用新型技术转化。二是科研成果与市场需求匹配度低，校企合作不足。许多高校的研究成果无法适应市场需求，市场价值不足，不能引起企业有效关注。高校与企业的合作不足，双方合作意愿不强。

（四）科技事业发展程度低，未形成规模效应

在科技发展方面，西部地区虽取得一定成就，但与东部沿海地区相比差距越来越大。一是存在明显的科技环境劣势问题。虽然西部地区八省区在科技发展领域都出台了相应的规划、意见、制度，但由于科技发展的集聚效应，特别是在大数据应用、云计算等领域，西部地区在抢占科技发展制高点上始终处于落后位置，无法形成规模效应。在近年的发展过程中，技术市场的成交额在全国的比重始终偏低，2019 年西部地区八省区的技术市场交易总额为 442.7 亿元，仅占全国的 1.98%，与北京 5695.28 亿元的庞大交易体量相比，处于绝对的市场劣势（见表 2-4）。许多科技企业不愿在西部地区落户，而是转向发展基础较好的北上广深等一线城市，究其原因是认为一线城市处于科技创新的前沿，投资西部地区落后于时代发展。二是科技投入、应用处于低位。综观西部地区的科技发展，科技专利数量一直处于低位，政府和企业的科技研发投入始终不足。特别是在经济下行压力增大的情况下，西部地区对中央财政转移支付的依赖较大，本身也没有更多资金投入科技领域，加大科技投入往往是“雷声大、雨点小”。三是科技专利无法有效转化为现实生产力。如前文所述，产学研机制衔接不畅通，研究成果转化为现实生产力的通道不畅，且科研成果、专利与市场“两张皮”，无法形成有效的市场价值。

表 2-4　西部地区八省区技术市场成交额情况　　单位：亿元

项目	2016 年	2017 年	2018 年	2019 年
内蒙古	12.05	19.61	19.84	22.48
广西	33.99	39.42	61.41	77.56
贵州	20.44	80.74	171.10	227.18
云南	58.26	84.76	89.49	82.70
西藏		0.04	0.04	0.96
青海	56.92	67.72	79.36	9.10
宁夏	4.05	6.67	12.11	14.90
新疆	4.28	5.76	3.92	7.82
总计	189.99	304.72	437.27	442.70
全国	11406.98	13424.22	17697.42	22398.00
占比/%	1.67	2.27	2.47	1.98
北京	3940.98	4486.89	4957.82	5695.28
广东	758.17	937.08	1365.42	2223.08

资料来源：《中国统计年鉴》相关年份数据。

（五）医疗卫生事业发展有待优化提高

西部地区医疗卫生事业发展过程中存在的主要问题有：一是医疗卫生事业的投入不足，囿于地方财力限制，医疗卫生事业投入普遍不足，严重制约着西部地区医疗卫生事业的发展。二是专业的医疗卫生人才数量不足。以广西为例，2017 年卫生员仅有 40.48 万人，卫生技术人员为 30.53 万人，执业医师有 10.11 万人，药师有 1.74 万人，乡村医生和卫生员有 3.41 万人，注册护士有 13.17 万人①，这些数字同广西 4885 万人口总需求量相比只不过是杯水车薪。西部地区八省区现有专业卫生人员数量无法满足当地人民群众对高质量医疗服务的需求。三是医疗卫生事业发展受限于当地条件，西部地区八省区地处边疆，域内地形地质条件复杂多样，人口分布极不平衡，少数人口生活在草原腹地、山区地形等复杂地带，就医条件十分恶劣，相应地对医疗卫生事业的发展就起到了迟滞作用。

① 国家统计局：《中国统计年鉴 2018》，中国统计出版社，2018。

（六）文化旅游保护与传承不足

近些年，在西部地区发展过程中，特色旅游以当地文化为依托，逐步探索出一条具有民族特色、地区特色的发展道路。但总体来看，西部地区文化产业的发展相对滞后，文化产业投入不足，没有形成完善的体系，文化产业的制度化、产业化、规范化建设仍面临诸多现实问题。一是地方特色的文化旅游产业发展过程中存在许多不规范的地方，再加上网络舆论的推波助澜，往往使当地的旅游产业发展受到重创。这些年网上出现的某地的“低价团”、导游不当言行等现象，对当地旅游业发展造成了负面影响。二是旅游产业虽然是“无烟产业”，但由于旅游目的地承载力有限，超负荷的游客接待量也会对地方环境产生负面影响。西部地区在发展文化旅游产业过程中，过度强调提高地方旅游业收入，超出旅游景点承载力吸纳游客，再加上旅游服务保障不到位，基础设施建设不能满足服务需求等，导致旅游产业发展现状远不如预期。三是在文化旅游开发过程中，部分景点虽十分注重形式、建筑的布置，但对地方文化的传承与保护投入不到位，特别是对西部地区的优秀民族文化、传统文化的保护缺乏，在宣传上关注不足、报道不多，也未形成良好氛围。

三、安全方面存在的问题及其主要表现

随着经济全球化的进一步深入发展，我国国家安全的传统边界已经被打破，国家安全既涵盖传统的国家安全，也包括非传统安全。党的十八大以来，以习近平同志为核心的党中央成立了国家安全委员会，树立国家大安全观念，强化对西部地区安全问题的领导，持续推进西部地区经济社会和谐稳定发展。同时，中央领导层面开始逐步把非传统安全的概念引入相关领域，不断提升全民安全观。非传统安全包括除政治、军事外的各个领域，如经济、科技、生态、外交、资源、信息、金融、文化等各个方面。西部地区目前正处于社会转型的关键时期，在这一时期内，各种社会矛盾相互交织，各种发展利益相互纠结，这又加剧了地方的非传统安全问题。因此，如何有效应对非传统安全问题已经成为西部地区重大的现实课题。

（一）政治安全方面存在的问题

在政治安全领域，由于中国共产党的坚强领导和我国单一制的国家属性，我国的政治安全总体处于稳定状态。但总体稳定并不代表局部地区没有风险和隐患。尤其是西部地区地处边疆，往往成为国内外敌对势力竞相争夺的重点地区。

1. 群体性事件的影响

在群体性事件中，西部地区的维权群体往往认为自身利益受损（尽管这中间有事实受损和自认为受损两个层面，但将其统一称为利益受损），期望得到利益补偿，这类问题实质是利益分配问题，“基于利益的冲突是理性的冲突，是可以用谈判、妥协、讨价还价的方式解决的”[①]。自“瓮安事件”发生以来，地方政府在群体性事件的处理上更加公开透明，这一方面反映出政府治理逻辑的进步，另一方面体现出社会舆论对此类事件的高度关注。

2. 有组织犯罪活动的影响

西部地区有组织犯罪活动最具代表性的就是云南的毒品走私活动。2016 年，云南三级法院共新收毒品犯罪案件 6613 起，审结 6574 起，其中被判处 5 年以上有期徒刑的重刑率为 59.11%，重刑率同比增长 6.18%。[②]毒品走私、制毒贩毒吸毒等犯罪行为不仅扰乱社会治安，危害社会安全，更重要的是给西部地区群众身心健康、社会和谐稳定以及生态环境保护带来了极大的危害。另一具有代表性的有组织的犯罪活动就是贩卖人口。此外，近些年传销等非法活动屡打不绝，尤其是广西等地，传销对家庭的危害极其严重，并进一步严重影响了社会的和谐稳定。

3. 其他违法犯罪活动的影响

近年来，西部一些地区黑恶势力犯罪、严重暴力犯罪、电信诈骗犯罪、传统盗抢骗犯罪以及倒卖文物等违法犯罪活动猖獗，严重危害着社会

---

① 孙立平：《重建社会——转型社会的秩序再造》，社会科学文献出版社，2009，第 13 页。
② 《云南高院通报打击毒品犯罪情况》，《人民法院报》2017 年 6 月 22 日。

稳定和区域安全，危害着地区的正常经济活动秩序，危害着地区民众的生命和财产安全。以内蒙古地区为例，仅2020年全区公安机关共破获各类刑事案件36239起，其中，八类严重暴力犯罪案件（放火、爆炸、劫持、杀人、伤害、强奸、绑架、抢劫）2233起、侵财案件18477起，抓获犯罪嫌疑人30760名。[①] 2018—2020年共打掉犯罪集团150个、恶势力团伙220个、其他涉恶团伙779个，共抓获犯罪嫌疑人11336名，破案9341起，查扣冻结涉黑涉恶资产287.75亿元。[②]此外，在互联网已经成为舆论斗争主战场的背景下，西部地区传统意识形态从现实向网络全面延伸，生成了“网络意识形态”这一崭新领域。网络意识形态博弈激烈、持久、复杂，深刻影响西部地区意识形态安全。

（二）生态环境安全方面存在的问题

生态安全指在一定时间或空间范围内，人类和各类生态系统能够维持各自结构完整、功能正常和可持续性发展。生态安全是非传统安全的重要组成部分，首要性、全球性、紧迫性和代际性是其主要特点，西部地区的生态安全问题表现形式亦是多种多样。一是草原生态问题。以内蒙古为例，习近平总书记也多次强调：“要努力把内蒙古建设成为我国北方重要的生态安全屏障，加强生态环境保护建设，在祖国北疆构筑起万里绿色长城。”[③] 内蒙古东西直线距离为2400多千米，南北宽200~500千米，草原面积13亿亩，是我国生态安全体系的北方屏障。内蒙古草原近些年沙化、退化问题较为严重，再加上草原鼠害、草原毒草、干旱、草原虫害等，导致内蒙古草原生态保护的压力与日俱增。二是沙漠生态问题。在宁夏和新疆，荒漠化、石漠化问题都是生态环境安全问题中重要的表现形式。三是水资源安全问题。宁夏、内蒙古地处亚欧大陆内部，气候是典型的温带季风气候；新疆远离海洋，深居内陆，四周有高山阻隔，气候是明显的温带

---

①② 《严厉打击各类刑事犯罪活动 切实增强人民群众安全感》，《内蒙古商报》2021年1月8日。

③ 《习近平：保持加强生态文明建设的战略定力》，中国新闻网，2019年3月5日，http://www.chinanews.com/gn/2019/03-05/8772354.shtml。

大陆性气候。这些地区昼夜温差较大，降水量不足。近些年，随着经济的快速发展，工业用水量呈现快速增长的趋势，再加上人为因素的浪费和不合理开采及使用，致使大部分地区出现水资源短缺的状况，极大地影响了人们的生产生活以及西部地区进一步发展。四是空气污染问题。空气污染在新疆、宁夏、内蒙古三地主要表现为沙尘暴等极端天气，在广西、云南、贵州更多地表现为矿产资源开发造成的“三废”排放。五是物种多样性安全问题。西部地区生态环境较为脆弱，对外来生物入侵的抵御性普遍不强。以云南为例，云南素有“动物王国”“植物王国”的美誉，其物种多样性接近全国的一半，在引入水葫芦之后，云南滇池被水葫芦全面霸占，湖中 68 种原生鱼种已有 38 种面临灭绝。近年来，西藏藏羚羊的生存也受到偷猎分子滥捕乱杀的严重威胁。同时，西部地区一些重大或较大生态安全事件时有发生，进一步加剧了生态环境安全的压力。

（三）资源安全方面存在的问题

西部地区作为我国的资源富集地，在国家能源安全战略中占有重要地位。西部地区八省区石油储量达 96385.5 万吨，占全国的 27.53%；天然气储量为 20202.35 亿立方米，占全国的 37.16%；煤炭储量为 760.5 亿吨，占全国的 30.51%。① 这些地区资源储量虽处在全国前列，但在资源安全领域下列问题仍相当突出：一是资源无序开发问题。虽然中央政府在资源开发领域进行了严格限制，省（自治区）政府也进行了相关的部署安排，但在开发过程中，地方政府囿于财政收入限制或者为了谋取地方发展利益，在制定相关规划方案时不够科学，存在先开发后规划、后治理的问题，造成了资源的无序开采。资源的无序开采，既造成了相应的环境问题，也形成了相互的恶性竞争，造成资源或者能源价格的下跌。特别是一些中小企业，无序开采，私挖乱采，偷卖盗卖，既影响了能源的国际交易价格，也影响了国家长远的能源安全战略布局。内蒙古的稀土等资源开发就存在类似情况。二是资源的开发利用率不高。西部地区大多地处边远地

① 根据《中国统计年鉴 2017》相关数据计算得出。

区，在资源开发利用过程中，科技、资金投入不足，资源利用效率不高，环境污染程度较高。西部地区引入的企业大多是传统制造业，存在废水、废气、废渣排放超标等问题。由于西部地区交通不便，新疆、宁夏、青海、内蒙古的煤炭等资源出省（区）运费较高，无法形成资源竞争优势。三是在资源开发过程中本地群众受益度不高。能源型企业多为国有企业，从业人员的准入资格、门槛均较高，无法在吸纳就业方面为本地群众提供更多助力。能源企业虽然将利税上缴国家，国家又将此转移支付给地方政府，但普通民众的感知并不明显，由此引发对能源企业的质疑。此外，一些中小企业并无开采开发资质，强行开发、乱开滥采，甚至引发矿难，在群众中造成了极大的心理恐慌。特别是当能源开发给当地大气环境、水资源、草场林地等带来环境污染时，西部地区群众则认为能源的开发并没有给他们带来切实利益。

（四）社会安全方面存在的问题

在社会安全领域，随着中央政府治理手段和治理方式的不断深入、基本公共服务体系的日趋完善，现代社会组织体制建设、社会治理机制探索等都为增强社会韧性稳定提供了重要助推力量，有力地促进了社会公平公正、安定有序。但在社会领域存在着的贫富差距扩大、社会事业发展相对滞后等问题以及由此诱发的社会治安事件等，给当地经济发展带来了安全问题挑战。一是贫富差距的拉大。近些年，西部地区经济迅速发展，特别是西部大开发战略契机带来的资源开发，为地方经济发展创造了大量就业机会，极大地提升了地方经济实力、财政税收额度。但在发展过程中，由于自然环境、发展基础等限制，部分少数民族群众受益度未达到预期，导致贫富差距进一步拉大，成为地方治理的短板。二是社会事业发展滞后。虽然随着全国脱贫攻坚战的全力推进，社会事业发展迎来重要契机，但从当前其发展状况来看仍较为落后。无论是社会保障水平、社会基本公共服务供给，还是非政府组织的发育程度都处于初始阶段。这种发展滞后既源于地理环境限制、发展基础比较薄弱、财力不足，更受限于政府履责不到位，正如美国行政学者詹姆斯·W. 费勒斯、唐纳德·F. 凯特尔所认为的那样："官僚责任这一主题非常重要，在一个合乎宪法的民主制度里，没有比这更基本的问题了。"① 三是社会治安事件。西部地区社会治安一直保持着较为和谐稳定的局面，但近些年随着国内外敌对势力的煽风点火，一些普通社会治安事件被无限放大。同时，一些地方出现的违法犯罪活动，社会影响恶劣，比如广西的传销组织活动等，涉及人员较多、涉案金额巨大，虽经多次打击，但仍未实现根除。

（五）网络信息安全方面存在的问题

近年来，随着微博、微信等自媒体的兴起，中国社会亦进入"微时代"，某些简单问题乃至谣言一经网络发酵、传播便引来大量的网络围观者，以施加超出事件本身的压力期许政府尽快做出符合大众心理认同的回应。由扩散引发的次生丑闻②又极易成为新的社会问题发端。就事实而言，网络民意本身的虚拟色彩和责任规避会使更多不明真相的人群加入其中，造成网络监管的真空化。这对社会治理形成了重要的挑战，无序的网络民意表达虽有助于吸引公众和政府相关部门的注意力，但程序正义与结果正义同等重要，不能以干预司法和对抗政府为代价来博取所谓的官方"说法"或"正义结果"。对于西部地区而言，网络安全面临的问题更加严峻复杂。一是社会舆情事件增多。在人人都是"自媒体"的时代，西部地区的经济社会发展逐步进入大众视野，无论是经济发展现状、社会稳定程度，还是各类负面舆情被各类自媒体加以炒作、制造噱头，更容易为社会所关注。社会舆论对西部地区的发展确实起到了重要的监督作用，但别有用心的人不断挑拨离间也会使地方政府面临巨大的舆论压力。二是西方舆论的压制和一些媒体不负责任的宣传。近些年，个别西方国家借助其舆论主导权对我国西部地区的发展发表大量不负责任的言论。同时，西部地区地方政府的应急行动与有效反馈较为滞后，长此以往很容易产生负面效

---

① ［美］詹姆斯·W. 费勒斯、唐纳德·F. 凯特尔：《行政过程的政治：公共行政学新论》，陈振明、朱芳芳译，中国人民大学出版社，2002，第429页。

② 次生丑闻，指一个地方曝光出某一大丑闻后，这个地方常会连续性地曝出多起丑闻。参见曹林：《次生丑闻暴露舆论监督的局限》，《中国青年报》2013年7月22日。

应，导致话语权和主动权的失守或易位。三是信息泄密风险增大。西部地区既是我国重要的能源安全战略后方，又是许多科研院所基地所在，也是我国国土战略纵深的重要依托。这就极易使西部地区成为国际间谍情报组织关注的重点地区，近些年来他们运用各种手段进行信息窃密，特别是借助于网络手段培养“网络间谍”，损害我国国家利益。

第三节　稳定、发展、安全问题的长期性、复杂性和艰巨性

稳定、发展、安全问题作为西部地区发展的重要方面，其长期性、复杂性和艰巨性尤为突出。长期性是一个时间概念，西部地区八省区稳定、发展、安全问题，是现阶段存在并且长期存在的问题，解决这一问题注定是一个长期而又漫长的过程；复杂性主要是指影响因素严峻多变，西部地区独特的区位条件、发展基础、文化传统以及面临的严峻形势决定了问题的复杂性；艰巨性是指解决上述问题的难度较大，无论是稳定、发展还是安全问题，都需要以治理思维建构官民互信、和谐共治的理念体系，而当前面临的挑战日益增多，复杂的国际国内环境又决定了解决此问题的艰巨性。

一、稳定、发展与安全问题的长期性

稳定、发展与安全问题的长期性，主要指西部地区上述问题的存在是一个长期过程，解决起来同样是一个长期复杂过程。

（一）稳定问题的长期性

一是政治稳定方面。如前文所述，由于政治权力寻租活动的存在，腐败问题在西部地区存在易发多发态势，西部地区的党风廉政建设和反腐败斗争形势依然严峻复杂。近些年，虽然西部地区按照党中央全面从严治党决策部署，大力推进党风廉政建设和反腐败工作，但冰冻三尺，非一日之

寒，权力寻租等腐败问题的治理需要多方联动，长期巩固。同时，由于治理思维的形成发展尚需时日，西部地区地方政府在进行社会治理活动时所呈现的非专业化、非职业化屡遭诟病，这些都需在长期的社会治理实践中加以改进完善。二是社会稳定领域。近些年，西部地区的社会稳定状态一直较为良好，但潜在的影响稳定的因素依然存在，尤其是贫富差距存在扩大趋势，如果得不到有效治理，极易对社会稳定造成负面影响。但贫富差距问题的解决不仅对西部地区，对整个国家来说都要花费较长时间。比如，相对贫困问题的消除。我国虽然已打赢了脱贫攻坚战，在中华大地上全面建成了小康社会，但考虑到西部地区特殊的地方治理格局，即使是八省区的贫困人口全部脱贫，之后的巩固发展依然任重道远，因病致贫、因病返贫等现象发生的概率要远高于东中部地区，仍然是制约西部地区发展的不稳定因素。三是机制稳定方面。无论是认同机制、利益分配机制，还是矛盾疏导机制的建构从来都不是一蹴而就的，需要长期的实践探索。利益分配机制不是一劳永逸式的物质再分配，而是建立在良性循环的长期发展基础之上的。四是环境稳定方面。西部地区脆弱的自然环境决定了其环境污染治理的长期性，也决定了环境污染问题解决的复杂性以及生态环境保护的紧迫性，这既有赖科技水平的进步，也依赖公民环保意识的转变，与政府环境治理能力息息相关，这些都说明环境问题的治理注定是一个长期过程。五是人才稳定方面。西部地区人才“孔雀东南飞”的现象没有得到根本改变，鉴于西部地区人才工作的基础不稳定，人才培养周期较漫长，完善相关的配套措施，建立健全人才工作机制，特别是扭转“人才外流”现象都需要较长时间。以高等教育为例，西部地区建设“双一流”大学所面临的现实困境依然突出，培养高素质专业化的一流高校教师队伍需要更长的时间、更大的投入和更优越的政策条件，唯有如此才具备弯道超车的可能。

（二）发展问题的长期性

贯彻新发展理念，深化供给侧结构性改革，推进西部地区经济发展提质上档，实现发展速度与质量的平衡推进，特别是推进科教文卫事业等协调发展，加大环境保护力度，实现经济效益与环境效益的双向提升，都需要西部地区在发展中长期坚持，一以贯之。一是经济发展的长期性。西部地区经济规模、质量、产业结构的发展现状与国家战略定位、改革开放力度、基础设施建设等因素息息相关，经济发展滞后的局面不会在短时间内得到根本改变。虽然在国家战略层面上实施了西部大开发战略，但同期国家战略板块上东北全面振兴、中部地区崛起、东部沿海地区率先发展等都是推进经济高质量发展的重要战略，西部地区发展基础差、底子薄的现状决定了其经济发展的长期性。同时，八省区内部存在的问题需要在转变经济发展方式、贯彻新发展理念中持续加以解决。二是环保治理的长期性。西部地区面临的环境保护问题复杂多样，宁夏的水土流失治理，内蒙古北疆生态安全屏障的构建，新疆沙漠化、石漠化的治理，云南生物多样性的保护，广西资源开发污染问题的解决等，这些既依赖政府转变治理思维和治理观念，也需要公众广泛、积极地参与，进而构建政府主导、全民参与的环保治理大格局。而上述问题的存在不仅仅是当前的矛盾，也是长期积累下来的历史遗留问题，解决起来既要坚持系统思维，更要准确把握其形成的历史原因，科学编制远景治理规划，做到既立足实际又管长远发展，既满足当代人需要又不损害子孙后代发展利益，这也决定了环保治理的长期性。三是科教文卫事业发展的长期性。对于西部地区而言，科教文卫事业一直是发展中的短板，这就类似于“木桶效应”中的最短板。在发展过程中，八省区一方面面临着补短板的任务，另一方面又面临着追赶先进的压力。特别是随着新科技革命的全面到来，科教文卫事业发展亟须以科技补齐短板、弥补差距，这不仅需要发展思维的转变，更需要发展硬实力的支撑。此外，文化的传承与保护同样具有长期性。随着时间的推移，许多少数民族传统文化面临流失问题。这些文化传统的恢复既需要长时间培养专业人才，更需要较长时间地找寻、恢复，只有这样才能在这一长期过程中建立和培育“文化自信”。

（三）安全问题的长期性

西部地区的安全问题类型多种多样，既包括传统安全，又包括非传统安全。八省区独特的地理区位使得非传统安全问题与传统安全问题相互交织。安全问题更为复杂敏感，需要花费更大的代价、更多的精力、更长的时间，并且处理起来稍有不慎，所造成的负面影响也更严重。一是政治安全问题。在发展转型期，随着西部地区广大群众维权意识的觉醒，如果其合法权利得不到有效保证，群体性事件发生概率有逐渐增加的趋势。同时，有组织的犯罪活动屡禁不绝。诸如此类问题的解决不能追求一劳永逸的效果，只能在长期的防治结合、惩治结合过程中实现有效管控。二是能源安全问题。安全观念的构建需要较长时间，西部地区能源安全问题尤其如此。引导资源型企业树立资源开发的大安全观念，合理开采、优化配置、提高效率，实现资源利用与环境保护的互利共赢是当前工作的重点所在。同时，地方政府在推进资源开发过程中，必须把"共享"发展理念贯穿始终，不断提升地方群众特别是少数民族群众在资源开发上的获得感。三是社会安全问题。贫富差距过大是影响社会公平正义、安定和谐的重要因素，善治政府必然要在社会安全问题上有担当、想办法，在着力缩小社会贫富差距上下功夫。基于西部地区的发展实际，在社会安全问题上，应将推进基本公共服务均等化作为解决社会问题的重要手段，以期改善公民获取公共服务的现状。西部地区地方政府应不断尝试提供更为优质的公共服务，但不应试图超越自身能力和水平来实现这一目标，正如俞可平所言："政府试图超越自己的能力去实现公民的幸福，或者试图替代公民去实现公民的幸福，则是相当危险的。"① 四是网络信息安全问题。鉴于西部地区网络信息安全形势，当前亟须培养更加专业的网安队伍。但队伍建设本身又非朝夕之功，需要通过长期的实战训练才能培养出更多更好的人才。

---

① 俞可平：《幸福与尊严：一种关于未来的设计》，中央编译出版社，2012，第5页。

二、稳定、发展与安全问题的复杂性

稳定、发展与安全问题的复杂性，主要是指其影响因素广泛而多变。既有来自区位条件、发展基础、文化传统等客观因素的影响，也有来自当地群众受教育程度、文化理念、社会认知等主观因素的影响，再加上国内外环境的推波助澜，造成了稳定、发展与安全问题更加复杂多变。

（一）稳定问题的复杂性

稳定问题之所以复杂是因为影响稳定的各类因素互相交织、综合交错。一是权力寻租的异化。西部地区因权力寻租所导致的腐败问题一方面加剧了社会不公平问题发生的风险，另一方面造成了当地群众对政府的信任程度降低。这既对当地的政治生态产生了极其恶劣的负面影响，又加剧了社会的“仇官”情结，成为影响社会稳定的重大不确定因素。二是群众政治参与不足。由于西部地区群众受教育程度不高，参与社会治理、自我管理的意识普遍不强，或者在参与受挫之后，越发感觉到自己未受到应有的重视，在思想上倾向于放弃。再加上基层治理中存在的“苍蝇”腐败问题，“三务”公开不够透明，部分群众利益受损，有时会采取极端手段解决相关问题，加剧了社会稳定的复杂性。三是利益协调机制建构的复杂性。西部地区的稳定很大程度上取决于地方群众利益的维护程度。当前，西部地区群众维权意识普遍觉醒，各方面利益诉求日趋复杂，维护群众利益也不再是简单的钱物的发放，更多地还包括生态利益、环境保护、基础设施建设、基本公共服务提供等各个方面的利益协调。在此过程中，不可避免地会出现地方政府资源配置的不均衡，少数民族群众会将自身获益较少的情况与政府不作为联系起来，而地方政府在利益协调机制建构时往往瞻前顾后、顾此失彼，导致工作处于被动状态。四是内外环境的变化加剧了稳定的复杂性。西部地区生态环境的脆弱性决定了生态环境稳定的复杂程度，一旦发生系统性环境风险，生态环境恢复起来难度巨大，会对当地群众的生产生活产生极其严重的负面影响。尤其是资源丰富的西部地区，在资源开采过程中产生环境问题几乎不可避免，最终环境问题还要由地方政府和当地群众买单，不仅会引发社会矛盾，更会加剧社会不稳定。

（二）发展问题的复杂性

西部地区在自然条件恶劣、发展基础薄弱、产业结构调整阵痛、个别地方政府领导片面追求政绩观念的相互交织下，发展问题复杂性凸显。一是自然条件限制。“要致富，先修路”，完善的区域交通网是发展的重要条件。西部地区大多地处大山腹地，修路架桥进行大规模基础设施建设的难度较大。例如，西藏由于自然条件的限制，是目前全国唯一不通高铁的省区，这对地方发展的制约是十分明显的，一些优质的农副产品因交通不便不能及时运出，无法将有效的产品资源转换为直接经济效益。二是受政绩利益驱使。当前，由于发展意识、产业基础、政绩利益的驱使，西部地区在落实新发展理念过程中还存在不少问题，加剧了发展问题的复杂性。比如，中央政府要求地方政府坚决避免过度举债发展，但在具体实施过程中，部分省区依然大量举债建设机场、地铁等项目。这些行为归根结底还是政绩利益使然，地方政府领导寄希望于这些项目可以在短期内增加地方地区生产总值，提升城市知名度，为自己的政绩利益加分，但却让地方发展背上更为沉重的包袱。三是产业结构调整的阵痛。中央政府强调要把稳增长、调结构、防风险等方式作为保持经济平稳、健康发展和抵御发展风险、金融风险的重要手段。部分传统制造业甚至“三高”产业是地方经济发展的支柱、利税大户，地方政府在发展过程中通常采取整改+罚款的消极应对方式，导致产业结构调整受阻。同时，企业的“经济人”属性导致其在产业结构调整时投入资金、技术的意愿不强，与各类环保督察搞“猫捉老鼠”的游戏。究其根源还是结构调整与发展惯性、当前利益与长远利益、既得利益与发展愿景之间存在应然与实然的本质差别。同时，西部地区的发展问题往往与环境问题相互交织，解决发展问题既是提升地方经济发展水平、提高群众生产生活水平的过程，也是保护环境、加强生态安全建设的重要路径。

（三）安全问题的复杂性

从国际环境看，西方敌对势力不希望一个强大中国的崛起，从他们的角度对中国发展的解读是中国的崛起必然会对西方国家乃至全球的发展构成严重威胁。因此，西方敌对势力从各个方面对中国的民族复兴进行压制，不断制造矛盾事端以延缓中国的发展速度，妄图中断中国的发展进程。从国内环境看，贫富差距的拉大，特别是西部地区民众发展利益保障程度不一，导致地方政府公信力和满意度遭到一定挑战。同时，一些所谓的网络“大V”、公知等利用微博、微信等平台，对西部地区出现的舆情不分情况、不辨真假，跟风传播，造成了较为恶劣的负面影响。西部地区地方政府处理相关社会舆情时，反应滞后、思路不清，加剧了问题的复杂程度。

三、稳定、发展与安全问题的艰巨性

稳定、发展与安全问题的艰巨性主要是指解决起来难度较大，稳定、发展与安全问题的解决不能单一进行，而是需要综合思维、统筹考量、一体推进，最重要的是在治理思维下构建起官民互信、和谐共治的理念体系，把稳定、发展与安全问题作为一个整体，用整体性治理思维去防范安全风险，推进经济社会、科教文卫事业全面发展进步。

（一）稳定问题的艰巨性

当前，西部地区和谐稳定的政治局面处于历史上的最好时期。然而，维护稳定的任务依然繁重，影响社会稳定的因素依然存在，并随着当前国际国内形势的变化而愈加复杂多变。因此，针对稳定问题我们不能有一丝松懈。一是政治经济社会的不稳定因素日趋增多。随着改革进入深水区，可以借鉴的经验越来越少，每一步改革探索付出的代价都会增大，阻力不断增强。特别是在政治稳定领域，腐败与反腐败的较量仍在持续，虽然反腐败的高压态势得到巩固发展，但离“不想腐”的自觉意识的树立与固化仍有很大距离。西部地区的腐败问题特别是基层的“微腐败”既透支党心民心，更直接损害群众利益，容易对社会稳定造成影响。解决基层“微腐败”问题既要多管齐下、多措并举，更要进行深入的群众动员，提高基层群众特别是少数民族群众的素质能力、参与水平，使广大群众深度参与基层民主治理。在当前经济新常态背景下，虽然西部地区地方政府也在深入推进“放管服”改革，深化供给侧结构性改革，但经济结构的不合理导致经济稳定缺乏长期利好，特别是资源型城市发展压力更大，再加上政绩利益的影响，加大了解决问题的难度。二是构建稳定机制的压力逐步增大。无论是认同机制、教育机制，还是人才机制的建立、巩固、发展都需要长期坚持。以人才机制为例，西部地区无法为高端人才提供前沿的高水平研究的平台，部分专业技术人才、顶尖一流学者来到本地后，其研究成果可能会因平台限制甚至地域限制而逐步退居业界二流位置，类似平台的构建不仅是发展的长期过程，更是追赶科技前沿、研究前沿的过程。这一过程任务极其艰巨，甚至经过多年努力仍然无法撼动其他区域的领军地位。三是开创多中心治理稳定格局的任务繁重。当前，西部地区稳定格局的开创需要在政府主导下，大力推进非政府组织、企业广泛参与，强化公众参与，营造良好舆论氛围，最终建立起“政府主导、社会协同、公众维护、舆论宣传”的四位一体机制。就当前情况而言，非政府组织及企业在社会稳定领域发挥的作用极其有限，特别是当地一些企业拖欠农民工工资的状况加剧了社会的不稳定，这也凸显出构建稳定格局的艰巨性。

（二）发展问题的艰巨性

邓小平曾指出，巩固和发展社会主义制度，还需要一个很长的历史阶段，需要我们几代人、十几代人，甚至几十代人坚持不懈地努力奋斗。而夺取中国特色社会主义新胜利，必然要求我们建设社会主义市场经济、民主政治、先进文化、和谐社会、生态文明，促进人的全面发展，逐步实现全体人民共同富裕。对于西部地区而言，发展的任务尤其艰巨，既面临着与全国一道实现共同富裕的发展压力，又面临着实现协调发展、绿色发展等方面的压力，可以说是任重道远。一是发展任务的艰巨性。从全国发展水平讲，西部地区基本居于中下位置，其中固然有国家发展战略定位的原因，但发展水平的滞后是不争的事实。在发展过程中，西部地区八省区由于发展基础差、底子薄、整体竞争力不强，特别是由于交通不便、科技实力较弱导致发展的质量处于较低层次。许多地方地处大山、沙漠、草原深处，开展交通等基础设施建设投资大、周期较长，并且许多收益无法在短时间内取得回报。人才流失十分严重，为发展提供的优质人才保障不足，建立引才育才链条有效衔接的任务也十分艰巨。再加上转变发展方式、调整产业结构的压力，贯彻落实新发展理念的挑战尤其大。二是生态环境保护的艰巨性。当前，在西部地区已经出现的环境污染问题，虽然通过中央政府的强力环保督察和地方政府的不懈努力，情况得到有效遏制，但局部地区生态恶化的现状并没有根本改变，环境保护中形式主义问题依然存在，从而加剧了生态环境保护和治理的难度。特别是许多项目治理起来难度极大，非短时间内能够完成。比如，习近平总书记多次强调的内蒙古“一湖两海”治理，需要投入的人力物力财力都较多，任务十分艰巨。三是基本公共服务均等化任务的艰巨性。发展从应然层面讲，必须是全面的发展，这也是我们全面建成小康社会的重要内涵。经济要发展，科教文卫事业同样需要发展，对于西部地区而言，群众居住较为分散，基本公共服务均等化的提供更具有直接效果。而就当前的供给水平与质量而言，一直是政府以“供给侧”思维推进，而没有站在群众“需求侧”去考量。基本公共服务供给的升级，既需要理念更新，更需要以接地气的方式深入群众当中，全方位了解西部地区基本公共服务供给的难点所在，进而实现精准改革、精准供给，解决供给与需求偏差的问题。四是协调发展任务的艰巨性。面对西部地区追赶东中部地区的任务，西部地区内部区域发展的不平衡既是推进协调发展的重要制约因素，也是贯彻新发展理念需要补齐的短板，更是实现共同富裕必须解决的重要问题。西部地区区域内发展不平衡的问题既是立地条件、发展基础，也与资源禀赋息息相关，既与地方政府发展规划密切相连，又需要中央政府的政策支持、东部发达地区的对口扶持和产业转移，更需要地方政府树立协调发展理念和思维，重新规划定位，调整产业结构，优化公共服务，这些对地方政府而言本身就是巨大挑战。

（三）安全问题的艰巨性

随着中华民族伟大复兴步伐的加快，西方敌对势力对一个强大的中国的崛起抱有深深的恐惧与抵触，认为中国的崛起会威胁他们的利益，因而千方百计地阻挠，这也充分说明与国内外敌对势力的较量将长期存在，任务日趋复杂艰巨。西部地区由于地理位置与国境外的交往接触更为频繁而成为安全斗争的前沿。一是边境管控难度大，走私贩卖活动猖獗。由于广西、云南与印度、缅甸、老挝等国家接壤，不少犯罪分子从境外购入管制品入境进行违法犯罪活动，这些行为严重侵害了国家的管理制度和老百姓的生命健康。二是意识形态安全问题依然艰巨。意识形态安全是国家安全的有机组成部分，在现代国家战略中居于重要地位。当前，受西方国家意识形态渗透、新媒体时代到来等多重因素影响，我国意识形态安全面临极大挑战。特别是西部地区多省区与其他国家接壤，部分经济社会发展相对滞后的少数民族地区，意识形态安全形势更为严峻。三是网络安全等非传统安全领域的治理任务更加艰巨。随着信息技术的发展，网络诈骗、网络赌博等违法活动较之以往的犯罪活动更具有隐蔽性和危害性。广西宾阳县曾是全国电信诈骗重灾区，2020 年广西组织开展打击涉疫电诈专项行动以来，共抓获嫌疑人 391 人，查获价值 1300 余万元的赃款赃物。[①] 网络犯罪的隐蔽性危害着人民群众的信息安全和财产安全，更增加了西部地区地方治理的难度。在当前西部地区发展过程中，其面临的重大风险、系统性风险不断增多，国内国际环境纷繁复杂，各种问题叠加，各种矛盾凸显，各种思想观念和利益诉求相互激荡，无论是传统安全还是非传统安全，一旦出现问题都将直接威胁到地区的政治稳定。在这一问题上，不能有任何闪失。对西部地区而言，解决面临的各种复杂形势和矛盾的任务只会更加严峻、复杂，解决问题的时间跨度也会拉得更长。积极引导西部地区各族群

① 《广西 2020 年打击治理电信网络诈骗破案率同比上升 118.4%》，新华网，2021 年 3 月 25 日，http：//www.xinhuanet.com/legal/2021-03/25/c_ 1127254760.htm。

众增强对伟大祖国的认同、对中华民族的认同、对中华文化的认同、对中国共产党的认同、对中国特色社会主义的认同，是维护西部地区社会稳定、长治久安的重要基础，也是维护西部地区意识形态安全的坚固堡垒。

第三章　围绕西部地区地方治理的基本问题构建地方政府能力指标体系

地方政府能力是实现我国西部地区善治的基本条件和要素，也是当代中国国家治理体系和治理能力现代化的基本内容。正确认识和评价西部地区地方政府能力，对于加强地方政府能力建设、推进西部地区地方治理现代化意义重大而深远。对地方政府能力进行评价，涉及如何评价和怎样评价的问题。要回答这些问题，需要考虑两个维度：一是评价标准；二是评价指标。前者确定评价的总体性要求，包括基本原则与价值取向；后者指总体性要求的具体化，将评价主体所认同、遵循的基本原则和价值取向落实为各项具体指标，通过指标体现基本原则和价值取向的要求。我们认为，构建西部地区地方政府能力评价指标体系，应当紧紧围绕我国西部地区治理的基本问题，遵循科学性、系统性、可行性原则，坚持政治社会稳定、经济社会发展和领土生态安全的价值取向，完整全面地选择指标，以构建可操作的评价体系。这是实现地方政府能力建设与西部地区地方治理联动的逻辑起点，也是使这一研究具有科学性、应用性以及可行性的基本前提。

第一节　构建地方政府能力指标体系的基本原则

政府能力是一个复杂的系统，要对其进行全面、客观的评价，需要建立一套能系统反映政府能力各个方面的指标体系。构建西部地区地方政府能力指标体系的前提是明确评价的基本原则。指标体系的构建，需要以科学的理论为指导，保证能够收集到足够的相关指标数据，并使用统一的标准来打分。因此，我们将科学性、系统性和可行性作为构建指标体系的基本原则。

一、科学性原则

科学性原则是构建西部地区地方政府能力指标体系的必然要求。科学性意味着指标的概念清晰，含义明确；指标之间避免出现强相关、内涵重叠；不同指标具备一定的区分度；考虑具有通用性和权威性特征的评价指标。

（一）从中国的基本国情出发

坚持科学性原则，必须立足于中国基本国情，需要关注的是西部地区地方政府在当代中国政府体系中的地位以及地方政府与中央政府的关系问题。

特殊的历史文化传统、国家结构形式、政府体制、中央与地方关系以及其他因素，决定了中国省级地方政府，即省、自治区和直辖市人民政府，具有自身明显的特殊性。这种特殊性主要体现在地位特殊上，省级政府是最高层次的地方政府，接受中央政府的领导、指挥和监督；同时由同级人民代表大会选举产生，对其负责，受其监督。省级政府行政权力的法律渊源来自两个方面：同级人民代表大会的授权和中央人民政府——国务院的授权。省级政府由同级人民代表大会选举产生，对其负责，受其监督，必须依据全国人民代表大会及其常务委员会批准的相关法律法规办事。同时，省级政府必须接受来自中央人民政府——国务院的统一领导。在这种双重关系中，地方政府与中央政府的关系是主要的。这是因为，中国的中央集权体制造成了地方的自治水平不高，地方政府必须服从中央政府，地方利益必须服从国家利益，省级政府争取的权力基本上是来自中央政府的授权，对中央政府负责。省级地方政府还扮演着社会主义市场经济条件下国有资产管理者的角色。

中央政府与西部地区地方政府之间的关系相较于中央政府与其他地方政府更加复杂。我国西部地区拥有漫长的边境线和众多邻国，独特的地理位置决定了其稳定与发展涉及国家的安全与稳定状况。因此，对于中央政府而言，西部地区的首要目标是维持领土安全和社会稳定，在此基础上追求经济和社会的全面发展。改革开放以来，国家实行非均衡发展目标和梯度推进的区域发展政策，中央在向地方分权的过程中，将财政、税收、投资、城市建设、对外经济贸易等方面的权力向地方下放，以调动地方政府的积极性，刺激地方利益主体地位的增强，但这一过程在时空分布上呈现出了由东部到中西部、由沿海到内地、由中心城市到边缘地区逐步推开的地区性政策倾斜和梯度分权格局。西部地区在该过程中的政策受益小，在一定程度上影响了这一地区整体的经济和社会发展水平。

（二）注重“效果为本”

构建指标体系要考虑西部地区地方政府促进地区经济社会发展及现代化的实际能力，关注效率与效益，实现两者的统一。对西部地区而言，实现经济与社会现代化发展是最为实际的社会共同利益。西部地区长期以来在经济和社会发展水平上落后于东部沿海地区，其发展效果涵盖效率和效益两方面的内容：效率考察量的规定性，效益考察质的规定性。关注效率，是要看政府能力的实践能否有效利用各项资源，实现投入与产出的平衡。关注效益，是要看政府能力实践的社会价值，看其能否达成既定的社会和政治价值目标。效率与效益是效果的一体两面，仅考察效率或效益都无法真正体现政府能力的实际效果，需要将效率和效益之间的关系进行综合考虑。

（三）注重“服务为本”

政府在本质上是为公民和社会共同利益服务的组织。按照社会契约理论，政府的合法性来自公民与政府之间的权能委托契约，政府保护公民的利益、为公民服务成为其固有义务。从公共经济学角度上，政府承担如基础设施、治安、政策、法律等公共物品的生产，公民则是公共物品的消费者，政府要通过高质量、高效率的公共物品争取“消费者”的青睐，满足“消费者”的需求。2006 年，党的十六届六中全会通过的《中共中央关于构建社会主义和谐社会若干重大问题的决定》指出，“建设服务型政府，强化社会管理和公共服务职能”，这是第一次在党的文件中提出建设服务型政府的主张。建设服务型政府已经成为我国政府改革发展的基本方向。因此，政府能力的评价要注重“服务为本”。

（四）注重“客观评价”

政府能力评估需要摆脱传统的经验式主观评判，转向客观评价体系的建立。美国和西欧的一些发达国家（地区）已经将企业绩效评估的多种方法运用到了政府能力评估上，并取得了一定的成效。目前，我国在政府能力评估的应用上还比较滞后，一方面是主要由学术团体而非客观的第三方评估机构承担政府能力评估，评估需求本身来自学术研究需要而非政府的实际需要，评估结果对政府的参考价值和应用价值不高；另一方面是评价标准不统一，特别是近年来对具体政府能力的评估标准增多，无法在各地方政府之间形成全面、有效的横向对比。

二、系统性原则

系统性原则是构建西部地区地方政府能力评价指标体系的重点。坚持系统性原则，必须立足于地方政府职能、角色的合理定位上，立足于社会经济、生态环境、科技进步的基础上。

（一）立足于地方政府职能、角色的合理定位上

地方政府与中央政府在基本职能上是一致的，但在具体职能上有一定差异，主要体现在政治职能上。地方政府通过对地方社会治理而形成有秩序和可持续发展状态，服务并有利于国家政治统治职能的实现。与中央政府将政治职能置于各项职能中的优先位置不同，地方政府的公共服务职能和社会管理职能在其所有职能中处于中心地位。中国地方政府职能和角色主要有以下八个方面：

第一，经济发展推动者。改革开放后中国各级政府撤销了专业经济管理部门，但政府仍然通过制定地区中长期经济和社会发展规划，制定和发布涉及投资、资源、人力资源和技术改造等方面的经济政策等来引导市场经济活动；通过培育市场以推动市场经济更好发展；奖励外部经济、惩罚外部不经济以创造良好的外部环境；推进国有企业改革，增强国有企业的市场竞争力；等等。

第二，市场运行监管者。地方政府承担着制定市场规则并监督规则执行情况、维护市场秩序等任务。一方面是建立完善的政府市场监管体系，对行业发展的具体事务进行日常监督与管理，监督过程注意公正、公开和透明。另一方面是规范市场经济主体行为，保证市场经济有序运行。

第三，国有资产管理者。我国地方政府还承担着管理国有资产的任务。我国拥有数额巨大的国有资产，地方政府在管理这部分资产的过程中承担着较大责任。地方政府，一方面需要依法对国有资产进行有效监管，防止国有资产流失；另一方面需要不断开拓思路，发展壮大国有资产，实现国有资产的增值。

第四，社会事务管理者。地方政府承担的社会公共事务管理任务范围很广，包含教育、科技、文化、卫生、体育及社会发展等各项事业。地方政府主要承担社会事务管理中直接、具体的部分，如贯彻计划生育的基本国策，实现人口结构优化、保持经济社会的发展活力；通过大力发展科教文卫等各项事业，提高全民的思想道德素质、科学文化素质和身体素质。

第五，公共服务提供者。建立健全公共服务体系是各级地方政府工作中的重要组成部分。公共服务是社会管理的主要内容，为公众提供优质、高效的公共服务是政府的责任。公共服务可分为维护性公共服务、经济性公共服务和社会性公共服务。维护性公共服务指确保统治秩序、市场秩序、国家安全的公共服务；经济性公共服务指政府为促进经济发展而提供的公共服务；社会性公共服务指政府为促进社会公正和谐而面向全社会提供的平等的公共服务。

第六，资源环境保护者。随着我国经济的发展，环境污染问题给人民生存和经济发展所带来的负面影响逐渐显现。强化地方政府的环保意识和能力，是中国可持续发展战略的重要组成部分。地方政府是环境保护的直接参与者，应利用政府权威和组织能力，动员全社会力量治理污染，加大政府财政对环境保护的投入，实施环境保护工程，通过政府渠道宣传环境保护知识与相关政策法律。地方政府也是环境保护的规则制定者和监督者，应通过制定有关环境保护的地方性法规，形成环境保护的制度网，以此为准监督社会公众和企业环保措施，引导市场经济向绿色、环保产业发展，有效控制和预防污染。

第七，社会公平保障者。市场经济的飞速发展极大地提高了我国社会经济发展的效率，但在分配过程中无法兼顾公平，这一任务需由政府承担。公平与否的直接评判依据就是看对社会财富的分配是否合理。优化收入分配结构体现在使中等收入者提高收入、对高收入阶层增加税收以及向欠发达地区进行财政转移支付。同时，社会保障的完善也体现了对人生存状态公平的认知提升，对劳动机会、受教育机会和职业选择机会的重视体现了机会公平原则。

第八，社会稳定维护者。维护社会稳定是地方政府的一项基本职能。地方政府作为社会稳定的维护者，主要体现在治安管理、安全管理和危机管理三方面。治安管理以维持良好社会秩序为目标，以“打防结合、预防为主”为原则，打击犯罪行为和其他扰乱社会秩序的行为，并对社会冲突进行妥善处理。安全管理主要涉及安全生产和公共安全工作。危机管理职能的重要性凸显于新型风险增加、事件复合性加强、突发事件由境内向境外蔓延的危机频发时代，对于政府而言，面对突发事件时，打破部门间的信息沟通不畅、应急准备不足以及应对危机慌乱的状态尤为重要，也是将社会不稳定因素化解在萌芽阶段的重要方式。

（二）立足于社会经济、生态环境、科技进步的基础上

社会经济、生态环境与科技进步之间存在着相互制约的共生关系。一方面，人类自工业革命之后的社会经济发展，伴随着对自然资源破坏式的

开发利用，导致生态环境恶化，对人类生命健康也在进行着反噬，甚至从长远角度看威胁着整个人类文明的生存。另一方面，要想打破社会经济与生态环境之间业已形成的制约关系，必须依赖大力发展有利于环保和人类与生态可持续发展的科学技术进步，实现科技进步、社会经济发展、生态环境优化三者的协调发展。

一般来说，经济效益特别是近期效益的吸引力最大，立竿见影。但从长期效益来看，社会和生态效益可能会因急功近利而受到损害。看待经济、社会和生态的近期效益和长期效益的关系问题时，把握系统性视角和协调原则是关键。系统性视角强调的是系统看待生态环境与经济发展之间的内在联系，协调原则将环境保护与经济社会发展置于平等地位，对政府能力提出了更高的要求。作为一个发展中国家，中国的环境保护既是防止破坏赖以生存与发展的环境基础，同时又因经济发展水平和技术水平的限制，不得不付出一定的环境代价以保障经济发展和基本民生。因此，对于不同发展水平的区域来说，经济社会和生态效益之间的协调重点有所不同：较高发展水平的地区环境优先，较低发展水平的地区优先解决贫困、温饱问题，同时也要通过保护环境更好地改善人民的生活水平。

三、可行性原则

可行性原则是构建西部地区地方政府能力评价指标体系的关键。这一原则立足于可计算性、可比性和可操作性三个维度。首先是可计算性。政府能力指标体系由一系列指标组成，指标的选择首先应满足可计算性的要求，可量化或等级化，通过对指标赋予权重来计算具体指标对政府能力贡献的大小。其次是可比性，既包括纵向的历史比较，也包括横向与其他地方政府的比较。选取指标时应注意指标在时间上的同一性和空间上的广泛性，以便于进行比较。最后是可操作性。应注意指标选择的复杂程度：过于复杂或过于简单的评价指标都无法准确地反映政府能力的客观实际，过于复杂的评价指标还可能会伴随着过高的评价成本。

第二节　构建西部地区地方政府能力指标体系的价值取向

价值取向是价值哲学的重要范畴，是指导行动与决策判断的总体信念。西部地区地方政府能力指标体系的价值取向，决定着指标的选取和评价方法与其他一般地方政府存在差异：当代中国地方政府能力评价的价值取向应为服务、效率和公平，而西部地区地方政府能力评价的价值取向则引入了政治社会稳定、经济社会发展和领土生态安全。价值取向存在差异的原因主要在于西部地区地方政府与一般地区地方政府相比存在特殊性，相应地对其政府能力的要求和评价标准也有所不同。

一、维护西部地区政治社会稳定的价值取向

维护政治社会稳定是构建西部地区地方政府能力指标体系的首要价值取向。西部地区八省区，不仅是众多少数民族聚居、杂居的主要地区，还位于我国西部，在长期的历史进程中，各民族对国家认同状况存在显著差异。造成这一现象的原因是多元的，既有文化、宗教、民族意识、族群规模、发展状况和地缘特点等因素的影响，也有来自国际方面的多重因素的影响。西部地区少数民族的国家认同感，对该地区的政治社会稳定存在重要影响。一方面，该地区的少数民族人口数量多、比例高，多信仰宗教或拥有独特的民族文化，再加上我国西部地区在地理位置上相对独立和封闭，在较长的历史时期中经历了相对独立的发展，使得少数民族形成了高度的本民族认同。另一方面，出于复杂的历史和现实原因，西部地区各少数民族之间、西部地区与其他地区之间存在着较大的经济和社会发展差距，带来了不平等的心理感受，成为影响国家认同和政治社会稳定的因素。

中央政府与西部地区地方政府之间的关系是最为特殊的央地关系，如

何治理这一关系也是中国历代政府一直致力于解决的问题。历史上西部地区一直是中央政权重要的安全屏障和战略缓冲地带，中央政府在该地区投入大量军事力量的同时，也通过输入先进技术、文化和移民来改善这些地区的经济和社会发展水平。纵观中国历史，中央政权对这一地区的控制程度越高，该地区与中央政权的相互关系越密切，社会越稳定；反之，则关系松散，政治环境混乱。中央政府对该地区的治理方式、结构和能力也处在不断变化的过程中，从以族际主义为取向到中央王朝直接控制，再到以区域主义为取向。即使新中国成立之后，中央政府对西部地区的治理模式仍处于不断的探索与实践之中。在现代经济社会发展环境下，中央政府对西部地区的治理还需要发挥该地区地方政府的积极作用，这也对地方政府的能力提出了新的挑战。

1947 年 5 月，我国第一个民族区域自治地方政府在内蒙古成立。新中国成立后，我国建立并实施民族区域自治制度，坚持党和国家统一领导为前提，在少数民族聚居的地区实行区域自治，将其作为我国的基本政治制度。时至今日，民族区域自治制度已历经 70 余年，在建立民主制度、保障少数民族权利、促进民族地区发展等方面做出了卓越贡献。西部地区地方政府在民族区域自治制度实施过程中，有着更大的治理责任和任务。

西部地区地方政府的职能具有一定的特殊性，包括维护该地区社会稳定、促进民族团结、保护和传承民族文化、管理宗教事务、维护国家主权和领土完整等。西部地区包含了我国漫长的陆上边境线，与 13 个周边国家接壤，周边国际环境复杂。西部地区多民族交错杂居也带来了多元化的民族文化，地方政府通过保护和传承民族文化来推进文化融合进而加强民族团结，维护地区稳定。西部地区也是宗教事务较为复杂的地区，地方政府在宗教事务上的管理职能较其他地方政府更加凸显。

西部地区由于其地理位置、民族情况和宗教文化的特殊性，其地方政府在维护政治社会稳定方面承担着更为重要的责任，这对地方政府能力也提出了新的要求。

二、促进西部地区经济社会发展的价值取向

西部地区八省区从历史上看就是自然环境相对恶劣、资源丰富但经济社会发展相对落后的地区。与其他地区相比，该地区工业化和城市化水平较低，第一产业在三大产业中占比较大；公共服务供给不足，教育水平偏低；市场主体发育不够成熟。事实上，西部地区与其他地区之间的差距仍在不断拉大。以2020年为例，西部地区八省区中，云南地区生产总值最高，但在全国各省（区、市）排名中仅排第18位，广西排第19位，贵州排第20位，内蒙古排第22位，新疆排第24位，宁夏、青海和西藏分别排在第29、第30、第31位。上述省区的地区生产总值整体低于国内其他地区，2020年西部地区八省区的地区生产总值总额为10.47万亿元，略高于排名第2位的江苏地区生产总值（10.27万亿元），与排名第1位的广东地区生产总值（11.08万亿元）仍相差约0.61万亿元（见图3-1）。

历史上西部地区的贫困问题比较突出。2020年11月23日，中国832个国家级贫困县全部脱贫摘帽，在此之前，西部地区八省区国家级贫困县数量达到374个，占总数的44.95%，其中，内蒙古31个、广西33个、贵州66个、云南88个、西藏74个、青海42个、宁夏8个、新疆32个。① 贫困县数量多，贫困人口数量众多，西部地区历史上长期是深度贫困的集中地带。深度贫困的形成原因复杂，脱贫攻坚工作难度大，制约了西部地区经济社会发展。

① 《全国832个贫困县名单》，国家乡村振兴局官方网站信息公开事项，索引号000019502-2014-00018，2014年12月23日，http：//www.cpad.gov.cn/art/2014/12/23/art_343_981.html。

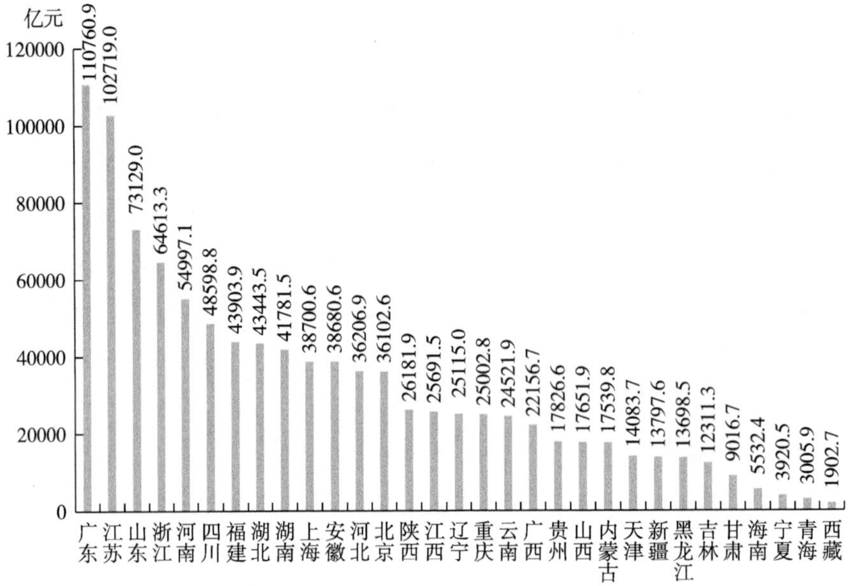

图 3-1 2020 年各省（区、市）地区生产总值

资料来源：《中华人民共和国 2020 年国民经济和社会发展统计公报》。

西部地区的发展长期落后于其他地区，特别是东部沿海地区，且发展差距还在不断扩大。以 2020 年为例（见图 3-2），西部地区八省区的居民人均可支配收入和消费支出均低于全国平均水平。

在中国经济取得举世瞩目成绩的同时，西部地区经济水平落后部分可归因于复杂的自然条件和区位因素，但同时丰富多样的自然资源和独特的地理位置也可以给这一地区的经济发展带来新的机遇。在经济发展方式的转向上，地方政府在培育市场主体、引导市场发展方向、整合资源等方面有巨大的施展空间。

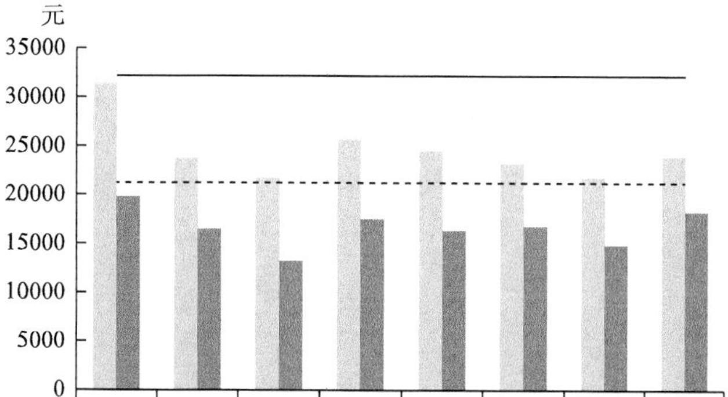

	内蒙古	新疆	西藏	宁夏	广西	云南	贵州	青海
居民人均可支配收入	31497	23845	21744	25735	24562	23295	21795	24037
居民人均消费支出	19794	16512	13225	17506	16357	16792	14874	18284
全国居民人均可支配收入	32189	32189	32189	32189	32189	32189	32189	32189
全国居民人均消费支出	21210	21210	21210	21210	21210	21210	21210	21210

图 3-2　2020 年西部地区居民人均可支配收入和消费支出与全国比较

资料来源：《中华人民共和国 2020 年国民经济和社会发展统计公报》。

三、保障西部地区领土生态安全的价值取向

西部地区的地理位置独特，总面积约占我国国土面积的 59.1%。这一地区地貌地形复杂，气候类型多样，从南到北跨越了热带、亚热带、温带以及高原气候等多种气候类型，是我国各主要河流的源头，也是生态脆弱区。我国是世界上生态脆弱区分布面积最大、脆弱生态类型最多、生态脆弱性表现最明显的国家之一。我国生态脆弱区大多位于生态过渡区和植被交错区，处于农牧、林牧、农林等复合交错带，是我国目前生态问题突出、经济相对落后和人民生活贫困的地区，也是我国环境监管的薄弱地区。加强生态脆弱区保护，加大生态环境监管力度，促进生态脆弱区经济发展，有利于维护生态系统的完整性，实现人与自然的和谐发展，也是贯彻落实科学发展观、牢固树立生态文明观念、促进经济社会又好又快发展的必然要求。

我国生态脆弱区与西部地区的重叠范围很大，包含了除东部沿海水陆

交接带生态脆弱区以外的全部地区，分别是东北林草交错生态脆弱区、北方农牧交错生态脆弱区、西北荒漠绿洲交接生态脆弱区、西南岩溶山地石漠化生态脆弱区、西南山地农牧交错生态脆弱区和青藏高原复合侵蚀生态脆弱区。这些地区面临的主要生态问题包括草地退化、土地沙化面积巨大，土地侵蚀强度大、水土流失严重，自然灾害频发、气候干旱、水资源短缺、资源环境矛盾突出和湿地退化、调蓄功能下降，生物多样性丧失等。

造成上述问题的原因除了这些地区本身的生态系统脆弱以外，主要还是受到人类活动过度干扰的影响。首先是经济增长方式粗放，重要资源单位产出效率较低，生产环节能耗和水耗较高，污染物排放强度较大，再生资源回收利用率低下，社会交易率低而交易成本较高。其次是人地矛盾突出，甚至已经成为我国生态脆弱区环境退化的根本原因，长期过度放牧、过度开垦、过量砍伐等所导致的草地退化、土地沙化和大面积水土流失问题几乎无法逆转。加上监测与监管能力不足，政府、企业和公众的生态保护意识还有待加强。

第三节　西部地区地方政府能力指标体系

地方政府能力评价，是对地方政府运用公共权力、履行职能、实现所辖行政区域经济社会发展及现代化的潜在的和现实的功能性能量与能力进行的测度和评价。对西部地区地方政府能力的评价要建立在对地方政府能力一般性评价标准的基础上，突出该地区的特殊性以及与之相适应的地方政府治理能力要求。评价体系除了定性分析，还必须通过量化分析来实现评价的标准化和可比性，在测量指标的选择和指标体系的建设上需要注意全面性和可操作性、指标的可获得性，以获得更加全面客观的测量结果。

一、国内有关地方政府能力及其评价指标体系研究的借鉴

已有的国内学者对政府能力的相关研究，主要集中在地方政府能力概念与构成要素、政府能力评估体系、不同层级政府能力以及特定领域的政府能力方面。我们以中国学术期刊网络出版总库（CNKI）作为来源数据库，以"政府能力"为篇名、2000—2019 年为时间限定进行高级检索，共得到文献 508 篇，剔除数据库中中国重要报纸全文数据库文献、硕士博士学位论文数据库文献、无关联报道评论后，得到高关联的期刊文献 418 篇。

通过绘制样本文献的发刊时间与年度发刊数量的关系图，可以从时间维度上考量这一研究主题的研究趋势。基于文章发表的年度数据得到了自 2000 年到 2019 年关于"政府能力"的研究产出趋势图（见图 3-3）。在 2005 年，关于"政府能力"研究的文献数量达到峰值。

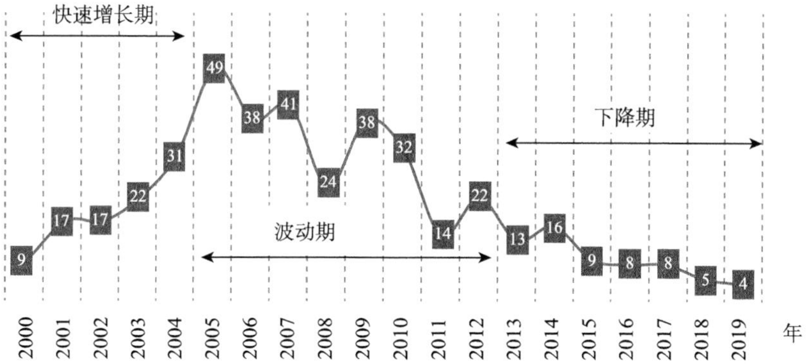

图 3-3　2000—2019 年 CNKI"政府能力"文献数量年份分布

在上述样本文献中，我们选取了被引频次排名前 15 位的代表文献，按照排名将文章名、作者、来源、发表年份、被引频次整理如表 3-1 所示。前 15 名最高被引频次的文献发表时间集中在 2002 年到 2008 年，与图 3-3 中的快速增长期和发表文献的高峰阶段是相符的，主要的研究内容包括政府能力的概念和结构分析、政府能力的评估、政府能力建设等。2005 年之前，对政府能力的研究主要从政府能力的概念和结构方面来进行，以汪永

成《政府能力的结构分析》为代表。2005年之后，学者们的研究更多关注以政府能力为视角的政府各类问题以及政府能力评估体系的建设，以吕炜、王伟同的《我国基本公共服务提供均等化问题研究——基于公共需求与政府能力视角的分析》和张钢、徐贤春的《地方政府能力的评价与规划——以浙江省11个城市为例》为代表。

表3-1　CNKI“政府能力”研究文献中被引频次TOP 15的研究论文

排名	文章名	作者	来源	发表年份	被引频次
1	政府能力的结构分析	汪永成	政治学研究	2004	246
2	我国基本公共服务提供均等化问题研究——基于公共需求与政府能力视角的分析	吕炜、王伟同	财政研究	2008	196
3	长江三角洲16个城市政府能力的比较研究	张钢、徐贤春、刘蕾	管理世界	2004	157
4	中国现代化进程中的政府能力——国内学术界关于政府能力研究的现状与展望	汪永成	政治学研究	2001	153
5	日本大城市防灾应急管理体系及其政府能力建设——以东京的城市危机管理体系为例	顾林生	城市与减灾	2004	118
6	地方政府能力刍议	吴家庆、徐容雅	湖南师范大学社会科学学报	2004	107
7	县级政府能力的构成和评估	周平	云南行政学院学报	2002	92
8	经济全球化进程中政府能力的供求变化及平衡战略	汪永成	武汉大学学报	2002	83
9	政府能力建设与规制能力评估	杜钢建	政治学研究	2000	83

续表

排名	文章名	作者	来源	发表年份	被引频次
10	县级政府能力研究	周平	云南行政学院学报	2007	80
11	政府再造与政府能力之提升	党秀云	行政论坛	2004	77
12	地方政府能力的评价与规划——以浙江省 11 个城市为例	张钢、徐贤春	政治学研究	2005	71
13	论构建和谐社会中的政府能力建设	彭向刚、张世杰	吉林大学社会科学学报	2005	64
14	社会利益集团政治化趋势与政府能力建设	汪永成、黄卫平、程浩	武汉大学学报	2005	58
15	全球化与中国政府能力	俞可平	公共管理学报	2005	52

通过提取 418 篇高关联文献中的关键词，来进行进一步的关键词共现研究，通过分析关键词的演变、聚类以及年际变化，可以看到政府能力研究的演化过程。使用 CiteSpace 软件对文献样本做聚类分析，通过中心文章题目聚类显示，得到了基于“政府能力”关键词聚类的知识图谱（见图 3-4）。

根据这一聚类图，我们可以观测到，与政府能力这一主题相关的研究关键词可以分为五类研究领域，分别以“政府能力建设”“和谐社会”“地方政府能力”“县级政府”和“民族地区”为核心关键词。可以看出，我国学者对政府能力的研究主要是基于实现和谐社会的目标，着眼于政府能力建设的方法和路径，关注地方政府、县级政府和民族地区的政府能力。

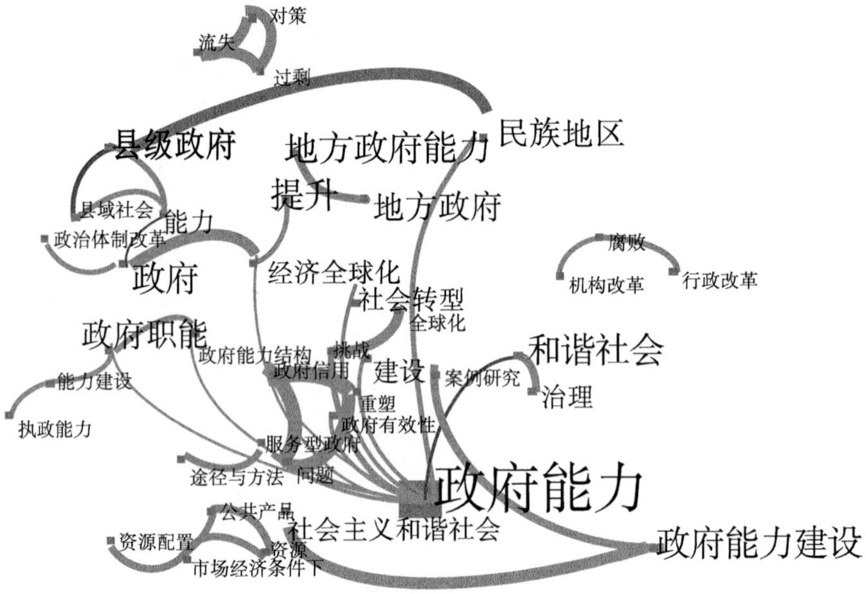

图 3-4 “政府能力”关键词聚类分析图谱

对于西部地区政府能力的研究文献数量较少，在本次样本文献中仅有22篇，其中有12篇文献来自张宝成、秦位强和青觉3位作者，作者所属机构主要有中央民族大学、吉首大学、云南大学和内蒙古师范大学。张宝成、青觉在《民族地区政府能力的内涵与特征》《民族地区政府能力建设的基本途径》和《民族地区政府能力的现状分析及影响因素》3篇文章中探讨了民族地区政府能力的一些基本问题，他们认为，在从宏观性、整体性和一般性角度探讨政府能力概念的基础上，还应该注意民族地区地方政府的特殊性。在概念和内涵上，民族地区政府能力首先要求民族地区政府具有明确的行为角色定向，目的是解决和消除民族地区经济社会的发展差距。[①] 同时，民族地区特殊的行政生态环境影响着民族地区政府的能力重心和能力结构，形成了民族地区政府能力特殊的规定性：巩固和发展民族地区各民族团结，维护社会稳定、和谐是民族地区政府能力特殊的政治要

① 张宝成、青觉：《民族地区政府能力的内涵与特征》，《内蒙古师范大学学报》2008年第3期。

求；落实民族区域自治政策、实施民族区域自治制度是民族地区政府能力特殊的法律要求；实现民族地区跨越式发展、推动民族地区经济社会快速发展是民族地区政府能力特殊的经济要求；自我发展和制度创新是民族地区政府能力特殊的体制要求。基于此认识，两位学者对民族地区政府能力的现状进行了分析。他们认为，在改革开放和西部大开发的推动下，民族地区政府的整体能力得到了显著提升，但民族地区政府能力的“现有”与“应有”之间仍存在较大的差距，具体体现在传统的政治能力“过剩”与社会整合、平衡能力不足，规划发展能力不足，公共管理与公共服务能力不高。造成这些不足的原因可以从内外部两个方面来分析：外部原因包含了政治、经济、教育和科技发展现状；内部影响因素包括了政府财政状况、政府权威性、行政权力结构、政府职能、政府规模和公务人员的素质。[①] 关于民族地区政府能力的构成问题，张宝成、青觉认为，政府能力由政府职能决定，包括依法自治能力、规划发展能力、学习创新能力、资源汲取能力、社会控制能力、平衡协调能力、社会整合能力、社会服务能力和危机处理能力等。民族地区政府能力构成的特殊性，主要体现在民族地区特殊性给政府能力的作用划定了边界。他们还认为，民族地区政府能力建设的基本途径包含两条：一条是内部途径，包括有效行使自治权、制度建设、优化行政组织结构、权威性建设、公务员队伍建设以及推进电子商务和提高服务能力与水平。另一条是外部途径，包括通过政治体制改革，为政府发展能力、履行职能创造良好的外部环境；中央政府或上级政府应进一步加大对民族地区政府的扶持力度；地区间对口支援是民族地区政府能力提高的另一个外援；鼓励企业和公民更多地参与民族地区的管理与决策。[②] 闾柏在《民族自治地方政府能力循环初探》中以循环论为视角分析政府能力建设，指出政府能力在“资源输出—能量转换—能量输

① 张宝成、青觉：《民族地区政府能力的现状分析及影响因素》，《中央民族大学学报》2009年第2期。

② 张宝成、青觉：《民族地区政府能力建设的基本途径》，《国家行政学院学报》2009年第6期。

出—带动经济社会物品的产出”这个过程中循环螺旋上升[①]，为政府能力研究打开了一个全新视角。

构建地方政府能力评价指标体系，对地方政府能力进行测度和评价，这是国内学术界关于地方政府能力研究的深入发展。

如前所述，国内政治学界、行政学界对于地方政府能力曾进行过一些定量研究。例如，2000 年，国家行政学院杜钢建教授用五级量表从界定度（指规制者的角色和目标的界定程度）、自主度（指规制者在多大程度上不受任意干预而自主决定规制方案）、参与度（指相关利害关系方的参与程度如何）、课责度（指当规制者的决策被认为不公正或不完善时，应当有一种方式可以保证对此提出异议）、透明度（即规制决策的公开性）、可预度（指被规制方或有关利害关系方应当可以预见规制在一定期间的有效性，相信有关的“游戏规则”，如一些基础原则不会突然改变）、自由度（指作为被规制者的公民、企业等市场主体的基本自由和权利得到保障的程度）、强硬度（不同规制手段对被规制者的限制程度不同）等八个方面，对政府规制能力评估进行了尝试[②]，成为国内较早对政府能力进行评估的学者。其后，牛文元等在中国可持续发展评价体系中从区域管理能力的角度对地方政府能力进行了评价，针对政府对资源的配置和运用，从政府效率、经济调控和社会调控绩效三个方面进行，其指标设置较为完善。倪鹏飞在中国城市竞争力研究中，从地方政府能力的角度运用指标体系对城市的制度创新、管理能力等进行了评价。[③] 但总的来讲，这些定量研究还是初步的、零散的，缺乏独立的分析视角和系统性，其研究成果难以全面反映我国各地方政府能力的现状。

2004 年 8 月，张钢等在《管理世界》上发表《长江三角洲 16 个城市政府能力的比较研究》一文，从独立的视角使地方政府能力研究朝可操作性方向迈出了坚实的一步。该篇论文分析了地方（城市）政府能力的含义

---

① 闾柏：《民族自治地方政府能力循环初探》，《云南行政学院学报》2007 年第 6 期。

② 参见杜钢建：《政府能力建设与规制能力评估》，《政治学研究》2000 年第 2 期。

③ 倪鹏飞：《中国城市竞争力报告》，《决策与信息》2003 年第 7 期。

并构建了评估指标体系，指出地方（城市）政府具有以下四个方面的能力，即资源的获取、配置、整合和运用能力，并强调这些能力体现于地方政府对资源的投入和转换、对公共产品与服务的提供以及对社会其他部门资源的调动过程中。① 该文的发表，可以说奠定了我国地方政府能力评价的基础，具有开拓性价值。随后，邹再进等在牛文元、倪鹏飞、张钢等的研究基础上，整合、修正和完善了上述学者的政府能力评价指标体系，从而设计出了由"总体、准则和变量三层组成的地方政府能力评价指标体系"。② 周平则论述了县级政府的能力，并从县级政府的七项能力构成中选择发展规划、制度创新、资源配置、市场规制和社会控制等五个方面来加以考察。对所选项目，又分别将其划分为"很弱""弱""中等""强""很强"五个等级，加以测量。③ 在此划分基础上，形成一个评估体系，用以对具体的县级政府的能力状况进行综合评估，重点突出，极具启发意义。

地方政府能力评价是对地方政府运用公共权力、履行职能、实现所辖行政区域经济社会发展及现代化的潜在的和现实的功能性能量与能力进行的测度和评价。对地方政府能力进行评价，除进行定性分析外，还必须通过量化分析进一步进行测度，以判定其强弱。测度和评价指标的选择是量化地方政府能力的前提。测度指标应具有代表性、独立性和可获得性。④ 所谓代表性，是指标能够反映地方政府能力的实际状况，体现地方政府能力的主要特征和方面；所谓独立性，指测度指标相对独立，指标之间不能兼容或重复；所谓可获得性，即指标最好能够量化，并且指标数据相对完整。

基于上述认识，紧紧围绕我国西部地区治理的基本问题，遵循科学

---

① 参见张钢、徐贤春、刘蕾：《长江三角洲16个城市政府能力的比较研究》，《管理世界》2004年第8期。

② 邹再进、张继良：《中国地方政府能力评价研究》，《云南财贸学院学报》2005年第5期。

③ 参见周平：《县级政府能力的构成和评估》，《云南行政学院学报》2002年第5期。

④ 参见唐任伍、唐天伟：《2002年中国省级地方政府效率测度》，《中国行政管理》2004年第6期。

性、系统性、可行性原则，坚持政治社会稳定、经济社会发展和领土生态安全的价值取向，构建西部地区政府能力评价指标体系，应当从维护政治社会稳定、促进经济社会发展和保障领土生态安全三个方面出发，完整全面地选择指标，构建可操控的评价体系。具体而言，西部地区地方政府能力评价指标体系应当由三个层面构成：①总体能力层，即西部地区地方政府能力的总和；②能力结构层，反映西部地区地方政府能力的基本构成，由维护地区社会稳定能力、促进地区发展能力、保障地区安全能力等具体能力构成；③具体指标层，反映西部地区地方政府能力的构成本质、特征等具体指标，由22个一级指标、135个二级指标组成（见表3-2）。

表3-2　西部地区地方政府能力评价指标体系

<table>
<tr><th rowspan="2">总体能力</th><th rowspan="2">能力结构</th><th colspan="2">指标</th></tr>
<tr><th>一级指标</th><th>二级指标</th></tr>
<tr><td rowspan="12">西部地区地方政府能力</td><td rowspan="12">地区社会稳定（87）</td><td rowspan="7">1. 刑事案件指标（7）</td><td>（1）刑事案件发生频率</td></tr>
<tr><td>（2）刑事案件增长率</td></tr>
<tr><td>（3）刑事案件增长速度</td></tr>
<tr><td>（4）刑事案件破案率</td></tr>
<tr><td>（5）八大刑事案件发案比重</td></tr>
<tr><td>（6）刑事案件致死率</td></tr>
<tr><td>（7）青少年刑事犯罪比率</td></tr>
<tr><td rowspan="5">2. 治安案件指标（5）</td><td>（8）治安案件发生频率</td></tr>
<tr><td>（9）治安案件增长率</td></tr>
<tr><td>（10）治安案件增长速度</td></tr>
<tr><td>（11）调解率</td></tr>
<tr><td>（12）警员配备率</td></tr>
</table>

续表

总体能力	能力结构	指标	
		一级指标	二级指标
西部地区地方政府能力	地区社会稳定（87）	3. 上访行为指标（7）	（13）上访事件发生频率
			（14）上访事件增长率
			（15）进京非访率
			（16）群体性上访比率
			（17）非正常上访事件比率
			（18）上访事件息诉率
			（19）上访事件分类统计
		4. 民事诉讼案件指标（5）	（20）民事诉讼案件发生频率
			（21）民事诉讼案件增长率
			（22）民事诉讼案件增长速度
			（23）民事诉讼案件平均结案时间
			（24）民事纠纷调解率
		5. 群体性事件指标（5）	（25）群体性事件发生频率
			（26）群体性事件增长率
			（27）群体性事件增长速度
			（28）群体性事件成功预警率
			（29）群体性事件软调控平息比率
		6. 安全责任事故指标（5）	（30）安全责任事故发生频率
			（31）安全责任事故增长率
			（32）安全责任事故增长速度
			（33）重大安全责任事故比率
			（34）安全责任事故伤亡率
		7. 行政诉讼和复议案件指标（4）	（35）行政诉讼和复议案件发生频率
			（36）行政诉讼和复议案件增长率
			（37）行政诉讼和复议案件增长速度
			（38）行政复议比率

续表

总体能力	能力结构	指标		
		一级指标		二级指标
西部地区地方政府能力	地区社会稳定（87）	8. 政府舆情指标（8）		（39）舆情事件级别
				（40）舆情事件时间跨度
				（41）舆情事件性质
				（42）舆情媒体传播信息量
				（43）舆情媒体传播广度
				（44）舆情主体观点极化
				（45）舆情主体观点情感
				（46）监控主体响应
		9. 社会保障指标（6）		（47）基本养老保险覆盖率
				（48）基本医疗保险覆盖率
				（49）基本失业保险覆盖率
				（50）社会保障支出占 GDP 的比重
				（51）社会保障综合给付率
				（52）离退休职工平均养老金与工资之比
		10. 就业和收入指标（2）		（53）城乡居民收入比
				（54）就业人数增长率
		11. 公共服务指标（17）	公共交通	（55）每万人拥有公共交通车辆数
				（56）公共交通运营线路长度
			医疗卫生	（57）食品、药品抽检合格率
				（58）每万人拥有医院、卫生院、医生数
			教育	（59）每十万人口中在校学生数
				（60）学前教育毛入园率
				（61）九年义务教育毛入学率
				（62）九年义务教育阶段师生比
				（63）九年义务教育巩固率
				（64）普通高中与中职入学率
				（65）高等教育毛入学率
				（66）财政性教育经费投入占 GDP 比例
				（67）基础教育各阶段生均公共财政预算教育事业费支出增速
				（68）各学段资助人数和金额增速

续表

总体能力	能力结构	指标		
		一级指标		二级指标
西部地区地方政府能力	地区社会稳定（87）	11. 公共服务指标（17）	社会服务	（69）每万人拥有的社区服务设施数量
				（70）各类社会福利院、养老院床位数量，收养人数
				（71）国家最低生活保障救济人数
		12. 民族关系指标（10）		（72）政治和谐
				（73）经济和谐
				（74）文化和谐
				（75）社会和谐
				（76）历史和谐
				（77）环境和谐
				（78）心理和谐
				（79）思想和谐
				（80）宗教和谐
				（81）国际环境和谐
		13. 社会分配指标（6）		（82）居民基尼系数
				（83）10%最富有家庭和10%最贫困家庭收入差距
				（84）城市贫困人口占城市总人口比重
				（85）农村牧区贫困人口占农村总人口比重
				（86）城镇居民可支配收入和农村牧区居民纯收入差距
				（87）最高收入行业和最低收入行业平均收入差距
	地区发展（18）	1. 地区经济发展指标（11）		（88）地区人均生产总值增速
				（89）地方财政收入增速
				（90）全社会固定资产投资增速
				（91）海关进出口总额增速
				（92）实际利用外商直接投资额增速
				（93）金融机构存贷款余额比率
				（94）地区社会消费品零售总额增速
				（95）农业增加值增长率
				（96）规模以上工业增加值增速
				（97）地区电信业务总量增速
				（98）邮政业务总量增速

续表

总体能力	能力结构	指标	
		一级指标	二级指标
西部地区地方政府能力	地区发展（18）	2. 地区民生发展指标（3）	（99）居民人均可支配收入增速
			（100）居民人均生活消费支出
			（101）居民家庭恩格尔系数
		3. 经济结构发展指标（4）	（102）第一、第二、第三产业增加值增速
			（103）三次产业比例
			（104）第一、第二、第三产业对生产总值增长的贡献率
			（105）绿色 GDP 占总 GDP 的比重
	地区安全（30）	1. 国家认同程度（3）	（106）理性赞同的测量
			（107）归属联系的测量
			（108）情感奉献的测量
		2. 政府认同程度（6）	（109）对政府工作效率的认同程度
			（110）对政府工作公平程度的认同程度
			（111）对政府的信任程度
			（112）对政府依法行政能力的认同程度
			（113）对政府信息公开程度的认同程度
			（114）对重大公共事件的政府处置手段的认同程度
		3. 政党认同程度（3）	（115）去个性化的归属程度
			（116）吸引力认同
			（117）建设性认同
		4. 领导干部认同程度（3）	（118）对当地领导干部领导能力的认同程度
			（119）对当地领导干部个人素质的认同程度
			（120）对当地领导干部廉洁程度的认同程度
		5. 政策认同程度（11）	（121）对政策制定主体的适合性认同程度
			（122）对政策制定程序适当性的认同程度
			（123）对政策目标公共性的认同程度
			（124）对政策目标可行性的认同程度
			（125）对政策方案民主性的认同程度

续表

总体能力	能力结构	指标	
		一级指标	二级指标
西部地区地方政府能力	地区安全（30）	5. 政策认同程度（11）	（126）对政策方案科学性的认同程度
			（127）对政策执行主体能力的认同程度
			（128）对政策执行的透明度认可程度
			（129）对政策目标实现程度的评价
			（130）对政策效率性的评价
			（131）对政策公民回应度的评价
		6. 生态安全指标（4）	（132）生态环境系统状态
			（133）人文社会压力
			（134）环境污染压力
			（135）人文社会响应

二、维护稳定的相关指标选取

维护地区社会稳定的指标可以分为 13 个一级指标，分别为刑事案件指标、治安案件指标、上访行为指标、民事诉讼案件指标、群体性事件指标、安全责任事故指标、行政诉讼和复议案件指标、政府舆情指标、社会保障指标、就业和收入指标、公共服务指标、民族关系指标和社会分配指标，87 个二级指标。

（一）刑事案件指标

刑事案件对社会稳定有突出而直接的消极影响，刑事案件所指向的犯罪案件相较于民事案件情节更加恶劣、影响更加负面。刑事案件的相关指标包括：

1. 刑事案件发生频率

指在一定时间和空间上发生的刑事案件与该空间及时间上的人口比，一般以每万人口发生量表示。每万人口中发生的刑事案件数＝某段时间内刑事案件发生总数÷同期以万为单位的平均人口数。该数值越大说明刑事案件发生频率越高，该地区社会治安较动荡，社会并不稳定。

2. 刑事案件增长率

刑事案件增长率（%）=（期末发生量-期初发生量）÷期初发生量×100%。该指标从趋势上反映社会犯罪状况，从而反映稳定情况。

3. 刑事案件增长速度

刑事案件增长速度=（期末发生量-期初发生量）÷时间段。该指标从增长速率方面反映刑事案件的变动状况。

4. 刑事案件破案率

指某段时间内公安机关立案侦查的刑事案件总数中已破获案件数与立案数的比例，破案率（%）=破案数÷立案数×100%。该指标反映了公安机构的侦查破案效率及刑事案件侦查难易程度。公安机关破案率越高，对社会稳定的保障越有利。

5. 八大刑事案件发案比重

八大刑事案件主要包括故意杀人、故意伤害致人重伤或死亡、强奸、抢劫、贩卖毒品、放火、爆炸、投毒等。八大刑事案件发案比重（%）=八大刑事案件发案数÷总刑事案件发案数×100%。

6. 刑事案件致死率

刑事案件致死率（%）=每万人口中因刑事案件死亡的人数÷同期以万为单位的平均人口数×100%。该指标反映出刑事案件的严重程度。

7. 青少年刑事犯罪比率

青少年刑事犯罪比率（%）=某时间段内涉案人员为未成年青少年的刑事案件数量÷刑事案件总数×100%。一个社会的少年犯越多，社会不稳定的不安定因素越多。

（二）治安案件指标

治安案件是指违反治安管理行为构成的案件，相比刑事案件，情节轻微，尚不够刑事处罚。包括扰乱公共秩序、结伙斗殴、寻衅滋事，偷窃财物，骗取、抢夺、敲诈勒索财物，故意损坏公私财物，赌博，卖淫嫖娼，阻碍国家工作人员执行公务等各种违法活动。治安案件的相关指标包括：

1. 治安案件发生频率

指在一定时间和空间上发生的治安案件与该空间及时间上的人口比，一般以每万人口发生量表示。每万人口中发生的治安案件数=某段时间内治安案件发生总数÷同期以万为单位的平均人口数。

2. 治安案件增长率

治安案件增长率（%）=（期末发生量-期初发生量）÷期初发生量×100%。

3. 治安案件增长速度

治安案件增长速度=（期末发生量-期初发生量）÷时间段。该指标从增长速率方面反映治安案件的变动状况。

4. 调解率

指某段时间内公安机关对治安案件双方进行教育、调解，顺利解决双方矛盾的治安案件数占总数的比例。调解率（%）=成功调解案件数÷治安案件总数×100%。该指标反映了公安人员调解效率及治安案件矛盾升级程度。公安人员调解率越高，对社会稳定的保障越有利。

5. 警员配备率

警员配备率（%）=警察人数÷公安局所在区域平均人口数×100%。该指标体现某区域警力是否充足。该指标数值越大，表明警力分配越充足，社会稳定越有保障。

（三）上访行为指标

信访，是指公民、法人或者其他组织采用书信、电子邮件、传真、电话、走访等形式，向各级人民政府、县级以上人民政府工作部门反映情况，提出建议、意见或者投诉请求，依法由有关行政机关处理的活动。2005年修订的《信访条例》第十八条规定：“信访人采用走访形式提出信访事项的，应当到有关机关设立或者指定的接待场所提出。多人采用走访形式提出共同的信访事项的，应当推选代表，代表人数不得超过5人。”尽管我国对开辟利益表达渠道做出了许多改进工作，如开辟了视频接访、网络信访渠道等，但传统的走访上访渠道仍然是许多信访人的主要选择，并且集体上访的组织化增强对社会舆论的负面影响较大。上访行为指标包括：

1. 上访事件发生频率

指在一定时间和空间上发生的上访事件与该空间及时间上的人口比，一般以每万人口发生量表示。每万人口中发生的上访事件数 = 某段时间内上访事件发生总数÷同期以万为单位的平均人口数。

2. 上访事件增长率

上访事件增长率（%）=（期末发生量 - 期初发生量）÷期初发生量×100%。

3. 进京非访率

进京非访率（%）= 外地上访者到北京进行非访活动的事件数÷某时间段内上访事件总数×100%。进京非访一般都会造成较大舆论效应，而且进京非访事件普遍肇因于当地无法办理或是上访者对办理结果不满意，上访者情绪比较激动，对政府管理秩序和社会稳定都有不良影响。

4. 群体性上访比率

指一定时间区域范围人数超过规定的“5 人”的群体性上访事件数量占上访事件总数的比例。群体性上访比率（%）= 群体性上访事件数÷上访事件总数×100%。

5. 非正常上访事件比率

信访人不到指定的场所和按规定的逐级信访程序向有权处理信访事项的机关或组织提出诉求，而是采取蓄意的、过激的、相关法律法规明确限制或禁止的方式，以集访、闹访、缠访、越级形态出现的影响党政机关办公秩序，损害社会治安秩序，恶化地区建设发展环境，妨害国家安全和公共安全等行为均属非正常上访。非正常上访事件比率（%）= 违反国家《信访条例》第十八、第十九、第二十条规定的行为数÷上访时间总数×100%。该数值越大，说明上访事件扰乱社会稳定的情况越严重。

6. 上访事件息诉率

顺利平息的上访事件比率（%）= 顺利息诉的上访事件数÷上访事件总

数×100%。这一指标数值越高，说明信访部门和其他相关部门的处理效率越高，处理手段合法有效，有利于社会和谐稳定。

7. 上访事件分类统计

引发上访事件的原因主要可以从经济和政治两方面来看，经济上如占地补偿问题、就业安置问题、工作福利等，政治上如干部腐败等。通过对上访事件进行统计分类，有利于了解上访事件的分布情况和处理重点。

（四）民事诉讼案件指标

民事纠纷，是指平等主体之间发生的，以民事权利义务为内容的社会纠纷（可处分性的），是处理平等主体间人身关系和财产关系的法律规范的总和，所以有违反这一概念的行为就会引起民事纠纷。民事纠纷分为两大内容：一类是财产关系的民事纠纷，另一类是人身关系的民事纠纷。生活中常见的民事纠纷包括离婚纠纷、损害赔偿纠纷、房屋产权纠纷、合同纠纷、著作权纠纷等。民事纠纷若不能得到妥善解决，不仅会损害当事人合法的民事权益，而且可能波及第三者甚至影响社会的安定。民事诉讼案件指标包括：

1. 民事诉讼案件发生频率

指在一定时间和空间上发生的民事诉讼案件与该空间及时间上的人口比，一般以每万人口发生量表示。每万人口中发生的民事诉讼案件数=某段时间内民事诉讼案件发生总数÷同期以万为单位的平均人口数。

2. 民事诉讼案件增长率

民事诉讼案件增长率（%）=（期末发生量-期初发生量）÷期初发生量×100%。

3. 民事诉讼案件增长速度

民事诉讼案件增长速度=（期末发生量-期初发生量）÷时间段。该指标从增长速率方面反映民事诉讼案件的变动状况。

4. 民事诉讼案件平均结案时间

指某段时间内民事诉讼案件从提交法院到法院审定结果所需时间的平均值，平均结案时间=民事诉讼案件结案时间总和÷民事诉讼案件总数。该指标反映了法律机构审判案件的效率。平均结案时间控制在一定范围内，能够提高人民群众对司法机构和法律制度的信任度，避免引发由案件久拖不决带来的社会稳定风险。

5. 民事纠纷调解率

指由第三方调解机构用一定的法律规范和道德规范劝导冲突双方，促使他们互谅互让，从而使民事纠纷得到化解的案件数占民事案件总数的比率。这种解决不具法律强制力，但具有合同效力。民事诉讼案调解率（%）= 以调解方式解决的民事诉讼案件数÷民事诉讼案件总数×100%。通过调解既可以减轻司法机关的工作强度，在问题的解决方式上也更加柔和，能够促进纠纷双方之间的了解，有利于纠纷的根本解决，因此民事纠纷调解是化解社会稳定风险的有效途径之一。

（五）群体性事件指标

群体性事件是指由某些社会矛盾引发，特定群体或不特定多数人聚合临时形成的偶合群体，以人民内部矛盾的形式，通过没有合法依据的规模性聚集、对社会造成负面影响的群体活动、发生多数人语言行为或肢体行为上的冲突等群体行为的方式，或表达诉求和主张，或直接争取和维护自身利益，或发泄不满、制造影响，因而对社会秩序和社会稳定造成重大负面影响的各种事件。群体性事件的表现形式多种多样，如集体上访、集体怠工、罢工、非法集会、聚众、游行、示威、骚乱、暴乱、大众恐慌等。从性质上讲，我国发生的群体性事件，绝大多数是对权利和权益的诉求，而非意图颠覆政权的有组织活动。群体性事件指标主要包括：

1. 群体性事件发生频率

指在一定时间和空间上发生的群体性事件与该空间及时间上的人口比，一般以每万人口发生量表示。每万人口中发生的群体性事件数 = 某段时间内群体性事件发生总数÷同期以万为单位的平均人口数。

2. 群体性事件增长率

群体性事件增长率（%）=（期末发生量-期初发生量）÷期初发生量×100%。

3. 群体性事件增长速度

群体性事件增长速度=（期末发生量-期初发生量）÷时间段。这个指标从增长速率方面反映群体性事件的变动状况。

4. 群体性事件成功预警率

群体性事件成功预警率（%）=某段时间区域内成功预警并提前采取措施的群体性事件数量÷该时间和区域内群体性事件总数×100%。群体性事件的预警可以争取时间提前采取防范措施，预先化解事件或有效控制群体性事件的影响范围，避免形成过大的负面影响。

5. 群体性事件软调控平息比率

群体性事件软调控平息比率（%）=某段时间区域内软调控手段平息的群体性事件数÷该时间和区域内群体性事件总数×100%。处理群体性事件的主要手段分为硬调控、软调控以及软硬结合型调控。硬调控是针对群体性事件中的违法情况依法实施强制性措施来使事态平息。软调控是针对情节较轻的人民内部矛盾实施说服教育，利用法律和道德的教化功能，使矛盾逐步化解。软调控平息矛盾的比率越大，社会稳定的可控性越大。

（六）安全责任事故指标

安全事故是指生产经营单位在生产经营活动（包括与生产经营有关的活动）中突然发生的，伤害人身安全和健康，或者损坏设备设施，或者造成经济损失的，导致原生产经营活动（包括与生产经营活动有关的活动）暂时中止或永远终止的意外事件。安全生产事故灾难按照其性质、严重程度、可控性和影响范围等因素，一般分为四级：Ⅰ级（特别重大）、Ⅱ级（重大）、Ⅲ级（较大）和Ⅳ级（一般）。按照事故原因划分，安全事故可分为物体打击事故、车辆伤害事故、机械伤害事故、起重伤害事故、触电事故、火灾事故、灼烫事故、淹溺事故、高处坠落事故、坍塌事故、冒顶片帮事故、透水事故、放炮事故、火药爆炸事故、瓦斯爆炸事故、锅炉爆炸事故、容器爆炸事故、其他爆炸事故、中毒和窒息事故、其他伤害事故20种。安全事故的发生不仅会造成经济损失或人员伤亡，还会引发社会对事故责任的质疑和对事故伤亡人员家属的赔偿的关注，如果处理不当，可能会引起严重的社会不满甚至罢工等类型的群体性事件，严重影响社会稳定。安全责任事故指标主要包括：

1. 安全责任事故发生频率

指在一定时间和空间上发生的安全责任事故与该空间及时间上的人口比，一般以每万人口发生量表示。每万人口中发生安全责任事故数=某段时间内安全责任事故发生总数÷同期以万为单位的平均人口数。

2. 安全责任事故增长率

安全责任事故增长率（%）=（期末发生量-期初发生量）÷期初发生量×100%。

3. 安全责任事故增长速度

安全责任事故增长速度=（期末发生量-期初发生量）÷时间段。这个指标从增长速率方面反映安全责任事故的变动状况。

4. 重大安全责任事故比率

重大安全责任事故比率（%）= 造成上百人员伤亡的安全责任事故数量÷安全责任事故总数×100%。

5. 安全责任事故伤亡率

安全责任事故伤亡率（%）= 安全责任事故伤亡人员数÷该事故参与人员总数×100%。

（七）行政诉讼和复议案件指标

行政诉讼是公民、法人或其他组织保护自身权益不受国家机关和组织及其工作人员侵害的有效手段，是保障一个国家依法行政、建立法治政府的重要途径。行政复议是公民、法人或其他组织认为行政主体的具体行政行为违法或不当侵犯其合法权益，依法向主管行政机关提出复查该具体行政行为的申请，行政复议机关依照法定程序对被申请的具体行政行为进行合法性、适当性审查，并做出行政复议决定的一种法律制度。行政诉讼和行政复议的制度保障了民众的合法权益，对行政机关的依法行政起到了监督作用。行政诉讼和复议案件指标能够反映出行政机关与民众之间的关系是否和谐。行政诉讼和复议案件指标主要包括：

1. 行政诉讼和复议案件发生频率

指在一定时间和空间上发生的行政诉讼和复议案件与该空间及时间上的人口比，一般以每万人口发生量表示。每万人口中发生的行政诉讼和复议案件数=某段时间内行政诉讼和复议案件发生总数÷同期以万为单位的平均人口数。

2. 行政诉讼和复议案件增长率

行政诉讼和复议案件增长率（%）=（期末发生量-期初发生量）÷期初发生量×100%。

3. 行政诉讼和复议案件增长速度

行政诉讼和复议案件增长速度=（期末发生量-期初发生量）÷时间段。这个指标从增长速率方面反映行政诉讼和复议案件的变动状况。

4. 行政复议比率

行政复议比率（%）=行政复议解决行政争议案件数÷行政诉讼和行政复议案件总数×100%。行政复议比率越高，说明官民关系相对越和谐，面对行政争议更愿意选择行政复议而不是行政诉讼的方式来解决。

（八）政府舆情指标

舆情是一定时期、一定范围内民众对社会现实的主观反映，是群体性的思想、心理、情绪、意见和要求的综合体现。① 随着移动网络和社交网络平台的流行，网络已经成为舆情产生和传播的主要平台。由于网络平台信息表达具有开放性、快捷性、互动性等特点，网络舆情已经成为社会热点的晴雨表。网络舆情用户量大、传播速度快、活跃度高，对社会稳定、政府公信力的影响日益显著。按照网络舆情的特点，政府舆情的指标可以分为舆情客体属性、舆情媒体传播和舆情主体结构三部分。舆情客体属性包括舆情事件级别、舆情事件时间跨度、舆情事件性质三个二级指标；舆情媒体传播包括舆情媒体传播信息量和舆情媒体传播广度两个二级指标；舆情主体结构包括舆情主体观点极化、舆情主体观点情感和监控主体响应

---

① 王来华：《舆情研究概论》，天津社会科学院出版社，2003，第 69 页。

三个二级指标。每一个二级指标还可继续划分为若干个三级指标，具体划分见表 3-3。

表 3-3　政府舆情指标体系

一级指标	二级指标	三级指标
舆情客体属性	舆情事件级别	地方性舆情事件
		省级别舆情事件
		国家级别舆情事件
	舆情事件时间跨度	短期舆情事件
		中期舆情事件
		长期舆情事件
	舆情事件性质	事故灾害舆情事件
		安全舆情事件
		公共卫生舆情事件
		民事纠纷舆情事件
		事件伤亡人数
舆情媒体传播	舆情媒体传播信息量	万级别
		十万级别
		百万级别
		单位时间内信息量
		事件评论总数
		事件转发总数
	舆情媒体传播广度	传统媒体报道
		官方自媒体报道
舆情主体结构	舆情主体观点极化	总体观点数
		主流观点占比
	舆情主体观点情感	正面情感观点占比
		负面情感观点占比
	监控主体响应	监控响应
		监控响应速率

（九）社会保障指标

社会保障是国家和社会通过国民收入的分配与再分配，对基本生活发生困难的社会成员给予物质上的帮助，保证社会安定的社会安全制度。我国的社会保障制度包括社会保险、社会救助、社会优抚和社会福利等内容。社会保障是社会发展的稳定器，通过对社会财富进行再分配，适当缩小各阶层社会成员之间的收入差距，避免贫富悬殊，使社会成员的基本生活得到保障，能协调社会关系，维护社会稳定。社会保障指标主要包括：基本养老保险覆盖率、基本医疗保险覆盖率、基本失业保险覆盖率、社会保障支出占 GDP 的比重、社会保障综合给付率和离退休职工平均养老金与工资之比。

（十）就业和收入指标

在国民经济运行中，就业紧密联系着社会供给和社会需求。劳动力的充分就业，扩大了产品生产，增加了社会供给量。就业者同时也是消费者，通过就业获取的劳动报酬中又有相当的比例汇入了社会消费需求。就业和收入的稳定能够促进经济繁荣发展，为社会稳定提供物质保障。就业和收入指标主要包括：城乡居民收入比和就业人数增长率。

（十一）公共服务指标

公共服务在维护社会稳定方面有着重要价值：基本公共服务的普及，关系到公民基本社会权利的实现，关系到社会的公平与正义，关系到普通民众对国家基本价值理念的认同与拥护，从而根本上关系到社会的长期稳定；基本公共服务事业的发展，有利于广大民众基本生活和发展条件的改善，是经济社会稳定发展的坚实社会基础；在我国经济社会转型的关键时期，优化基本公共服务供给，有利于扩大内需，优化产业结构，加快转变经济发展方式，从而更好地抵御内外部风险，促进经济社会长期持续稳定发展。公共服务指标主要从公共交通、医疗卫生、教育和社会服务四个方面来选择。

公共交通是城市交通的主干，公共交通工具有载量大、运送效率高、能源消耗低、相对污染小和运输成本低的优点。公共交通系统的发达程度影响着城市居民的生活出行便利程度，主要指标包括：每万人拥有公共交通车辆数和公共交通运营线路长度。

医疗卫生是影响一个地区居民生存情况的重要因素，为地区居民提供有效的医疗卫生服务也是该地区政府的重要职能之一。近年来，由医疗卫生资源紧张造成的地区性不平衡发展问题引起了一些社会不稳定因素的发展。医疗卫生的主要指标包括：食品、药品抽检合格率和每万人拥有医院、卫生院、医生数。

教育承担着社会、经济、文化、政治等功能，是直接影响人类发展的重要因素。教育是提高人力资本存量、推动经济发展的基本途径。教育有助于促进社会流动，促进社会整合与社会公平。义务教育是整个教育体系的基础，义务教育公平体现着个人成长的起点和未来发展机会的公平。教育政策的改变和教育不公平现象也是最易引发社会不稳定的因素，民族地区还涉及少数民族教育资源倾斜和优惠教育政策的问题。教育指标包括：每十万人口中在校学生数、学前教育毛入园率、九年义务教育毛入学率、九年义务教育阶段师生比、九年义务教育巩固率、普通高中与中职入学率、高等教育毛入学率、财政性教育经费投入占 GDP 比例、基础教育各阶段生均公共财政预算教育事业费支出增速、各学段资助人数和金额增速。

社会服务指的是社区服务、社会福利院、养老院等社会救济和社会福利事业。主要指标包括：每万人拥有的社区服务设施数量；各类社会福利院、养老院床位数量，收养人数；国家最低生活保障救济人数。

（十二）民族关系指标

社会主义民族关系的特征是平等、团结、互助、和谐。但我国现阶段的生产力发展水平和社会发展程度决定了我国现阶段民族关系具有民族平等的不完全性、民族团结的相对性、民族间互助合作的有限性和互助与竞争的共生性、共同繁荣的初步性的特点。① 社会主义民族关系的本质和基本目标是实现民族和谐，民族和谐也是我们做好民族工作的重要原则，是民族关系的核心价值取向。民族平等、反对民族压迫和歧视一直是中国共产党民族政策的基石和马克思主义民族理论的重要原则，是实现民族和谐的前提。要实现社会和谐发展，民族团结是不可或缺的必要前提，也是民族和谐的特征之一。民族互助也是中国共产党处理民族问题的一个基本原则。从近年来世界民族关系的发展状况来看，国际环境和宗教问题交织，正越来越多地影响民族关系的发展。阎耀军以“平等、团结、互助、和谐”为民族关系的核心结构，设计了和谐民族关系的系统分析模型，这里以他的指标体系（见表 3-4）为基础进行民族关系测评。②

表 3-4　民族关系指标体系

一级指标	二级指标	三级指标
民族关系指标	1. 政治和谐	（1）少数民族公民在人大代表中的比例
		（2）少数民族公民在政协委员中的比例
		（3）民族区域自治条例颁布实施率
		（4）少数民族干部的培养使用率
		（5）民族区域民族冲突群体性事件指数（负）
	2. 经济和谐	（6）民族区域农村人均收入与全国平均水平比
		（7）民族区域城市人均可支配收入与全国平均水平比
		（8）民族区域恩格尔系数与全国平均水平比
		（9）国家对民族地区财政转移支付力度
		（10）发达地区对民族地区对口支援力度
		（11）民族区域经济技术协作项目资金增长率

① 参见金炳镐、严庆：《论民族关系发展与和谐社会构建的切合》，《青海民族研究》2007 年第 1 期。

② 阎耀军：《民族关系和谐的逻辑结构和系统分析模型：兼及测度民族关系和谐状况的指标体系设置》，《中南民族大学学报》2008 年第 6 期。

续表

一级指标	二级指标	三级指标
民族关系指标	3. 文化和谐	（12）民族语言广电覆盖率与全国平均水平比
		（13）千人民族文字书刊印数与全国平均水平比
		（14）民族文化遗产保护与全国平均水平比
	4. 社会和谐	（15）民族地区人均受教育年限与全国平均水平比
		（16）民族地区大学生就业率与全国平均水平比
		（17）民族区域地方病、传染病发病率与全国平均水平比
		（18）民族区域每千人医生数与全国平均水平比
		（19）民族区域每千人病床数与全国平均水平比
	5. 历史和谐	（20）历史上民族矛盾冲突的延续（负）
		（21）历史上民族歧视和民族压迫的影响（负）
		（22）历史上遗留下来的民族间事实上不平等的状况
	6. 环境和谐	（23）民族地区生态退化程度（负）
		（24）民族地区环境质量指数与全国平均水平比
		（25）民族地区资源开发补偿力度
		（26）基本建设投资增长率与全国平均水平比
	7. 心理和谐	（27）对民族区域自治政策执行效果的满意度
		（28）对民族经济发展状况的满意度
		（29）对民族关系实际状况的满意度
	8. 思想和谐	（30）大民族主义思想（负）
		（31）狭隘的民族主义思想（负）
		（32）对中华民族的认同
		（33）对国家的认同
	9. 宗教和谐	（34）少数民族宗教信仰自由满意度
		（35）非法宗教活跃程度（负）
		（36）反动宗教集团势力影响程度（负）
	10. 国际环境和谐	（37）国外宗教极端主义势力干扰程度（负）
		（38）国外民族分裂主义势力干扰程度（负）
		（39）国外恐怖主义活动干扰程度（负）

（十三）社会分配指标

社会分配是指对物质生产部门的劳动者所创造的国民收入所进行的分配，它是社会再生产过程中的一个重要环节。国家对国民收入的分配是通过初次分配和再分配而实现的。初次分配是国民收入在物质资料生产部门中所进行的分配。再分配是国民收入在初次分配的基础上，在全社会范围内所进行的分配，主要在非物质生产部门、因种种原因缺乏基本生活保障的公民以及国家重点发展和扶植的产业部门中进行。近些年来，民生问题和社会公平问题一直是社会关注的热点。特别是中国贫富差距迅速扩大，导致两极分化问题突出。对此国际有一个通用的衡量指标——基尼系数，最小是0，表示所有人的收入都一样；最大是1，表示所有的财富都集中到极少数人手中。社会分配指标的选择主要关注基尼系数、贫困人口比重和收入差距三项内容，具体包括：居民基尼系数、10%最富有家庭和10%最贫困家庭收入差距、城市贫困人口占城市总人口比重、农村牧区贫困人口占农村总人口比重、城镇居民可支配收入和农村牧区居民纯收入差距、最高收入行业和最低收入行业平均收入差距。

三、推进发展的相关指标选取

我国西部地区与其他地区之间存在事实上的发展差距，这种差距要求西部地区全面发展，与其他地区保持协调发展态势，从而不断缩小差距。地区发展是地区社会稳定的基础，能为国家领土安全提供保障。我们将地区发展指标分为经济发展、民生发展和经济结构发展三个指标。

（一）地区经济发展指标

地区经济发展指标包含11项二级指标，主要从经济整体发展状况和重要行业产业发展状况两部分选择指标。具体包括：地区人均生产总值增速、地方财政收入增速、全社会固定资产投资增速、海关进出口总额增速、实际利用外商直接投资额增速、金融机构存贷款余额比率、地区社会消费品零售总额增速、农业增加值增长率、规模以上工业增加值增速、地区电信业务总量增速和邮政业务总量增速。

（二）地区民生发展指标

民生问题与人类社会发展紧密联系，与人民群众生活密切相关，也一直是中国政府高度重视的问题。只有不断改善民生，增进人民福祉，才能赢得人民群众的支持和拥护。西部地区的民生发展情况与西部地区发展和稳定密切相关，是凝聚各民族的重要因素。民生包含的内容十分广泛，如教育、医疗、社会环境、交通出行、政府服务效能、个人生活状况等多种因素，为了避免与其他指标重复，增加不必要的评价工作量，我们在民生发展指标部分聚焦于地区居民收入和消费情况。地区民生发展指标主要包括：居民人均可支配收入增速、居民人均生活消费支出和居民家庭恩格尔系数。

（三）经济结构发展指标

合理的经济结构能够充分发挥经济优势，有利于国民经济各部门的协调发展。经济结构状况是衡量国家和地区经济发展水平的重要尺度。经济结构的升级和转型，能够体现出一个地区经济可持续发展的健康程度。因此，我们考察一个地区经济发展状况时，经济结构的变化需要引起重视。改革开放以前的中国经济，农业基础薄弱，轻工业和重工业比例失衡。1978 年以后，优先发展轻工业，扩大高档消费品进口，加强基础产业、基础设施建设，大力发展第三产业等一系列政策和措施，使中国的经济结构趋于协调，并朝优化和升级的方向发展。中国各产业之间及其内部的比例关系都有了明显的改善，其中第一产业比重下降，第二、第三产业比重上升；国民经济总量增长从主要由第一、第二产业带动，转为主要由第二、第三产业带动，第二产业的增长构成了中国经济高速发展的主要动力。经济结构发展指标包括：第一、第二、第三产业增加值增速，三次产业比例，第一、第二、第三产业对生产总值增长的贡献率，绿色 GDP 占总 GDP 的比重。

四、保障安全的相关指标选取

西部地区安全是国家安全的重要组成部分，西部地区安全问题是伴随国家兴起而出现的重要问题，也是近现代民族国家间冲突与融合难以回避的问题。[①] 我们认为西部地区安全主要受到国家边界内部和外部两方面的影响，同时也是精神层面和物质层面两个层次的体现。从精神层面来看，西部地区安全首先依赖区域内居民的认同，包含国家认同、政府认同、政党认同、领导干部认同和政策认同五方面。物质层面上主要体现为领土安全（西部地区主要涉及陆地边疆），对地方政府而言，近年来生态安全日益成为影响该地区安全的重要因素。

（一）国家认同程度

国家认同是一种复杂的心理现象，是公民出于对国家价值发自内心的认可而生成的一种对国家的特定认知和情感归属状态。从国家层面上看，国家认同是国家凝聚力形成与维持的重要动力源，也是一个国家之所以能够成为国家的重要原因；从个人层面上看，只有建立了对国家的认同，公民才会建立起统一的公民身份，感受到自己与国家之间的紧密联系。我们将国家认同划分为三个部分：理性赞同、归属联系和情感奉献。理性赞同将考察受访者把对国家治理中所取得的成就与表现的评判作为其国家认同的程度，如国家在世界上的政治影响力、经济成就、社会保障体系、科学技术成就、体育成就等。归属联系考察被调查者自我界定的身份归属，以此来确定其对本国认同的程度。情感奉献考察受访者的民族自豪感和爱国主义以及由此产生的为国家奉献的心理。

（二）政府认同程度

政府认同是存在于一定政治体系中的政治主体（可以是个人，也可以是群体）对政府（以中央和地方各级行政机关为对象）所产生的一种思

---

① 余潇枫、徐黎丽：《“边安学”刍议》，《浙江大学学报》（人文社会科学版）2009 年第 5 期。

想、情感和意识上的归属感，是其对政府做出的心理反应和行为表达。[①]政府认同包含三个层次，分别是政府文化认同、政府行为认同和政府效率认同。政府文化是经过长期行政实践活动所形成的，受到行政人员自觉遵守的行为理念和认知，包括政府心理、政府道德和政府精神。政府行为是国家各级行政机关（政府）及其行政人员，在一定的社会环境中，于行政管理活动范围内，基于行政权力所实施的能够发生法律效果的行为。[②]政府行为一般具有维持社会秩序、解决社会成员纠纷、服务社会、推动社会发展等功能。人们对政府行为的态度是政府认同程度的重要维度之一。政府效率是指政府在进行社会管理过程中所消耗各类资源的比值，消耗资源越多，其效率越低。政府效率既是政府施政能力的标志（效率越高，施政能力越强），也能够显示出政府决策的科学性、控制力、全面协调和顺畅沟通是否达到了应有水平。

政府认同程度的指标主要包括：对政府工作效率的认同程度、对政府工作公平程度的认同程度、对政府的信任程度、对政府依法行政能力的认同程度、对政府信息公开程度的认同程度、对重大公共事件的政府处置手段的认同程度。

（三）政党认同程度

政党认同虽然是一个西方政治学概念，但是在中国的语境下，政党认同可以理解为对执政党的认同，是民众对执政党的心理归属感和依赖感的集中体现。现代政党政治的规律表明，政党认同是政党形成的理论基础，也是政党合法性的重要来源，对于一个政党的生存和发展至关重要。在政党政治发展过程中，政党认同度更高的政党，其执政的生命力更强、更持久。我们从三个方面考察政党认同程度：去个性化的归属程度、吸引力认同和建设性认同。去个性化的归属程度考察被调查者对政党的归属感，能否实现“一荣俱荣、一损俱损”的共情和归属感；吸引力认同考察

---

①② 李雪彦：《政府认同的二维理论探究》，《安徽工业大学学报》（社会科学版）2010 年第 3 期。

被调查者对执政党的党内环境认知及这种认知下对执政党形成的态度；建设性认同考察被调查者对执政党的理性判断。

（四）领导干部认同程度

领导干部是地方政府的重要组成部分，也是党和国家政策的执行者，领导干部的一举一动关乎人民群众对政府和执政党的印象和态度。《中国共产党廉洁自律准则》对党员领导干部提出了“四个必须”的总要求：“中国共产党全体党员和各级党员领导干部必须坚定共产主义理想和中国特色社会主义信念，必须坚持全心全意为人民服务根本宗旨，必须继承发扬党的优良传统和作风，必须自觉培养高尚道德情操，努力弘扬中华民族传统美德，廉洁自律，接受监督，永葆党的先进性和纯洁性。”领导干部认同程度从三个方面测量：领导能力、个人素质和廉洁程度。

（五）政策认同程度

政策认同就是政策接受主体对政策的认可与赞同，是人们在政策执行过程中对所施政策的心理态度和评价。广义的政策认同包括对政策本身、政策制定主体和政策执行过程的认同。政策认同程度的测量还可以从政策过程的阶段来划分，如政策制定—政策目标—政策方案—政策执行—政策评估等，具体包括：对政策制定主体的适合性认同程度，对政策制定程序适当性的认同程度，对政策目标公共性、可行性的认同程度，对政策方案民主性、科学性的认同程度，对政策执行主体能力的认同程度，对政策执行的透明度认可程度，对政策目标实现程度的评价，对政策效率性的评价以及对政策公民回应度的评价。

（六）生态安全指标

生态安全是一种非传统安全，强调的是人类赖以生存、发展的物质基础是否能满足人类可持续发展的问题。影响生态安全的因素包括生态环境系统状态、人文社会压力、环境污染压力和人文社会响应共四个因素，每个因素对应一系列具体的下级指标（见表3-5）。

表 3-5　生态安全指标体系

一级指标	二级指标	三级指标
生态安全指标	1. 生态环境系统状态	(1) 初级生产力
		(2) 生态环境系统弹性度
		(3) 景观结构指数
		(4) 生物多样性指数
		(5) 土壤侵蚀强度指数
		(6) 灾害频度
		(7) 水源涵养能力
		(8) 土壤类型及肥力
		(9) 地形—坡度限制下的土地边际开垦
		(10) 森林覆盖率
		(11) 森林碎化度
		(12) 植生变化指数
		(13) 植生指数变化格局
		(14) 水质指数
	2. 人文社会压力	(15) 人口密度
		(16) 人口变化
		(17) 区域开发指数
		(18) ≥25°坡耕地面积指数
		(19) 公路密度
		(20) 经济水平
		(21) 人寿及健康状况
	3. 环境污染压力	(22) 大气污染指标
		(23) 水体污染指标
		(24) 土地污染指标
		(25) 农业污染指标
	4. 人文社会响应	(26) 压力调整指数
		(27) 状态改善指数

在生态安全指标中，以可直接度量的客观指标为主，便于了解地区的整体生态安全态势，多角度评价生态环境系统的安全状况。生态安全首先是生态环境系统自身的安全，进一步发展到以人为出发点看待生态安全。人是生态环境系统中的一个组成部分，同时能够对生态环境进行影响、管理和调控。

五、西部地区地方政府能力体系构成

西部地区地方政府能力体系主要由三项构成，包括：维护地区社会稳定的能力、推进地区发展的能力和保障地区安全的能力。这三项能力对应的是西部地区治理所面临的三个主要问题：地区社会稳定问题、地区发展问题和地区安全问题。西部地区地方政府能力体系见图 3-5。

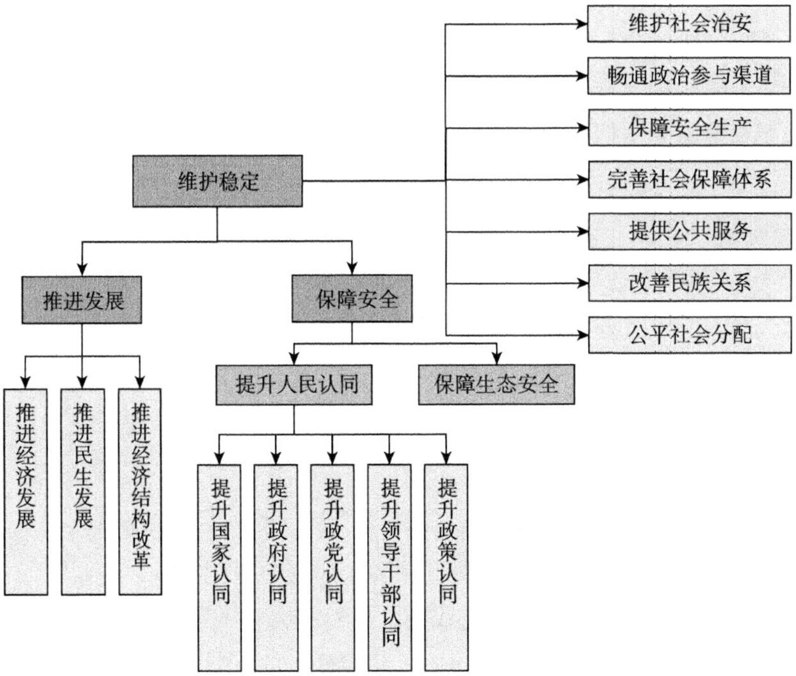

图 3-5　西部地区地方政府能力体系

地区社会稳定问题指的是涉及西部地区政治和社会稳定的相关问题，是“国家政治系统，既能维持既定的基本政治秩序，又能适应社会政治变迁的能力，社会政治生活表现出一种连续、合范、可控和有序的状态”。[①] 西部地区的政治稳定与安全和国家稳定密切相关，是该地区社会经济发展和民族团结的基本保障。在政治稳定方面，西部地区面临的问题与挑战也是复杂多元的，如地区发展不平衡、贫富差距拉大更易引起群体性事件和人们的社会不公平感。我国西部地区具有特殊的地理环境、生产方式、宗教信仰、民族文化、风俗习惯和历史传统，在社会转型期也呈现出与其他地区不同的特点。历史上，西部地区经历了新中国成立后社会政治结构的跨越，以及 1978 年改革开放以后涉及面和覆盖面宽广的社会转型，两次重大的社会转型为西部地区带来了从生产生活到人们思维和理念上的巨大转变，一方面推动了社会现代化进程，另一方面打破了原有的平衡机制和利益关系。

社会稳定是庞大且复杂的社会系统的动态状态，任何一个要素或方面的无序扰动都会影响社会系统的整体稳定。对社会稳定产生影响的因素包括经济方面（如收入分配改革、收入差异、失业率等）、社会保障方面（住房保障、低保、医疗养老等）、分配不均方面（贫富差异、城镇差异、级别差异等）。通过对上述层面存在的问题的调查研究并建立相应的预警防范机制，能够有效地减少群体性事件等突发事件，维护社会稳定和谐。

西部地区具有的特殊性包括经济文化不发达、城市化水平低、交通通信落后、人口密度小且散居，这就决定了这一地区的政治和经济发展都与其他地区显著不同。由于长期以来经济发展水平落后、经济发展速度相对缓慢，西部地区社会发展的许多问题无法得到根本解决，外部其他地区的快速发展带来的示范效应更增加了区域内民众对加快经济发展的迫切需求。西部地区的跨越式发展道路成为我国民族地区全面建成小康社会和实现现代化的战略选择。在这一过程中，西部地区政府扮演着组织者、决策

① 马建中：《政治稳定论：中国现代化进程中的政治稳定问题研究》，中国社会科学出版社，2003，第 19 页。

者、推动者和保障者的重要角色，对地区的经济和社会发展发挥着主导作用，这对该地区政府推动地区发展的能力提出了极高的要求。

西部地区安全的实现离不开中央政府国防和外交政策的制定和贯彻实施。我国西部地区面临着比较复杂的安全形势，邻国多、国境线漫长且曲折、跨界民族多，这些客观现实为地区安全的实现增加了难度。除了关注外部安全隐患，更重要的是了解并化解西部地区安全问题产生的内在原因。这一内在原因主要体现在该地区人民的认同问题上，如对国家的认同、对政府的认同、对执政党的认同、对政策的认同和对领导干部的认同等。人民对国家、党和政府及其政策、干部的认同程度高，向心力和凝聚力就强，地区安全的外部负面影响就相应较弱，西部地区也就能维持长期的安全与稳定状态。另外，这一地区自然生态环境普遍脆弱，又遭受了严重的环境污染和生态破坏，生态领土安全正逐渐成为影响西部地区安全的重要方面。西部地区属于生态环境承载力低、修复能力弱的生态脆弱地区，重视生态领土安全从根本上讲是重视和发展生产力，也是在西部地区巩固脱贫攻坚成果所必须坚守的底线。

第四章　地方政府能力与西部地区地方治理相关性的实证分析

“治国必治边。”实现西部地区善治，对于推进国家治理体系和治理能力现代化建设有着极其重要的意义。随着我国社会主要矛盾的转换、地缘政治及国际环境的变化以及“一带一路”倡议推进所带来的机遇与挑战，实现西部地区地方治理现代化有着自身独特的内涵、标准及其现实意义。改革开放以来，我国经济社会发展迅速，取得了举世瞩目的成就与进步，被世人称为“发展的奇迹”。然而，在全国经济快速发展的情况下，各地区发展极不平衡，地区经济增长与发展水平呈由东向西递减的格局。同东部沿海地区相比，西部地区发展缓慢，差距不仅没有缩小，反而有所拉大。对此，我们将运用政治学、行政学的有关范畴和理论进一步实证分析，通过对西部地区地方政府维护社会稳定能力、利益分配协调能力、公共服务供给能力、经济规划发展能力、市场制度创新能力、资源汲取利用能力、领土安全保卫能力、公共危机处置能力、生态环境保护能力与西部地区地方治理相关性的实证分析，揭示和验证二者之间的内在逻辑、相关性及其作用机理，以便找出影响西部地区地方治理现代化的地方政府能力变量，采取切实有效的措施，加强地区政府能力建设，使其同西部地区治理之间形成良性互动，推动西部地区地方治理现代化进程。

第一节　维护稳定能力与西部地区地方治理的相关性分析

维护和实现西部地区稳定，是当代中国西部地区地方治理面临的突出问题。西部地区稳定同多种因素直接相关，其中，地方政府能力的强弱及其有效性，无疑是影响西部地区稳定的重要因素，关联极其密切。

一、维护社会稳定能力与西部地区地方治理的相关性

西部地区是我国特殊的地方行政区域，也是我国最主要的少数民族聚居区，主要包括内蒙古、广西、新疆、西藏、宁夏、青海、贵州、云南等八省区，东邻东北、华北、华中、华南，南邻中南半岛和印度半岛，西邻中亚和西南亚，北邻蒙古和俄罗斯。随着改革开放的推进和西部大开发战略的实施，西部地区进入了前所未有的快速发展时期，经济与社会发展等各项事业发生了翻天覆地的变化。这种巨大的变化，一方面，为我国西部地区政治稳定提供了强有力的经济基础；另一方面，也必然会对西部地区现行的政治体系、利益分配、传统文化以及社会结构产生强烈的冲击，因而在一定程度上会影响西部地区政治稳定。与此同时，西部地区又是我国民族、宗教关系最为复杂的地区之一，在这里，历史问题与现实问题相互融合，国内问题与国际问题彼此呼应，民族问题与宗教问题交互渗透，还有诸如传统文化与现代文明、物质贫困与知识贫困、政治问题和社会问题、敌我矛盾和人民内部矛盾等，均呈现出复杂的、交叉渗透的关系。[①] 这一系列矛盾和问题源于西部地区经济社会领域的深刻变化，并将对社会稳定造成消极影响，对国家政治整合造成威胁，亦会对民族政治体系以及国家西部地区治理体系造成很大的压力和提出更高的要求。面对这种形势，政治系统如何根据环境变化的要求，以有效的机制安排，不断优

① 参见金炳镐：《现阶段我国民族问题的特点分析》，《西南民族大学学报》（人文社会科学版）2007 年第 5 期。

化其结构和功能，畅通政治输入渠道，优化政治输出效应，提升地方政府的应变力、整合力和凝聚力，将冲突和矛盾保持在秩序范围内，从而实现政治发展的连续性和有序性，确保该地区以及国家的长治久安，就成了摆在我们面前的现实问题。

作为直接面对民众的西部地区的地方政府，如何在复杂的局面中不辱使命，履行好自己的职责，化解出现在西部地区的各类矛盾，防御群体性事件的急剧发展，进而维护社会稳定，是关乎西部地区乃至整个中国繁荣稳定的重大问题。因而，提高地方政府维护社会稳定的能力，既是西部地区地方政府能力建设的重要任务，也是该地区地方政府研究中必须面对的一个重要和颇具挑战性的问题。西部地区稳定问题主要涉及西部地区的民族关系、民族宗教、利益分化和利益整合、社会管理、边境管理、边防建设等。① 在社会管理方面，我国西部地区目前仍然面临跨界民族杂居、民族人口大幅流动、宗教信仰复杂、发展差距拉大等一系列民族、宗教问题。除此之外，公共卫生、环境资源、毒品犯罪等新的现实问题也对西部地区社会管理提出了新的挑战。

从属性和性质来看，西部地区稳定及其安全属于公共物品，具有消费的非排他性、非竞争性以及效用的不可分割性等典型特征，难以避免“搭便车”行为的存在。从维护西部地区稳定及其安全投入来看（见表4-1），2018年西部地区国防支出共计29.78亿元，维稳及公安支出2061.94亿元，二者占西部地区一般公共预算支出的6.68%，高于全国平均水平的6.32%，初始投资大。从规模效益来看，西部地区稳定及其安全，不仅直接影响西部地区经济社会的发展和人民群众对美好生活的追求，也关系到整个国家的稳定和发展、民族的前途和命运、国家的主权统一和领土完整，甚至关系到国际政治格局的形成以及国际关系的调整。因此，西部地区稳定及其安全是典型的公共物品。

---

① 参见周平：《中国边疆政治学》，中央编译出版社，2015，第407—409页。

表 4-1　西部地区国防支出、公共安全支出及占一般公共预算支出比重

项目	内蒙古	宁夏	新疆	西藏	云南	贵州	青海	广西	西部地区合计	全国合计
国防支出/亿元	4.71	0.63	3.99	1.55	5.66	4.12	0.90	8.22	29.78	214.97
公共安全支出/亿元	247.45	68.40	566.96	109.45	386.41	282.70	87.19	313.38	2061.94	12109.86
一般公共预算支出/亿元	4831.46	1419.06	5012.45	1970.68	6075.03	5029.68	1647.43	5310.74	31296.53	194873.43
国防、公共安全支出占一般公共预算支出比重/%	5.22	4.86	11.39	5.63	6.45	5.70	5.35	6.06	6.68	6.32

资料来源：根据《中国统计年鉴 2019》相关数据计算得出。

公共物品理论认为，市场机制能有效地解决私人物品的供给问题，但对不具有排他性和竞争性的公共物品，市场机制不能保证该产品的供给和需求达到有效率的水平。因而，提供有效的公共物品被视为政府“善治”的表现。有鉴于此，维护西部地区稳定及其安全是西部地区地方政府的基本职能和义不容辞的责任。加强地方政府能力建设，就是要充分发挥地方政府的作用和职能，构建平等、团结、互助、和谐的西部地区民族关系，实现西部地区治理体系和治理能力现代化，有效化解西部地区社会矛盾，提升西部地区的社会管理水平，打击跨境犯罪和境外势力渗透破坏活动，促使西部地区治理走向“善治”。因此，地方政府维护社会稳定能力建设，是维护西部地区稳定、保障西部地区安全的重要治理手段和工具。

二、利益分配协调能力与西部地区地方治理的相关性

改革开放以来，无论是中央政府对地方政府权力的分配还是各项改革措施的出台，基本上采取的都是由沿海逐步向内地展开的梯度推进方式。在改革开放初期，很明显，这种推进方式有利于先改革开放的地区，而不利于后改革开放的地区，这在一定程度上加剧了地区之间经济发展的不平衡，直接导致西部地区与东部沿海地区地方政府利益分配协调能力的强弱差异，并制约着西部地区地方政府能力的有效形成及其发挥。

（一）对外开放政策造成的地方分权不均等

改革开放之前，我国实行高度集中集权的行政管理体制，中央对地方从政治、经济、文化到社会均采取垂直式的统一管理。中央与地方关系是一种“条条”管理“块块”的关系。这一体制的弊端在于束缚了地方的发展。改革开放以来，国家在财政、税收、资产投资、城市建设、对外经济贸易等一系列涉及经济社会发展的各个方面逐步向地方下放权力，调动了地方政府的积极性，刺激了地方利益主体地位的增强。然而，这一过程从时空分布上却呈现出由东部到中西部、由沿海到内地、由中心城市到边缘地区逐步推开的梯度分权格局。

从 1978 年到 2000 年，在 20 多年的权力下放改革中，西部地区地方政府能力虽然有了很大的改善、提升和发展，但与东部沿海地区相比仍有极大的差距。究其原因，一个重要的因素在于中央政府权力下放不均等。权力下放向东部沿海地区地方政府倾斜，使东部沿海地区地方政府能力迅速改善和提升；而西部地区地方政府则由于权力下放幅度较小，不像东部沿海地区那样享有较多的优惠政策以及由此而来的较大权力，因而其能力的改善和提升远远落后于东部沿海地区地方政府。

权力下放不均等，主要表现在以下几个方面：其一，建立经济特区并下放了较大的经济管理权。1979 年 7 月，中央决定在广东的深圳、珠海、汕头和福建的厦门等 4 个市划出部分地区试办出口特区；1984 年 4 月，开放海南行政区，并于 1988 年 4 月正式创建海南经济特区。与此同时，中央

政府给予上述经济特区地方政府较大的经济管理自主权和特别优惠政策，加快了其市场化改革步伐。其二，建立经济开发区并扩大其管理权限。1981 年 1 月，中央政府决定在东部沿海地区的大连、秦皇岛、天津、烟台、青岛、连云港、南通、上海、宁波、温州、福州、广州、湛江和北海等 14 个港口城市内划出一定的区域，建立经济开发区，享受类似于经济特区地方政府的管理权限并实行优惠政策；此外，又先后建立了 12 个保税区，且保税区实行比经济特区更“特”的经济政策。其三，扩大了东部沿海地区大中城市政府的经济管理权。从 1983 年 2 月起，国家先后批准哈尔滨、长春、沈阳、大连、济南、青岛、南京、杭州、宁波、厦门、广州、深圳、武汉、西安、成都等 15 个城市实行计划单列。对计划单列市视同省级计划单位，在国家计划中单列户头，直接纳入全国计划，综合平衡，统筹安排，赋予这些城市政府省级经济管理权限，并直接参加全国性的各种经济计划活动。为了适应改革开放的需要，更相应地扩大了计划单列市的政府管理权限。

从以上国家建立经济特区、经济开发区、保税区、对外开放城市、计划单列市并实施权力下放的情况来看，其范围覆盖了东部沿海地区 10 个省市以及大、中城市。而与此相反，西部地区八省区只有广西拥有 1 个开放城市——北海市。可见，中央政府权力下放不均等，明显倾斜于东部沿海地区地方政府。

权力是对利益的权威性分配。权力大，意味着能获取和支配更多的资源，同时享受其所带来的更大的利益；权力小，则意味着在资源的获取和支配上受到更多的限制，享受到的利益也将更小。[①] 在中国，权力下放不均等，利益分配不协调，必然使同级地方政府的地位呈现出明显的差异，从而影响到地方政府的能力，导致地区之间竞争不平等及其差距较大。从实践上看，权力下放不均等的梯度分权改革，一方面使东部沿海地区在较短的时间内有了迅速发展，使我国综合国力大大增强。另一方面却

① 参见薄贵利：《集权分权与国家兴衰》，经济科学出版社，2001，第 199 页。

给西部地区的发展带来了负效应：一是扩大了西部地区与东部沿海地区的差距。权力下放向东部沿海地区倾斜，使该地区的发展速度较快；而在西部地区权力下放幅度较小，其发展速度远远低于东部沿海地区。二是导致了地方政府之间不平等、不公平的竞争。权力下放的不均等，必然使西部地区地方政府无法获得与东部沿海地区同等的经济利益，削弱了地方政府能力发挥的物质基础。三是导致资源配置和流向的不合理。东部沿海地区享有较多的特权，致使人才和资源纷纷流向东部沿海地区，制约了西部地区地方政府能力的发挥。一方面，大量人才和资源的流入，极大地促进了东部沿海地区的经济社会发展及现代化进程；另一方面，则使西部地区的发展陷入了更大的困境之中。四是加剧了东西部利益分配的不均衡，使东西两大地区的人们无法公平地共享改革开放带来的成果。东部沿海地区经济管理权限宽松，经济发展迅速，人民生活水平迅速提高；而西部地区经济管理权限小，经济发展缓慢，人民生活水平因此与东部沿海地区产生了差距。

（二）政策“东倾”导致西部地区地方政府缺乏利益分配协调资源

改革开放以来，中国改变了原有的平均主义政策导向，把重点从平均转移到了效率上来，实行了非均衡发展目标梯度推进的区域发展政策。为了让东部沿海地区率先发展起来，进而带动整个国家的发展及综合国力的提升，中央政府给予东部沿海地区地方政府全方位的优惠政策。这种倾斜政策，客观上造成了西部地区与东部沿海地区地方政府所面临的资源与环境的差异，成为导致西部地区地方政府利益分配协调能力相对弱化的一个极其重要的因素。这种倾斜政策，主要表现在改革开放政策、财政税收政策以及国家投资政策上。

其一，改革开放政策。国家改革开放政策由沿海到内陆的梯度推移，使本来占地缘与亲缘区位优势的东部沿海地区地方政府，在改革开放中又率先获得了更多的优惠政策及更好的发展环境。虽然，随着改革开放的逐渐深入，优惠政策逐渐变为普惠政策，西部地区也享有了开放政策，但是东部沿海地区地方政府利用其先发优势，使自己形成了在对外贸易和实际利用外资方面的绝对优势地位。这就使得西部地区缺乏物质、资金、技术等良好的基础条件，导致政府利益分配协调缺乏雄厚的资源基础，弱化了政府的利益分配协调能力。

其二，财政税收政策。中央政府对东部沿海地区地方政府的财政政策倾斜，主要表现在财政体制（转移支付制度）和财政税收政策上。我国的财政体制在改革开放前的30年间，财政资金的分配权主要集中在中央，各地方财政都在中央财政“一灶吃饭”。改革开放40多年来，中央政府对地方实行了主要以“分灶吃饭”为基本特征的多种形式的财政包干体制和以分税制为基础的分税分级财政管理体制。在这种管理体制下，地方政府的财政收入越来越取决于自身的经济发展状况。地方经济越发展、越繁荣，地方政府的财力就越雄厚。改革开放以来，国家在东部沿海地区设立了经济特区、保税区、沿海开放城市及经济开发区，赋予这些地区较多的财税优惠扶持政策。虽然西部地区的若干边境内外开放城市、沿江开放城市、内陆开放城市和高新技术产业区，也可能享受一些与东部沿海区域相似的税收优惠政策，但总的来说，在税收优惠的覆盖面和力度方面东部沿海地区要明显高于西部地区，其结果必然会使西部地区与东部沿海地区经济发展差距加大，并导致西部地区地方政府财力相对薄弱，制约了地方政府发挥利益分配协调的能力。

其三，国家投资政策。资金投入的增长水平及其区际流动，对经济的增长与发展有着重要的影响。一般人均投资水平高的地区，其人均地区生产总值和人均收入也比较高。改革开放以来，我国经济发展的重心开始“东移”，由此决定了中央政府投资政策必然向东部沿海地区倾斜。国家投资重点的长期“东倾”，势必对国有企业比重相对较大而又长期依靠国家资金投入的西部地区的发展产生不利影响，使西部地区地方政府面临相对不利的投资政策环境。西部地区的经济发展环境不利于经济的增长，不利于地方财政的增加，地方政府所能分配的利益明显较少，进而制约了西部地区地方政府利益分配协调能力的有效发挥。

三、公共服务供给能力与西部地区地方治理的相关性

提供优质的公共服务（包括公共物品），满足社会、企业和居民的需要，为市场经济的发展提供良好的外部环境，是地方政府的基本职能与职责，也是地方政府能力的重要体现。由于不同地方政府供给的公共服务数量和质量是不完全相同的，因而有能力供给数量更多和质量更高的公共服务与公共物品的地方政府，就会对资本、技术、人才、资源等各种可流动生产要素拥有更强劲的吸引力，从而在地区经济竞争中居于优势地位。这里，我们选取教育、科技投入及其平台搭建，基础设施（高速公路里程、城市年末供水综合生产能力、城市人均公共绿地面积以及信息化率）等具体指标，以反映地方政府的公共服务供给能力。地方政府公共服务供给能力不足，是影响西部地区地方治理有效性的重要因素。

（一）教育、科技投入不足导致地区经济发展缺乏人才和技术支撑

百年大计，教育为本。教育作为人才开发、人才培养以及人才全面发展的重要途径，在经济社会发展中处于基础性、先导性和全局性的战略地位。教育能够为科技发展注入创新活力，为经济社会发展提供持久动力。

教育投入是影响经济和社会发展的重要因素。首先，教育财政投入对经济增长有突出贡献。教育财政投入可以提高劳动者素质、劳动者的知识水平和自学能力，增加劳动产出。其次，教育财政投入有助于劳动力配置的改善，这是因为经济的增长必定会引起产业结构的调整和优化，在经济结构发生变化时，政府可以利用教育财政投入对劳动者进行职业培训等继续教育，以加快调整产业结构，促进经济的快速发展。

西部地区的教育投入不足，使得该地区缺乏经济社会发展所必需的人才支撑，经济发展的稳定性和持续性不强，从而使地方政府能力也受到了极大的限制。

由表 4-2 可知，在教育支出方面，2018 年，西部地区的教育支出总和为 4987. 53 亿元，而东部沿海地区教育支出最多的广东省在教育方面的投入达到 2792. 90 亿元，约是西部地区教育支出总和的近 56%，且东部沿海

地区的教育支出总额高达 13378.75 亿元，约是西部地区的 2.68 倍，两者在教育支出方面差距十分明显；从高等院校的数量来看，东部沿海地区的高等院校数是西部地区的 2.77 倍；从教职工数量来看，东部沿海地区高等院校的教职工数是西部地区的 3.9 倍；从本专科生在校生人数来看，东部沿海地区是西部地区的 3.12 倍。教育支出的不足，一方面使得西部地区人才培养的能力不足，另一方面会造成人才的流失，进而影响西部地区经济社会发展的速度和质量，成为影响西部地区治理有效性的重要因素。

表 4-2　2018 年西部地区和东部沿海地区教育投入与人才培养情况比较

地区	教育支出/亿元	高等院校数/所	高等院校教职工数/人	本专科生在校生人数/人
内蒙古	576.33	53	40465	455284
广西	933.22	75	69027	942227
云南	1077.43	79	54832	764659
贵州	985.95	72	50050	687530
青海	199.10	12	7046	70288
西藏	232.15	7	3788	35717
宁夏	170.47	19	11629	125253
新疆	812.88	50	30812	374944
总计	4987.53	367	267649	3455902
北京	1025.51	92	143255	594933
天津	448.19	56	47468	523349
河北	1385.59	122	108248	1342631
上海	917.99	64	75115	517796
江苏	2055.56	167	170589	1806277
浙江	1572.47	108	94462	1019449
福建	925.06	89	70707	772631
山东	2006.50	145	158526	2040793
广东	2792.90	152	160099	1963170
海南	248.98	20	15313	189179
总计	13378.75	1015	1043782	10770208

资料来源：根据《中国统计年鉴 2019》相关数据计算得出。

科技进步是经济增长的重要因素，其作用表现为内涵式扩大再生产，主要依靠提高生产要素的使用效率而不是增加要素投入量来推动经济增长。区域经济发展的过程就是区域产生、获得和利用技术的过程。当某区域内的产业具有科技创新和升级的能力时，该区域就可以获得竞争优势；当某区域依赖外部技术时，则需要用内部的能力去吸收、消化外部的知识和技术。

随着科学技术的发展，特别是随着高新科技的迅猛发展，科学技术成为经济增长与社会发展的原动力，发挥着越来越重要的作用。以促进地区经济增长和发展为主要职责的地方政府，从促进地区经济社会发展及现代化进程的现实需求出发，往往采取一系列措施加快发展科学技术，促进地区科技进步。从我国改革开放以来的实践看，地方政府促进科技进步的主要措施集中地表现在科技竞争——科技投入、技术平台建设、人才争夺战略上。地方政府依靠本地区自身固有的各种有利于科技创新的资源优势，尤其是智力、人才和资本等优势，组织和推动本地区的科学技术研究与开发，或进行自主的技术创新，或进行模仿创新，进而形成区域自身的科技创新能力。科学技术是经济增长的内在要素，经济增长内在地包含着技术创新的基本过程。

从科技投入看，政府是科技投入的两大主体（政府和企业）之一。作为政府科技投入的国家财政科技拨款，是我国科技投入的重要组成部分，是科技进步的物质保障。以 2017 年科技三项费用为例（见表 4-3），西部地区与东部沿海地区地方政府科技投入差距悬殊，这是导致西部地区八省区经济发展缓慢，两大地区经济社会发展及现代化进程差距日益扩大的重要因素。

表 4-3　2017 年西部地区与东部沿海地区地方政府科学技术支出比较

单位：亿元

地区	科技三项费用支出	地区	科技三项费用支出
内蒙古	33.67	北京	361.76
广西	60.04	天津	115.99

续表

地区	科技三项费用支出	地区	科技三项费用支出
云南	53.42	河北	69.08
西藏	8.49	上海	389.90
宁夏	25.55	江苏	428.01
新疆	42.81	浙江	303.50
贵州	87.72	福建	99.44
青海	11.94	山东	195.77
		广东	823.89
		海南	12.47
总计	323.64	总计	2799.81

资料来源：根据《中国统计年鉴 2018》相关数据计算得出。

2017 年东部沿海地区地方政府科学技术支出共 2799.81 亿元，其中，广东高达 823.89 亿元；西部地区共 323.64 亿元，其中，西藏仅为 8.49 亿元。东部沿海地区是西部地区的 8.65 倍。

从人才争夺看，发展科学技术、推动科技进步都离不开人才的支撑。为此，地方政府展开了激烈的人才竞争。其基本途径是提高科技人员待遇、改善生活环境和工作环境，以留住人才，特别是吸引人才。西部地区与东部沿海地区地方政府相比，其能力存在较大差距。对于这一问题，我们将在后面论述。

地方政府在科技投入、平台建设、人才争夺上的差距，直接导致西部地区与东部沿海地区科技发展不均衡。科技进步对经济增长的贡献差距较大，以 2014—2017 年三种专利授权数为例，西部地区科技发展水平远落后于东部沿海地区（见表 4-4）。

表 4-4　2014—2017 年西部地区与东部沿海地区三种专利授权数及全国排名情况

单位：件

项目	2014 年		2015 年		2016 年		2017 年	
	授权数	名次	授权数	名次	授权数	名次	授权数	名次
内蒙古	4031	27	5522	28	5846	28	6271	28
广西	9664	21	13573	22	14858	20	15270	20

续表

项目	2014 年		2015 年		2016 年		2017 年	
	授权数	名次	授权数	名次	授权数	名次	授权数	名次
云南	8124	23	11658	23	12032	22	14230	21
贵州	10107	20	14115	21	10425	23	12559	23
青海	619	31	1217	32	1357	32	1580	32
西藏	146	32	198	33	245	33	420	33
宁夏	1424	29	1865	29	2677	28	4244	28
新疆	5238	25	8761	26	7116	27	8094	27
总计	39353		56909		54556		62668	
北京	74661	4	94031	5	100578	4	106948	4
天津	26351	13	37342	13	39734	14	41675	12
河北	20132	16	30130	16	31826	16	35348	14
上海	50488	6	60623	8	64230	7	72806	6
江苏	200032	1	250290	1	231033	2	227187	2
浙江	188544	2	234983	3	221456	3	213805	3
福建	37857	9	61621	7	67142	6	68304	7
山东	72818	5	98101	4	98093	5	100522	5
广东	179953	3	241176	2	259032	1	332652	1
海南	1597	29	2061	30	1939	31	2133	31
总计	852433		1110358		1115063		1201380	

资料来源：根据《中国统计年鉴》相关年份数据计算得出。

从两大地区三种专利授权数看，西部地区与东部沿海地区差距极大。由此可知，西部地区技术平台搭建薄弱，直接导致三种专利授权数有较大差异，进而导致经济发展的差距。东部沿海地区三种专利授权数量多，给经济发展提供了较大的技术支持，从而提高了经济发展质量；而西部地区专利授权数量少，科学技术对该地区经济发展的推动力不足。

（二）基础设施落后制约了可流动生产要素的流入

基础设施作为公共物品（服务），对一个国家或地区经济发展的作用是巨大的。这是目前国内外对有关基础设施与经济增长之间关系的实证研究得出的基本结论。世界银行 1994 年发展报告指出，发展中国家基础设施存量每增长 1%，国内生产总值（GDP）就会增长 1%。根据国内学者所做的关于全国 31 个省（区、市）的基础设施和人均国民收入相关关系的研究报告，经济性基础设施与地区经济增长存在着极强的相关性，而其中以邮电通信与人均国民收入的相关系数最高，为 0.9325；其次是交通运输，其相关系数为 0.9038。①

作为公共物品（服务）的基础设施，是地方政府吸引可流动生产要素流入的基础性物质环境条件。由于不同的地方政府提供的基础设施数量和质量是不同的，因而有能力供给数量更多和质量更优的基础设施的地方政府就会对资本、技术、人才、资源等各种可流动生产要素拥有更强劲的吸引力，从而在区域竞争中居于优势地位。正因如此，基础设施建设能力成为地方政府公共物品（服务）供给能力的主要内容。从我国地区之间地方政府基础设施供给能力的实际状况看，东部沿海地区占有绝对优势，西部地区则明显处于劣势，这是导致西部地区经济社会发展及现代化进程缓慢并与东部沿海地区进一步拉大差距的一个重要物质基础因素。这里，我们选择两大地区高速公路里程、城市基础设施（城市年末供水综合生产能力、城市人均公园绿地面积）、信息化水平等基础设施指标进行比较，即可得到证明（见表 4-5）。

表 4-5　2018 年西部地区八省区与东部沿海地区基础设施情况比较

项目	高速公路里程/千米	城市年末供水综合生产能力/（万立方米/日）	城市人均公园绿地面积/平方米
全国	142593	31221.8	14.11
东部沿海地区	40764	17608.8	13.76
西部地区八省区	33680	2662	13.35

资料来源：根据《中国统计年鉴 2019》相关数据计算得出。

2018 年，东部沿海地区十省市，高速公路里程总长为 40764 千米，西部地区八省区只有 33680 千米，东部沿海地区是西部地区的 1.21 倍；东部

① 参见张言彩：《交通基础设施建设对社会经济的影响》，《交通科技与经济》2006 年第 6 期。

沿海地区十省市，城市年末供水综合生产能力为 17608.8 万立方米/日，西部地区八省区则只有 2662 万立方米/日，东部沿海地区是西部地区的 6.61 倍；东部沿海地区十省市，城市人均公园绿地面积为 13.76 平方米，西部地区八省区为 13.35 平方米，东部沿海地区是西部地区的 1.03 倍。

再就信息化水平看，西部地区与东部沿海地区同样存在较大差距，也从侧面反映出两大地区地方政府公共物品（服务）（基础设施）供给能力的差异。国家信息化办公室曾委托课题组于 2000 年研究制定了一套信息化水平及发展的指标体系，对中国及各省、自治区、直辖市的信息化发展水平及发展进程中存在的问题进行量化反映与分析。① 研究结果表明，我国区域信息化发展不平衡，信息化指数呈现出“东高西低”的态势，在信息资源开发利用、信息网络建设、信息技术应用、信息产品与服务、信息化人力资源以及信息化发展环境等 6 项具体指标上，东部沿海地区都远远高于西部地区，两大地区之间信息化水平差距较大（见表 4-6）。

表 4-6　2000 年西部地区八省区与东部沿海地区信息化指数及全国排名情况

项目	信息资源开发利用	信息网络建设	信息技术应用	信息产品与服务	信息化人力资源	信息化发展环境	信息化指数	排名
内蒙古	73.18	7.65	57.69	44.32	10.91	21.57	38.47	17
广西	17.02	50.79	52.12	38.89	3.25	36.01	32.42	25
云南	15.02	59.53	32.90	29.07	3.76	16.54	24.52	30
贵州	2.16	157.84	40.38	5.62	4.45	21.01	31.36	27
青海	45.66	2.25	61.10	49.16	10.44	13.42	30.96	28
宁夏	60.27	39.29	65.88	48.53	14.52	23.83	42.06	14
新疆	40.48	3.93	94.43	87.72	17.32	9.60	33.30	21
西部地区	36.26	45.90	57.79	43.33	9.24	20.28	33.30	
北京	93.53	318.82	179.97	112.68	112.15	79.61	79.61	1
天津	54.24	83.51	127.75	111.27	45.87	23.92	69.17	3
河北	31.72	45.58	85.24	44.50	6.44	7.63	33.07	22

① 参见刘鼎盛：《中国信息化发展地区差距》，《情报杂志》2004 年第 7 期。

续表

项目	信息资源开发利用	信息网络建设	信息技术应用	信息产品与服务	信息化人力资源	信息化发展环境	信息化指数	排名
上海	99.91	191.86	155.3	45.19	68.91	16.65	88.45	2
江苏	48.31	37.03	101.57	34.9	21.97	41.91	45.93	12
浙江	72.43	59.03	86.53	33.49	9.86	34.68	52.80	8
福建	68.78	54.33	106.24	68.35	6.87	90.77	65.65	4
山东	29.86	50.10	65.55	25.26	13.36	20.16	33.36	20
广东	73.81	81.89	84.13	44.12	13.71	27.53	54.69	7
海南	76.97	66.48	51.97	50.30	7.83	7.49	45.34	13
东部沿海地区	64.96	98.86	104.43	57.01	30.70	35.04	56.81	

资料来源：根据《中国科技统计年鉴（2001）》相关数据计算得出。

注：西藏数据缺失。

全国信息化指数排名前4位的省份均集中于东部沿海地区，北京的信息化水平居领先地位，是全国的信息发展中心；其次是上海，天津紧随其后。而西部地区八省区的信息化发展相对落后，信息化指数排名分别为宁夏第14名、内蒙古第17名、新疆第21名、广西第25名、贵州第27名、青海第28名、云南第30名。西部地区信息化发展的落后状况，已经成为制约该地区经济和社会发展的巨大瓶颈。①

中国改革开放40多年的引资实践证明，良好的基础设施，是吸引外商直接投资的重要条件。② 西部地区在基础设施方面的落后，既是该地区与东部沿海地区发展差距的一个重要表现，也是导致该地区与东部沿海地区发展差距进一步拉大的重要原因。2018年，东部沿海地区的广东、江苏、上海、北京、浙江、山东、福建、天津、河北、海南分别利用外资17622亿元、9658亿元、7982亿元、4864亿元、3734亿元、3042亿元、2607亿元、2548亿元、958亿元、761亿元，总计53776亿元；西部地区的广西、

① 参见刘鼎盛：《中国信息化发展地区差距》，《情报杂志》2004年第7期。

② 参见刘渝琳、刘丙运：《我国引进外商直接投资影响因素的实证分析》，《国际贸易问题》2006年第4期。

内蒙古、云南、宁夏、新疆、西藏、贵州、青海则分别利用外资562亿元、460亿元、374亿元、1.04亿元、133亿元、30亿元、5.82亿元、1.53亿元，总计1567.39亿元。东部沿海地区的外资利用是西部地区的34.31倍。[①] 外资的大量流入，无疑对东部沿海地区经济与社会发展起着极其重要的推动作用，并拉大了与西部地区的发展差距。

第二节　推进发展能力与西部地区地方治理的相关性分析

地方政府的发展能力，即地方政府推动地区经济与社会发展的能力。这里，我们主要以经济规划发展能力、市场制度创新能力和资源汲取利用能力为例，对西部地区地方政府推进地区发展能力与地方治理相关性进行分析，从而揭示西部地区地方政府推进地区经济与社会发展能力与西部地区地方治理的相关性。

一、经济规划发展能力与西部地区地方治理的相关性

经济规划发展能力体现着地方政府对所辖行政区域经济社会发展进行引导、推动、组织与协调的水平和程度，集中地体现在地区经济与社会发展规划的制定、产业政策的制定以及城市化进程的推进上。地方政府经济规划发展能力偏低，是制约西部地区地方政府提升地方治理绩效的关键因素。

（一）趋同的发展战略及其产业政策限制地区比较优势的发挥

西部地区并非一片同质的地区，它包括由北至南的八个省区；同样，拥有960万平方千米国土面积的中国更不是一片同质的地区，每一个地区都有自己的特点。“各区域的自然、地理、资源条件不同，经济、技术、管理条件有别，社会、文化、历史条件各异。所有这些造成了各区域

① 国家统计局编《中国统计年鉴2019》，中国统计出版社，2019，第365页。

生产要素禀赋的差异，每个区域都拥有自己的比较优势。”① 在地区经济发展中，地方政府只有根据自己的禀赋特点，发挥地区比较优势，发展那些由禀赋差异造成的比较成本低、比较效益好的经济产业，提高区域竞争力，才能使地区经济社会发展及现代化建设取得快速发展。然而，情况并非如此！

改革开放以来，尽管“同构化战略”在理论上受到了诸多质疑，但实践中地方政府，特别是西部地区地方政府却依然难以摆脱这种发展模式的束缚，这是该地区地方政府经济规划发展能力偏低的具体表现。究其原因，主要有以下几个方面：一是为了尽快地增加产值、增多利润、增添税收，迅速改变本地区的落后面貌。各省区地方政府纷纷上马与增加地区生产总值、增加就业岗位以及改善居民生活相关的一些工业，一拥而上，不约而同地把大家都认可的产业作为本地区的投资和发展对象，加之没有与国家产业政策相配套的全国各地区域性的分工协作政策，因而产业同构不可避免。二是随着中央对地方的放权，地方政府掌握了相对不受制约的投资权。国家缺乏明确具体且可行的地区产业分工政策，对各地区竞相发展的机械、电子等行业，没有预先从地区分工的角度进行控制和引导，而分层调控体制的不健全则进一步加剧了地区经济发展战略及其产业同构和区域经济秩序混乱的局面。三是价格体系的扭曲致使区域经济利益严重变形，导致各省区地方政府、各投资主体竞相把资源投向那些因定价过高而维持其虚假的高利润率的产业部门。四是一些自然资源比较丰富的地区或是受地理因素影响较显著的地区——西部地区，受长期结构利益的驱动，地方政府也有意识地将资源向基础材料工业部门或是向出口加工制造业倾斜，从而形成了以基础材料工业为主导的产业结构，而东部沿海地区的一些省市则不约而同地形成了以轻工制造业为主导的所谓“外向型”产业结构。五是在“产值翻番”“超常规发展”等经济目标背后，隐藏着明确的政治功利目标。在这一政治目标驱动下，自觉或不自觉地选择了“同

① 江世银：《区域经济发展宏观调控论》，四川人民出版社，2003，第 191 页。

构化战略”的外化表现。一旦遇到某些发展机会，特别是那些投资少、见效快、效益高的价高利大投资项目时，地方政府及有关部门负责人就会为增加本地收入和追求自身“政绩”，而忽视客观经济条件，忽视国家经济整体规划和产业政策的需求，上项目、铺摊子，结果是许多项目由于不具备条件、没有竞争力而成为“包袱”工程。

正是在“同构化”发展战略及其产业政策的引导和推动下，西部地区与全国产业结构趋同。这里，我们采用联合国工业发展组织国际工业研究中心提出的度量区域产业结构趋同的方法——相似系数①，对西部地区与全国产业结构（1985—2018 年）进行分析，从表 4-7 中可以看出，西部地区八省区与全国产业结构的趋同现象极其严重。

表 4-7　1985—2018 年西部地区八省区与全国产业结构相似系数

地区	1985 年	1995 年	2003 年	2010 年	2018 年
内蒙古	0.94	0.90	0.76	1.00	0.96
广西	0.94	0.91	0.82	0.98	0.97
云南	0.86	0.71	0.66	0.88	0.98
贵州	0.90	0.82			
青海	0.97	0.83			
西藏	0.89	0.72	0.50	0.85	0.94
宁夏	0.90	0.74	0.75	0.84	0.91
新疆	0.80	0.47	0.45	0.91	0.93
西部地区八省区（平均）	0.90	0.76	0.66	0.91	0.95

资料来源：根据《中国统计年鉴》《中国工业经济统计年鉴》相关数据计算得出。

从产业结构相似系数看，西部地区八省区产业结构与全国的相似系数在 1985 年高达 0.90。其中，内蒙古、广西产业结构与全国的相似系数更高，均达 0.94。尽管 1995 年以后相似系数逐年下降，但 2003 年又开始上

① 衡量区域产业结构趋同的指标很多，比较常用的有霍夫曼系数、相似系数、区位商指标等。霍夫曼系数考察的是各区域轻重工业分工状况；相似系数可以从总体上考察和对比不同区域的产业构成和分布；区位商指标考察的是各个产业在区域间的专业化水平。

升，到了 2018 年西部地区产业结构同全国的相似系数则高达 0.95。西部地区各省区促进经济发展的动力源泉，主要是立足于丰富的自然资源，形成了以大项目建设为主体、以能源原材料工业基地建设为重点、以国家投入为主渠道的区域开发模式，推行资源开发导向型的传统工业化战略。各省区支柱产业的选择长期以能源、冶金、化工、机械等资源密集型或资本密集型产业为主，只是单纯地注重对自然资源特别是对能源、矿产资源的开发，而忽视发挥其生物资源多样性、民族文化多样性的优势，未能建立起具有区域特色、民族特色的本土化经济体系，在发展模式的选择上与汉族聚居地区具有明显的趋同化特征。①

就西部地区省区之间而言，发展战略及其产业政策“同构”现象也极其严重。从西部地区各省区地方政府制定的“九五”经济发展战略和 2010 年远景目标及其产业政策来看，各省区支柱产业趋同，其中把建筑建材列为支柱产业的有 5 个省区，把机械作为支柱产业的有 3 个省区（见表4-8），省区之间经济发展战略及其产业政策趋同现象十分明显。在 2001 年举行的西部论坛上，西部地区八省区确定的未来 5 年内发展的高技术支柱产业，几乎是清一色的电子、生物、新材料、医药、环保等产业；而其他重点发展的产业，也主要集中在矿产开发、机械、建材、化工等领域。②

表 4-8　西部地区八省区支柱产业规划概要

地区	支柱产业
内蒙古	冶金、机械、农畜产品加工
广西	有色金属、机械、建材、蔗糖加工
云南	矿产资源开发、生物资源开发、烟草
贵州	化工、建材、电力、食品
青海	电力、盐湖化工、石油天然气、有色金属

① 参见胡鞍钢主编《地区与发展：西部开发新战略》，中国计划出版社，2001，第 280—284 页。

② 参见柳建文：《中国西部大开发的政治经济分析》，博士学位论文，南开大学，2006，第 80—81 页。

续表

地区	支柱产业
西藏	矿产、建材、森工、民族手工业
宁夏	冶金、机械、建材、化工、轻纺、医药
新疆	矿产资源开发、化工、建材、纺织、农副产品、食品

资料来源：根据张慕葏、程建国等的《中国地带差距与中西部开发》（清华大学出版社，2000，第61页）相关资料整理。

从西部地区的发展现状来看，省区之间产业结构“同构”现象也十分明显。西部地区的资源特别是矿产资源的储量相对丰裕，但由于技术落后，并不具有市场竞争力的优势，特别是一些地理环境恶劣的省区，这种劣势则更加明显。西部地区的工业竞争力不但远远低于东部沿海地区，而且也低于全国平均水平。尽管工业化水平整体滞后，但多年以来西部地区的重工业产值比重却相对较高，轻工业产值比重相对偏低，呈现出典型的资源型工业结构特征。例如1997年，采掘和原料工业产值比重，西藏为61.9%、内蒙古为52.3%、新疆为63.8%。[①] 从西部大开发战略实施以来的情况看，这种发展格局依然没有多大变化（见表4-9）。

表4-9 1999—2003年西部地区八省区轻、重工业结构变化 （%）

地区	1999年轻工业；重工业	2000年轻工业；重工业	2001年轻工业；重工业	2002年轻工业；重工业	2003年轻工业；重工业
内蒙古	27.7；72.3	29.5；70.5	31.6；68.4	32.9；67.1	31.6；68.4
广西	42.4；57.6	39.8；60.2	39.0；61.0	39.8；60.2	37.1；62.9
云南	53.5；46.5	52.3；47.7	52.7；47.3	52.3；47.7	46.2；53.8
贵州	33.9；66.1	32.7；67.3	31.6；68.4	31.7；68.3	29.1；70.9
青海	11.1；88.9	9.2；90.8	10.3；89.7	10.6；89.4	9.0；91.0
西藏	37.2；62.8	35.7；64.4	38.4；61.6	39.6；60.4	35.1；64.9
宁夏	16.0；84.0	15.9；84.1	16.6；83.4	19.4；80.6	20.1；79.9
新疆	24.6；75.4	19.5；80.5	18.6；81.4	19.2；80.8	16.9；83.1

资料来源：根据《中国统计年鉴》相关数据计算得出。

① 参见“加快中西部工业化进程研究”课题组：《中西部地区工业化战略与政策研究》，《经济研究参考》2000年第2期。

2004年1—11月，在中国各省（区、市）颁发的矿产勘查许可证中，西部地区颁发5535件，占发证总数的61.8%，其中云南、内蒙古、西藏和新疆等4个省区合计发证就占全国发证总数的一半以上，云南、新疆、内蒙古等地则成为矿业勘查的热点地区。[①] 为了就地转化资源，尽可能地获取资源开发的最大利益，西部地区地方政府争相引进高耗能企业，造成了较大的资源浪费和环境污染。在内蒙古，高耗能工业园区遍布各地，仅包头市石拐区就有2个高耗能工业园区，共引进45家硅铁、电石等生产厂家。由于高耗能企业太多，全区缺电现象严重。

这种产业结构趋同现象，首先在很大程度上说明西部地区八省区之间并没有形成合理的产业分工及协作关系，纷纷发展能源、冶金、建材、化工、机械等重工业，造成轻工业、第三产业不发达，从而制约了各省区比较优势的充分发挥。重工业一般具有投资大、周期长、见效慢、吸纳劳动力就业少的特点，同以农产品为原料的轻工业部门比较起来，采掘工业、原料工业等重工业部门与西部地区的农业部门之间的产业关联度要低得多。优先发展采掘工业、原料工业等重工业部门，非但不能有效地带动或促进西部地区经济的全面发展，反而会延缓其经济发展进程。由于历史上形成的价格体系的扭曲，制成品、加工品价值高，重工业产品、矿产品等初级产品价格低，其结果是在与东部沿海地区的商品交换过程中，一方面，随着东部沿海地区获得西部地区低价输入的能源、原材料和初级产品而转移了大量的价值（利润）；另一方面，东部沿海地区高价的制成品返销西部地区，又把该地区创造的一部分价值（利润）带到东部沿海地区，加大了西部地区与东部沿海地区的经济发展差距。而三次产业的不合理、不协调，则进一步拉大了西部地区与东部沿海地区的发展差距。从第三产业创造的地区生产总值看，2018年，西部地区八省区为42732.66亿元，东部沿海地区十省市的总和则高达262542.02亿元，东部沿海地区是西部地区的6.14倍；西部地区第三产业创造的地区生产总值总和还不及东

① 参见《2004年矿产开采业吸引外资状况》，商务部网站，http://www.fdi.gov.cn。

部沿海地区的广东（52751.18亿元）、江苏（47205.16亿元）。[①]而同期西部地区八省区地区生产总值为90576.42亿元，东部沿海地区第三产业产值的总和是西部地区生产总值总和的2.9倍。[②]

同时，产业结构趋同加剧了西部地区各省区在招商引资上的激烈竞争，从而降低了对外资的吸引力。为了追求利润最大化，外商往往优先选择收益高、收益快的产业进行投资。1993—1999年，外商直接在我国投资的领域以工业投资为主，服务业其次，农业投资的比重仅占总投资的1%。从外资企业产出所占比重分析，在占外商投资总份额59%的工业投资中，排在前10位的产业依次是：电力和信息设备制造业，其产出占外资企业总产出的23.7%；食品生产和加工，占8.9%；运输设备，占6.7%；纺织，占6.2%；服饰，占5.6%；基础化工，占4.6%；机械制造，占4.4%；皮革及相关产品生产，占4.2%；金属制品，占4.1%；塑料制品，占3.3%。[③] 2018年，东部沿海地区外商直接投资为53776亿美元，而西部地区则仅有2575亿美元，前者约是后者的20.88倍；东部沿海地区外商投资和港澳台商投资工业企业营业收入为188572.4亿元，是西部地区6774.3亿元的27.84倍。[④]

（二）城市化推进失当致使地区经济“增长极”功能不足

“城市化”，源自英语urbanization，也译作“都市化”“城镇化”，它们之间并没有内涵上的区别，通常习惯于使用“城市化”一词。

在《中国大百科全书·地理学》中，城市化被定义为：“人口向城市地域集中和乡村地域转化为城市地域的过程。”[⑤] 从该定义看，城市化至少包括以下四个方面的含义：一是从表现形态上看，它是人口结构的分化，即从事非农业的人口增多，导致城市人口不断增长和乡村人口逐步向

---

①② 根据《中国统计年鉴2019》相关数据计算得出。

③ 参见许晶华：《外商直接投资与我国区域经济增长差异研究》，《华南师范大学学报》2005年第1期。

④ 根据《中国统计年鉴2019》相关数据计算得出。

⑤ 中国大百科全书总编辑委员会《地理学》编辑委员会、中国大百科全书出版社编辑部编《中国大百科全书·地理学》，中国大百科全书出版社，1990，第37页。

城市集中，进而促使原有城市规模不断扩大以及新城市不断出现和陆续形成。二是从经济内涵上看，它是农业劳动生产率提高、剩余劳动力从农业向非农业部门逐步转移的过程，亦即国民经济的结构演进和升级的过程，其结果是经济结构的多元化，第二、第三产业的比重逐渐增加，农业经营方式从传统农业向外向型、商品化、现代化农业转变。三是从连续的动态过程上看，它既是城市内部功能完善、城市文明向周边推进和普及、城乡一体化和共同进步的过程，又是大众传媒的普及化，人们生活方式的城市化，人们的衣、食、住、行和休闲生活向城市方式转变的过程。四是从社会结构的角度看，它是传统落后的乡村社会逐渐为现代文明的城市社会所替代的过程，由此带来了人的行为模式、交往方式、人际关系的变化，促进了人们思想观念的现代化、文化水平和总体素质的提高。因此，提高城市化水平日益成为各国政府密切关注的焦点。

上述四个方面的内涵（内容），是影响城市化进程及其水平的主要因素。因而，对城市化进行测度时，必须充分考虑这些因素。基于这样的认识，本书认为，衡量中国各区域的城市化水平，既要从数量上考虑城镇非农人口占总人口的比重，即通常所说的城市化率这一指标；更要注重城市质量的不断演化和提高，国民经济中的各种生产要素组合而成的生产函数向更高层次变革，向城市现代化迈进。一个地区的城镇非农人口比重越高，表明城镇人口集中程度越高，越有利于该地区的城市化发展。因而，城镇非农人口占总人口的比重是城市化水平的重要内容。同时，城市化的本质是产业结构转型、就业结构优化以及城市现代化，它是农业劳动生产率提高、剩余劳动力从农业向非农业部门逐步转移的过程，是城市内部功能完善、城市文明向周边推进和普及、城乡一体化和共同进步的过程，是传统落后的乡村社会逐渐为现代文明的城市社会所替代的过程。因此，城镇 GDP、人均 GDP、第三产业占 GDP 比重以及基础设施等反映居民生活水平和质量、经济发达程度和人口职业结构的指标，是衡量一个地区城市化水平的重要标志。

“城市化不仅改变了城市发展的条件、动因和模式，而且也对区域经济的空间活动过程产生极大的影响，使城市在区域社会经济发展中发挥着更为重要的作用。”① 随着城市化程度、水平的提高，一个地区的工业化程度、经济发展水平、市场化程度、城乡人口结构以及社会意识形态方面都会相应地提高和优化，特别是经济“增长极”的辐射功能带动着周边地区和区域经济的发展，加速了城乡一体化进程，促进城乡协调发展。由此可见，城市化对于一个国家和地区经济社会发展及现代化进程，具有重大影响和推动作用。

改革开放以来，中国社会开始了由传统农业社会向现代工业社会、高度集中集权的计划经济体制向社会主义市场经济体制、封闭型社会向开放型社会的转型。如何推进作为当代中国社会转型重要内容的城市化，加速地区城市化进程，以城市化促进工业化和经济现代化，成为地方政府的一项极其重要的职责和任务。由于认识上的偏差，西部地区地方政府在推进地区城市化的过程中，或是措施不力，农业人口向非农业人口转移缓慢，非农业人口比重低；或是片面追求城市化率，把城市化率等同于城市化水平和城市现代化，单纯以调整、扩大城市行政区划或者通过“地改市”等行政手段来提高城市化率。这种现象，虽然在全国其他省份不同程度地也有所存在，但相对而言在西部地区比较普遍和严重。“地改市”必然导致“市管县”。由于西部地区原有城市，一般多为地辖市（县级市），经济总量过小，实力不强，“地改市”后市辖县数量增多、面积相对过大。因此，要么向周边地区辐射的能力弱，经济“增长极”的功能没有发挥出来，难以带动周边县域的经济发展；要么出现不同程度的“市刮县”现象，以牺牲所辖县的发展换取城市（市区）的“发展”，严重影响了县域经济的发展，特别是影响了城乡协调发展及其一体化；要么仅仅是有了“地改市”“市管县”的名分，而没有任何城市化的实质意义。

与此不同，东部沿海地区的地方政府，特别是江苏、浙江、广东等省

① 孟庆红：《区域经济学概论》，经济科学出版社，2003，第166页。

地方政府则通过不断发展经济、调整产业结构和就业结构的方式来加速城市化，以中心城市辐射周边乡村。东部沿海地区原有城市经济实力强，有的甚至超强，而且 10 个省市的面积与西部地区各省区相比较小，中心城市数量较多，地级及以上城市多达 89 个。① 因而，“市管县”辖区相对狭小，幅度不大，中心城市能够向周边农村地区辐射，经济“增长极”的功能能够充分发挥出来，产生溢出效应，进而带动了周边地区的经济与社会发展，使城乡协调发展，城乡一体化进程加快，这反过来又进一步增强了原有城市的经济实力及其功能，加速了城市化进程及城市现代化，推动了地区经济社会发展及现代化进程。2012—2018 年西部地区八省区与东部沿海地区城市化率比较见表 4-10。

表 4-10　2012—2018 年西部地区八省区与东部沿海地区城市化率比较　(%)

地区	2012 年	2013 年	2014 年	2015 年	2016 年	2017 年	2018 年
内蒙古	57.74	58.71	59.51	60.30	61.19	62.02	62.71
广西	43.53	44.81	46.01	47.06	48.08	49.21	50.22
云南	39.31	40.48	41.73	43.33	45.03	46.69	47.81
西藏	22.75	23.71	25.75	27.74	29.56	30.89	31.14
贵州	36.41	37.83	40.01	42.01	44.15	46.02	47.52
青海	47.44	48.51	49.78	50.30	51.63	53.07	54.47
宁夏	50.67	52.01	53.61	55.23	56.29	57.98	58.88
新疆	43.98	44.47	46.07	47.23	48.35	49.28	50.91
西部地区	42.73	43.82	45.31	46.65	48.04	49.40	50.46
北京	86.20	86.30	86.35	86.50	86.50	86.50	86.50
天津	81.55	82.01	82.27	82.64	82.93	82.93	83.15
河北	46.80	48.12	49.33	51.33	53.32	55.01	56.43
上海	89.30	89.60	89.60	87.60	87.90	87.70	88.19
江苏	63.00	64.11	65.21	66.52	67.72	68.76	69.61
浙江	63.20	64.00	64.87	65.80	67.00	68.00	68.90
福建	59.60	60.77	61.80	62.60	63.60	64.80	65.82
山东	52.43	53.75	55.01	57.01	59.02	60.58	61.18

① 根据《中国统计年鉴 2019》相关数据计算得出。

续表

地区	2012 年	2013 年	2014 年	2015 年	2016 年	2017 年	2018 年
广东	67.40	67.76	68.00	68.71	69.20	69.85	70.70
海南	51.60	52.74	53.76	55.12	56.78	58.04	59.06
东部沿海地区	66.11	66.92	67.62	68.38	69.40	70.22	70.95
全国	52.57	53.73	54.77	56.10	57.35	58.52	59.58

资料来源：根据《中国统计年鉴》相关年份数据计算得出。

地方政府城市化推进战略及其具体措施上的失当，是造成西部地区城市化水平相对偏低的重要因素，是西部地区地方政府推进地区发展能力不足的重要体现，也是该地区城市经济不发达、“增长极”功能不足的主要原因，最终制约了西部地区治理及现代化进程。

二、市场制度创新能力与西部地区地方治理的相关性

地方政府市场制度创新能力，是影响西部地区治理现代化的重要管理体制因素。制度创新能力体现为地方政府在所辖行政区域内调整现有制度安排，以适应先进生产力发展要求的市场制度来替换不适宜的旧制度的过程中体现出来的能力。这里，我们选取地方政府推进市场化进程、所有制结构创新（“体制外”改革）、政府管理体制创新等三项指标，作为地方政府市场制度创新能力与西部地区治理相关性分析的基本指标。

（一）推进市场化进程缓慢，严重阻碍地区经济发展

所谓市场化，“是对我们正在进行的从计划经济向市场经济进行体制转轨的一个过程”。[①] 从计划经济向市场经济的转轨，即是地方政府制度创新的过程，其最重要的一个方面就是从主要由政府通过计划方式分配经济资源，逐步转向主要由市场来分配经济资源。这里，我们采用樊纲、王小鲁等测度市场分配经济资源比重的方法，把政府财政支出占地区生产总值

① 樊纲、王小鲁主编《中国市场化指数——各地区市场化相对进程报告（2000 年）》，经济科学出版社，2001，第 7 页。

的比重作为主要指标和依据。[①] 之所以如此，是因为在改革开放前，政府财政是分配经济资源的主渠道，企业利润几乎全部被纳入财政分配，社会投资资金的大部分通过财政分配。改革开放以来，我国政府财政收入在国内生产总值（GDP）中所占比重由 1978 年的 31.06%下降到了 2018 年的 20.37%。[②] 这大体上反映了市场化在经济资源分配方面带来的变化，即市场化发展程度高，政府财政预算在国内生产总值中所占的比重就低。从国际经验来看，除极少数国家例外，其他国家也大体上存在着这样一种关系，即市场化发展程度越高的国家，政府分配经济资源的程度就相对越低。因此，本书把西部地区与东部沿海地区政府财政预算分配的资金在该地区生产总值中所占的比重作为一个负相关指标，来近似地反映两大地区在资源分配方面的市场化进展程度。政府财政支出占地区生产总值的比重低，说明由市场分配资源的比重相对较高，在一定情况下反映了其较高的市场化程度，从而也就反映了地方政府依靠市场配置经济资源的能力较强；反之，政府财政支出占地区生产总值的比重高，说明由市场分配资源的比重相对较低，在一定情况下反映了其较低的市场化程度，从而也就反映了地方政府发挥市场配置经济资源的能力不强。

按照上述基本思路，我们选取 2000—2018 年西部地区与东部沿海地区地方政府一般公共预算支出占地区生产总值的比重进行分析，对两大地区市场分配经济资源的比重做一比较，从侧面反映地方政府市场制度创新能力的强弱，以及由此而导致的地区经济发展差距（见表 4-11）。

---

① 参见樊纲、王小鲁主编《中国市场化指数——各地区市场化相对进程报告（2000 年）》，经济科学出版社，2001，第 15 页。

② 根据《中国统计年鉴 2019》相关数据计算得出。

表 4-11　西部地区八省区与东部沿海地区一般公共预算支出占 GDP 比重比较

（%）

项目		2000 年	2005 年	2010 年	2015 年	2018 年
西部地区八省区	内蒙古	17.65	17.5	19.48	23.85	27.94
	广西	12.61	15.00	20.98	24.19	22.74
	云南	21.18	22.07	31.64	34.60	33.97
	西藏	20.29	26.31	108.59	134.59	133.37
	贵州	25.90	31.24	35.45	37.51	33.97
	青海	51.06	73.82	55.05	62.69	57.50
	宁夏	22.91	26.44	33.00	39.10	38.30
	新疆	14.00	19.93	31.24	40.80	41.09
东部沿海地区	北京	17.87	15.37	19.25	24.93	24.64
	天津	11.41	11.96	14.93	19.54	16.50
	河北	8.17	9.70	13.83	18.90	21.46
	上海	13.37	17.98	19.24	24.64	25.56
	江苏	6.89	9.14	11.86	13.82	12.59
	浙江	7.14	9.42	11.57	15.50	15.36
	福建	8.27	9.03	11.50	15.40	13.50
	山东	7.18	7.92	10.58	13.09	13.21
	广东	11.18	10.23	11.78	17.62	16.17
	海南	12.37	16.91	28.16	33.47	35.00
全国		17.77	18.53	17.77	25.66	24.63

资料来源：根据《中国统计年鉴》相关年份数据计算得出。

表 4-11 表明，2000—2018 年 19 年间，西部地区除内蒙古、广西两省区外，其余六省区政府一般公共预算支出占地区生产总值的比重高，特别是西藏、青海和新疆过高，市场分配资源的比重极低；而东部沿海地区除海南、北京和上海三省市外，其余七省市政府一般公共预算支出占地区生产总值的比重低，特别是江苏、山东、福建、浙江更低，市场分配资源的比重较高。2018 年，东部沿海地区十省市政府一般公共预算支出占地区生产总值的比重除海南、上海和北京外，其余七省市均在全国平均水平（24.63%）以下，市场分配资源水平高于全国平均水平；而西部地区八省

区，除广西外，其余七省区政府一般公共预算支出占地区生产总值的比重均在全国平均水平（24.63%）以上，市场分配资源水平低于全国平均水平。西部地区市场配置资源水平排在最后的西藏，政府一般公共预算支出占地区生产总值的比重更是高达133.37%，比东部沿海地区市场配置资源水平排在最后的海南（35.00%）高出98.37个百分点。

西部地区政府一般公共预算支出占地区生产总值的比重过高表明：一方面，地方政府市场制度创新能力低，致使市场分配资源比重偏低，市场配置资源的基础性作用没有发挥出来，政府仍然是经济资源配置的主体；而政府财政支出的流向主要是国有及国有控股企业，非国有工业企业由于资金限制而难以得到快速发展。另一方面，说明地方政府仍然是地区经济发展的投资主体，其投资比重占当地经济投资的绝大多数，多元化投资主体还远未形成，亦即资本市场制度尚未形成。上述状况，必然导致该地区地方治理及现代化进程滞后，并进一步拉大与东部沿海地区的发展差距。

2018年，广东国有控股工业企业营业收入为21744.6亿元，私营工业企业营业收入为30736.3亿元，前者相差后者8991.7亿元，两者之比为1∶1.41；江苏国有控股工业企业营业收入为18427.7亿元，私营工业企业营业收入为47302.5亿元，前者相差后者28874.8亿元，两者之比为1∶2.57；山东国有控股工业企业营业收入为24341.6亿元，私营工业企业营业收入为28680.8亿元，前者相差后者4339.2亿元，两者之比为1∶1.18；浙江国有控股工业企业营业收入为11636.2亿元，私营工业企业营业收入为27395.5亿元，前者相差后者15759.3亿元，两者之比为1∶2.35；福建国有控股工业企业营业收入为6195.6亿元，私营工业企业营业收入为17305.1亿元，前者相差后者11109.5亿元，两者之比为1∶2.79；河北国有控股工业企业营业收入为11016.8亿元，私营工业企业营业收入为18264.1亿元，前者相差后者7247.3亿元，两者之比为1∶1.66。西部地区国有控股工业企业营业收入总和为34952.9亿元，私营工业企业营业收入总和为18571.8亿元，前者超过后者16381.1亿元，两者之比为1.88∶1；西部地区八省区国有控股工业企业营业收入总和为34952.9亿元，江苏省私营工业企业营业收入就高达47302.5亿元，江苏是西部地区总和的1.35倍。[①] 这也从侧面反映出市场配置资源的基础作用发挥得好，地区经济发展得就快。

（二）“体制外”改革滞后，束缚非国有经济的发展

“体制外”改革，即所有制结构创新，是地方政府整个市场制度创新的关键。西部地区经济发展相对缓慢，与其所有制结构极不合理密切相关。改革开放以来，市场导向的非国有经济的迅速发展，对我国所有制结构的调整、改革，特别是经济增长和市场化做出了最主要的贡献。实践证明，非国有经济是我国社会主义市场经济的重要组成部分；所有制结构创新，即非国有经济的形成及其发展，对于推动地区经济与社会发展及现代化具有极其重要的作用。

与东部沿海地区相比，受多种条件的限制，西部地区地方政府推动所有制结构创新，即推动非国有经济发展的能力相对不足，致使所有制结构单一，非国有经济发展滞后，产值总量相对有限。而东部沿海地区地方政府则充分利用其有利的社会环境和优惠的中央政策，进行“体制外”改革，大力发展集体经济（包括乡镇集体企业）、私营经济、混合经济、外资经济、港澳台商投资经济等非国有经济，使其在整个地区经济中的比重大幅度提高，由此带动了地区经济总量的增加以及质量的提高。

在所有制结构创新过程中，东部沿海地区地方政府敢于率先把一些经济管理权限下放给广大生产经营者。地方政府在加强宏观管理的同时，把更多的精力放在一视同仁地为各种所有制经济服务上，引导经济主体走向市场，为非国有经济的发展营造良好的制度环境。从创业角度看，为非国有经济提供创业场地、改善交通、放宽准入门槛、简化办证手续、减少行政审批环节等；从经营角度看，营造良好的市场环境，使之既有利于企业从外部环境输入必要的生产要素，又有利于把企业生产的产品或劳务输向

① 根据《中国统计年鉴2019》相关数据计算得出。

外部环境；从发展角度看，除了舆论环境、法治环境外，主要在政策环境上采取鼓励、扶持和服务到位的措施，为非国有经济拓宽发展空间提供了有利的条件。而西部地区地方政府则更多的是控制权力，做法保守。受传统观念的束缚，普遍存在着把发展非国有经济作为“权宜之计”的舆论，出现了种种行为短期化的倾向。正是由于地方政府的积极引导和人们的积极参与，东部沿海地区非国有经济在健康发展过程中，先后创新了一系列的制度安排，如家庭工业、农户联营企业、股份合作制，兴办地方专业市场，产生了产业集聚与产业簇群，通过各种要素的流转来促进“要素流动，民营企业成长与市场扩展”①，最终形成了一个又一个具有非常明显的区域性特征的“温州模式”“苏南模式”“珠江模式”等，进而形成了一个功能完备的制度结构。由于这些制度创新与制度安排大都是本地区人们在实践中自发创新与政府引导、规范管理相结合的产物，并有一定的组织管理机构保证其贯彻实施，所以，结构内各要素之间的联系是一种内在的有机联系，制度创新的路径显示出报酬递增的特征。相反，西部地区在非国有经济发展和所有制创新过程中，许多制度安排不是在当地的经济实践中自发地创新出来，而是东部沿海地区已经创新出来的制度在本地区的移植和引用。因此，地方政府在很大程度上代替人们成为制度的制定者与执行者（而非创新者），人们普遍缺乏制度创新的主动性、积极性和创造性，即使偶有创新，也因创新成本之巨而夭折，因而制度的结构功能很弱。在经济组织结构方面，东部沿海地区民营企业的组织结构已向现代企业转变，有限责任公司占私营企业总户数的比重已突破一半，高达58.4%，并开始向规模化、集团化、股份化以及产业簇群的方向发展；而西部地区的民营企业组织结构仍然以个体工商户和中小型企业为主。东部沿海地区民营企业已由传统的家族式管理向家族管理和现代企业管理并举

---

① 谢恒：《制度转型：西部民营经济发展的原动力》，《邵阳学院学报》（社会科学版）2006年第3期。

转化，而西部地区绝大多数民营企业仍然以家族式管理为主。[①] 由于非国有经济企业主和政府不能很好地协调和配合，西部地区非国有经济制度创新的动力严重不足，因而地方政府为非国有经济增长提供的有效制度供给有限，制度对经济的增长与发展非但不是动力，在某种意义上反而是阻力，从而无法鼓励进取和创新，导致经济绩效偏低，并最终导致西部地区与东部沿海地区民营经济发展差距拉大。

截至2003年底，全国共有私营企业300.6万户，其中，东部沿海地区多达205万户，而西部地区仅有34.1万户。[②] 早在1996年，东部沿海地区城乡个体工业就已实现工业总产值8589.21亿元，其中，浙江最高，多达2858.04亿元；西部地区则实现1845.46亿元，仅为东部沿海地区的21.49%、浙江的64.57%。[③] 西部地区地方政府推动所有制结构创新和“体制外”改革，即推动非国有经济发展能力的严重不足，既是该地区与东部沿海地区发展差距的一个重要表现，也是导致本地区经济社会发展及现代化进程缓慢的一个重要的体制原因。这里，我们以2003年两大地区非国有经济在工业总产值中的比重为例进行分析，这一态势十分明显（见表4-12）。

---

① 谢恒：《制度转型：西部民营经济发展的原动力》，《邵阳学院学报》（社会科学版）2006年第3期。

② 国家统计局编《中国统计年鉴2004》，中国统计出版社，2004，第150页。

③ 国家统计局编《中国统计年鉴1997》，中国统计出版社，1997，第415页。

表 4-12　2003 年西部地区八省区与东部沿海地区非国有经济发展情况比较

（工业总产值）　　　　单位：亿元

项目		国有及国有控股企业	非国有经济			
			集体企业	股份有限公司	外商投资企业	港澳台商投资企业
西部地区	内蒙古	798.51	22.10	326.11	94.36	57.50
	广西	797.95	69.36	182.08	231.19	77.00
	云南	1145.91	63.43	171.76	55.80	39.10
	贵州	667.75	26.64	121.62	32.43	7.08
	青海	195.01	2.98	145.12	1.90	5.54
	西藏	16.76	3.67	5.74	0.03	0.01
	宁夏	211.74	4.83	41.73	26.07	8.34
	新疆	909.99	14.91	685.64	14.86	9.26
	总计	4743.62	207.92	1679.80	456.64	203.83
			2548.19			
东部沿海地区	北京	2051.79	134.49	582.84	1134.53	418.65
	天津	1456.51	384.05	514.08	1633.98	262.07
	河北	2360.39	542.01	753.07	391.25	351.18
	上海	4466.43	361.16	646.02	5043.03	1383.72
	江苏	3422.44	1124.85	1626.85	4050.46	1956.96
	浙江	1686.99	690.81	1221.88	1382.58	1203.23
	福建	1125.72	171.78	217.54	1231.77	1894.49
	山东	5148.72	2526.39	1804.98	1862.74	620.50
	广东	3949.03	849.63	1818.65	5971.94	7709.39
	海南	213.56	4.79	37.85	40.92	17.83
	总计	25881.58	6789.96	9223.76	22743.20	15818.02
			54574.94			

资料来源：国家统计局编《中国统计年鉴 2004》，中国统计出版社，2004，第 514—516 页。

注：2004 年以后《中国统计年鉴》不再做非国有经济工业总产值方面的统计，所以，本书只取 2004 年以前的统计数据。

2003 年，东部沿海地区非国有经济实现工业总产值 54574.94 亿元，西部地区实现 2548.19 亿元，东部沿海地区是西部地区的 21.42 倍；东部沿海地区十省市非国有经济工业总产值之和是西部地区八省区地区生产总值总和 11544.6 亿元的 4.73 倍。而到了 2018 年，东部沿海地区十省市国有控股工业企业营业收入为 129107.1 亿元，私营工业企业为 178536.7 亿元，外商投资和港澳台商投资工业企业为 188572.4 亿元，私营工业企业、外商投资和港澳台商投资工业企业营业收入均超过国有控股工业企业；西部地区八省区国有控股工业企业营业收入为 34952.9 亿元，私营工业企业为 18571.8 亿元，外商投资和港澳台商投资工业企业为 6774.3 亿元，私营工业企业、外商投资和港澳台商投资工业企业营业收入均低于国有控股工业企业。[①] 东部沿海地区私营工业企业、外商投资和港澳台商投资工业企业营业收入均超过西部地区生产总值 90576.42 亿元，分别是西部地区的 9.61 倍、27.84 倍。

（三）政府管理体制创新艰难，制约地区经济发展

地方政府管理体制创新能力，主要反映在处理政府与市场、政府与企业的关系上。理顺政府与市场、政府与企业的关系，成为一个地区地方政府管理体制改革和创新的核心问题。这里，我们选取减少政府在商品市场上的地区贸易壁垒和减少政府对企业的干预这两个指标，作为衡量地方政府管理体制改革和创新能力的标准。改革开放初期，各地区地方政府为了保护本地区的原材料供应或财政收入，曾经实行过各种不同形式的地区贸易保护政策以防止短缺产品外流。随着竞争的展开，短缺现象已经全面消除，这些地区保护措施也基本上不复存在。但是，另一种形式的区域贸易壁垒却在改革开放的一定时期有所抬头，即一些地区的地方政府为了保护本地企业，采取各种措施对进入本地区的外地产品设置行政性障碍，包括对外地产品禁止入境，实行行政许可证管理，额外收费，实行不同的技术检验、质量检验和环保标准等。这些措施有违公平竞争的市场原则，并且在某种程度上保护了低效率的当地企业，降低了市场资源配置的效率。因

① 国家统计局编《中国统计年鉴 2019》，中国统计出版社，2019，第 419、425、431 页。

此，减少地区设置的贸易壁垒，是建立适应市场经济发展的政府与市场、政府与企业关系的一个重要方面，也是地方政府管理体制改革和创新的重要内容。对此，樊纲、王小鲁等把企业抽样调查所提供的各地贸易保护状况的信息作为依据，来评价这方面的创新程度。其评分依据是各地样本企业在全国各省（区、市）销售产品遇到的“歧视性”贸易保护措施（陈述的件数）与相应省（区、市）的经济规模（GDP）之比，该比值越低得分越高。① 对此，我们予以认同并加以采用。

改革开放以来，由于中央政府的地方分权，地方政府不仅拥有了相当大的自主调控经济的能力，而且对本地区经济的繁荣发展负有越来越大的责任。由于各地区地方政府的职能转变及其行为方式各异，对本地区经济发展的推动作用各不相同，所以地区经济发展的成效也有大小之别。东部沿海地区地方政府思想解放较早，能够较快地接受现代市场经济的新思想、新观念，在改革政府管理体制方面成功地进行了超前性的试验，从而极大地解放了生产力，激发并释放了地区的经济潜能，形成了以发展推动改革、以改革促进发展的良性循环。“综观沿海地区政府架构和运行模式，无一不是‘小政府、大社会’的框架格局，其通行的做法是：撤销专业经济管理部门，使国有企业部门所有、政府部门直接干预企业的弊端得到了较好解决，政府从直接管理企业、直接参与企业生产经营活动之中逐渐摆脱出来，实现从部门管理向行业管理和综合管理转变，同时大幅度地削减机关行政人员。”② 而西部地区地方政府则不然，政府对市场经济干预较多，其运行模式同市场经济的要求相去甚远。

以 2016 年西部地区与东部沿海地区减少商品市场上的地方政府保护和减少地方政府对企业的干预为例进行分析比较，两大地区地方政府管理体制改革和创新存在一定差距，成为西部地区经济发展缓慢并影响治理现代

① 参见樊纲、王小鲁主编《中国市场化指数——各地区市场化相对进程 2000 年报告》，经济科学出版社，2001，第 18 页。

② 王晓平：《制度创新：从沿海地区经验看我区经济发展的路径》，《理论研究》2001 年第 2 期。

化的重要管理体制因素（见表4-13）。

表4-13　2016年西部地区八省区与东部沿海地区减少商品市场上的地方政府保护和减少地方政府对企业的干预比较

地区		减少商品市场上的地方政府保护	减少地方政府对企业的干预	地区		减少商品市场上的地方政府保护	减少地方政府对企业的干预
西部地区	内蒙古	8.15（20）	-0.20（31）	东部沿海地区	北京	3.27（31）	4.19（12）
	广西	10.34（1）	3.04（16）		天津	7.35（25）	9.68（1）
	云南	9.33（8）	1.76（22）		河北	7.14（26）	5.15（8）
	西藏	3.56（30）	1.89（21）		上海	8.13（22）	8.95（2）
	宁夏	7.87（23）	4.11（13）		江苏	9.48（4）	5.87（6）
	新疆	6.81（28）	2.29（19）		浙江	9.23（11）	6.18（4）
	贵州	9.37（7）	2.08（20）		福建	9.45（5）	0.11（30）
	青海	6.70（29）	0.25（28）		山东	9.18（12）	4.49（10）
					广东	9.73（2）	6.73（3）
					海南	7.45（24）	3.49（15）

资料来源：根据樊纲等主编的《中国分省份市场化指数报告（2018）》（社会科学文献出版社，2019）相关数据计算得出。

注：括号中数字表示在全国的排名。

2016年，全国31个省（区、市）中，减少商品市场上的地方政府保护指数排名前6位的省（区、市），有3个在东部沿海地区，为广东、江苏、福建，分别为9.73、9.48、9.45；而西部地区的内蒙古、新疆和西藏则分别排在第20、第28和第30位，其指数分别为8.15、6.81和3.56。在减少地方政府对企业的干预指数排名中，东部沿海地区的天津、河北、上海、江苏、浙江、山东和广东等7省市进入全国前10名之列，而西部地区没有进入全国前10名之列的。地方政府管理体制的创新能力与水平相对偏低，政府与市场、企业的关系不顺，致使西部地区市场化进程缓慢、经济发展受阻，影响了西部地区治理现代化的进程。

三、资源汲取利用能力与西部地区地方治理的相关性

资源汲取利用能力反映着一定区域对可流动资源的吸引程度，主要体现在地方政府对资金的争夺能力和对可支配财力的集中程度上，既表示区域间竞争力的大小，也是政府能力强弱的外在体现。这里，我们用地区财政收入、国家预算内资金投资、国内贷款投资、利用外资投资、自筹资金投资以及其他资金投资等六项指标来反映地方政府的资源汲取利用能力。

（一）财政汲取能力有限影响地区经济发展

“财政是政府活动的基础，决定各级政府实现法定职权的能力和水平。”① 政府财政（汲取）能力是政府能力的重要组成部分，它是指各级政府以公共权力为基础而筹集财力，提供公共物品以满足公共需要、稳定公共经济、促进社会经济发展、合理进行再分配的能力的总和。一般来说，财政收支和经济增长是相互依存、相互作用的。一方面，财政收入的增长依赖经济增长与发展，随着经济增长、发展水平的逐步提高，财政收入也会相应地增长，进而提高政府的财政支出能力；另一方面，政府财政支出在参与国民经济运行的过程中，能弥补市场失灵，通过有效提供公共物品以满足公共需要、稳定公共经济、合理进行再分配，从而更好地促进经济增长和社会发展。

就一个地区而言，地方政府的财政能力同地区经济社会发展及现代化进程关系极为密切。“一个地区的政府发展经济的能力取决于财政汲取能力和财政支配能力。”② 地方政府的财政汲取能力越强，就越能够强有力地推进本地区的经济社会发展及现代化进程；反之则反是。这已为改革开放以来中国各地区经济发展的实践所证明。

衡量与评价各地区地方政府的财政能力是一个极其复杂的问题，考虑到这一问题的复杂性，为了能够客观真实地反映出各地区地方政府财政能

① 林尚立：《国内政府间关系》，浙江人民出版社，1998，第 81 页。

② 胡鞍钢、王绍光、康晓光：《中国地区差距报告》，辽宁人民出版社，1995，第 151 页。

力上的差异，这里我们选取财政收入、财政支出两项指标，通过与东部沿海地区的比较，对西部地区地方政府的财政能力进行分析（见表4-14）。

表4-14　2000年、2010年、2018年西部地区与东部沿海地区地方财政能力比较

单位：亿元

地区	2000年		2010年		2018年	
	财政收入	财政支出	财政收入	财政支出	一般公共预算收入	一般公共预算支出
内蒙古	95.03	247.27	1069.98	2273.50	1857.65	4831.46
广西	147.05	258.49	771.99	2007.59	1681.45	5310.74
云南	180.75	414.11	871.19	2285.72	1994.35	6075.03
贵州	85.23	201.57	533.73	1631.48	1726.85	5029.68
青海	16.58	68.26	110.22	743.40	272.89	1647.43
西藏	5.38	59.97	36.65	551.04	230.35	1970.68
宁夏	20.82	60.84	153.55	557.53	436.52	1419.06
新疆	79.07	190.95	500.58	1698.91	1531.42	5012.45
西部地区	629.91	1501.46	4047.89	11749.17	9731.48	31296.53
北京	350.00	443.00	2353.93	2717.32	5785.92	7471.43
天津	133.61	187.05	1068.81	1376.84	2106.24	3103.16
河北	248.76	415.54	1331.85	2820.24	3513.86	7726.21
上海	485.38	608.56	2873.58	3302.89	7108.15	8351.54
江苏	448.31	591.28	4079.86	4914.06	8630.16	11657.35
浙江	342.77	431.30	2608.47	3207.88	6598.21	8629.53
福建	234.11	324.18	1151.49	1695.09	3007.41	4832.69
山东	463.68	613.08	2749.38	4145.03	6485.40	10100.96
广东	910.56	1080.32	4517.04	5421.54	12105.26	15729.26
海南	39.20	64.12	270.99	581.34	752.67	1691.30
东部沿海地区	3656.38	4758.43	23005.4	30182.23	96039.28	79293.43

资料来源：根据《中国统计年鉴》相关年份数据计算得出。

注：财政收入从2015年起改为一般公共预算收入。

从财政收入看，2000年，西部地区八省区财政收入之和为629.91亿元，东部沿海地区十省市为3656.38亿元，两者相差3026.47亿元，后者是前者的5.8倍；2018年，西部地区八省区一般公共预算收入之和为9731.48亿元，东部沿海地区十省市为96039.28亿元，两者相差86307.80亿元，后者是前者的9.87倍。从财政支出看，2000年，西部地区八省区财政支出之和为1501.46亿元，东部沿海地区十省市为4758.43亿元，两者相差3256.97亿元，后者是前者的3.17倍；2018年，西部地区八省区一般公共预算支出之和为31296.53亿元，东部沿海地区十省市为79293.43亿元，两者相差47996.90亿元，后者是前者的2.53倍。

财政汲取能力相对有限，制约了西部地区地方政府在满足区域内公共需要、基本建设投资、稳定地方公共经济、合理进行再分配等方面职能的实现，并最终影响了地区经济的持续、稳定和快速发展。

（二）利用国内投资能力不足致使地区经济发展缺少建设资金

投资是国民经济活动的重要组成部分，是实现资源配置的重要手段。在经济运行中，投资具有先导作用，并以其乘数效应转化为拉动作用，强化着投资对经济增长的重要贡献。中国改革开放40多年来，高资本投入是经济增长最重要的支撑力量。李京文等的实证研究表明："资本投入对中国经济增长的贡献为49.65%。"① 中国经济增长主要是依靠投资推动的，具有明显的投资主导型特征。1978年以来，中国大部分年份的投资率都维持在35%以上，1993年投资率达到43.5%，固定资产投资增长率达到61.8%。② 在固定资产投资中，基本建设投资是其最主要的形式，主要目的在于扩大再生产，是新增固定资产和提高生产能力的主要手段，体现了外延扩大再生产的性质。这里，我们分别选取西部地区与东部沿海地区1978—1990年基本建设投资分布、1996年和2000年基本建设投资国内来源、2017年固定资产投资（国内来源）等数据，对两大地区进行比较（见表4-15、表4-16、表4-17）。

---

① 李京文、钟学义：《中国生产率分析前沿》，社会科学文献出版社，1998，第4页。

② 参见张俊宇：《中国投资与经济增长关系的实证研究》，《山东经济》2006年第1期。

表 4-15　1978—1990 年西部地区与东部沿海地区基本建设投资分布

西部地区		东部沿海地区		全国	
总额/亿元	百分比/%	总额/亿元	百分比/%	总额/亿元	百分比/%
2189.30	19.1	5962.57	51.9	11482.98	100.0

资料来源：根据《中国固定资产投资统计资料（1950—1985）》《中国统计年鉴》相关年份数据计算得出。

1978—1990 年，国家基本建设投资总计 11482.98 亿元，其中，西部地区为 2189.30 亿元，东部沿海地区为 5962.57 亿元，两者相差 3773.27 亿元，后者为前者的 2.72 倍。在这一时期，国家基本建设投资主要集中于东部沿海地区，其中，广东、上海、辽宁、山东和北京所占比例最大，分别为 1094.26 亿元、785.74 亿元、736.55 亿元、655.53 亿元和 626.98 亿元，分别占全国投资总数的 9.5%、6.8%、6.4%、5.7%和 5.5%；仅广东、上海、辽宁三省市的基本建设投资总额就高达 2616.55 亿元，超过西部地区的总和，占全国的 22.8%。①

表 4-16　1996 年、2000 年西部地区与东部沿海地区基本建设投资国内来源

单位：亿元

项目	国家预算内资金		国内贷款		自筹资金		其他资金	
	1996 年	2000 年	1996 年	2000 年	1996 年	2000 年	1996 年	2000 年
西部地区	86.41	319.84	422.02	673.87	610.71	945.33	175.30	328.62
东部沿海地区	212.85	465.52	734.91	1541.28	2198.77	2884.84	408.65	512.90
全国	524.38	1594.07	1938.86	3586.35	3778.83	5233.10	965.00	1396.87

资料来源：根据《中国统计年鉴》相关年份数据计算得出。

从国家预算内资金投资看，1996 年，西部地区国家预算内资金投资总计 86.41 亿元，占全国的 16.48%；东部沿海地区为 212.85 亿元，占全国的 40.59%，是西部地区的 2.46 倍。2000 年，西部地区国家预算内资金投资总计 319.84 亿元，占全国的 20.06%；东部沿海地区为 465.52 亿元，占

① 根据《中国统计年鉴》相关年份数据计算得出。

全国的29.02%，是西部地区的1.46倍。

从国内贷款投资看，1996年，西部地区国内贷款投资为422.02亿元，占全国的21.77%；东部沿海地区为734.91亿元，占全国的37.90%，是西部地区的1.74倍。2000年，西部地区国内贷款投资为673.87亿元，占全国的18.79%；东部沿海地区为1541.28亿元，占全国的42.98%，是西部地区的2.29倍。

从自筹资金投资看，1996年，西部地区自筹资金投资为610.71亿元，占全国的16.16%；东部沿海地区为2198.77亿元，占全国的58.19%，是西部地区的3.60倍。2000年，西部地区自筹资金投资为945.33亿元，占全国的18.06%；东部沿海地区为2884.84亿元，占全国的55.13%，是西部地区的3.05倍。

从其他资金投资看，1996年，西部地区其他资金投资为175.30亿元，占全国的18.17%；东部沿海地区为408.65亿元，占全国的42.35%，是西部地区的2.33倍。2000年，西部地区其他资金投资为328.62亿元，占全国的23.53%；东部沿海地区为512.90亿元，占全国的36.72%，是西部地区的1.56倍。

由此可见，1996—2000年，无论是国家预算内资金投资，还是国内贷款、自筹资金以及其他资金投资，西部地区与东部沿海地区都存在较大差距，特别是国内贷款投资、自筹资金投资差距过大。经济建设资金短缺，成为西部地区经济增长与发展的制约因素，致使该地区经济发展缓慢，并逐步扩大了与东部沿海地区的发展差距。

西部大开发战略实施以来，西部地区与东部沿海地区固定资产投资差距依旧没有多大改变。尽管中央政府加大了对西部地区的投资，然而由于西部地区地方政府在为投资者提供服务、改善市场环境、促进本地区吸引国内投资，特别是吸引国内贷款投资、自筹资金投资能力方面依然存在诸多问题，因而利用国内投资严重不足。

表 4-17　2017 年西部地区与东部沿海地区固定资产投资资金来源

单位：亿元

项目		国家预算资金	国内贷款	自筹资金	其他资金	总额
西部地区	内蒙古	1176.9	1399.0	9830.3	477.8	12884.0
	广西	1954.5	2675.6	12484.2	3183.3	20297.6
	云南	1782.2	2185.3	7025.8	2938.5	13931.8
	贵州	1085.2	2324.6	7607.8	2408.0	13425.6
	青海	639.7	903.5	1597.4	265.5	3406.1
	西藏	1037.3	80.6	371.0	106.7	1595.6
	宁夏	254.7	601.2	1514.5	539.8	2910.2
	新疆	1831.9	1769.7	5455.7	1527.6	10584.9
	总计	9762.4	11939.5	45886.7	11447.2	79035.8
东部沿海地区	北京	1092.1	2595.4	3600.9	3608.5	10896.9
	天津	187.5	2016.7	7803.2	2786.7	12794.1
	河北	1185.1	1951.8	25815.2	2920.5	31872.6
	上海	811.6	2013.0	2834.9	2504.1	8163.6
	江苏	1044.6	6397.8	37932.4	11532.0	56906.8
	浙江	2736.3	4173.7	19180.4	8573.4	34663.8
	福建	1819.0	2370.1	17013.7	4516.3	25719.1
	山东	1316.9	5658.6	40696.3	6998.6	54670.4
	广东	2482.0	6832.7	22038.1	11224.4	42577.2
	海南	359.8	745.3	1828.9	1977.5	4911.5
	总计	13034.9	34755.1	178744.0	56642.0	283176.0
全国		38741.7	72435.1	417700.0	108346.2	637223.0

资料来源：根据《中国统计年鉴 2018》相关数据计算得出。

从 2017 年固定资产投资情况看，全国投资总额为 637223.0 亿元，其中，西部地区为 79035.8 亿元，占全国的 12.4%；东部沿海地区为 283176.0 亿元，占全国的 44.4%，两大地区差距十分明显。

各项投资中，从国家预算资金投资看，西部地区为 9762.4 亿元，占全国的 25.20%；东部沿海地区为 13034.9 亿元，占全国的 33.65%。西部地区占比与东部沿海地区占比相差 8.45 个百分点。从国内贷款投资看，西部地区为 11939.5 亿元，占全国的 16.48%；东部沿海地区为 34755.1 亿元，占全国的 47.98%。东部沿海地区是西部地区的 2.91 倍，两大地区之间存在较大差距。从自筹资金投资看，西部地区为 45886.7 亿元，占全国的 10.99%；东部沿海地区为 178744.0 亿元，占全国的 42.79%。东部沿海地区是西部地区的 3.90 倍，两大地区之间差距较大。从其他资金投资看，西部地区为 11447.2 亿元，占全国的 10.57%；东部沿海地区为 56642.0 亿元，占全国的 52.28%。东部沿海地区是西部地区的 4.95 倍，两大地区之间差距较大。

西部大开发以来，中央政府投资力度明显向西部地区倾斜。2017 年，国家预算内资金投资分布，西部地区与东部沿海地区之间差距不大，分别占全国的 25.20% 和 33.65%；而 1996 年西部地区与东部沿海地区分别占全国的 16.48% 和 40.59%。然而，在国内贷款投资、自筹资金投资和其他资金投资上，两大地区之间存在较大差距，西部地区与东部沿海地区分别占全国的 16.48% 和 47.98%、10.99% 和 42.79%、10.57% 和 52.28%，由此反映出西部地区地方政府融资能力——国内贷款投资、自筹资金投资以及吸引国内其他资金投资的能力不足。

国内投资不足，一方面有中央政府的原因，另一方面也表现出地方政府资源汲取利用能力的不足。就中央政府而言，20 世纪 80 年代以来，由于中央政府实行非均衡发展战略，把中央投资项目重点转向东部沿海地区，并对这一地区实行优惠政策，由此形成了若干投资热点，如深圳特区、海南特区和上海浦东开发区等，吸引了大量国内资金、内地资金进入。西部大开发以来，尽管中央政府加大了对西部地区的投资，但这些投资主要集中于生态环境和基础设施建设，其产生的经济效益带有很强的滞后性，见效慢。就地方政府而言，由于东部沿海地区地方政府率先进行经济体制改革，投资来源多元化以及投资结构中国有经济比重迅速下降、非国有经济比重不断上升，进而推动了地区经济社会发展及现代化进程；与之相反，西部地区地方政府经济体制改革进程缓慢，非国有经济发展滞后，致使地区投资结构中国有经济比重居高不下，投资来源相对单一，对中央政府的投资依赖性较大。

按照钱纳里的划分标准，西部地区目前仍然处于工业化的初期阶段，东部沿海地区已经开始进入工业化中期的后半阶段。在工业化的初期阶段，如果提高资本的投资率，将会促进本地区经济的快速增长。西部地区投资比重低，势必制约其经济的增长与发展，从而进一步拉大与东部沿海地区的差距。

（三）吸引和利用外资能力匮乏严重制约地区经济快速发展

外商直接投资（FDI）对区域经济的影响包括许多方面，其中较为显著的影响表现为：通过外资的注入，形成新生资本，促进区域经济增长；通过介入生产活动，带动区域技术、贸易、产业结构的变化，促进区域就业；外资企业通过产业关联，主要是后向关联，对其他企业产生乘数效应，带动区域经济增长。从中国的区域经济发展状况来看，外商直接投资高的区域，经济发展的速度就快，可见外商直接投资是促进地区经济快速发展的重要因素。

中国的外商直接投资，可以分为两类：一类以海外华人中小资本为主，集中于广东、福建等地，对投资地区的影响以经济增长和扩大就业为主；另一类为跨国公司投资，集中于主要经济中心，对区域的影响除经济增长和就业外，还有明显的技术和管理带动。从全国的视角来分析，外商直接投资对区域经济增长的影响差异较大。西部地区外商直接投资比例过小，经济增长因缺少外资而缓慢。相比之下，在东部沿海地区，尤其是外商直接投资占当地经济规模比例超过全国平均值的几个省市，外商投资对区域经济增长起着极其重要的推动作用，广东、福建、上海、江苏、浙江等省市的外商直接投资对当地经济增长的推动作用更大、更为明显。

东部沿海地区良好的投资区位是外商直接投资考虑的重要方面，外资利用这些区域的信息获取优势和相对较好的技术基础条件，可以迅速占领更大的区域市场。为了追求利润最大化，外商往往优先选择在交通、通信等基础设施条件好，靠近消费市场和投资收益高的区域进行投资。1978 年以来，我国对外开放的战略是“先东后西”，让沿海等基础条件好的地区享有各种优惠政策，迅速实现经济增长，使“一部分地区、一部分人先富起来”，于是，东部沿海地区吸引了绝大部分的外来投资。中央政府寄希望于东部沿海地区发展后，其要素价格要高于西部地区，导致财富效应的西移，最终会促进全国经济的均衡发展。然而，地区差距的缩小绝非可以自行实现，要素聚集和产业聚集所产生的效应远大于要素价格的上升，从而使得我国东西部差距呈现出不断扩大之势。到了 2002 年，东部沿海地区与西部地区无论是在人均地区生产总值，还是在人类发展指标上都差距极大。这种差距的扩大更促使外商投资企业将资金投向收入水平高、消费能力强的东部沿海地区，而基础条件差、资金严重匮乏的西部地区由于无力改善投资环境，更加难以吸引外商直接投资，经济发展的步伐也就愈加迟缓，从而形成中国在经济发展水平地区差距上的“马太效应”。这种显著的地区差距，已经并将继续制约国民经济持续、稳定和协调地发展。

吸引和利用外商直接投资能力严重不足，既有中央政府的原因，也反映出地方政府资源汲取利用能力不足的问题。就地方政府管理体制而言，西部地区在政策环境、发展战略、市场制度以及资金配套等软环境方面，在交通运输、通信设施、供水等公共服务方面都存在诸多问题，致使地方政府在为外资提供服务质量上相对较差，缺乏足够的吸引和利用外商直接投资的能力。以 2016 年、2018 年外商在西部地区和东部沿海地区直接投资为例进行分析，这一态势则十分明显（见表 4-18）。

表 4-18 2016 年、2018 年外商在西部地区与东部沿海地区直接投资

单位：亿美元

地区	2016 年	2018 年
内蒙古	411	449
广西	437	627
云南	330	544
贵州	237	453
青海	75	79

续表

地区	2016 年	2018 年
西藏	23	30
宁夏	87	185
新疆	97	133
西部地区	1697	2500
北京	4274	4867
天津	2226	2548
河北	848	958
上海	7342	7982
江苏	8799	9658
浙江	3199	3734
福建	2263	2607
山东	2519	3042
广东	7816	17622
海南	760	761
东部沿海地区	40046	53779

资料来源：根据《中国统计年鉴》相关年份数据计算得出。

2016 年、2018 年，西部地区八省区实际利用外商直接投资占全国的比例，年平均只有 3.31%。同期，东部沿海地区所占的比重则高达 78.15%。两大地区利用外商直接投资的差异，是导致西部地区经济增长严重滞后，西部地区治理水平一直未能取得突破性进展的重要因素。

第三节　保障安全能力与西部地区地方治理的相关性分析

中国西部地区地域辽阔，资源丰富，邻国众多，民族多样，文化多元，问题复杂，战略地位显要，在整个国家安全与发展战略中占有重要地位。综观我国西部地区及周边态势，各种安全威胁的挑战日趋复杂与综合。西部地区自古以来一直是关涉国家统一与安全的战略要地，既是“国门”安全的重要屏障，也是分裂与动乱的热点地区，政治、经济、军事等战略地位重要。原因主要有以下几个方面：一是地域辽阔，资源丰富，西部地区不仅是我国重要的能源资源储备区，也是我国未来经济发展的重要能源资源基地。二是西部地区作为对外交流的窗口，在对外开放中具有重要的经济联系作用，是连接中国与国外的经济纽带，起着对外开放的“桥头堡”作用，特别是对于当前中国“一带一路”建设具有重要的战略意义。三是具有重要的地缘政治战略地位。我国西部地区地形地貌复杂，邻国多，周边关系复杂，是维护中国领土与主权完整的重要战略屏障，在国家安全方面起着不可替代的重要作用。西部地区是国家的边防前线、战略要地，国家利益的拓展都需要以西部地区为依托。四是西部地区是多民族共存区域，是社会稳定、国家统一的重要区域。西部地区安宁，则国家稳定；西部地区不稳，则国家不宁。西部地区安全问题获得保障，一方面与西部地区的民族团结、社会稳定及繁荣发展密切相关，另一方面关系到国家的主权独立、领土完整以及与周边国家乃至国际社会的和平相处。西部地区地方政府保障西部地区安全的能力对本地区乃至国家的政治安全和社会稳定具有重大意义，也是影响西部地区地方治理有效性的关键因素。

一、领土安全保卫能力与西部地区地方治理的相关性

领土安全在国家总体安全中居于十分重要的地位。整个人类社会进入阶级社会之后的发展史，从某种意义上可以理解为生存空间的拓展史，也就是一部领土斗争史。历史上的强盛大国，其发展壮大无不和领土的扩张息息相关。我国作为一个发展中的大国，面临的领土安全问题既极其复杂又极端严重，挑战诸多。

虽然经济高速发展，国际实力稳步增强，且在国际社会影响力越来越大，但我国依然是一个发展中国家，也是联合国安理会五大常任理事国中唯一一个没有实现祖国完全统一的国家。21 世纪以来，在国际政治经济格

局大变动和全球资源环境日趋紧张的背景下，我国所面临的领土安全冲击日趋严重。

西部地区是拱卫国家核心区域发展和拓展外向性发展空间的战略组成部分，覆盖我国大部分的边疆地区，西部地区安全是国家安全与发展的重要依托。现代民族国家以民族为主体，在地球表面占有划定固定区域的国家疆域，处在国家广袤的领土地域范围边缘的地区便成为国家的边疆。[①] 现代民族国家的边疆是兼及地理、政治、社会、文化等多方面的概念内涵，国家的领土疆域代表着国家权力和立国根本在地理范围上的延伸，国家边界使得国家领土范围被精确划定、被严格规定和彼此承认，这种边界线确定了国家主权空间，现代民族国家俨然是以领土来定义的领土国家。[②] 国家领土的边疆区域则是作为领土国家之间相邻的边界地带，亦成为国家安全最敏感的地区。如果国家领土是国家存续与发展的常数，那么领土边界安全则是一个基于国家安全边界推展的近乎无限的变数。国家追求的终极目标便是生存和安全，而且生存是以安全为前提条件的，国家行动的必需条件取决于国家的生存环境。在国家安全中，尤其应把领土安全视为国家各项安全的基石，领土的安全变化将直接对国家政治安全、经济安全等其他方面的安全产生根源性影响，国家的核心安全就时刻与领土安全紧密联系在一起。

国家的疆域是国家的地理空间，是国家存续和发展的基础，占据和控制一定的地理空间范围，是国家形成、存在和发展的前提条件。在国家疆域这个物质性前提条件下，任何疆域安全问题都会对国家的存在和发展造成消极影响，甚至是破坏性的影响。国家边疆区域在安全中起着安全保障作用，是国家的安全屏障。同时，又与国家外部安全环境相连带具有“跨境性”，这种“跨境性”不仅体现在范围上，也体现在层次上。邻邦近国的安全问题、地区地缘政治格局和国际形势的风云突变，都会最先在国家边缘地带显现，进而对国家中心产生影响。在如此深刻的全球化进程

① 方盛举:《边疆治理在国家治理中的地位和作用》,《探索》2015 年第 6 期。

② 周浦:《全球化时代的疆域与边疆》,《中国边疆史地研究》2014 年第 3 期。

中，原先现代民族国家建立划定的国家边界实体逐渐在全球化进程中被消解，经济贸易自由化和信息革命使得国家与国家之间的紧密联系前所未有，跨越边界的政治互动、经济往来、文化交流频繁，边疆俨然已经超越地缘的限制，从国家安全、政治、经济、社会和文化的边缘走向中心。边疆安全体系中存在着与“总体国家安全观”相匹配的安全问题体系，而边疆地区的这种安全体系最能反映安全体系中的种种要素。纯粹的国家安全治理理论，可能无法解释在众多行为体参与和众多安全因素多重叠加与嵌入的情况下的国家安全问题，因此需要以全面视角和整体主义来治理西部边疆地区的安全问题。

国家边疆安全处于国家安全最容易感知、烈度最大、危险性最高的位置，领土毗邻国家间的国家安全问题会通过“边际效应”在整个区域产生影响，这种毗邻的震动将呈现区域化。特别是在全球化进程中，这种“边际效应”带动的国家安全问题会继续“被放大”，这种震动波在边疆地区内反应最大，最终呈现的“波纹状”烈度由国家边疆地区向国家中心部分递减，边疆地区在此时便成为国家安全的“中心”。国家安全的问题首先就显现或者发生在边疆地区，特别是那些领土疆域十分广袤的国家。国家的安全危机往往暂时不会在核心区域而会在边疆区域呈现较大烈度，此时的边疆安全危机就意味着国家的核心安全问题。

在现代的国家边界认知中，国家边界是相邻国家间地区层次范围的边疆区域，国家的边界地带是向国家内部区域延伸的疆域边缘地带范围。国家领土边界的确定使得国家的区域划分——核心区、边疆区、外围区等也就成为国家治理的重要形式，领土边疆地带将涉及国家领土与主权完整、国家安全、社会经济发展、民族团结、国际政治等可持续发展的重要方面。

二、公共危机处置能力与西部地区地方治理的相关性

西部地区公共危机事件不仅仅关乎本地区的稳定与发展，更关乎国家的长治久安。我国作为社会主义国家，致力于为人民营造稳定、和平、安

全的生活环境，西部地区的稳定与安全是国家稳定的重要组成部分，西部地区地方政府在处理公共危机事件时应该承担起主要责任。西部地区公共危机事件的发生与其地理位置及其历史发展有着重要关系。只有提升地方政府危机处置能力，及时有效地化解公共危机，才能保障西部地区的稳定，维护社会秩序。

西部地区地理位置与历史文化的特殊性，决定了该地区公共危机事件的性质不同于其他地区。其主要特征包括：一是民族性与政治性；二是复杂性与多元性；三是隐蔽性与暴力性；四是内部归属性。

西部地区八省区地处我国边境地区，在我国具有重要的战略地位。认识西部地区危机管理现状，是加强地方政府公共危机处置能力的前提。

其一，政府层面。西部地区地方政府的行政管理体制导致其缺乏应对公共危机事件的能力。政府组织中，人员数量不足，且专业化程度不高，甚至有些部门是其他机构的并列结构，当危机发生时不能及时应对；部门之间不协调，发生危机时，各部门不能充分有效地合作，只是单从一方面解决问题，没有认识到西部地区公共危机的特殊性；相关信息了解不充分、不及时，不能从源头上遏制公共危机的发生；缺乏足够的专业人才深入民族地区对相关问题进行研究，导致西部地区公共危机事件处理得不充分、不完善。

其二，社会层面。一方面，政府倾向于不让社会组织介入，以免危机事件影响的扩大化；另一方面，由于社会组织自身对危机事件的传播和处理失当，得不到政府的信任。

其三，个人层面。民众个人危机意识不强，受教育程度不高且普遍缺乏危机意识，危机一旦降临，就变得手足无措，公民的辨别意识弱、容易盲从，加上信息相对闭塞，使得公民的公共危机处理参与度不高，公共危机处理时间延长，不利于西部地区从危机中恢复。

西部地区地方政府在处理公共危机事件方面存在的问题，制约了公共危机处置能力的提高，进而影响了各族人民对政府的认同。西部地区的稳定是国家稳定的重要构成部分，由于其地理位置特殊，对国家整体的安全具有重要意义，因而受到国家的高度重视。维护西部地区的安全与稳定就需要地方政府努力提高公共危机处置能力，让西部地区的人民生活安心，保障地区的和谐稳定，进而实现西部地区善治。

三、生态环境保护能力与西部地区地方治理的相关性

生态安全是影响国家安全和西部地区地方治理的重要问题。环境作为人们赖以生存的生态系统，影响着人类社会的发展，历史上不少国家的消亡都与生态环境息息相关。人们为了工业的发展对环境造成了极大的损害，无论是世界性的全球变暖问题，还是区域性的污染问题，都给世界各国的未来发展带来了重要影响。生态文明是以人与自然、人与人、人与社会和谐共生、良性循环、全面发展、持续繁荣为基本宗旨的社会形态。我国作为世界上最大的发展中国家，一方面需要推动经济发展，提高人民生活水平；另一方面又要保护生态环境，建设生态文明国家，使经济发展在生态环境承载力之内。随着国家对生态环境的日益重视，党和国家提出“生态文明建设”，并将其贯彻落实到社会生活、经济发展和西部地区治理的方方面面。

我国西部区域作为重要的生态涵养区和生态安全屏障区，占据着重要的地理区位，是生态文明建设的重要基地。西部地区的生态文明建设不仅对该地区生态安全以及经济发展有重要影响，更对我国整体生态文明建设与经济的持续发展有至关重要的意义。生态文明建设要求西部地区地方政府重视生态环境保护，严守生态红线，做好生态屏障保护工作，为社会发展保驾护航。工业的发展对于西部地区来讲是必不可少的，但是孤立地看待生态与经济的关系是不正确的，生态文明建设与经济发展并不冲突，要求西部地区地方政府提升进而发挥生态环境保护能力，将生态保护和经济发展有机结合，推动生态效益最大化。西部地区地方政府发挥生态环境保护能力，是该地区建设生态文明、治理地区环境的重要推手。

西部地区的经济水平相对落后，同时恶劣的自然环境加大了地方政府的行政成本，极大地限制了地方政府能力的提高，从而不利于我国西部地

区的治理。西部地区位于我国自然地理结构的第一、第二台阶的高原和山地上，自然条件较差，生态环境恶劣。如前所述，这一地区虽然地域辽阔，面积占全国总面积的53.61%，但其中不易利用的沙漠、戈壁和海拔3000米以上的高寒地区占60%，加上相对有效土地面积被沙漠、戈壁和高山峡谷所分割，交通十分不便；地处干旱、半干旱气候区，单位土地面积平均拥有可利用的水资源仅及全国水平的1/7。① 地处边境、土地贫瘠、干旱少雨、高寒多风，是这一地区的基本自然状况。

在中国，西部地区多处于生态脆弱区，即东北林草交错生态脆弱区、北方农牧交错生态脆弱区、西北荒漠绿洲交接生态脆弱区、西南岩溶山地石漠化生态脆弱区、西南山地农牧交错生态脆弱区和青藏高原复合侵蚀生态脆弱区。这些地区自然条件十分恶劣，地势高而陡峭，山地比重大，生态环境脆弱，易于产生大面积的水土流失。② 中国科学院对我国各省（区、市）生态环境脆弱度的分析结果显示，生态环境质量状况优良以上的地带主要在东部沿海地区，占国土总面积的26.1%；生态环境质量状况为中级的地带主要分布在中部地区；生态环境质量状况差的地带主要集中于西部地区，占国土总面积的58.2%。③ 西部地区绝大部分是干旱或半干旱地区，年均降水量在400毫米以下（西南地区稍多），西北地区年降水量多在200毫米以下，致使这些地区沙化严重。大部分地区年积温在4000℃以下（西南地区稍高），气温偏低，不利于农业生产，青藏高原更在1600℃以下。西南地区多为山地，西北和北方多为黄土和沙漠，含有机质少，不利于农作物生长。同时，西部地区多为岩丕裸露，植物稀疏，森林覆盖率低。据1996年统计，当年全国森林覆盖率为13.4%，而新疆为0.9%、内蒙古为2.1%。④ 虽然近年来西部地区森林覆盖率有所提高，但是与东部沿海地区相比仍有差距，见表4-19。

---

① 参见车哲九：《加快中西部发展实现各民族共同繁荣》，《民族研究》1997年第1期。

② 参见胡鞍钢、王绍光、康晓光：《中国地区差距报告》，辽宁人民出版社，1995，第105页。

③ 参见杨敏：《区域差距与区域协调发展》，《中国人民大学学报》2005年第2期。

④ 参见黄保勤：《西部民族地区经济社会现状与发展研究》，《民族研究》1999年第5期。

表 4-19 2017—2018 年西部地区与东部沿海地区森林覆盖率比较 （%）

项目	2017 年	2018 年
全国	21. 63	22. 96
内蒙古	21. 03	22. 10
广西	56. 51	60. 17
云南	50. 03	55. 04
贵州	37. 09	37. 09
青海	5. 63	5. 63
西藏	11. 98	12. 14
宁夏	11. 28	11. 89
新疆	4. 24	4. 87
西部地区平均值	24. 72	26. 12
北京	35. 84	43. 77
天津	9. 87	12. 07
河北	23. 41	26. 78
上海	10. 74	14. 04
江苏	15. 80	15. 02
浙江	59. 07	59. 43
福建	65. 59	66. 80
山东	16. 73	17. 51
广东	51. 26	53. 52
海南	55. 38	57. 36
东部沿海地区平均值	34. 37	36. 63

资料来源：根据《中国统计年鉴》相关年份数据计算得出。

由表 4-19 可知，经过多年的环境治理，西部地区的森林覆盖率有了较大提高，与 1996 年相比，2018 年内蒙古的森林覆盖率提高了 20. 00%，全国的森林覆盖率也由 13. 40% 上升到 22. 96%，上升了 9. 56%，表明我国生态环境有所改善；但不容否认的是，西部地区的森林覆盖率与东部沿海地区仍有差距，2017 年二者的差距为 9. 65 个百分点，2018 年二者的差距为 10. 51 个百分点，呈现出了差距扩大的趋势。

此外，西部地区普遍气候多变，风沙、风暴、滑坡、泥石流、雪灾、地震等自然灾害频繁。① 我国的沙漠戈壁主要分布在西北和内蒙古的干旱和半干旱地区，总面积为 128 万平方千米，约占全国国土总面积的 13%，我国是世界上沙漠戈壁面积较多的国家。贺兰山—乌鞘岭以西，沙漠面积最大、最集中，我国四大沙漠都分布在这一地区。

上述自然条件，客观上对西部地区地方政府的生态环境保护能力提出了巨大挑战，加大了西部地区治理的难度。同时，也对这一地区地方政府行政管理职能的确立以及机构的设置等提出了一些特殊的要求：一是恶劣的自然条件，造成了西部地区政府运行成本增加，财政负担沉重。二是增加了地方政府基础设施建设的成本。所有这些，都成为制约西部地区地方政府能力形成、存在、变化以及发生作用的重要因素。因此，西部地区要不断加大地区环境保护力度，深刻认识到“绿水青山就是金山银山”，在环境承载能力之下，实现经济发展与改善生态环境的双赢，不断提高生态环境保护能力，推动西部地区实现善治。

① 参见王存教：《论民族地区经济发展的制约因素和对策》，《西北民族学院学报》1998 年第 1 期。

第五章　制约西部地区地方政府能力的因素分析

政府能力，既是政府发展的直接结果，又是政府与其行政环境交互作用的产物。因此，探讨西部地区八省区地方政府治理能力，必须关注其所处的自然、社会环境，综合分析各种制约因素。地方政府“与多样性的地理和社会生态环境的联系更为密切”①，特别是内蒙古、广西、云南、西藏、宁夏、新疆、贵州和青海八省区地方政府，与其周边的自然、社会历史、人文、政策、体制以及国际环境因素密切关联。这些因素必然成为制约地方政府能力的基本要素，并给予地方政府能力以深刻的影响。正确把握这些制约因素，是寻求如何强化和提升西部地区八省区地方政府治理能力并提出相应对策性思路的基本条件之一。所谓“制约因素”，是指那些对西部地区八省区地方政府治理能力的形成、存在、变化以及发生作用产生影响的诸条件的总和。用函数关系可以这样解释：如果西部民族地区地方政府治理能力为 C（capability），相关的制约因素为 F（factor）（F_1，F_2，F_3，…，F_n），那么，具体的函数式可以表达为：

$$C = f[F(x)]，其中，x>0 \qquad (5-1)$$

在函数式中，C 的存在和变化是以 F 的存在和变化为条件的，同时又受到 F（F_1，F_2，F_3，…，F_n）的制约。因此，不同制约因素的出现，会对地方政府治理能力产生不同的影响。从政治学、公共行政学的角度入

---

① ［美］文森特·奥斯特罗姆等：《美国地方政府》，井敏、陈幽泓等译，北京大学出版社，2004，第1页。

手，我们将西部地区地方政府治理能力的制约因素分为六大类：①自然因素；②社会因素；③人文因素；④政策因素；⑤体制因素；⑥国际因素。这些制约因素的存在，直接影响着西部地区地方政府的治理能力，并对稳定、发展和安全等治理的基本问题产生重大影响。

第一节　制约西部地区地方政府能力的自然因素

行政管理和政府治理的自然环境即自然因素，是指作用于政府治理系统的一个国家或地区的地理位置、自然条件和自然资源的总和，它对行政管理和政府治理具有极其重大而深远的影响，制约着政府能力的有效发挥及其治理绩效。因而，西部地区特有的自然环境成为制约其地方政府能力的基本因素。

一、行政管理的自然环境及其对政府能力的影响

行政环境是行政管理和政府治理的前提、依据及施加影响的对象，它是行政系统赖以存在和发展的外部条件的总和。政府治理总是在一定行政环境影响下存在和发展的，并与行政环境发生一定的联系。在行政管理和政府治理过程中，行政系统[①]与其周围行政环境之间的有机联系，便构成了行政生态环境。这些条件有物质的、精神的；有有形的、无形的；有自然界的、社会的。总之，凡是作用于行政系统，并为行政系统反作用所影响的条件和因素，都可以属于行政环境的范围。地形地貌、山川河流、大气气候、自然资源、人口、民族关系、阶级状况、历史传统、文化教育、科学技术以及社会制度、政治制度、经济制度，乃至生活方式、价值观

---

① 行政系统是指由行政组织和行政人员组成的、具有活力的行政现象和行政过程。在社会各类组织中，行政系统的组织最为庞大、作用的范围最为广泛，与其构成有机联系的行政环境也因之具有极为广阔的范围。

念、道德风尚等，都能对行政系统产生作用，又为行政系统所改造，因而成为行政环境的组成部分。“行政环境是一个非常复杂的体系，按不同的标准，可以进行不同的分类。根据各种因素性质上的差异，行政环境可分为自然环境和社会环境两大类。……社会环境可分为国际社会环境和国内社会环境。”①

行政自然环境主要指作用于行政系统的，一个国家的地理位置、自然条件和自然资源，如大气、水、土地、矿藏、森林、草原等。自然环境对行政管理和政府治理具有极其重大而深远的影响，制约着政府能力的有效发挥及其治理绩效。例如，恶劣的自然条件、资源禀赋，以及重大自然灾害的突发、自然资源的严重破坏和自然环境的严重污染等，都能影响甚至中断政府治理系统的正常运作和政府能力的有效发挥。自然环境是政府治理及其行政活动的生存、发展空间，同时也是政府治理施加影响的对象。因而，行政自然环境的优劣必然对行政管理和政府治理产生重大影响。

我国幅员辽阔，陆疆广大，海岸线长，内陆深远，地理条件复杂，资源分布不均，东西地势落差大，且气候类型多样。特别是西部地区自然环境复杂多变、生态系统脆弱，构成了这一地区经济社会发展的严重危机。自然资源和国土面积影响一个国家或地区综合国力的强弱，制约着其政府组织的财力基础与职能发挥。国土面积大小一般与自然资源的丰裕程度成正比。自然资源和自然环境影响一个国家或地区经济发展的方向和结构，从而影响着其行政组织的部门设置与职能体系；而地理形状则影响一个国家或地区的民族团结、国家统一和政治稳定状况，地理环境影响一个国家或地区政府的职能构成。西部地区自然环境的状况及其特征，成为制约该地区地方政府治理能力的重要因素，影响着地方治理成效和地区经济与社会发展。

---

① 夏书章等：《行政管理学》，高等教育出版社、中山大学出版社，2008，第25—26页。

二、恶劣的自然条件使地方政府的治理成本增加

西部地区基本位于我国自然地理结构的第一、第二台阶的高原和山地上，自然条件较差，生态环境恶劣。如前所述，土地贫瘠、天旱少雨、高寒多风，是西部地区的基本自然状况。中国科学院对我国各省（区、市）生态环境脆弱度的分析显示，生态环境质量状况优良以上的地带主要在东部沿海地区，占国土总面积的 26.1%；生态环境质量状况为中级的地带主要分布在中部地区；生态环境质量状况差的地带主要集中于西部地区，包括西部民族地区八省区，占国土总面积的 58.2%（见表 5-1）。

表 5-1　我国各省区的生态环境脆弱度

脆弱等级	省区及指标值							
极度脆弱	宁夏	西藏	青海	甘肃	贵州	山西	陕西	新疆
	0.8353	0.8329	0.8045	0.7821	0.7153	0.6927	0.6613	0.6537
强度脆弱	四川	河北	内蒙古	云南	河南	安徽	吉林	
	0.6285	0.6204	0.6186	0.5925	0.5893	0.5380	0.5248	
中度脆弱	湖北	广西	辽宁	黑龙江	江西			
	0.4766	0.4507	0.4400	0.4314	0.4137			
轻度脆弱	湖南	福建	山东	江苏	浙江	广东		
	0.3418	0.3123	0.2575	0.2072	0.2017	0.1647		

资料来源：国家环境保护总局编《第二届全国环境保护优秀调研报告文集》，中国环境科学出版社，2003，第 332 页。

西部地区绝大部分是干旱或半干旱地区，年降水量在 400 毫米以下（西南地区的广西、云南稍多），而且西北多在 200 毫米以下，这就致使许多地区沙化严重。大部分地区年积温在 4000℃以下（西南地区稍高），以寒冷为主，不利于农业生产，而且整个青藏高原更在 1600℃以下。西南地区多是山地土壤，西北和北方则是黄土和沙漠，富含有机质少，不利于农作物生长。同时，西部地区多为岩丕裸露，植物稀疏，森林覆盖率低。例如，西南地区地形复杂，海拔高，石山、峡谷、沼泽地、草地、雪山和石灰岩等地形面积大；青藏高原地面常年积雪；西北和北方地处内陆，远离

海洋，因降水量小，沙漠面积大，地面沙化、碱化严重，森林覆盖率极低。据1996年统计，当年全国森林覆盖率为13.4%，而新疆为0.9%、内蒙古为2.1%。① 此外，西部地区普遍地形复杂，气候多变，自然灾害频繁，风沙、风暴、滑坡、泥石流、雪灾、地震等较多。②

我国的沙漠、戈壁主要分布在西北和内蒙古的干旱和半干旱地区，总面积为128万平方千米，约占全国面积的13%，是世界上沙漠、戈壁面积较多的国家。贺兰山—乌鞘岭以西，沙漠面积最大、最集中，塔克拉玛干沙漠、古尔班通古特沙漠、巴丹吉林沙漠、腾格里沙漠是我国四大沙漠，都分布在这一地区。在大沙漠的边缘和外围，有带状或环状的戈壁分布。我国碳酸盐类岩石面积约为130万平方千米，约占全国面积的1/7，以广西、云南东部分布最广。③

上述自然条件，客观上加重了西部地区地方政府行政管理的负担，加大了其行政成本。同时，也对这一地区地方政府行政管理职能的确立以及机构的设置等提出了一些特殊的要求：一是恶劣的自然条件，造成西部地区地广人稀，人员居住分散，交通不便，行政管理跨度、难度增大，设置的基层组织以及配备的财政供养人员相对较多，政府运行成本增加，财政负担沉重。二是增加了地方政府基础设施建设的成本。根据测算，高寒地区同样质量要求的建设工程，其造价要比一般地区高出20%左右，另外还有相对高得多的运输成本。④ 而海拔高，多石山、峡谷、沼泽地、草地、雪山和石灰岩等的复杂地形，更是加大了基础设施建设的成本。所有这些均成为制约西部地区地方政府能力形成、存在、变化以及发生作用的重要因素。

---

① 参见黄保勤：《西部民族地区经济社会现状与发展研究》，《民族研究》1999年第5期。

② 参见王存教：《论民族地区经济发展的制约因素和对策》，《西北民族学院学报》1998年第1期。

③ 参见韩渊丰：《中国区域地理》，广东高等教育出版社，2000，第27页。

④ 王朝才、王继洲：《在建立规范的财政转移支付制度中扶持民族地方发展的措施研究》，《经济研究参考》2004年第12期。

第二节　制约西部地区地方政府能力的社会因素

历史传统、社会利益分化，是制约西部地区地方政府能力有效性及其治理绩效的历史和现实因素。落后的历史起点致使西部地区各省区地方政府治理面临不利的发展基础，国内区域发展不平衡导致的利益分化也直接影响着社会治理。

一、落后的历史起点致使地方政府治理面临不利的发展基础

众所周知，中国自古以来就是一个多民族的国家，历代中央王朝，不论是汉族建立的还是少数民族建立的，对境内少数民族都曾实行过一定的民族政策，影响着各民族之间的相互关系及其发展。从国家政治制度和管理方式看，中国历史上各少数民族地区的政治制度复杂多样，这是与当时的社会结构和经济制度有关的。历代封建王朝时期，各少数民族地区作为统一的封建国家的一部分，受封建皇帝和朝廷的统治。封建王朝对少数民族地区的统治方式，一般是在内地委派流官治理，实行“以夷制夷”的羁縻政策，即对少数民族原来的统治者和头人加封官职，作为统一封建国家的地方政权统治者。特别是元、明两朝，更加形成了一套固定的土司制度和流官、土司共同管理的办法。清朝则承袭和发展了元、明两朝的做法，在少数民族地区建立了一套完整严密的统治制度。① 尽管历代封建王朝都极力强化封建专制的中央集权统治，但也不可能完全消除封建割据状态。一部分少数民族地区由于落后的经济关系，加上近代帝国主义对中国实行划分势力范围和分割统治的政策，直到解放前还保留着土司制度和封建领主制度。在一些保留着原始公社残余的少数民族内部，一定程度上还实行着原始民主制度。

---

① 参见杨龙主编《中国区域经济发展的政治分析》，黑龙江人民出版社，2004，第116页。

鸦片战争以来，中国一步步沦为半殖民地半封建社会。受帝国主义、封建主义、官僚资本主义和各民族剥削阶级的统治与压迫，中国经济社会发展缓慢，特别是少数民族地区经济社会长期停滞不前，生产力极其落后，有的还保留着原始社会、奴隶制、封建农奴制和地主制等政治、经济和社会制度。产业结构基本上是单一的农牧业经济，商品经济只存在于自然经济的夹缝中，各族人民生活极端贫困，只有一少部分与汉族聚居区相邻的地区接近汉族的发展水平。西部地区八省区大部分经济基础差，水旱灾害严重，耕作粗放，作物产量低；在少数民族牧区，牧民则主要过着游牧生活，牲畜靠自然繁殖，抗灾能力弱。不仅如此，民族地区还几乎没有现代工业，仅有少量设备十分简陋、以半机械或手工操作为主的小型采矿业、轻纺工业和修配制造业。民族地区这种低下、落后的生产力，决定了这些地区的社会分工极不发达，手工业与农业尚未完全分开，商业落后。劳动主要采取自然分工：保留原始公社制度的许多少数民族，基本上是在村社公有土地上以简单协作的方式共同劳动，手工业和商业基本上没有从农业中分离出来，但家庭手工业有一定的发展；保留奴隶制的民族地区，社会分工程度也十分落后，一般手工业没有固定的工场或作坊，手工工具简陋，专门从事商业的人极少；处于封建制度下的少数民族，社会分工有了一定的发展，手工业已从农业中分离出来，在一些地区还出现了诸如铁器、铜器、造纸、地毯、壮锦等专业生产，个别少数民族地区甚至有了资本主义生产的萌芽。但从总体上看，民族地区社会分工程度依然较低，农业和手工业还比较普遍地结合在一起，手工业劳作范围比较单一。①

总之，新中国成立以前，我国西部地区经济凋敝，交通闭塞，社会制度落后，人民生活困苦。在工业发展指标方面，地处东部沿海地区的辽宁、河北、山东、江苏、浙江、福建、广东等七省和北京、天津、上海三市，集中了全国75%以上的工业总产值，而占全国总面积60%以上的少数民族地区则仅拥有3.8%的全国工业总产值；东部沿海地区的上海、辽宁、

① 参见杨龙主编《中国区域经济发展的政治分析》，黑龙江人民出版社，2004，第117—118页。

天津三省市在1949年的工业总产值分别为35.06亿元、11.91亿元和6.93亿元，而全国少数民族地区包括西部地区的工业总产值合计只有5.4亿元。在交通运输方面，西部地区只拥有0.35万千米的铁路运营里程，仅占全国总量的5.5%，新疆甚至没有铁路。在社会政治制度方面，近600万少数民族在1949年仍徘徊在封建农奴制和奴隶制时代，其中80余万人尚处在原始社会末期，这与商品经济初步发展的东部沿海地区相比可谓天壤之别。①

这种落后的历史起点，使地方政府面临极其不利的发展基础，影响着一些地方政府及其官员的行政作为和行为方式：要么过多地把落后归于历史，缺乏发展经济的主动性、积极性，或者将发展寄希望于中央政府和发达地区的帮助，存在“等、靠、要”思想；要么急于求成，不顾条件地制定所谓“超常规发展”战略，致使地区比较优势难以发挥，或者导致资源和生态环境的破坏。所有这些，无疑制约着西部地区地方政府能力的形成、存在、变化以及发生作用。

二、国内区域发展不平衡导致的利益分化直接影响着地方治理

中国的地区发展差距由来已久。改革开放以来，伴随着现代化建设步伐，少数民族和西部地区在经济与社会发展方面取得了巨大成就。但是，我们也必须清醒地认识到，在西部地区经济与社会大发展的同时，也存在一些重大问题和矛盾，成为制约地方治理的重要因素。

首先，同东部沿海地区相比，西部地区发展缓慢，地区生产总值、人均地区生产总值、居民收入等方面与东部沿海地区存在明显差距，甚至有所扩大。

一是西部地区与东部沿海地区地区生产总值差距极大，且呈扩大趋势。由于改革开放以来，国家在“两个大局”的战略指导下，实行非均衡发展战略，政策、投资向东部倾斜，使东部沿海地区发展速度加快；2000

① 《中国民族统计年鉴1949~1990》，民族出版社，1990，第70、72页；张慕葏、程建国：《中国地带差距与中西部开发》，清华大学出版社，2000，第70—72页。

年以来，西部大开发战略的实施使得西部地区得到快速发展，地区生产总值差距有所缩小，但依然较大（见表 5-2）。

表 5-2　西部地区与东部沿海地区地区生产总值及其差距　单位：亿元

年份	西部地区	东部沿海地区	两大地区差距
2012	65584.09	295892.00	230307.91
2014	74858.49	350100.90	275242.41
2016	83584.86	410186.44	326601.58
2018	95117.31	483995.80	388878.49

资料来源：根据《中国统计年鉴》相关年份数据计算得出。

二是西部地区和东部沿海地区人均地区生产总值存在明显的差距。从 2012 年到 2018 年西部地区与东部沿海地区人均地区生产总值的变化来看，虽然西部地区人均地区生产总值从 2012 年的 28631 元增加到 2018 年的 45008 元，人均增加 16377 元，但从绝对差距的整体变动情况来看，差距在不断扩大。2012 年西部地区同东部沿海地区人均地区生产总值绝对差距为 33802 元，2014 年扩大到 35689 元，2016 年进一步扩大到 43479 元，2018 年则达到 51324 元。西部地区与东部沿海地区人均地区生产总值差距呈扩大趋势（见表 5-3）。

表 5-3　西部地区与东部沿海地区人均地区生产总值及其差距　单位：元

年份	西部地区	东部沿海地区	绝对差距
2012	28631	62433	33802
2014	36731	72420	35689
2016	40169	83648	43479
2018	45008	96332	51324

资料来源：根据《中国统计年鉴》相关年份数据计算得出。

三是西部地区同东部沿海地区居民收入差距较大。由于西部地区和东部沿海地区经济发展速度不同，西部地区同东部沿海地区的居民收入差距较大，而且呈扩大趋势。这一点我们可以从国家统计局发布的全国“城镇、农村居民按东、中、西部及东北地区分组的人均可支配收入”看出

（见表5-4）。

表5-4　西部地区与东部沿海地区居民收入情况对比　　单位：元

项目		2012年	2014年	2015年	2016年	2017年	2018年
城镇居民人均可支配收入	西部地区	21305.5	23899.8	25995.1	28144.8	30449.5	32929.8
	东部沿海地区	31152.4	33905.4	36691.3	39651.0	42989.8	46432.6
农村居民人均可支配收入	西部地区	6842.1	7965.5	8735.1	9533.1	10037.9	10418.5
	东部沿海地区	11856.8	13144.6	14297.4	15498.3	16822.1	18285.7

资料来源：根据《中国统计年鉴》相关年份数据计算得出。

从城镇居民人均可支配收入来看，2012年，西部地区为21305.5元，2018年为32929.8元，6年间增长11624.3元，增幅较大。2012年，东部沿海地区为31152.4元，2018年为46432.6元，6年间增长15280.2元，增幅大于西部地区。

从农村居民人均可支配收入来看，2012年，西部地区为6842.1元，2018年为10418.5元，6年间增长3576.4元，增幅较大。2012年，东部沿海地区农村居民人均可支配收入为11856.8元，2018年为18285.7元，6年间增长6428.9元，增幅大于西部地区。

其次，西部地区各省区之间发展极不平衡，在地区生产总值、人均地区生产总值、居民收入上存在较大差距。

从地区生产总值在全国经济总量中所占的比重来看，西部地区各省区之间发展不平衡。2018年，广西的地区生产总值最高，为20352.51亿元，占全国的2.26%；而仅在最后一位西藏之前的宁夏只有3705.18亿元，占全国的0.41%；广西地区生产总值是宁夏的5.49倍。[①]

从人均地区生产总值来看，西部地区各省区之间也存在着不平衡现象，差距极为明显。2018年，内蒙古人均地区生产总值最高，为68302

① 国家统计局编《中国统计年鉴2019》，中国统计出版社，2019，第188页。

元；宁夏最低，仅有 53854 元。内蒙古人均地区生产总值约是宁夏的 1.27 倍。

从居民收入来看，西部地区各省区之间存在一定差距。2018 年，内蒙古城镇居民人均可支配收入最高，为 38304 元；贵州最低，为 31591 元。两省区相差 6713 元。从农村居民人均可支配收入来看，最高的内蒙古为 13802.6 元，最低的贵州为 9716.1 元，两省区相差 4086.5 元。[①]

邓小平指出："能否实现四个现代化，决定着我们国家的命运、民族的命运。……社会主义现代化建设是我们当前最大的政治，因为它代表着人民的最大利益，最根本的利益。"[②] 党的十八届三中全会将完善和发展中国特色社会主义制度，推进国家治理体系和治理能力现代化，确定为全面深化改革的总目标。西部地区地方治理作为国家治理体系的重要组成部分，其地方治理工作的完善和发展对社会主义现代化建设、对推进国家治理体系和治理能力现代化具有深远意义。

纵观多民族国家、发展中国家社会发展和现代化的历史与现实，我们不难发现，地区发展不平衡、差距过大，必然危及民族团结，导致社会两极分化、秩序失范和心理失衡，危及社会稳定和国家统一，从而使现代化进程受阻或中断。从我国目前的情况来看，各民族、各地区发展不平衡，特别是西部地区与东部沿海地区发展差距较大，不利于促进各民族共同发展、共同繁荣，从而在一定程度上阻碍了社会主义现代化的进程。

首先，各地区发展不平衡，特别是东部沿海地区与西部地区之间发展不平衡及差距过大，严重影响着各民族的共同繁荣和我国社会主义现代化建设目标的实现。社会主义的本质是解放生产力，发展生产力，消灭剥削，消除两极分化，最终达到共同富裕。我国社会主义现代化建设的根本目的，就是要大力发展社会生产力，满足各民族人民群众日益增长的美好生活需要。贫穷不是社会主义；反过来，两极分化，也与社会主义现代化

① 国家统计局编《中国统计年鉴 2019》，中国统计出版社，2019，第 196 页。

② 邓小平：《邓小平文集》，人民出版社，1993，第 163 页。

建设目标背道而驰。当前，我国经济与社会发展过程中出现的各民族、各地区发展不平衡及差距拉大的问题，已经明显地影响了社会主义现代化的整体进程，影响了各民族的共同发展与繁荣，进而阻碍了社会主义现代化建设的实现。

其次，各地区发展不平衡，差距较大，使地处西部地区的民众产生“相对剥夺感”，进而可能引发价值取向扭曲、心理失衡、道德失范、行为失准，并助长民众的无责任化倾向。这里，我们以因价格机制扭曲造成的地区之间的非公平竞争为例，来说明此问题。出于历史的原因，东部沿海地区与西部地区形成产业结构与资源分布的双重错位，这种错位在扭曲的价格机制作用下，导致西部地区人才、资源和财富大量流失：一方面，西部地区的矿产资源、农畜产品廉价向东部沿海地区输出；另一方面，西部地区又不得不以市场价格从东部沿海地区输入日常生活用品和技术含量高的深加工产品。这个问题不解决，不仅影响西部地区的经济增长和社会发展，而且会从根本上阻滞全国的经济高质量发展，最终影响我国社会主义现代化的进程。

再次，西部地区与东部沿海地区发展不平衡且差距日益增大，将加剧地区间的经济和政治矛盾。我国是统一的多民族国家，要积极创造条件，加快发展西部地区经济文化事业，遏制东西部地区发展差距扩大的趋势，并逐步使之缩小，以便使各民族都能感受到社会主义大家庭的整体利益与各民族自身利益的一致性，充分调动各民族的积极性和创造性，实现共同繁荣。

最后，西部地区与东部沿海地区发展不平衡及其差距较大，将不可避免地影响我国公民政治社会化的进程，不利于形成统一的政治文化。政治社会化，即人们在特定的政治体系和政治关系中，通过社会政治生活和政治实践活动，逐步获得政治知识和政治能力，形成与改变自己的政治心理和政治思想的能动过程。政治社会化对于政治体系的维持具有重要影响，这种影响主要是通过形成人们对于现有政治体系的认同或不认同的政治心理和政治思想来实现的。当政治社会化过程造成社会成员对现有政治体系的强烈认同的政治心理和政治思想时，它对于现有政治体系具有极大的维系作用。政治社会化的重要途径是政治教育，即将占统治地位的政治思想及其观念，通过教育和传媒，传递给社会成员，从而使他们成为“合格的”社会公民。显然，政治社会化是在一定的政府主导下，为了一定的政治目的而将先进的政治文化普及化的过程。政治社会化过程奠基于合理的地区发展差距基础之上，在多民族国家则奠基于合理的民族发展差距基础之上，一旦地区发展差距过大，就会影响政治社会化的过程：一是过大的地区发展差距为政治社会化设置了时空难度。政治社会化必须以一定的理论作为先导，它是对特定的客观现实的概括而又略高于客观现实。过大的地区发展差距阻碍了具有相对统一标准的理论的形成，即使强加以理论指导，也会由于各地区发展差距的过大而造成地方实施标准的异化。二是过大的地区发展差距为政治社会化设置了情感难度。由于发展程度的差别，相对落后地区会有消极低沉情绪。当落后被归因于不平等时，政府的权威性会受到损害。三是过大的地区发展差距为制度创新设置了难度。制度创新的一个基本前提是制度必须具备广泛的适应性。从政治利益的角度看，制度创新不仅要符合政治既得利益者的要求，也要符合新生政治利益群体的需要。因此，新生制度要能够生存下来，政治利益群体之间的鸿沟不能过大。地区发展差距过大，导致地区之间、政治利益群体之间的相互适应性越来越小，从而使得新生制度缺乏整体性特征而无法推广。

第三节　制约西部地区地方政府能力的人文因素

宗教、语言文化的多样性，政治文化的复杂性，教育特别是高等教育的落后性，是制约和影响西部地区地方政府能力有效性及其治理绩效的重要人文因素。多样的文化差异和落后的教育发展水平，给予西部地区地方政府能力以深刻影响。

一、多样的文化差异对地方政府治理提出了特殊要求

西部地区是一个多元文化、多种宗教并存的地区。复杂的民族成分加深了民族文化的差异，形成了不同的民族文化认同，这种维护本民族文化的情感和心理状态加剧了地方政府治理的难度，同时也要求地方政府在治理中应充分考虑民族文化差异带来的多重影响。

（一）宗教文化差异

就宗教文化的差异性而言，民族文化的差异首先反映在不同的宗教信仰及其宗教文化上。“由于有些少数民族以某一种宗教为唯一的和全民性的信仰，宗教构成了这些民族的文化核心，由于在部分地区的人群中，确实存在着民族成分不同，信仰的宗教也不相同的情况，因此在我国，有些宗教信仰上的差异的确是反映了民族文化的差异的，或者说，有些民族文化的差异的确是通过宗教信仰的差异来体现的。”① 西部地区少数民族间宗教信仰上的差异，大体上表现在以下三个方面：一是不同地区少数民族群众信仰宗教的程度不同，有些少数民族信仰宗教的比例较高。二是有些宗教具有地域性特点。三是不同的宗教文化对政治经济的发展有着不同的影响。“各种文化价值‘在经济增长中起着根本性的作用’，经济增长不过是手段而已，各种文化价值是抑制和加速增长的动机的基础，并且决定着增长作为一种目标的合理性。”② 因此，“各民族文化及其特色的不同，决定了他们所形成的经济倾向也不同”。③ 西部地区宗教信仰少数民族数量及其分布情况见表 5-5。

---

① 唐鸣：《社会主义初级阶段的民族矛盾研究》，中国社会科学出版社，2002，第 166 页。

② ［法］弗朗索瓦·佩鲁：《新发展观》，张宁等译，华夏出版社，1997，第 15 页。

③ 陈庆德：《中国少数民族经济开发概论》，民族出版社，1994，第 48 页。

表 5-5　西部地区宗教信仰少数民族数量及其分布情况

宗教文化	信仰民族/个	主要少数民族	主要分布地区
原始宗教文化	30	佤族、基诺族、彝族（部分）、壮族（部分）	云南、广西
佛教文化	16	藏族、蒙古族、侗族（部分）、拉祜族（部分）	西藏、内蒙古、云南
伊斯兰教文化	10	回族、维吾尔族、哈萨克族、塔吉克族、乌孜别克族	新疆
道教文化	11	苗族、白族（部分）、瑶族（部分）、侗族（部分）	云南、广西
基督教文化	18	独龙族、怒族、哈尼族（部分）、布依族（部分）	云南、广西

资料来源：国家统计局编《中国统计年鉴 2005》，中国统计出版社，2005，第 44 页；温军：《民族与发展：新的现代化追赶战略》，清华大学出版社，2004，第 96—97 页。

由宗教文化特征所赋予的价值观念、道德意识、行为偏好、选择方式等，往往成为民族特定的文化价值标准并对其经济生活起着极其重要的影响作用。“经济体系总是沉浸于文化环境的汪洋大海中，在这种文化环境中，每个人都遵守自己所属群体的规则、习俗和行为模式，尽管未必完全为这些东西所决定。”① 因此，政治经济发展常常受着穿透制度层面的文化（宗教）的影响和制约，显露出它的价值取向。事实上，每一个民族的政治经济发展与现代化都不能离开自身的文化传统，正如不能离开它所赖以生存的自然地理环境等物质资源一样。没有一种万能的政治经济发展方式可以忽略这一点而强行从外面移植进来。一种有效并有生命力的发展模式必须是为民族文化自身所能吸收，并能与其融为一体的东西。② 正如马克斯·韦伯所说，任何一种类型的经济，如果它要求人们具有一种与这个伦理道德相悖的民族精神，那么这种经济将不会发展；相反，如果一种经济

① ［法］弗朗索瓦·佩鲁：《新发展观》，张宁等译，华夏出版社，1997，第 165 页。
② 参见施惟达：《民族文化与扶贫》，《思想战线》1997 年第 4 期。

与这种伦理道德相一致，那么它将必然兴盛起来。①

由此可见，客观存在的多元宗教文化及其差异，必然成为影响和制约西部地区地方政府能力的重要因素。

首先，多元宗教文化及其差异的存在，影响地方政府经济与社会发展战略的制定及其实施，特别是会给予地方政府经济规划发展能力以深刻影响。

从制定地区经济与社会发展战略的角度看，宗教不仅仅是一种信仰，更重要的是它反映了特殊群体的理想、愿望和追求。因此，地方政府应当针对各种宗教的特点，制定相应的地区经济与社会发展战略。如果忽略民族特殊的文化背景来设计地区经济与社会发展方案，极有可能导致经济与社会发展方案同政治经济发展主体的阻隔与背离。在这种情况下，除非有高强度的持久投入作为支撑，否则难免事倍功半，甚至引起冲突而产生社会震荡。“文化多样性是发展的源泉之一，它不仅是促进经济增长的因素，而且还是享有令人满意的智力、情感、道德精神生活的手段。”② 因此，即使是同样一项有利于经济与社会发展的政策措施，在汉族地区行得通，在少数民族地区则未必行得通。在少数民族地区，各项经济与社会发展政策，除了考虑经济因素外，还应当考虑少数民族的特殊文化、特殊宗教信仰以及特殊需要等多种非经济因素。如果不考虑少数民族精神生活的复杂多样性，经济与社会发展决策就极容易造成失误，经济与社会发展战略措施也很难得以顺利地推行。发展经济却又忽视西部地区各民族的文化习俗、经济特质和基本利益，只顾“一体”忽视“多元”的“一刀切”做法，不仅不利于民族经济、文化的多样性发展，而且对自然资源和生态环境的负面作用也不容低估。因此，文化的多样性与发展模式的多元化，必然制约着西部地区地方政府能力的形成、存在、变化以及发生作用。

其次，多元宗教文化及其差异的存在，客观上要求地方政府具备更为复杂的能力结构，成为制约西部地区地方政府能力的重要因素。

---

① 参见［德］马克斯·韦伯：《新教伦理与资本主义精神》，黄晓京等译，四川人民出版社，1996，第140—142页。

② 袁少芬主编《民族文化与经济互动》，民族出版社，2004，第22页。

“民族文化中某些为该民族特有的文化成分，常常可能被赋予某种象征意义，从而升格为政治符号，成为某些或某种忠诚的偶像。”① 例如，活佛转世制度是藏传佛教的显著特点之一，它将佛与人结合起来，形成为一体，由转世活佛承担起教化众生的重任。② 藏传佛教这种特殊的宗教信仰形式，对藏族聚居地区的经济社会影响深远，需要地方政府具备适应这一现实的基本能力。

此外，“民族宗教可以强化以民族为单位的意识形态，并赋予其强烈的情绪色彩，伴随着民族宗教而产生的独特的民族心理体验，将把民族认同提高到空前的水平。”③ 这些因素，制约着西部地区地方政府的治理能力，成为影响地方政府能力的形成、存在、演变以及发生作用的重要因素。

（二）语言文化差异

就语言文化的差异性而言，语言是文化的载体，也是文化的要素。西部地区各少数民族实际使用语言的情况，存在着较大的差异。使用本民族语言的人口占80%以上的少数民族有维吾尔族、哈萨克族、藏族等，而壮族、傣族、彝族等的大部分人口使用汉语（见表5-6）。此外，回族、土家族等也基本使用汉语。

表5-6　西部地区八省区主要少数民族语言使用状况

主要聚居地区	少数民族	使用本民族语言人数/人；占本民族人口比重/%	使用双语人数/人；占本民族人口比重/%
新疆	维吾尔族	5931417；99.46	26887；0.45
	哈萨克族	815244；89.83	92302；10.17
	柯尔克孜族	37987；33.50	66264；58.44
	塔吉克族	12501；46.99	10583；37.79
广西	壮族	5659896；42.29	7323190；54.72
西藏	藏族	3158504；82.08	538106；13.39

① 周星：《民族政治学》，社会科学文献出版社，1993，第133页。

② 参见弘学主编《藏传佛教》，四川人民出版社，1996，第152—154页。

③ 周星：《民族政治学》，社会科学文献出版社，1993，第133页。

续表

主要聚居地区	少数民族	使用本民族语言人数/人；占本民族人口比重/%	使用双语人数/人；占本民族人口比重/%
云南 广西	彝族	3007454；55.15	2064329；37.85
	苗族	2756289；54.89	1243711；24.77
	瑶族	539836；38.23	447180；31.67
	傣族	483168；57.55	316628；37.22
内蒙古	蒙古族	1707583；50.06	1023389；29.99
青海	藏族	3158504；82.08	538106；13.39
	土族	24666；15.45	76912；48.18
	撒拉族	24809；35.88	37826；54.71
	蒙古族	1707583；50.06	1023380；29.99
贵州	苗族	2756289；54.89	1243711；24.77
	布依族	774158；36.53	1154446；54.47
	侗族	725331；50.85	384989；26.99
	土家族	50396；1.78	149604；5.27
	彝族	3007454；55.15	2064329；37.85
	仡佬族	0；0	6696；12.36
	水族	166552；58.05	103166；35.96
	白族	414891；36.64	615333；54.35
	瑶族	539836；38.23	447180；31.67
	畲族	566；0.15	399；0.11
贵州	毛南族	10762；28.20	17797；46.64
	满族	0；0	500；0.01
	蒙古族	1707583；50.06	1023389；29.99
	仫佬族	35122；38.87	55235；61.13
	羌族	7094；6.90	56929；55.37
	壮族	5659896；42.29	7323190；54.72

资料来源：根据何俊芳的《中国少数民族双语研究：历史与现状》（中央民族大学出版社，1998，第92—93页）相关数据整理得出。

注：使用双语，指兼用本民族语言和汉语。

语言的差异，往往会对经济发展和政治稳定产生一定的影响。一般来说，人们用自己不熟悉的语言接收信息，其速度和容量远不如用母语。当代中国社会的大部分知识和信息都是汉语信息，即使翻译为少数民族语言，由于销量有限、成本投入不足，导致的结果是：从数量上看，无法翻译出版丰富的书籍资料；从质量上讲，不可能用大量的人力、物力追求翻译技术上的精益求精。此外，民族语言只有在不断使用和更新状态下才富有生命力。然而，少数民族语言作为非主流语言，不得不依附汉语，对其发展势必会有所影响。① 改革开放以来，语言的障碍对西部地区政治经济交往的制约越来越大，特别是对于先进科学技术的传播和商品信息的传递等，也都产生了一定的不利影响。

民族语言的差异还会在民族之间以及政府与民族之间产生沟通障碍，影响到民族认同和国家认同。任何民族与民族社会的政治生活、社会群体与政治组织的成立，都必须以内部的信息沟通为前提，因而民族语言具有不容置疑的政治性。民族认同往往以语言为标识，不同的民族语言会造成民族之间的隔膜。在族际交流几乎不可能的情况下，民族语言的差异将可能造成极大的民族偏见。而当语言的差异扩大到彼此不能沟通的程度时，这种分化倾向通常就会更加明显和确定。然而，在统一的民族语言的帮助下，这种分化就未必会导致民族裂变的危险。例如，汉语言文化，就是汉民族政治生活统一性的重要政治资源之一。因此，民族语言不仅使共同体内部产生成员之间的聚合与认同，使共同的民族社会生活成为可能，而且在族际关系中设置障碍，断绝族际之间的信息沟通。② 语言种类的差异，往往对政府与公众双方产生信息沟通障碍，从而影响到民族认同、国家认同。“特别是当各种政治单位的利益发生对立和冲突的情况下，民族认同于何种政治单位，或者将何种认同置于最高地位，就具有非

① 参见滕星主编《西部开发与教育发展博士论坛：40余位博士、教授研究员对西部的思考与研究》，民族出版社，2001，第395页。

② 参见周星：《民族政治学》，社会科学文献出版社，1993，第34—35页。

同一般的意义。”①

这样，语言文化的差异，便从以下几个方面影响着西部地区地方政府能力的形成以及有效发挥：一是对各民族之间的经济文化交往产生一定程度的障碍，这对于经济文化落后的西部地区地方政府来说，无疑会加大其政府能力有效发挥作用的难度。语言文化的差异，既影响着西部地区各少数民族与中部地区、东部沿海地区汉族之间的经济文化交往，又制约着西部地区八省区各少数民族之间的经济文化交往。消除这些影响，要求西部地区地方政府具有不同于东部沿海地区地方政府的能力构成和素质结构。二是各民族之间，特别是各少数民族与汉族之间的语言文化差异，影响整体民族认同和国家认同，使西部地区地方政府面临较东部沿海地区地方政府更加重大的政治责任。当然，这方面，中央政府要承担主要责任。

总之，西部地区不同的民族文化、宗教信仰、语言文字对其政治、经济、社会所造成的影响交叉重叠，成为制约该地区地方政府能力形成、存在以及发生作用的不容忽视的重要因素。

二、政治文化建设意识淡薄直接影响地方政府治理

在我国，很大一部分人，包括地方官员，长期形成的思维定式是：经济是基础，政治是核心，军事是保障，文化作为精神活动始终是次要的、可有可无的。在这种意识主导下，面对全球化进程中西方文化利用知识经济时代信息的高效传播性、渗透性和难以干扰性而大量涌入的现象，我们的警惕性不高，对政治文化建设的重视程度不够，也没有形成系统的政治文化建设战略。有人认为，强调文化建设，是一种保守的思想表现，不利于对外开放和吸收其他国家和民族的文化，主张在文化领域要淡化意识形态；还有人认为，文化本身就应该是开放的，不存在什么“建设”问题，你的文化被别人融化掉了，不存在了，只能怪你自己的东西“不过硬”，没有竞争力；更有人认为，既然世界有走向全球化的趋势，就不要

① 周平：《民族政治学导论》，中国社会科学出版社，2001，第146页。

再分什么你的文化、我的文化，把全球化错误理解为文化一体化和文化同质化，致使西方文化在我国的意识形态、价值观念、政治制度和文化领域中不断渗透，并形成一定的规模和影响。

政治文化建设意识淡薄是治理的最大隐患，直接制约着西部地区地方政府的能力建设，影响着其地方治理及其绩效。

三、低下的教育水准限制地方政府治理能力的有效发挥

出于历史的原因，西部地区教育投入不足，教育基础设施和教学条件相对落后，导致教育水准低下，制约着地方政府治理能力的提升。

与东部沿海地区相比，西部地区八省区教育投入不足。2018 年，一般公共预算教育经费：云南为 9887455 万元、广西为 9119220 万元、新疆为 7217025 万元、宁夏为 1667994 万元、内蒙古为 5457663 万元、西藏为 2163641 万元、贵州为 9066642 万元、青海为 1866289 万元；同期，东部沿海地区的广东为 25225457 万元、江苏为 19792749 万元、山东为 18888280 万元、浙江为 14131448 万元、河北为 12466288 万元。① 西部地区教育经费投入与东部沿海地区发达省市相比存在较大差距，严重影响了西部地区教育事业的发展，进而影响了人力资源的素质，成为制约地方治理有效性的重要因素。

每 10 万人口中的在校学生数，是衡量一个地区教育发展水平和程度的重要标志。如前所述，2018 年，西部地区八省区，每 10 万人口中平均在校的高校学生人数均未达到全国 2658 人的平均水平，其中，广西为 2602 人、宁夏为 2379 人、云南为 2166 人、新疆为 1954 人、内蒙古为 1984 人、西藏为 1616 人、贵州为 2254 人、青海为 1426 人。②

高等教育反映着一个地区教育的发展程度及其水平。西部地区高等教育发展规模偏小，这主要表现在高等学校数量上。2018 年，全国共有高等学校 2663 所，其中，东部沿海地区十省市有 1015 所，西部地区八省区有

① 国家统计局编《中国统计年鉴 2019》，中国统计出版社，2019，第 696 页。

② 国家统计局编《中国统计年鉴 2019》，中国统计出版社，2019，第 695 页。

370 所，东部沿海地区高等学校数约占全国的 38.11%，约是西部地区的 2.74 倍。[①] 就水平和质量而言，截至 2018 年，全国有“双一流”大学 42 所，西部地区只有 2 所，即云南大学、新疆大学，仅约占全国的 4.76%[②]；全国有“双一流”学科 465 个，西部地区仅有 14 个，仅约占全国的 3.01%。[③]

上述落后低下的教育状况，一是会导致地区人力资源相对匮乏，“瓶颈”效应严重束缚地方政府发展经济愿望、作为的有效发挥及其实现；二是使可供选拔的高素质政府管理人员数量有限，地方政府推动地区发展的能力难以有效形成及发挥；三是决策者素质的相对偏低，直接导致地区发展战略和公共决策质量的走低，影响地方政府推动地区经济发展职能的履行和实现。所有这些，均成为影响和制约西部地区地方政府行政管理及其能力的另外的基本因素。

第四节　制约西部地区地方政府能力的政策因素

1978 年以来，无论是对外开放政策还是各项改革措施的出台，基本采取由沿海逐步向内地展开的梯度推进方式。在改革开放的初期阶段，这种推进方式有利于先改革开放的地区，而不利于后改革开放的地区，由此在一定程度上加剧了地区之间政治发展（包括政府发展）的不平衡，直接导致西部地区与东部沿海地区地方政府能力的强弱差异，并制约着西部地区地方政府能力的有效形成及其作用的发挥。

---

① 国家统计局编《中国统计年鉴 2019》，中国统计出版社，2019，第 688 页。

② 《“双一流”建设高校及建设学科名单》，中国教育在线，https://daxue.eol.cn/syl.shtml。

③ 《全国高等学校重点学科名单》，中国教育在线，http://www.learnig.21.cn.com。

一、"重稳定、轻创新"的政策导向限制地方政府行为

我国少数民族在漫长的发展历史中，形成了"大分散、小集中、大杂居、小聚居"的分布格局。不同的民族，无论风俗习惯、语言文字、宗教信仰，还是历史、文化、心理等方面都有各自的特点。因此，在改革开放以来新的历史条件下，在各民族共同繁荣、共同发展的进程中，西部地区八省区不仅存在着与汉族地区相同的各种矛盾与问题，而且存在着各民族文化相互交融而又相互碰撞，以及多民族之间的复杂交往关系。在市场经济条件下，客观上还存在着民族利益和地方利益多元化问题，并且这两个方面往往是交织在一起的。这种由多种矛盾构成的复杂政府管理的行政环境，是西部地区行政管理活动中不可忽视的重要影响因素，直接制约着地方政府能力。

同时，中国是一个拥有众多跨界民族的国家，约有 30 个少数民族与国外同一民族跨界相邻而居。[①] 在全国陆地边境县中，有 112 个为民族自治地方，约占全国陆地边境县总数的 80%。[②] 中国的跨界民族，基本上是自然的历史地理与民族地理交互影响过程中的产物，它们与境外同一民族的统一政治生活虽已不复存在，但彼此间的文化、经济、血缘（亲属）和地缘等方面的各种联系仍将继续存在。

西部地区是我国少数民族的主要聚居区，少数民族人口占全国少数民族人口总数的 86.9%。[③] 同时，西部地区又有着漫长的边境线，全国 2.1 万千米陆地边界线中有 1.9 万千米在西部地区[④]，全国陆地边境省区中除黑龙江、吉林和辽宁三省外，其余均在西部地区。此外，西部地区拥有多个跨界民族。正是由于这种客观现实的存在，改革开放以来中央政府和西

---

① 参见曹兴：《跨界民族问题及其对地缘政治的影响》，《民族研究》1999 年第 6 期。

② 参见李春林、郭宝亮等：《中国民族自治地方行政管理》，内蒙古人民出版社，2004，第 257 页。

③ 参见杨龙主编《中国区域经济发展的政治分析》，黑龙江人民出版社，2004，第 115 页。

④ 参见国家民委编《中国共产党关于民族问题的基本观点和政策》，民族出版社，1998，第 16 页。

部地区地方政府始终把维护民族地区稳定、协调民族关系和促进民族团结，作为经济体制改革和政治体制改革的基本前提。这是西部地区压倒一切的问题，也是应优先加以考虑的问题。而东部沿海地区则不然，它可以充分利用其有利的社会环境和优惠的中央政策，大刀阔斧地进行经济体制改革和政治体制改革，即制度创新，先于和快于西部地区进行所有制结构改革和产业结构的调整与转型。东部沿海地区大力发展集体经济（包括乡镇集体企业）、私营经济、混合经济、外资经济等非国有经济，而西部地区则相对滞后。这种滞后，既是西部地区与东部沿海地区发展差距的一个重要表现，也是制约西部地区地方政府能力形成、存在、发展及其提升的一个重要的政策导向因素。

总之，复杂民族关系下“重稳定、轻创新”的政策导向，是制约西部地区地方政府能力有效形成及其发挥的重要因素。而且，这种政策导向，在今后的一段历史时期内仍将长期存在。

二、流于“普惠制”的经济政策倾斜，不利于地方政府能力的提升

为了支持西部地区的发展，解决西部地区在吸引资金中遇到的各种困难和问题，中央政府不断出台各种税收优惠政策，以至于优惠政策的范围越来越宽，数量越来越多，涉及土地使用、基础设施建设、矿产资源开发等各个方面。各省区为了更多吸引外资，在国家优惠政策的基础上纷纷实行更多、更优惠的政策，造成了吸引外资的地区性恶性竞争。

西部大开发战略实施以来，各省区虽然在政策的具体优惠程度上不同，然而，从总体上看，地区之间在优惠政策上都处于不断竞争的过程中，其结果是政策的优惠度达到了最大限度。一方面，优惠政策的恶性竞争使得企业在进行区位选择时，不是按照建立完整产业链的原则去定位，而是根据某一地区优惠政策的幅度来做出选择，生产活动与当地经济之间是否存在关联往往不在企业的考虑范畴之内。由此导致的后果便是企业虽在优惠政策的吸引下定位于此，但与地方经济却处于互相分离的状态，对于地方经济的发展，企业很少或几乎起不到多少带动作用。政策的

普惠效应从根本上削弱甚至消灭了这些政策本应有的推动效应。[①] 另一方面，一地出台优惠政策，另一地则出台更为优惠的政策，而且企业进入地区的门槛极低，只要有投资地方政府就欢迎，但对投资项目则很少进行科学考证。有的企业不但未能促进地方经济的发展，而且造成了严重的生态破坏，形成了新的环境压力。[②] 中央政府实施政策优惠，鼓励企业到西部地区进行矿产资源开发的目的，主要是带动资源地的经济发展，本意无可厚非，但西部地区的生态环境已经较为脆弱，随着资源开发力度的加大，难免会造成新的环境压力，特别是煤、锰等矿产的开采对环境的破坏更大。从目前西部大开发的现实情况看，既开发资源又不破坏环境无疑是很难兼顾的。

此外，当一个地区都能享受或多或少的优惠时，优惠政策便成为一种“普惠制”，等于大家都没有优惠。在此情形下，地方政府不得不运用各种不规范手段争取投资，从而造成过渡性、临时性和特定性的优惠大量存在，不但严重损害了政策的制度性，而且在一定程度上导致了地区发展的无序状态。[③] 西部大开发战略实施以来，各地竞相出台优惠政策，但从实际情况看，投资回报率较低的省区很少或基本上吸引不到外资（见表5-7）。

表5-7　2000—2003年西部地区八省区实际利用外商直接投资

单位：万美元

地区	2000年	2001年	2002年	2003年
内蒙古	10568	10703	17701	8854
广西	52466	38416	41726	41856
云南	12812	6457	11169	8384
宁夏	6235	7439	6121	2342
新疆	1911	2035	1899	1534
青海	0	3649	4726	2522

① 韦苇主编《中国西部经济发展报告2005》，社会科学文献出版社，2005，第570—571页。

② 参见《中国经济周刊》2005年3月28日报道。

③ 参见“新华网”2004年11月29日相关报道，http：//news. xinhuanet. com。

续表

地区	2000 年	2001 年	2002 年	2003 年
贵州	2501	2829	3821	4521
合计	86493	71528	87163	70013

资料来源：根据《中国统计年鉴》相关年份数据计算得出。

注：缺少西藏数据。

应当看到，一些深处内陆腹地且自然环境恶劣的省区与其他地区相比，区位劣势异常显著。在相当长一段时期内，试图扭转这种局面，改变外资的区位走向，都是不切实际的。同样，各项优惠政策在表述上也是较为含糊的。例如，“拓宽利用外资渠道”一条中提出要“优先安排西部地区项目”，“优先支持对西部社会经济发展具有长远意义的环保、农业开发、基础教育、卫生、水利等领域的项目”等，但这里的“优先安排”“优先支持”既没有明确由谁来优先安排，安排给哪些地区，也没有说明做不到“优先安排”怎么办，谁来追究或由谁承担责任等。在已经出台的各种相关“意见”“通知”和政府部门领导人的讲话中，类似的用语还有很多，这不但降低了政策的针对性，还使得政策的执行过程具有较大的未知变数。①

优惠政策是一种“稀缺物”，可以刺激地方的发展。但优惠政策之所以能够发挥作用，是因为它的“倾斜”；如果每一地区都能享受这类政策，那么优惠政策无疑会失去它存在的意义。“税收优惠在实现所有目标时，并非同等有效”，“一般说来，当税收优惠所包含的目标非常广泛时，税收优惠政策将不会有效”。② 西部地区各省区投资环境差别很大，有些地方享有政策，却很难利用其来发展本地经济，致使“政策放空”；有些地方有条件充分利用优惠政策来发展本地经济，但却往往面临着其他地方的恶性竞争，从而导致“政策不足”。因此，中央政府对于优惠政策应该有一个较为明确的地域界限，以促使外部资本能够更多地进入投资环境

① 邓仕礼：《对我国实施区域差别政策的评价与建议》，《经济论坛》2003 年第 12 期。

② 韦特·P. 甘地等：《供应学派的税收政策与发展中国家的相关性》，许建国等译，中国财政经济出版社，1993，第 130、132 页。

较好和回报率较高的省区，避免谁都能争一点、谁也争不多的局面。这一方面可以造成经济落差，形成经济势能，带动发展较慢的省区前进；另一方面也可有效防止不顾有无发展条件，一哄而上、重复建设的不利局面。尽量避免“普惠制”的政策安排，应是中央政府促进西部地区协调、持续和快速发展的一个重要途径。在普适性的政策引导下，地方政府的发展倾向往往脱离本地实际，在很大程度上导致了地方发展的趋同。

三、地方发展政策导向上的趋同影响了地方政府能力的有效性

西部并不是一片同质的地区，它包括中国由北至南的十几个省区市，每一个省区市都有自己的特点。“各区域的自然、地理、资源条件不同，经济、技术、管理条件有别，社会、文化、历史条件各异。所有这些造成了各区域生产要素禀赋的差异，每个区域都拥有自己的比较优势。”[①] 在区域经济发展中，地方政府只有充分发挥区域比较优势，提高区域竞争力，才能使区域经济取得较快发展。各区域也只有根据自己的禀赋特点，发展自己具有比较优势的经济产业，即发展那些由禀赋差异造成的比较成本低、比较效益好的经济产业，才能取得更好的经济效益和更快的发展速度。然而，从西部地区各省区制定的规划和远景发展目标来看，各省区支柱产业雷同，其中把建筑建材列为支柱产业的省区多达 5 个，把化工作为支柱产业的有 4 个（见表 4-8），省（区）际产业结构趋同现象十分明显。

从产业结构相似系数上看，西部地区产业结构同全国的相似系数高达 0.9581，其中云南、宁夏两省区产业结构相似系数达到 0.9958。[②] 而在 2001 年举行的西部论坛上，西部地区确定的未来 5 年内发展的高技术支柱产业中，几乎是清一色的电子、生物、新材料、医药、环保等产业；而其他重点发展的产业，也主要集中在矿产开发、机械、建材、化工等领域。据科技部的统计信息，西部地区支柱产业和重点产品与东部沿海地区重合

① 江世银：《区域经济发展宏观调控论》，四川人民出版社，2003，第 191 页。

② 董锁成等：《中国西部大开发战略研究》，陕西人民出版社，1999，第 111 页。

度达93%，西部地区自身的重合度高达97%，西部大开发战略实施以来各地区一哄而上、重复建设的倾向尤为明显。① 这种趋同现象在很大程度上说明西部地区各省区之间并没有形成合理的产业分工与协作关系，从而制约了各省区比较优势的充分发挥。另外，雷同的产业结构也加剧了西部地区各省区在招商引资上的激烈竞争，从而大大降低了对外资的吸引力。

西部地区是我国少数民族主要聚居区，中央政府实施西部大开发战略的主要目的之一是加快西部地区的发展。从西部地区各省区制定发展战略考虑的影响要素来看，绝大部分省区制定发展战略时主要考虑的是产业发展、对外开放、基础设施建设等经济发展因素，却很少有省区将少数民族发展问题作为发展战略的重要因素加以考虑，即使新疆、西藏、内蒙古、广西、宁夏等5个民族自治区也不例外。从西部地区各省区的发展状况看，发展模式的趋同现象也很明显。各地区促进经济发展的动力源泉，主要是立足于丰富的自然资源，形成了“以大项目建设为主体、以能源原材料工业基地建设为重点、以国家投入为主渠道”的区域开发模式，推行资源开发导向型的传统工业化战略。各省区支柱产业的选择长期以能源、冶金、化工、机械等资源密集型或资本密集型产业为主，单纯注重自然资源特别是对能源、矿产资源的开发，而忽视发挥生物资源多样性、民族文化多样性的优势，未能建立起具有区域特色、民族特色的本土化经济体系，在发展模式的选择上与内地汉族聚居地区具有明显的趋同化特征。②

西部地区的资源特别是矿产资源的储量相对丰裕，但由于技术落后，并不具有市场竞争力的优势，特别是一些地理环境恶劣的地区，资源利用劣势则更加明显。西部地区的工业竞争力不但远远低于东部沿海地区，而且也低于全国平均水平。尽管工业化水平整体滞后，但多年以来西部地区的重工业产值比重却相对较高，呈现出典型的资源型工业结构特征，例如1997年，西藏的重工业产值比重为61.9%，内蒙古为

① 李永升、张连业：《警惕新一轮重复建设》，《四川监察》2001年第11期。

② 胡鞍钢等：《地区与发展：西部开发新战略》，中国计划出版社，2001，第280—284页。

52.3%，新疆为63.8%。[①] 从西部大开发战略实施以来的情况看，西部地区重工业产值比重高的发展格局依然未变（见表5-8）。

表5-8 2000—2003年西部地区部分省区轻、重工业结构变化 （%）

项目		内蒙古	广西	云南	西藏	新疆
重工业占比重	2000年	70.5	60.2	47.7	64.4	80.5
	2001年	68.4	61.0	47.3	61.6	81.4
	2002年	67.1	60.2	47.7	60.4	80.8
	2003年	68.4	62.9	53.8	64.9	83.1
变化		-2.1	2.7	6.1	0.5	2.5
轻工业占比重	2000年	29.5	39.8	52.3	35.7	19.5
	2001年	31.6	39.0	52.7	38.4	18.6
	2002年	32.9	39.8	52.3	39.6	19.2
	2003年	31.6	37.1	46.2	35.1	16.9
变化		2.1	-2.7	-6.1	-0.6	-2.6

资料来源：根据“中经网”统计数据库相关数据整理。

重工业一般具有投资大、周期长、见效慢、吸纳劳动力就业少的特点，同以农产品为原料的轻工业部门比较起来，采掘工业、原料工业等重工业部门与西部地区庞大的农业部门之间的产业关联度要低得多。优先发展采掘工业、原料工业等重工业部门，非但不能有效地带动或促进西部地区经济的全面发展，反而会延缓其经济发展进程。因而，依赖资源禀赋、偏重重工业的发展模式，不但有悖于西部地区资金短缺、技术落后的经济禀赋，也不利于将西部地区劳动力成本相对低廉、土地和农业资源相对丰裕等潜在的资源优势转化为经济优势。特别是对于一些生态环境脆弱度较高的省区而言，这种发展模式所带来的往往不是效益而是损失。西部大开发战略实施以来，地区发展差距持续扩大，不能说没有这方面的原因。

从一定意义上讲，西部大开发战略实施以来中央政府优惠政策的全方

① “加快中西部工业化进程研究”课题组：《中西部地区工业化战略与政策研究》，《经济研究参考》2000年第2期。

位倾斜，是产生西部地区经济“大而全”现象的一个重要原因。“西部国土资源开发八大优惠政策”中的七条均与矿产资源有关，为了抓住每一个难得的发展机会，地方政府往往无选择地进行低水平重复建设，一些明显不具备资源开发利用比较优势的省区也大力发展资源产业，导致重工业比例急剧上升。仅2004年1—11月，在中国各省、自治区、直辖市颁发的矿产勘查许可证中，西部地区颁发5535件，占发证总数的61.8%，其中云南、内蒙古、西藏和新疆等四省区合计发证就占全国发证总数的一半以上。云南、新疆、内蒙古等则成为矿业勘查的热点地区。[①] 为了就地转化资源、尽可能获取资源开发的最大利益，许多地方争相引进高耗能企业，造成了巨大的资源浪费和环境污染。在内蒙古，高耗能工业园区遍布全区各地，仅包头市石拐区就有两个高耗能工业园区，共引进45家硅铁、电石等生产厂家。由于高耗能企业太多，全区缺电现象严重。[②] 从上述事例看，我们有理由做出这样的判断，中央政府普适性的优惠政策刺激，可能是导致西部地区产业结构雷同和经济效益低下的一个潜在的诱致性因素。

第五节　制约西部地区地方政府能力的体制因素

体制（制度）因素，作为一个极其重要的变量，制约着地方政府能力的形成、程度及其有效发挥。西部地区地方政府能力，既受中央政府制度供给、制度安排的直接影响，又为自身制度创新、制度变迁以及行政体制的客观境遇——体制（制度）境遇所限制。

① 参见《中国2004年矿产开采业吸引外资状况》，转自商务部网站，http：//www.fdi.gov.cn。

② 参见“新华网”2004年11月29日相关报道，http：//news.xinhuanet.com。

一、民族区域自治制度贯彻过程中的问题加大了地方治理难度

作为一个拥有 55 个少数民族的统一的多民族国家，我国实行民族区域自治制度。在这一制度下，国家在民族区域自治地方采取和实行了一系列特殊政策和优惠措施，对民族地区的发展发挥了重要作用。然而，改革开放以来，特别是随着社会主义市场经济的确立与发展，中央政府各项改革政策、法律法规和措施不断出台，使民族自治地方过去享有的一系列优惠政策效应降低，并产生了一系列新情况、新问题和新矛盾。

其一，中央政府与民族自治地方政府的权限划分问题。按照《中华人民共和国民族区域自治法》的规定，民族自治地方政府在中央政府的指导下，自主安排和管理地方经济建设事业；根据本地区的特点和需要，制定经济建设方针、政策和计划；根据本地方的财力、物力和其具体条件自主地安排基本建设项目。然而，长期以来，这种关系始终没有理顺，民族自治权力难以真正实现。①

其二，民族自治地方的地方性法规与中央部门法规之间存在矛盾或相悖之处。在我国，经济管理领域基本实行部门管理。地方利益服从部门（中央各部门）利益，“条块”分割、部门的政策法规一贯到底，民族自治地方的地方性法规只能服从部门法。

其三，中央政府政策“一刀切”的问题。经济体制改革以来，中央政府出台的一系列新政策、措施存在“一刀切”的倾向，使过去一些针对民族区域自治地方的优惠政策失去作用。

其四，国家在民族地区开发资源、建立企业与民族自治地方的发展相融问题。新中国成立以来，中央政府利用计划经济集中调动资源的权力与能力，集聚大量物力、财力在西部地区建设了一大批大中型原材料和重加工工业基地。特别是 20 世纪 60 年代提出集中力量建设“三线”大后方的战略后，国家在西部地区建设了以国防工业为重点，以交通、煤炭、电

① 参见王戈柳：《关于自治权和优惠政策探析》，《民族研究》1997 年第 5 期。

力、钢铁、有色金属工业为基础，以机械、电子、化工为先导，门类比较齐全的工业体系。所有这些，对加速开发西部地区矿产资源、推动民族地区经济发展产生了积极影响。然而，在高度集中的计划经济体制下，这种开发模式也出现了许多弊病，例如，“三线”建设中有相当一部分现代化大中型企业建在经济十分落后的偏僻地区，与当地经济相脱节；国家大中型企业的建设重点是原材料和重加工工业，而没有配置轻纺工业、食品工业等项目，使原来基础就很差的西部地区的工业化跨越了一般演变进程中的以轻工业为中心的发展阶段，致使这种发展脱离了当地社会需求和原有的工业基础，导致产业结构偏离，城镇化迟滞。①

其五，“分税制”财政体制改革后出现的新问题。1994 年实行的“分税制”财政管理体制改革，是我国改革开放以来对财政体制改革所采取的一项意义重大的举措，其主要目的在于适应社会主义市场经济发展的需要，把各级政府之间，主要是中央政府与地方政府之间的财权分配关系理顺，并使之规范化、制度化。

“分税制”实行后，对民族区域自治地方经济发展的影响有其积极的一面，保证和巩固了民族区域自治地方财政的自主权：在分税制条件下，民族区域自治地方财政实行分级管理，对留用的财力安排有自主调剂权；中央对民族区域自治地方的税收返还，由地方根据经济和社会发展的需要，决定支出的项目和内容。然而，也存在一些新的问题，主要有：一是民族区域自治地方财力减少，主要体现在中央财政集中过高，没有给民族区域自治地方以特殊政策，致使民族区域自治地方财政收入减少，开发财源有一定的困难。二是财政收入增长潜力下降，民族区域自治地方的财力增加主要依靠发展生产力和扩大流通来实现，其难度极大。三是分税制对于以资源依赖性生产为主和以农业初级产品为原料的生产企业不利，增加了它们的税负，而西部地区恰恰多为这类企业。四是分税制实行按总人口计算人均财力的转移支付制度，这对幅员辽阔、人稀地广、固定费用大

---

① 参见王戈柳：《关于自治权和优惠政策探析》，《民族研究》1997 年第 5 期。

的民族地区极不合理，致使其财政供养人口占总人口的比重过大。同时，1994 年实行“分税制”的财政管理体制改革以来，各地区的财政转移支付均表现为中央对地方的净转移（见表 5-9）。

表 5-9　西部地区八省区与东部沿海地区财政收支及转移支付情况

项目	本级财政收支缺口占本级财政支出比重/%	本级财政收入与中央净转移之和占本级财政支出比重/%	人均本级财政收入/元	人均转移支付净收入/元	转移支付后人均财政收入/元	人均地区生产总值/元
北京	-18.3	106.5	1284.2	557.8	2399.3	16142.1
天津	-26.5	99.7	1059.5	377.2	1436.7	13964.3
河北	-31.4	100.2	314.7	145.1	459.8	6478.9
上海	-19.0	101.4	2600.4	654.4	3254.8	25192.6
江苏	-30.2	96.0	412.9	155.1	568.1	10025.0
浙江	-30.9	101.3	444.6	207.1	651.7	11192.8
福建	-26.3	101.0	569.6	210.7	780.3	10094.5
山东	-27.8	99.5	398.7	150.3	549.0	8103.9
广东	-22.4	97.9	897.0	234.2	1131.3	11086.6
海南	-38.7	93.7	447.2	236.4	683.6	5829.0
东部沿海地区平均值	-27.15	99.72	842.88	292.83	1191.46	11810.97
内蒙古	-54.4	100.7	331.2	400.4	731.6	5084.4
广西	-39.7	103.4	256.0	182.9	438.9	4070.7
云南	-48.7	100.6	406.0	390.2	796.2	4328.9
西藏	-92.0	99.8	144.4	1650.8	1796.2	18.3
宁夏	-56.9	100.1	214.4	283.5	497.8	3452.8
新疆	-55.2	98.0	374.4	444.8	819.1	6391.9
青海	-71.0	97.5	254.5	600.4	854.9	4376.9
贵州	-50.9	102.4	178.6	193.8	372.5	2301.5
西部地区平均值	-58.60	100.31	269.94	518.35	788.40	3753.18

资料来源：根据《中国统计年鉴 1999》《中国财政统计年鉴 1999》相关数据计算得出。

从表 5-9 中可以看出，本级财政收支缺口占本级财政支出比重，东部沿海地区十省市平均为-27.15%、西部地区八省区（除西藏）平均为-58.60%，中央财政转移支付对于弥补地方财力缺口起了相当大的作用。转移支付前，东部沿海地区与西部地区人均本级财政收入分别为 842.88 元和 269.94 元，标准差为 572.94 元；计入净转移支付之后，东部沿海地区与西部地区人均财政收入分别为 1191.46 元和 788.40 元，标准差为 403.06 元。然而，这种差距的缩小是有限的，考虑到西部地区土地广袤、少数民族人口众多，又有绵延数万千米的边境线，无论从经济发展还是政治稳定因素考虑，地区之间财力的较大差距所带来的负面影响都不容小觑。

综上所述，民族区域自治政策和法律贯彻执行过程中出现的一些问题，使这一制度出现了一定程度的困境，严重影响了西部地区地方政府能力的形成及其作用的有效发挥。

二、行政体制改革滞后影响地方治理

自 1992 年我国开始由计划经济体制向市场经济体制转轨以来，从整体上看，中央计划直接分配资源和政府干预经济的现象正在逐步减少，东部沿海地区亦如此。然而，西部地区仍有明显计划经济的特征，其直接表现就是行政管理体制改革滞后，政府机构规模庞大，财政负担沉重，效率低下。

在我国历次的政府机构改革中，特别是 1998 年政府机构改革中，中央国家机关以及东部沿海地区党政机关的改革力度较大，而西部地区地方政府机构改革的力度则相对较小。由于西部地区经济不发达，政府机关相对稳定的收入反而具有很大的吸引力，因此人员从政府机构流出缺乏内在的动力。由表 5-10 可见，2018 年，每亿元 GDP 所供养的党政机关和社会团体从业人员，西部地区高于全国平均水平，而且约是东部沿海地区的 3.11 倍。

表 5-10　2018 年西部地区与东部沿海地区政府机构人员规模比较

地区	公共管理、社会保障和社会组织（a）/万人	GDP（b）/亿元	（a/b）/（人/亿元）
东部沿海地区	632. 4	483995. 8	13. 07
西部地区	387	95117. 31	40. 69
全国	1817. 5	900309. 5	20. 19

资料来源：根据《中国统计年鉴 2019》相关数据计算得出。

政府机构规模无疑是影响政府能力的十分重要的内在因素：政府规模大，其成本必然就高，财政负担也随之加重，由此限制着政府能力的形成和有效发挥；反之亦然。政府规模与政府行为有着十分紧密的依存关系。“一般而言，政府规模庞大，往往不是‘依事设人’，而是‘依人设事’，甚至‘依人生事’，‘依人造事’。”① 庞大的政府机构及其规模，需要耗费更多的行政成本和经济资源，也逼迫各级各类政府机构与政府官员想方设法地去“设租”“寻租”。这就意味着政府在社会产品再分配中份额的提高，同时也意味着微观经济主体收益的减少，其结果是严重挫伤生产者与企业家创造利润、创造财富的积极性，以致引诱更多的人才离开生产第一线而想方设法地挤进政府官员行列。政府财政严重困难必然导致其公共服务水平和能力的下降，许多本应由财政承担的责任无法实现，出现了政府规模过大和经济发展艰难的恶性循环。

三、非正式制度安排：增加地方治理的制度创新成本

按照道格拉斯·诺思的解释，制度构成的两个最基本的要素是正式规则和非正式规则。正式规则，亦称正式制度，是指人们有意识创造的一系列政策规则的总和，包括政治规则、经济规则，以及由此形成的等级结构。非正式规则，或称非正式制度，则是指人们在长期的交往中无意识形成的，具有持久的生命力并构成代代相传的文化的一部分，其范围极其广泛，一般包括价值观念、伦理道德、风俗习惯、意识形态等因素。“一个

① 曹阳：《区域经济发展的差异性与制度发展的非均衡》，《经济学家》2001 年第 4 期。

民族的文化素质，与她的价值观和习惯一样，都是非正式制度安排的。”①

从制度的功能角度来考察，作为节约其他制度安排服务费用的非正式制度安排，其功能是显而易见的：一是非正式制度本身就具有增进秩序，使相互信任成为可能的功能；二是非正式制度具有确认现行制度结构是否合理，从而凝聚某个团体的功能；三是非正式制度在以理念和价值判断的方式促进或支持不同形式的合作的同时，不仅节约了为确保合作的实现而用于抑制个人乖僻行为和机会主义行为的制度安排的服务费用，而且还会使正在实施中的上述制度安排更加行之有效；四是非正式制度不仅是一种节约认识世界费用的工具，而且是一种节约信息费用的工具。

非正式制度，特别是意识形态，具有相对稳定性或滞后性的特征，被一些制度主义者称为“意识形态刚性”。所谓“意识形态刚性”，即是指意识形态转变的滞后性和一旦形成后的不易被剥落性。

西部地区，由于长期处于自给自足的自然经济和产品经济氛围中，存在一些与市场经济不相融的观点和习惯，意识形态刚性则成为地方政府市场制度创新步履艰难的深层次原因。这种观念和意识的影响，主要表现在以下几个方面：一是传统的计划经济观念。二是因循守旧的思维方式。三是“等、靠、要”的依赖思想。四是商品意识淡薄。五是平均主义和“小富即安”的价值观。六是时至今日仍有一部分领导干部思想深处依然是重政治、轻经济。

地方政府的市场制度创新是需要一定成本的。这种成本，是在非正式制度安排作用下发生的成本，当然也包括在意识形态作用下发生的成本。②这些对于长期处于自给自足的自然经济状态、旧观念和旧习惯充斥的西部地区来说，更是如此。

第一，非正式制度安排及其“意识形态刚性”，会以价值观和认可度

① 林毅夫：《关于制度变迁的经济学理论：诱致性变迁与强制性变迁》，载 R. 科斯、A. 阿尔钦、D. 诺思等：《财产权利与制度变迁——产权学派与新制度学派译文集》，上海三联书店、上海人民出版社，1994，第 374 页。

② 参见陶一桃：《意识形态的刚性与制度创新的绩效》，《深圳大学学报》2003 年第 5 期。

的方式增加市场制度创新的服从成本。所谓服从成本，是一种只存在于民间或个人和组织中的成本。当这样的个人和组织服从政府公法条文的支配时，就会产生这方面的成本。通常对现行制度或者对一项制度创新的认可度越大，服从的心理成本就越小；旧的意识形态积累越厚重，服从的心理成本也就越大。当服从的心理成本在个人所能承受的范围内时，这种服从的心理成本会表现为消极抵触、说怪话等现象。然而，当这种心理服从成本超出个人所能承受的心理范围时，则会引发道德和信仰的论战，甚至是暴力冲突。从制度创新的途径来划分，制度创新通常被分为诱致性制度变迁和强制性制度变迁两类。由于诱致性制度变迁允许人们理性的有限性，给个人留出认识、理解、评价、判断和选择的时间与空间，所以，它主要由创新者的意识形态所决定，而非追随者的。自上而下的强制性制度变迁，是一个创新者的思想、观念群体化的过程。在这个过程中，一方面，无论人们是否认同、赞许这一变革，他们都必须接受这一变革，强制性制度变迁是不会给接受者准备任何退出机制的。在这种情况下，进入或许无须支付成本（指有形的成本），但退出则注定要付出代价（个人利益损失）。另一方面，不同的旧的意识形态的拥有量，决定着每个人在接受制度创新过程中虔诚的影子成本的大小，从而使不同人对同一项制度变迁的效益评价和道德上的认可度也大相径庭。一项制度创新不是为意识形态所支援和支持，就是被其所困和阻碍。通常，一个社会曾经的意识形态投入量越大，面对根本性的制度变迁时所要支付的服从的心理成本就越大。这会使制度创新的推广变得艰难、缓慢，尤其是在改变的初期。从我们前面的论述中可知，西部地区意识形态的状况恰恰如此。

第二，非正式制度安排及其“意识形态刚性”，会在市场制度创新的推广过程中增加创新的交易费用。特定的交易费用，是指人们在依靠市场进行产权交易时运用资源的成本，包括搜集市场信息成本、缔约成本、监督成本和强制履约成本。这里，交易费用，除了上述各项成本外，还加入了作为组织成本的筹建组织成本、谈判成本和交流成本。如果说技术可以减少交易费用，那么旧的意识形态则会增加交易费用。一般说来，如果一项制度安排是正式的，那么这种制度安排中规则的变动或修改，需要得到其行为受到这一制度安排约束的群体的准许。也就是说，“无异议”是这一自发的、正式的制度变迁的前提条件。因此，正式的制度安排、变迁，需要创新者花时间、花精力去组织、谈判并得到群体的一致性意见。与此相反，在非正式的制度安排中，规则的变动和修改纯粹由个人来完成，不需要也不可能由群体行动来完成。通常，人们认为价值观、伦理、道德、习惯、意识形态等属于这类制度安排的例子。其实，从许多国家改革的实现中可以看到与之似乎相左的事实：意识形态的变革往往先于具体改革制度的出台。例如，在中国，先有“解放思想”“改革开放”的伟大思想，才有随之而来的一系列的制度创新的实践。但无论怎样，正式的制度变迁是要消耗更多的交易成本的。如为了使“无异议”成为现实，全民的教育学习、媒体的宣教示范、政治和经济上的奖励机制、保障制度创新的组织框架、内部执行和监督机构等，形成了制度创新的交易成本。而且，旧的意识形态拥有量越大，服从的心理成本就越大，交易成本也就越大。这同样反映在西部地区的制度创新过程中，例如，国有企业的改制、非公有制经济的推广，其交易成本较大，时至今日，西部地区国有控股工业企业资产占规模以上工业企业资产的比重为58.73%，远远高出东部沿海地区（30.13%）28.60个百分点[①]，制约着地区经济社会发展及现代化的进程。

第三，非正式制度安排及其“意识形态刚性”，加重了政府的代理成本，从而使市场制度创新不得不消耗更多的社会资源。政府的代理成本是指政府机构运行的资源代价，它包括监督政府内外情况的成本，通常都要靠税收、其他收费和发行公债的方式来偿付。从国家的定义出发，执政者必须拥有一些官僚机构来按照其意图执行法律和维持秩序、征集税收、惩处罪犯、保卫国家主权和提供其他服务。然而，政府机关中的每个官僚机构本身都是理性的个体，其利益从来就没有与执政者完全吻合过。因

① 根据《中国统计年鉴2019》相关数据计算得出。

此，在“自上而下”的制度创新过程中，建立有效制度安排的能力，在相当大的程度上取决于有多少个官僚机构把执政者的目标视作它们自己的目标。而难以避免的政府机构的官僚化，在恶化执政者的有限理性的同时，增加了管理国家的交易费用和代理费用。正如林毅夫先生所说，如果建立新制度安排所能带来的额外利润被官僚自利行为滥用的话，那么新制度安排就建立不起来。① 另外，制度安排的变迁经常在不同的社会阶层中重新分配财富、收入和政治权力。如果在制度变迁中受损失者得不到补偿（在大多数情况下他们确实得不到补偿），他们将明确地反对这一变迁。但是，如果在制度变迁中丧失利益者正是政府的官员，那么这一既得利益的集团的存在，不仅会以“寻租”的方式加大制度创新的成本，而且还会以官僚主义作风以及对制度和政策的曲解执行等方式，增加代理过程中的社会稀缺资源的消耗，从而加大政府的代理成本。

第六节　制约西部地区地方政府能力的国际因素

英国社会学家莱斯利·斯克莱尔给全球化下过一个定义：“全球化是以经济全球化为核心，以通信、生态及旅游的全球化为基本内容，而以文化及社会政治的影响为直接后果的一种社会变化趋势。”② 在全球化浪潮的冲击下，我国的政治、经济、社会生活正在发生着前所未有的变化，人们的政治信仰和政治情感也随之变化，这既为我国经济社会发展提供了机遇也带来了挑战，对我国民族治理产生了全面而深刻的影响。一方面，在全球化背景下，自由主义、法团主义、保守主义、民族主义等政治思潮悄然兴起。纷繁复杂的社会形势和形形色色的社会思潮在一定程度上开阔了人

① 参见林毅夫：《关于制度变迁的经济学理论：诱致性变迁与强制性变迁》，《卡托杂志》1998 年第 9 期。

② 参见李伟、牛利霞：《全球化背景下政府权力的分化》，《云南行政学院学报》2001 年第 4 期。

们的视野，增强了人们的政治阅历。另一方面，伴随着经济要素在全球的自由流动，政治的、文化的、观念的东西也在世界范围内交融汇合，势必会对我国西部地区经济、政治、文化和社会生活产生全方位的冲击和影响。

一、经济全球化、网络化和信息化对西部地区地方政府治理能力的影响

经济全球化是当今世界发展不可抗拒的必然历史趋势。经济全球化主要指商品、资金、信息、人员等要素在全球范围内自由流动的一种世界状态。与此同时，经济全球化传输的不仅是商品、资金、技术、劳务等有形的东西，而且还包括文化、价值观念、民主思想等无形的东西。在各种文化相互激荡的背景下，文化安全问题就出现了。在经济全球化的推动下，随着资本的跨国流动，文化产品也在全球范围内生产和传播。美国通过文化产品和文化服务输出美国人的价值观和生活方式。从麦当劳、肯德基的饮食文化，到迪士尼、好莱坞的精神文化，他们在占领经济市场和文化市场的同时，占领思想文化空间，正逐渐侵蚀着许多发展中国家的传统文化，影响着他们的生活习惯、工作方法、思维方式以及人生观和价值观。电影、电视节目、音像制品及各种文化艺术服务项目，已经成为美国意识形态“软实力”的主要载体。美国软权力的核心内容是其“民主、人权、自由、法制”观念和生活方式。20 世纪 60 年代以来，美国输出的文化中具有强烈的反集权主义倾向，流行歌曲和影视节目都显露出个人自由高于社会责任、个人权利高于政府统治的倾向。外国人在消费这些商品的时候，也不知不觉地接受了美国“主旋律”的宣传，影响了其他国家政府的威信，而美国则获得了经济发展和文化传播的“双丰收”。

在经济全球化进程中，强势文化形成超时空、跨地域的浪潮，正在有力地冲击着民族文化，逐渐引发了文化全球化。对我国来说，经济全球化如同一把“双刃剑”，在使经济方面获得利益的同时，也给政治、文化、国家安全等方面带来了严峻的挑战。民族文化是民族的历史积累和精神记忆，是民族特有的生存方式。民族文化是民族身份的符号，是民族身份认

同的基础，是民族亲和力和凝聚力的力量源泉。民族文化决定民族精神，是民族国家的根本。民族文化个性如果无法在全球化中保存下来，就会引发民族国家文化危机，危及国家安全。维护和捍卫本民族文化传统，是为了获得更多、更可靠的国家安全保障。从这个意义上说，文化安全，就是一个国家文化主权的安全。在短时间内，从具体的事件来看，文化的力量是弱小的，但从长远来看，文化的力量却是无坚不摧的。

与经济全球化相伴随，网络化和信息化对我国西部地区稳定、发展及安全也产生了重大影响。首先，网络的开放性建构，增加了主流政治文化建设的复杂性。网络是个完全开放和自由的空间。任何人只要具备一些电脑应用常识就可以通过点击鼠标得到想要的信息，同时，任何人又都可以通过网络自由发布信息。这样，某些人、某些政治团体便利用互联网来为自己的利益服务，导致互联网平台上的信息泛滥，真伪难辨，各种思想文化相互碰撞，相互融合，传统的与现代的、东方的与西方的、民族的与世界的、正确的与错误的……让人莫衷一是、无所适从，从而增加了西部地区文化建设的复杂性，对加强社会主义核心价值体系的建设更是增加了难度。其次，以互联网为代表的大众传媒对政治文化社会化产生着巨大的双面影响。有的学者认为，传媒的平稳发展和民主政治的成功有着密切的关系。这种关系应该是双面的。一是现代传媒凭借其超大的信息承载量、超强的社会穿透力和独有的传播效果，为人们便捷地获得丰富的政治信息和学习广泛的政治文化提供了可能。同时，迅速膨胀、良莠不齐的各种信息，也可能蕴藏着负向引导的价值取向。二是网络成为西方发达国家进行意识形态渗透的工具。互联网无所不在、无孔不入的渗透方式及其巨大的信息量，对主流文化的传播、弘扬造成了强大冲击。三是网络环境下的多元文化和虚拟政治活动，也容易诱发个人自由主义的膨胀和国家意识的淡薄。而互联网对某些法律执行不公案例、少数官员腐败现象和个别地方政府失范行为等的报道与过度解读，也往往在无形中放大了现有体制的弊端，甚至可能导致以讹传讹，严重冲击着人们的政治认知和价值判断。如此种种，都会影响马克思主义意识形态和社会主义核心价值观在西部地区的社会化进程，对西部地区地方政府能力建设形成制约。

二、西方意识形态全方位多层次渗透对西部地区地方政府治理提出挑战

伴随着我国改革开放的深入进行和发展以及全球化的世界历史进程，西方国家不断利用各种媒介传播其政治主张及其意识形态，扰乱我国少数民族和民族地区民众的正常政治思维，阻碍和破坏我国西部地区的经济社会发展及现代化建设，进而影响我国多民族统一国家的政治稳定与和谐政治文化建设。这些境外敌对势力和国内民族分裂主义分子相互勾结，危害我国西部地区的民族团结、社会和谐与政治稳定。

作为一种历史进程，全球化始终伴有文化渗透、价值变迁、制度移植等内容。“全球化也具有意识形态性，因为它试图根据一种比任何东西都更有效地服务于一些利益的新的全球想象来重新建构世界。”① 在全球化的时代背景下，对中国而言，构成文化安全的最大威胁源是来自西方国家的意识形态输出。为了输出意识形态，西方主流国家采取了以下多种方式：一是西方文化霸权是以经济全球化框架中的经济上的优势为主要依托进行的。二是西方文化霸权是凭借其在文化传播媒介上的优势，进行文化意识形态的输出与渗透的。三是西方文化霸权是利用文化产品生产上的优势，从主宰人们生活的消费观念与消费模式上潜移默化地影响人们的价值观。四是西方文化霸权利用教育和文化的交流优势进行文化殖民。

在文化的全球化过程中，西方某些国家正是利用上述优势，以达到其文化霸权的目的。其导致的后果正如英国学者汤姆林森所指出的：“第一，导致了一种标准化的商品文化出现，从而消除世界文化的丰富多样性；第二，把西方的各种文化疾病——热衷于消费实践，文化身份的碎片状态，中心的丧失，稳定的共同文化价值——强加于其他文化之上；第三，威胁到脆弱而容易受到伤害的边缘的‘第三世界’民族国家的传统文

---

① 王宁、薛晓源：《全球化与后殖民批评》，中央编译出版社，1998，第3页。

化。"[1] 文化侵略、文化冲突于是变得不可避免。"我们从一开始就必须注意到一个重要的区别，即所有第三世界的文化都不能被看作是人类学所称的独立或自主的文化。相反，这些文化在许多显著的地方处于同第一世界文化帝国主义进行的生死搏斗之中。"[2] 因此，在全球化的时代，面对文化被同质化的威胁，作为发展中国家的文化防卫就显得尤为重要。

---

① 刘邓阁：《全球文化风暴》，中国社会科学出版社，2000，第51页。

② ［美］杰姆逊：《处于跨国资本主义时代中的第三世界文学》，转引自张京媛编《新历史主义与文学批评》，北京大学出版社，1993，第230页。

第六章　推进西部地区地方政府能力建设与地方治理联动的对策、建议

党的十九大报告指出，中国特色社会主义已经步入新时代，中国社会主要矛盾也发生了转变，发展不平衡不充分的一些突出问题还有待解决，西部地区作为国家疆域的特殊组成部分，其治理成果对国家治理和国家发展的重要性也日渐凸显。立足中国特色社会主义新时代，提升西部地区地方政府能力，推进地方政府能力建设与西部地区治理的联动及其治理体系和治理能力现代化，实现西部地区稳定、发展与安全同步共进，是时代赋予理论工作者的重大历史使命。

第一节　推进西部地区地方政府能力建设与地方治理联动的总体思路

当前我国西部地区地方治理面临着三大基本问题，即维护地区稳定、促进地区发展以及保障地区安全的现实难题，要解决西部地区地方治理过程中的难题，就需要不断地加强和提升地方政府能力。地方政府能力在得到充分发挥后，可以有效地解决西部地区地方治理的现实难题，为西部地区的稳定、发展与安全提供必要的支撑和保障，实现国家对其的有效治理。

一、围绕西部地区地方治理的基本问题加强地方政府能力建设

西部地区问题，在不同历史时期的内容和表现形式是不一样的。新中国成立以来，其问题的主要内容是民族问题，国家采取了民族政策来解决该问题。这项政策使民族关系得到了根本性的调整，历史证明了采用民族政策的正确性和有效性。但民族问题不完全等同于西部地区的全部问题，随着时间的推移，其他问题也逐渐地凸显出来，而民族问题已经不再是西部地区问题的核心和主体。当前，我国的西部地区问题主要包括三大基本问题，即发展、稳定与安全。西部地区发展包括西部地区开发、西部地区建设、西部地区的生态与环保等方面的内容；西部地区稳定包括民族问题、宗教问题和利益分化与利益协调等方面的内容；西部地区安全包括边境管理、地区社会管理和边防建设等方面的内容。[①] 西部地区地方治理的主体分为中央政府和西部地区地方政府，中央政府是主导力量和推动者，而地方政府则是具体的责任主体，需要不断贯彻落实中央政策方略。由于能否解决西部地区的基本问题取决于地方政府的治理能力，所以加强西部地区地方政府能力建设具有重要意义。因此，地方政府治理能力要围绕西部地区地方治理的基本问题进行建设。

第一，围绕发展问题加强政府能力建设。习近平总书记强调，发展是破解一切难题的“总钥匙”。我国是一个疆域辽阔的国家，改革开放后，国家制定了向沿海地区倾斜的非均衡发展战略，东部地区得到政策支持迅速发展起来，东、西部发展差距进一步扩大。为了缓解区域的不均衡发展，国家制定了一系列的民族平等、民族团结以及西部地区振兴政策，这些政策在一定程度上促进了西部地区的发展，但是西部地区特殊的自然地理区位和历史文化传统、复杂的民族社会关系、薄弱的经济基础、落后的思想意识等因素，制约了其进一步发展，导致区域发展不平衡持续存在。西部地区发展的现实难题暴露了地方政府能力的不足，具体体现在

① 周平：《我国的边疆与边疆治理》，《政治学研究》2008 年第 2 期。

以下三个方面：一是经济发展缺乏长远规划；二是市场制度创新力度不足；三是社会资源汲取不足。因此，可以围绕以上问题加强西部地区地方政府能力来开发、建设西部。

第二，围绕稳定问题加强政府能力建设。西部地区的长治久安是地方治理中一个历久弥坚的议题，国家一直采取慎重的态度处理西部地区稳定问题，并把稳定当作压倒一切的大事。“一带一路”倡议的提出，使我国西部地区逐渐成为统筹国内、国际两个大局的地理交汇点。西部地区的特殊战略地位表明，其稳定不仅关系到我国西部地区的社会进步与发展繁荣，还影响国家的主权与领土的完整以及国家发展战略的格局。我国西部地区经济与社会发展水平低，民族宗教、地缘政治关系复杂，极易导致政治和社会的不稳定，一旦西部地区社会政治存在不稳定问题，就会对国家的稳定和安全产生影响。为了维护西部地区的稳定，国家制定并实施了许多战略、政策以促进其发展并保持稳定的态势。虽然国家对西部地区的稳定投入了无限的关注，但是西部地区仍然隐藏着诸多不稳定因素，面临着民族问题、宗教问题、利益协调问题、公共服务供给问题等难题与挑战，影响了该地区的稳定与发展。西部地区地方政府能力低下，维护其稳定的现实难题具体体现在以下三个方面：一是社会不稳定因素增加；二是利益分配不协调；三是公共服务供给水平低。因此，西部地区地方政府可以围绕以上问题加强自身的能力建设，以实现地方治理的长治久安。

第三，围绕安全问题加强政府能力建设。西部地区是国家疆域与周边国家接壤的特殊地带，独特的地理区位使其成为国家天然的安全保卫屏障。西部地区安全直接影响到国家安全，是国家安全的核心内容与重要组成部分，是国家安全在西部地区这一特殊区域的具体体现。安全问题是西部地区地方治理的基本问题与核心议题，要坚决把安全作为其地方治理的重要内容。西部地区面临多元复杂的安全威胁，亦受到境内、境外敌对势力的威胁，既要防御来自军事、政治、外交的传统安全威胁，又要应对经济、金融、信息、资源、生态环境、恐怖主义、跨国犯罪、非法移民、武器扩散、疾病蔓延、毒品走私、海盗、洗钱等领域的非传统安全威胁。因而及时有效地解决西部地区的安全问题，维护其稳定，是西部地区地方政府必须承担的重要职责。西部地区地方政府一直面临着严峻的安全问题，其应对安全问题的治理能力不足。维护西部地区安全的现实难题具体表现在以下三个方面：一是领土安全受到威胁；二是公共危机复杂多样；三是生态环境脆弱。为此，西部地区地方政府在地方治理过程中，可以注重围绕以上不足提升安全保障能力和加强自身能力建设。

二、以强化和提升西部地区地方政府能力为抓手促进地方治理的实现及其有效性的发挥

作为西部地区地方治理具体责任人的地方政府，最重要的是充分发挥自身的治理能力。政府能力体现着政府的效率，关系到地方治理的效能。西部地区地方政府能力对于地方治理的实现意义重大，无论是在维护西部地区地方治理的稳定和安全方面，还是在促进地方发展方面，都有着不可替代的重要作用。

第一，强化政府发展的能力是实现西部地区地方治理有效性的必然要求。实践证明，西部地区地方经济发展的相对滞后性以及由此产生的一系列问题，只能通过发展本身加以解决。因此，提升西部地区地方的开发能力以及对经济、政治、文化和社会的建设能力是十分必要的。对于西部地区地方发展问题的解决应该采取“造血式”治理来代替“输血式”治理，以增强其自我发展能力。新时代的西部地区地方发展应该以“创新、协调、绿色、开放、共享”的新发展理念为指引，促进经济社会的健全发展。因此，承担地方治理责任的西部地区地方政府可以从以下三个方面出发，不断提高自身的开发与建设能力，以实现有效地方治理。一是经济规划发展能力。提升经济规划发展能力，需要地方政府对所辖区域的各方面情况有全面充足的把握，认真贯彻中央政府的宏观政策和指导精神，因地制宜地制定科学的、系统的、连续的经济发展规划，充分调动人力、物力和财力资源，提升政策的执行能力，促进西部地区地方的经济发展，为地方治理奠定经济基础。二是市场制度创新能力。市场制度改革创新可以弥

补现有市场制度的缺陷，更好地规范市场主体行为，通过真实反映市场需求、优化资源配置，为经济发展提供内在动力，注入活力。三是资源汲取利用能力。资源汲取利用能力的提升可以为西部地区地方政府提供财政、人才和信息等支持，以提高处理公共事务的效率，提升公共物品和服务的水平，为经济发展营造良好的市场环境，更加合理高效地配置社会资源。

第二，强化政府维护稳定的能力是实现西部地区地方治理有效性的重要前提。在我国的西部地区地方治理中，稳定是压倒一切的大事。由于西部地区经济发展滞后于东部发达地区，经济发展缓慢，人民的利益和福祉也得不到均衡与恰当的提升。这些事关民生的重要问题得不到解决，就会威胁到西部地区稳定，动摇国家政治的合法性基础。除了利益分化引发的社会矛盾以外，西部地区地方治理稳定还受到非传统安全的威胁。对各种影响社会的稳定问题，如果不及时治理或治理不到位，就会造成影响稳定的各类问题叠加并产生共振，从而引发社会的动荡不安。有鉴于此，我国西部地区地方政府应与时俱进地强化和提升自身的能力建设，为西部地区地方的和谐、团结与稳定提供保障，更有效地实现对西部地区地方稳定问题的治理。因此，承担地方治理责任的西部地区地方政府可以从以下三个方面出发，不断提高自身维护社会稳定的能力，实现西部地区地方治理的有效性。一是维护社会稳定能力。社会稳定包括政治的、经济的、社会秩序的、思想的和国际环境的稳定。[①] 西部地区稳定的治理是以政府为主导的、社会组织与公民参与的多元协作治理，其中，中央政府是西部地区稳定治理的主导者、制度与战略的制定者；社会组织和公民是参与者和行动者；西部地区地方政府则负责贯彻落实中央的大政方针，因地制宜地制定具体的政策，承担起维护西部地区社会稳定的责任。稳定的社会秩序是西部地区经济与社会发展的前提和基础，维护社会稳定要求政府不断加强构建社会秩序、强化社会控制工作，加强维护社会稳定的能力建设，为西部地区的发展创造良好的社会环境，为地方治理提供有利的社会基础。二是

① 马大正：《中国边疆治理：从历史到现实》，《思想战线》2017 年第 4 期。

利益分配协调能力。当前西部地区稳定问题的深层原因是西部地区人民的利益分配不均衡问题。利益的复杂化和利益矛盾的多发，需要地方政府进行协调与平衡。因此，在利益分化的背景下，政府亟待提升利益分配协调能力，制定并完善社会资源和价值再分配政策，对底层民众和弱势群体在价值资源的权威性分配中予以特殊的照顾，实现利益的协调和整合，正确处理这些利益失衡与利益矛盾问题。三是公共服务供给能力。政府的一个基本职能就是为社会提供公共服务，现阶段公共服务的供给是以政府为主导的多元供给，政府承担主要责任。西部地区地方政府公共服务供给能力主要体现在提供基础设施的能力和提供教育、卫生、科技、文化、环保、社会保障与维护稳定等能力方面。[①] 随着社会的不断进步、经济的不断发展，西部地区地方政府越来越重视提升公共服务的水平以满足人民的需要。因此，西部地区地方政府要致力于完善公共服务的供给，提升公共服务供给水平，特别是教育与医疗卫生等，以夯实政府的合法性基础，维护西部地区社会稳定与民族团结。

第三，强化政府安全能力是实现西部地区地方治理有效性的重要保障。中国面临的西部地区安全问题是一个涉及内容丰富、覆盖范围广大、复杂程度不断加深的问题，不仅包括传统安全问题，还包括非传统安全问题，这些问题已经成为国家发展所面对的新常态。西部地区地方政府应积极应对，从自身能力建设出发，不断提高自身保障西部地区安全的能力，全方位地保障其政治、经济、文化、社会、生态安全。只有不断地推进地方政府的能力建设，才能及时、有效地解决西部地区的安全问题，实现当地安全问题的有效治理，这是西部地区社会发展的客观要求。因此，承担地方治理责任的西部地区地方政府可以从以下三个方面出发，不断地提高自身保障安全的能力，实现西部地区的有效治理。一是领土安全保卫能力。维护国家的领土主权统一、完整与安全是国家安全的首要目标，领土安全问题也是西部地区地方治理的一个典型问题，如何保障我国

① 阎柏：《民族自治地方政府能力循环初探》，《云南行政学院学报》2007 年第 6 期。

的每一寸土地都不流失是治理的一个重要内容。因此，西部地区地方政府作为地方治理的具体责任主体，需要不断地培育和强化保障领土和主权安全的能力，从大局出发，认清西部地区领土安全在国家安全中的战略地位，承担起保卫国家领土、加强边防防控和基础设施建设、维护国家领土完整和安全稳定的责任，实现对西部地区领土安全的有效治理。二是公共危机处置能力。西部地区的安全风险具有长期性和持续性，其对地方治理和发展乃至对国家治理的影响都不能低估。在这样的情况下，强化西部地区地方政府公共危机处理能力，将安全风险控制在一定范围内，有效应对各种可能出现的危机，确保西部地区整体的安全形势，就成为西部地区政府的必然选择。因此，面对公共危机治理的困境与挑战，西部地区地方政府要加强公共危机事件的规避处置能力，面对危机能够快速反应、妥善处理，保卫西部地区安全稳定，实现对其公共危机的有效治理，为经济社会发展创造稳定的社会条件。三是生态环境保护能力。生态环境保护能力的提升，不但可以改善西部地区人民的生产、生活条件，而且对全国的生态安全都有重要影响。因此，西部地区地方政府必须不断提升生态环境的保护能力，积极维护生态安全，以生态优先、绿色发展的理念为指导，正确处理好生态环境保护和经济发展的关系，积极探索生态文明制度建设，为西部地区各族人民提供良好的生活环境，建设美丽西部、美丽中国。

总之，目前西部地区地方治理比较薄弱，发展相对滞后，这会影响到国家的治理与发展。因此，高度重视以及加强西部地区地方治理，补齐国家整体发展战略的短板，已然成为一种必要选择。强化和提升西部地区地方政府能力具有重要意义，通过提高宏观政策规划能力，积极有效地弥补和矫正市场机制的缺陷，以充足的财政支持来提供优质的公共物品和服务，充分发挥政府职能，可以改善民生问题。西部地区地方政府能力的提升对于边疆地区主动融入国家发展战略具有重要意义，是国家微观管理能力提升的体现。地方政府能力的提升不仅可以保障地方治理的有效运转，还可以使国家在应对新的地方治理问题时游刃有余，以此保障西部地区的安全稳定、长治久安，促进其经济的繁荣发展。

第二节 地方政府维护稳定能力建设与西部地区地方治理联动的对策与建议

在我国，实现西部地区地方政府能力建设与维护稳定的联动，一要加强地方政府维护社会稳定能力建设，实现西部地区社会稳定；二要加强地方政府利益分配协调能力建设，实现西部地区社会公平；三要加强地方政府公共服务供给能力建设，满足西部地区居民公共需求。

一、加强维护社会稳定能力建设确保西部地区社会稳定

特殊的自然条件、经济基础、民族宗教、人文环境以及地缘政治，使我国西部地区社会稳定具有特殊性，自然灾害风险、政治风险、经济风险、非传统风险等社会不稳定风险成为维护西部地区稳定的主要内容，由此规定了其地方政府能力建设的方式方法及其路径。

首先，加强地方政府应对自然灾害风险的能力建设。自然灾害风险对西部地区社会稳定的影响主要体现在以下三个方面：一是西部地区自然条件恶劣对当地居民生活质量的影响。由于自然条件的限制，我国西部部分地区仍存在安全饮水问题。这些条件直接影响到西部地区居民的生活水平和质量。二是经常发生的自然灾害对当地经济社会建设的破坏。极端天气和强风、大雨、暴风雪、地震、泥石流、沙尘暴、干旱以及病虫害等自然灾害，不仅会造成人员伤亡，还会造成巨大的财产损失。三是由于自然条件和灾害，西部地区耕地面积急剧减少，草原破坏、土壤荒漠化等威胁着当地居民的基本生产。如果不能及时预防和治理这些问题，必然会给社会成员带来危机感，从而使他们失去生活信心和勇气。这将加剧社会成员对地方政府的不满，加剧社会矛盾，引发社会不稳定。由此可知，要维护西部地区的社会稳定，就必须削弱自然灾害对社会稳定的影响。20 世纪以前，西部地区的人口有限，除农业和畜牧业外几乎没有其他生产方式。在

大多数情况下，除了水和其他资源的可用性之外没有任何限制。当人口激增，工业和农业用水量以及生活用水量以更快的速度增加时，水和其他资源将被最终耗尽，从而导致环境恶化。因此，调节人口的生产和生活方式，缓解已经脆弱的环境压力，是改善西部地区自然环境的关键。为此，地方政府能力建设要紧紧围绕西部地区这一实际，强化和提升治理能力。①对可以利用的水、森林、牧场、土地等基本资源进行准确统计，并根据现有人口及其发展趋势进行合理的规划和分配。②必须坚决淘汰不适宜居住的地区和生态环境极度恶化的地区，并采取切实措施吸引和鼓励人们进入适当的地区。③大大降低草地承载力，改变广泛的放牧方式，逐步用复合饲料代替绿色饲养。发展集约化、工业化育种和畜产品深加工。④从东部沿海发达地区引进劳动密集型产业和加工业，或有计划地转移劳动力，或投资建设大型基础设施项目，消化剩余劳动力。⑤建立节水型生产生活体系。输水系统应用管道代替渠道，以尽量减少泄漏和蒸发，并用喷灌和滴灌代替传统灌溉。

其次，加强地方政府化解政治风险的能力建设。政治风险对于西部地区社会稳定具有极其重大的影响，民族区域自治制度有待完善以及民族政策实施过程中存在的问题，在一定程度上影响了少数民族行使权利，实现各种利益。这就不可避免地导致群众的信任危机，引发社会的不稳定。为此，地方政府能力建设要紧紧围绕西部地区这一实际，提升和强化治理能力。①完善民族区域自治制度，明确民族区域自治制度的取向是促进民族发展，要巩固民族区域自治制度的经济基础。②发挥两重政策的优势，即一方面，中央实施有利于缓解和缩小地区发展差距的政策优势；另一方面，实施民族区域自治是国家既定的政策优势。前者是国家层面对于民族地区的一般性政策，后者是适用于民族区域自治地方的特殊政策。以内蒙古为例，乌兰夫同志善于将国家政策同民族地区具体实际相结合，使得内蒙古在“文化大革命”之前人均国民生产总值高于全国平均水平。③完善危机管理体制。危机管理体制是指应对突发事件时的组织、制度、行为、资源等相关要素及要素间关系的总和。只有建立比较完善的危机管理体制，才能保证在预防、预测、预警、指挥、协调、处置、救援、评估、恢复等应对环节中各方面快速、高效、有序反应。从国家层面上讲，我国危机管理体系是按照“一案三制”的总要求设置而成的，并在此基础上提出了分类管理、分级负责、条块结合、属地为主的危机管理原则。国家层面危机管理体系和原则，不仅完善了我国国家层面的危机管理体系制度建设，也对我国地方政府的危机管理起到了指导作用。西部地区现有的危机管理体制，是我国危机管理体系的重要组成部分。国家宏观层面体系整体框架的完善，促使我国西部地区的危机管理体系得到了有效的发展和完善，这一体制对该地区政府有效应对各类危机起到了决定性的作用。但是，这一体制宏观上的整体趋同，使得微观上的特殊性不足。目前，在各级政府的职责划分、应急响应过程、条块部门的衔接配合等方面，还缺乏统一明确的界定，尚未完全形成职责明确、规范有序的分级响应体制。因此，为提高西部地区地方政府应对群体性事件的能力，需要修正现有制度体系执行过程中的不足，研究地区危机管理的现实，制定出符合地区地方特色的危机管理体制和机制。此外，还需优化组织和人员结构。地方政府危机管理的常态化建设非常重要，这就需要政府部门在理念上树立日常管理的意识，合理设置机构部门，配备具有一定专长的管理人员，明确任务目标，落实预警责任，有效化解发生在初始阶段的社会矛盾。

最后，加强地方政府破解经济风险的能力建设。经济风险对社会稳定具有一定影响：一是整体经济发展水平低会造成社会不稳定。出于种种原因，西部地区总体发展水平较低，基础设施相对落后。如果这种状况长期得不到改变，人们的生产和生活条件就难以得到改善，势必会影响人们对改革开放政策的认识和支持；对社会的不满加剧，将会影响该地区的社会稳定。二是西部地区经济增长缓慢，与东部沿海发达地区的发展差距不断扩大，必然加剧各民族经济利益的不平衡感，从而降低人们对社会稳定的信心和安全感，影响社会稳定。三是社会转型时期利益结构的调整和变化会引起社会不稳定。随着我国社会主义市场经济体制的建立和逐步完善，计划经济体制下的利益共同体被打破，新的利益集团逐步形成。在这种转型过程中，计划经济体制下既得利益集团的利益丧失，新的社会弱势群体的利益诉求渠道不够畅通。不完善的社会保障制度必然会加剧不同群体之间的矛盾和对立情绪，从而破坏民族地区的社会稳定。为此，地方政府能力建设一定要紧紧围绕破解经济风险和发展之道，提升和完善治理能力。①要加强解放思想，使人民摆脱传统的计划经济理念。消除意识形态概念中的障碍，必须克服对计划经济思想的依赖，增强自身的发展能力，树立市场意识。在市场的引导下，我们必须鼓励竞争发展，克服“小富即安”思想。②要发挥比较优势，调整优化产业结构，发展特色经济。出于地理位置和历史原因，中国西部地区的产业结构呈现多层次的特点。在一些地方，旅游和服务业比较发达，如云南的丽江和西双版纳；在一些地方，主导产业是畜牧业，如内蒙古、新疆和西藏；在一些地区，有丰富的工矿资源，如广西的锰矿石储量占全国总量的32%，内蒙古的煤炭储量占全国的22%。因此，在西部地区经济发展过程中，要结合各自的资源优势，建立特色经济，形成支柱产业，促进整个地区产业链的升级。同时，还要充分认识西部地区农牧业的重要性，重点发展农牧产品并将农牧业作为支柱产业，建立绿色农牧业生产基地，将农牧产品加工业与农业产业化结合起来，促进第一、第二产业的共同发展。此外，在旅游资源丰富的地区，建立地方旅游产业链，加强旅游资源整合，合理开发旅游资源，积极打造具有西部特色的旅游品牌，建立服务业体系，从而带动整个第三产业的发展，促进经济的可持续发展。③加大扶持力度，创造更加宽松的环境，提高非公有制经济在国民经济中的比重。在非国有经济方面，西部地区与东部地区差距较大。为此，要在政策等方面予以支持，创造宽松的发展环境，鼓励发展非国有经济，引导非国有企业规模化、科技化和出口化发展；同时，努力加强工业企业及民营企业引资，从根本上改变所有制结构不能适应西部地区经济发展的现状。④西部地区各级政府要改变计划经济条件下形成的经济管理体制，克服行政审批事项烦琐、行政行为过多等弊端，加快经济体制改革和转型，着力培育要素市场，完善市场机制，推进市场化进程，提高地区的市场化水平，使市场机制运作的结果有利于形成西部地区经济社会快速发展的必要条件。⑤健全的社会保障制度是西部地区经济社会发展的重要保障。要完善社会保障体系，必须在社会保障、社会救助和社会福利的基础上，建立西部地区的基本养老保障制度、基本医疗制度和最低生活保障制度。确保农村医疗卫生资金来源，完善西部地区医疗卫生服务体系。加大医疗保障力度，完善农牧区人口基本住房、食品、饮用水、卫生设施和疾病预防控制措施；加强农村医疗队伍的培训和再培训，切实加强城镇卫生院和卫生室的基础设施建设。增加必要的医疗设备，改善医疗条件，提高乡镇卫生院的服务能力；推进新型农村合作医疗制度，适当减轻农民负担，缓解“看病难”问题。

二、加强利益分配协调能力建设实现西部地区社会公平

利益分配协调是现代政党和政府的基本政治功能之一，如何通过利益分配协调来吸引民众、凝聚社会、实现社会公平正义，是执政党和政府面临的普遍问题。当代中国地方政府的能力状况、程度、水平同中央与地方的关系密切相关，直接受制于中央政府的制度保障、地方分权、政策倾斜和公共物品供给，并受国内横向府际关系的深刻影响；再加上西部地区发展条件的差异、发展基础的薄弱、发展理念的滞后，这些问题导致西部地区经济发展速度、质量、规模、效益相较于东部沿海地区差距较大。因此，强化西部地区地方政府的利益分配协调能力，既要注重中央和东部沿海地区的政策帮扶和对口支援，还需注重自身建设。

首先，根据西部地区具体实际给予特殊政策倾斜。一是区分发展基础差异的具体实际，实行不同的财政倾斜政策。利益分配协调问题归根结底还是经济发展问题。在促进西部地区发展、控制和缩小地区发展差距的过程中，中央政府的政策供给是一个极其重要的条件，特别是作为宏观调控手段的财政税收政策、投资政策，显得尤为关键。“没有一个政府的财政

资金是完全充裕的，它必须在各类急需花钱的地方作出取舍和权衡。”[①] 中央政府的财政税收政策、投资政策，应当根据西部地区省（区）际之间自然、历史和人文因素，特别是根据八省区经济发展和政治因素的差异，分别给予不同的倾斜性政策。二是区分发展进程差异的具体实际，实行不同的投资倾斜政策。促进西部地区经济增长与发展，强化利益分配协调能力，需要中央政府加大投资力度。但中央政府对西部地区八省区的投资政策不能雷同，而应当根据各省区的不同情况分类投资，即根据八省区不同的经济发展阶段、程度及其水平，合理分配稀缺的投资资源。①优惠投资政策应该有明确的省区范围，暂时不具备吸引外资条件的省区一般不予享受，以避免恶性竞争所带来的效率损失。②优惠投资政策在幅度上应该有所差别，对于区位条件和投资环境较好的省区，如云南、内蒙古、新疆等，优惠投资政策的幅度应该更大一些，以促进其外向型经济的发展。③优惠投资政策应该由“区域导向型”向“产业导向型”转变，也就是依据不同省区的产业比较优势，分别制定并实施一些适宜不同省区的优惠投资政策，促进这些省区优势产业的发展。这样不仅可以避免重复建设，也可以促进西部地区的协调发展。

其次，根据西部地区不同需要提供公共物品。公共物品的供给，受诸多因素的影响和制约，在不同地区之间存在着一定的差异。一方面，处于不同发展阶段的地区对公共物品的需求水平各不相同，中央政府在提供公共物品时需要按不同地区加以区别对待，以体现公共物品供给的区域性差异。另一方面，同样的公共物品，发达地区地方政府可能有能力自行提供，不发达地区地方政府则受经济发展水平低以及财政能力弱等因素限制而无法提供。在此情况下，中央政府在不同地区之间进行公共物品供给上的调节，具有明显的必要性。

对于相对发达地区和一般发达地区，即广西、云南、内蒙古、新疆等四省区而言，中央政府公共物品供给的重点应该放在经济发展所需的基础

---

① 王绍光：《顺应民心的变化：从财政资金流向看中国政府政策调整》，《战略与管理》2004年第2期。

设施建设和生态环境保护方面，增加对铁路、公路、通信等交通基础设施建设、城市基础设施建设以及生态环境保护的投入，以改善上述四省区的投资环境和提高其经济竞争力。

对于相对落后地区，即宁夏、西藏、贵州、青海等四省区而言，中央政府公共物品供给的重点应该放在两个方面：一是经济发展所需的基础设施建设和生态环境保护方面，以改善上述省区的投资环境和提高其经济竞争力；二是同居民生活密切相关的社会基础设施建设方面，如医疗卫生、社会福利、乡村公路、普及教育等。这样既可以提高上述相对落后四省区的劳动力素质，也可为企业家和技术人员向落后地区的迁移提供一种可能的条件。同时，作为缩小区际福利差距的结果，也可以减少从落后地区向发达地区的人口迁移，从而在一定程度上提升这些省区的人力资本积累水平。

再次，在对口支援中加大东部沿海地区对西部地区的帮助。就东部沿海地区地方政府来讲，要有本地区的发展离不开民族地区及西部地区发展的理性政治思维，通过建立新型的国内横向竞争、合作的政府间关系，根据八省区各自的不同实际及其需求，在协作中加大对西部地区的支援和帮助，改善和提升西部地区地方政府利益分配协调能力。东部沿海地区地方政府要树立西部地区地方政府能力的提升及其经济与社会发展和现代化建设，既是民族地区及西部地区的事情，也是自己的事情的理性思维和正确观念，加大支持和帮助民族地区及西部地区经济社会发展及现代化建设的力度。这是因为，民族地区及西部地区的发展，必然会强有力地支持东部沿海地区的发展。东部沿海地区地方政府要加强与西部地区地方政府的经济联合与技术合作，通过制度扩散、对口支援等各种有效方式和途径，切实帮助西部地区地方政府加速制度创新、技术创新，提高公共物品供给质量和水平，提高政府效率，推动西部地区的经济社会发展及现代化建设，逐步缩小发展差距。

最后，对于西部地区地方政府自身而言，应构建合理的利益分配制度，有效协调各方利益矛盾。以往因为利益分配问题而产生的弊病在于地方本位思想、产业结构不合理、狭隘的地方保护主义等。这些历史的顽疾因市场经济的发展而越来越显露出其滞后的一面。利益作为地方发展的动力和能源，其分配的不合理，直接关系各地间的合作与交流，而且关系各民族之间的交往与协作，关系各地区发展的平衡性，乃至关系国家的稳定、安全与统一。要处理好利益分配，一是应以市场为导向，使各地区资源能够优化配置。避免各地区资源的重复浪费和效率低下的现象发生。在资源的合理配置方面，各地区应加强交融与合作，在合作中共赢、互利。二是要以国家政策为指导，使地方职能部门充分发挥作用，完善地方利益分配制度，协调地方政府利益。三是需以公平为目标，实现各地的均衡发展，避免差距扩大。这就要求建立区域补偿机制，以补偿、支持落后和缓慢发展的领域，促进经济的稳定发展和均衡发展。由此可见，构建合理的利益分配制度，有必要建立市场竞争机制、政策导向机制和地方补偿机制。只有充分调动各地的人力、物力和财力资源，才能避免各种弊病，真正有利于政治经济的发展和区域的发展，才能协调好各方利益矛盾。

三、加强公共服务供给能力建设满足西部地区居民公共需求

所谓西部地区地方政府公共服务供给能力，就是指西部地区地方政府在宪法和法律授权前提下，客观、科学地把握所辖地区自然环境、人文环境，特别是社会经济发展状况和人民需求，以实现政府公共服务职能为核心，以满足当地社会民众需求为重要目标，提供公共产品和服务的功能及其有效性的总和。从中我们也能够看出，西部地区地方政府公共服务供给能力实际上是一个非常复杂的、多因素多层次的系统工程。因此，提升西部地区地方政府公共服务供给能力，需从以下四个层面进行：

首先，西部地区地方政府需创新公共服务理念。当前，公共需求的满足、优质公共产品及服务的提供已经成为衡量政府绩效、现代化水平的重要指标。政府作为公共服务的主要提供者，其公共服务能力的提升以及对公共产品、服务质量的把握已经成为政府的主要行政目标。要实现政府部门从管理到服务的转变，有效提升西部地区政府公共服务能力，需要营造

良好的行政文化，它可以为公共服务的提供奠定坚实的群众基础，同时还可以减轻政府提供公共服务的压力，实现社会多元主体的共同参与。这就需要政府工作人员更新观念，要使全体公务人员及干部树立以人民为中心的工作理念，把人民群众的满意度作为衡量自身工作的标准，最终实现政府“服务者”的良好定位。一是要创新公共服务制度化理念。政府的公共服务，要实现制度化、法律化，而非运动式的、暂时性的。要加强公共服务的制度建设，要在社会保障、基础教育、公共医疗卫生等领域建立制度性的规章和法律体系，在法律层面完善养老保险等社会保障，在制度层面实现公共医疗卫生制度，切实解决“看病难、看病贵”的问题。同时，也要建立多主体参与公共服务的法律规范与制度。对其他主体的责任和义务进行界定，对其权利进行说明，同时，要根据制度来规范工作流程，通过设立服务办理时效来监督工作人员的服务行为。二是要树立公共服务的公共、公平理念。公共化的价值理念要求政府将公共财政转向公共服务等领域，扩大政府公共服务和产品的领域及范围。要实现财政政策的倾斜和转移，加大对于公共服务事务的扶持力度，建立公共财政体系和公共治理制度，实现公共服务多元化。要通过提升政府公共服务的透明度，来确保西部地区人民群众的切身利益得到保障。要实现财政模式的转变，将以往建设型的财政转变为公共服务型的财政，以改善民生为基础，实现服务的公共化。共享、公正和发展一直是我们社会追求的永恒价值。《正义论》的作者罗尔斯认为：“公正是社会制度的首要价值。”① 政府要为西部地区群众提供优质的公共服务，其主要职能之一是履行公共服务职能，最终要提供均等化的服务和产品。面对公共服务城乡发展的不均衡，需要我们树立公正和正义理念，加大对于西部地区及其乡村地区的扶持力度，通过政策倾斜和对口支援实现对于西部地区群众的帮助。要逐步废除不平等的诸如城乡二元结构的户籍制度，最终为城乡居民提供无差别的公共服务。

其次，创新公共服务方式，努力构建市场化和社会化的公共服务。一

---

① ［美］约翰·罗尔斯：《正义论》，何怀宏、何包钢、廖申白译，中国社会科学出版社，1988，第22页。

是进一步推动公共服务市场化。长期以来政府主导的公共服务模式，已经使政府部门不堪重负；同时，政府对于公共服务的垄断，导致腐败与寻租现象的发生。为了进一步提高政府提供公共服务的效率，更好地保证公共服务的质量，需要推动公共服务市场化，以协调政府与人民群众间的关系，缓解信任危机，重塑政府权威。推进公共服务市场化，同时也是经济全球化的内在要求。具体需要从以下三点进行：①扩大公共服务提供者的选择范围。在市场经济条件下，一切都在走向多元化，如消费需求、消费主体、分配方式等的多样化。政府单一提供主体与多元化的趋势形成巨大冲突，政府难以满足多元化的需求，这就需要非政府组织、社会组织等参与到公共服务提供中来，一些可替代、同质性的公共服务如市政基础设施建设等完全可以交由社会组织来做，实现“政府对于公共服务的购买”。公共服务提供主体的多元化，使非政府组织等成为政府与西部地区群众沟通与交流的桥梁和纽带。政府与其他提供者之间要形成“伙伴关系”或“协调治理”关系，实现政府由管理者、主导者向合作者、发包人的角色转变。②创建“顾客导向”的公共服务文化。政府公共服务要站在西部地区群众的立场，以人民群众为工作重心，以其根本利益为出发点和落脚点，目的是要在西部地区实现公共服务的均等化。还要建立一种“顾客导向”的管理，这有助于公共部门责任感的提升，并且使公共部门及时了解公众需求。③公共服务引入市场竞争机制。西部地区公共服务长期停滞不前、产品及服务质量差的一个重要原因就是缺乏竞争。长期以来，政府垄断公共服务，难以形成有效的竞争。竞争有利于降低成本，提升优势，同时也会改进各项服务和态度。竞争中的自然淘汰法则可使各主体提高对于群众反映问题、意见的关注度，同时，也有利于公共服务供给方式及制度的创新。二是进一步推动公共服务社会化。公共服务主体多元化以及西部地区群众需求的多样化，使公共服务社会化出现了新的契机。随着政府权力的下移以及城市中社区功能的进一步扩大，政府、社会组织、社区实现了三者的相互配合与协调。推动公共服务社会化需要加强政府、社会组织、社会间的联系：①加强政府指导下的宏观调控。政府要通过建立规章制度，来明确各主体间的义务和责任，合理区分权责利三方面事项。同时，政府也要加强行政手段的指导和帮助，为其提供公平、有序的良好竞争环境。政府部门要对各社会组织的服务供给进行监督，切实保障民族地区群众享有优质、高效的公共服务。政府要通过购买服务、服务外包等形式，将公共服务事项委托给其他社会组织。②发挥社区的群众性基层优势。社区是社会的基层组织，可以广泛地收集民意，为公共服务提供科学调研和论证。同时，针对公共服务后期的反馈，社区也可以收集西部地区群众的意见上报政府部门，从而促进公共服务的优化和公共服务各项资源的协调与整合。③发挥社会组织的专业化水平。社会组织的范围囊括了社会发展的各个领域，公共服务需要社会组织承担起其擅长的职能，做到产品、服务的优化及创新，同时提高公共服务的针对性和专业化水平。社会组织可以吸纳和调动广大西部地区群众参与社区治理，参加到公共服务的专项活动中来。

再次，建立和完善以提供公共服务为重点的公共财政体制。一是要优化财政支出结构。社会主义市场经济的发展，要求政府不断进行财政结构的优化。随着公共服务多样化的发展，以及政府提供公共服务责任的加重，财政支出结构的优化已经成为西部地区政府必须考虑的重要问题。优化财政支出结构，应做好以下工作：要从降低政府经济建设费用的比重入手，从减少行政管理支出入手。降低经济建设比重，在于缩小政府基建规模，正确处理好企业与政府之间的关系。但在具体降低经济建设投入比重过程中，必须考虑西部地区的实际情况，不能搞“一刀切”，要循序渐进。必要时还要发挥政府对于经济的带动作用，从而巩固西部地区的经济基础，提高财政收入。要在确保行政机构正常运转的前提下，严格控制人员编制和经费预算，坚决抑制财政供养人员及其经费增长过快的势头。还要增加对公共服务领域的财政投入，加大对科教文卫等公共领域的投入力度。二是要加快由投资型财政向公共服务型财政的转变。我国现行财政体制在功能上的错位导致出现不均衡现象。国家对于国有企业的投资力度较大，同时着力于投入竞争性行业和营利性企业，而在解决就业、社会保障等公共社会事业方面的投入过少。随着我国各项改革事业的发展，财政实力也在逐年增加，这就需要国家由投资型的财政体制，转向公共型的财政投资模式，建立公共服务专项资金，以提高公共服务的财政支出比例，优化财政收支结构。通过逐渐调整财政支出结构，加快建立公共服务型财政体制。三是要以基本公共服务均等化为导向完善转移支付制度。逐步完善相应的转移支付制度，转移支付制度对于缩小西部地区与东部沿海地区的经济发展差距发挥着重要的作用。要把税收返还的规模逐步缩小，相应地要在西部地区一般性转移支付上做文章，通过提高转移支付比例来解决西部地区财力不足等主要问题。同时，转移支付要围绕西部地区社会保障、基础教育、基本医疗等公共服务各方面内容进行，也要注意对转移支付专项资金的监管。要建立责任监督机制，设置专门的监督机构监督资金使用的全过程，对于公共服务资金截留等现象要严肃查处，真正保证转移支付专项资金做到“专款专用”。此外，还要不断加强和完善横向转移支付。由于中央财力资金有限，所以需要广大东部沿海发达省份主动承担帮扶的责任和义务，利用“对口支援”的机制和体制，积极主动地帮助被支援省份完成基础设施建设、公共服务提供等。

最后，强化政府责任，建立科学的公共服务绩效评估体系。西部地区建立以“公共服务”为导向的政府绩效评估体系，有利于改善政府公共服务质量，提高西部地区群众满意度。科学化的绩效评估将成为政府优化资源配置、协调公共服务各项投入指标的依据。同时，科学化的绩效评估体系，有助于转变政府职能重点，实现由经济职能向社会职能的转变。要通过对官员考核晋升指标的综合调整，加入公共服务的考核内容，从而发挥绩效评估的“指挥棒”作用。

第三节　地方政府推进发展能力建设与西部地区地方治理联动的对策与建议

地方政府推动经济与社会发展的能力，主要表现为经济规划发展能力、市场制度创新能力、资源汲取利用能力。因此，实现地方政府推动经济与社会发展能力与地方治理的联动，就要加强地方政府的经济规划发展能力、市场制度创新能力、资源汲取利用能力的建设。

一、加强经济规划发展能力建设促进西部地区经济发展

经济规划发展能力，体现了地方政府对所辖行政区域经济社会发展及现代化建设进行引导、推动、组织与协调的水平和程度，集中地体现在对地区经济与社会发展规划的制定、产业政策的制定以及城市化进程的推进上。地方政府经济规划发展能力偏低，是导致西部地区发展缓慢并与东部沿海地区发展差距拉大的重要原因。对各自比较优势的准确识别和正确判断，是西部地区八省区地方政府提升经济规划发展能力，充分发挥各自地区比较优势，制定科学、可行的区域经济发展规划的基础和前提。

首先，制定西部地区经济发展战略规划必须正确认识共同性与特殊性的辩证关系。马克思主义认为，“民族问题只有和发展着的历史条件联系起来看才能得到解决”“以具体历史条件为出发点，把辩证地提出问题当作唯一正确的提问题的方法，这就是解决民族问题的关键”。[①] 这就是说，我们在制定西部地区经济发展战略规划时，必须以辩证唯物主义和历史唯物主义的基本思想为指导，正确分析和认识具体的历史条件，并把它作为提出问题和解决问题的出发点。

毛泽东同志在讨论我国第一部社会主义宪法草案时曾经说过：“少数

① 《斯大林全集》（第2卷），人民出版社，1953，第309、315页。

民族问题，它有共同性，也有特殊性。共同的就适用共同的条文，特殊的就适用特殊的条文。”① 这就是说，少数民族地区既有共同性的一面，也有特殊性的一面。所以党和国家制定的那些统一的基本方针和政策也都适用于各个民族地区。另外，也由于它们存在着的特殊性，所以党和国家又对民族地区制定了许多特殊的方针和政策，例如民族区域自治政策、照顾散居少数民族的各项政策和对特别落后的民族地区更加放宽各项经济政策等。这里讲的共同性是指全国的统一性，特殊性是指少数民族地区的差异性。也就是说，在全国这个统一的整体中包含着的各个不同地区（其中包括各个少数民族地区在内），既存在着它们的共同性，也存在着它们各自的特殊性。由于各个民族地区都是国家统一整体中的一个部分，所以我们不能离开统一整体中的共同性来认识各个部分的差异性。也就是说，在我们分析和认识各个少数民族地区的“区情”特点时，是不能离开我们整个国家的基本“国情”的。

其次，西部地区地方政府应认识和利用差异，充分发挥各自比较优势。对各自比较优势的准确识别和正确判断，是西部地区地方政府提升经济规划发展能力，充分发挥各自地区比较优势，制定科学、可行的区域经济发展规划的基础和前提。西部地区地方政府如何利用本地区条件优势，尽快将其转化为生产优势，进而形成企业和产品的市场竞争优势，并在发展中使地区经济获得长久的竞争优势，最终在国内市场中形成竞争优势，关键在于准确认识和正确利用差异，发挥各自地区的比较优势。

第一，明确各自区域定位，制定优先发展特色经济的规划。区域定位是西部地区地方政府发展各自特色经济的关键。准确的定位，不仅能明确地区（省区）的优势和特色，同时还能选准发展的突破口和重点方向，把特色经济转化为一个地区（省区）的优势产业，并制定一个地区统一的发展规划，从而实现其跨越式发展。在区域定位的过程中，西部地区地方政府要认真分析各自地区的比较优势，审时度势，及时把握区外经济环境变

---

① 中共中央文献研究室、国家民族事务委员会编《毛泽东民族工作文选》，中央文献出版社，2014，第197页。

化及其趋势，适时调整自己的产业定位，强化省（区）之间经济的关联性和互补性，实现产业结构均衡化；在此基础上，制定和安排好各自特色资源开发和特色产业发展的总体顺序。西部地区发展条件虽然在总体上不如东部沿海地区，但各省区仍然有许多有利条件，例如，拥有许多有特色的资源条件。如果把这些特色充分发挥出来，那么其特色产品在市场的激烈竞争过程中就有一席之地。只有发展各具特色的区域经济，建立能够发挥自身优势的产业结构，构建具有鲜明地方特色的区域经济体系，才能形成优势互补的区域分工格局，提高区域经济竞争力。发展特色经济，必须依据西部地区整体优势和八省区各自特定优势，加强协作，集中力量，各有侧重，共谋发展，把有培育前途的、能够成为带动区域经济发展的优势产业做大、做强。内蒙古、西藏和新疆三省区矿产资源（包括能源资源）丰富，应当大力发展冶金、化工、能源等产业；广西、云南两省区水资源充裕，发展以水力发电为主的能源产业是上述两省区的可选之项；新疆、内蒙古、广西又分别因其农业、牧业和海洋资源的相对富足，发展特色农业、特色畜牧业以及渔业和海洋石油化工业，则前景广阔。

第二，培育各自特色产业，促进地区特色经济快速发展。西部地区地方政府培育各自特色产业，就要：①以市场为导向，通过市场需求来引导特色产业的开发，坚持适销对路的原则，适应国内外统一开放的市场，满足消费的需求，争取培育出有品牌的特色产品。②加快科技进步与创新，提升地区特色产业的竞争优势。发展特色产业，不但要守住现有的特色，更要突出创新能力。在主动融入经济全球化的过程中，抓住历史机遇，积极引进国际先进技术和管理经验，抢占竞争的制高点，并将传统特有的工艺技术与现代高新技术有机结合，提高特色产业的生产技术水平。同时，要加大新产品开发资金的投入，利用先进的生产技术和设备，开发具有国际国内领先水平的，具有高科技、高附加值的新产品，争创名优品牌，提升特色产品市场竞争力。③把发展特色产业的精、深加工作为地区产业结构升级的战略重点，大力扶持、引导，积极吸引国内外先进企业围绕地区具有比较优势的产品链和产业链进行延伸和拓展，发展精、深加工。④从区情出发，重点选择电子信息、机电一体化、新材料、生物工艺等地区有优势的高科技领域，建设一批有市场前景和巨大带动效应的高新技术产业群，使之成为发展地区特色经济的重要技术支撑。

第三，集聚各自比较优势，构建有市场竞争力的特色产业集群。产业集群为欠发达地区经济发展提供了一个很好的发展思路。我们认为，西部地区地方政府应该以培育和发展各自产业集群的思路来构思地区工业化、城市化的发展道路。例如，拥有丰富煤炭、天然气、稀土等资源的内蒙古，可以构建以煤炭、电力、石油和天然气化工、有色金属、稀土、建材等工业为基础的布局合理、综合开发能力较强、后续发展能力较大的区域经济和宏观国民经济的资源、材料支撑体系。再如，新疆是我国面积最大（160多万平方千米）、毗邻国家最多（8个）、边境线最长（5700千米）、陆地开放口岸最多（14个）的省区，全区现有耕地4800万亩，还有1亿多亩宜农可垦荒地，棉花年产1600多万担，牲畜存栏3600万头，是全国重要的产棉和牧业基地；其能源储藏量也很可观，石油、天然气预测储量为300亿~500亿吨，是我国石油储量最多的省区；预测的煤炭储量约212万亿吨，占全国的40%，居全国之首。依托这些资源、能源优势，新疆也可以形成相关的产业集群。

最后，西部地区应进一步加大人力资本和科技投资，提升区域学习与创新能力。区域自我发展能力形成需通过对人力资本的形成和积累来获得。人力资本为区域技术创新提供有力的智力支持和技术保证，是经济发展重要的原动力和价值创造主体。一个区域的人力资本规模、人力资本结构、人力资本素质、人力资本投入及人力资本供求关系，直接影响该区域发展。研究发现，一个地区劳动者平均受教育水平越高，则地区学习能力普遍较高，而相应地区经济增长速度与劳动者学习能力呈正相关。教育具有社会效益和私人收益两个方面，它对区域经济增长具有正外部性，也就是说，教育对区域经济增长的社会效益要高于私人效益。因此，应着重在以下三个方面发力：①进一步加快西部地区基础教育和职业教育的发展；②加强对人力资源的开发和培训；③大力普及科学知识，推广先进适用技术，提高西部地区自主创新能力。西部地区科技创新能力弱，科技对经济发展的贡献率低，既制约了自我发展能力的提高，更制约了本地区经济发展方式的转变。要进一步提高认识，不断增强科技创新的紧迫感和责任意识；要进一步加大对科技的投入，不断提高科技创新的竞争力；要进一步提升企业创新能力，不断优化产业结构和促进经济增长方式的转变；要进一步加快农牧业领域的科技进步，不断促进农牧业增效和农民增收。

二、强化市场制度创新能力优化西部地区经济发展的制度环境

市场制度创新能力，体现为地方政府在所辖行政区域内调整现有制度安排，以适应先进生产力发展要求的市场制度来替换不适宜的旧制度的过程中体现出来的能力。西部地区八省区地方政府市场制度创新能力偏低，是造成西部地区经济发展缓慢并逐步拉大与东部沿海地区发展差距的重要管理体制因素。为此，必须转变政府职能，变无限政府为有限政府，理顺政府与市场的关系，使政府置身于直接市场竞争之外，加速政府与市场的功能性分离；理顺政府与社会的关系，通过各种手段培育社会自治主体，整合社会资源，确立政府与社会的共同治理结构；理顺政府与企业的关系，改变以往政府对企业管得过死的状况，尽快退出竞争性投资领域，将政府职能转变到对整个社会经济的组织和宏观调控上来。

首先，加强市场制度创新能力建设，关键在于处理好政府与市场、社会、企业之间的关系。长期以来，政府与市场的关系问题始终是经济体制改革的核心问题。40 多年改革和发展的实践充分证明，市场配置资源是最有效率的形式。市场决定资源配置是市场经济的一般规律。在市场经济条件下，企业是市场的主体，也是配置资源要素的主体，市场体系是市场配置资源的基础，价格机制是市场配置资源的核心。一直以来，西部地区地方政府对于政府与市场的功能普遍存在认识上的偏差，没有正确处理政府与市场的关系，致使市场配置资源的基础性作用难以有效发挥，政府事务繁多，负担沉重。当前，对于西部地区地方政府来讲，合理界定政府与市场的关系，充分发挥市场配置资源的决定性作用，其着重点在于：一是政

府对市场主体的培育；二是政府对市场的有效监管。

政社分开，就是指政府要把原来“不该管”“管不了”也“管不好”的，却又包揽在手中的社会事务，通过公共管理和公共服务的社会化交还给非政府组织或社会中介组织，由非政府组织或社会中介组织按照自主、自立、自理的原则来治理。按照市场经济发展的需要和政府转变职能的要求，西部地区地方政府要走出全能政府的误区，实现与社会的职能均衡，做到“有所为，有所不为”，把政府的部分公共事务管理权力向社会下放，即除了将微观经营管理职能及其权力下放给企业外，还要将政府的公共事务供给职能回归社会，具体表现为：一是政府对企业的管理、协调和服务职能及其权力转移下放给行业协会、商会等业界组织。二是积极发展独立公正、运作规范的专业化市场中介机构，培育和规范具有法律效力的公证机构、仲裁机构、资产评估机构、计量认证机构和质量检验机构，培育和规范为市场提供交易服务的会计师事务所、审计师事务所、律师事务所、信息咨询机构、商标代理机构、税务代理机构、期货经纪公司及各种交易经纪机构，培育和规范各种行业协会、商会和消费者协会等行业性组织，把政府的部分管理职能和权力由行政组织向公证、仲裁、法律咨询、财会审计、资产评估等社会中介组织转移下放，并经由后者最终走向营利性中介组织。发展社会中介组织，要注意保持机构的民办性，避免成为“影子政府”，使各种官办的中介组织与政府彻底脱钩。社会中介组织要依法通过资格审定，依据市场规则，建立自律性运行机制，承担相应的法律和经济责任，并接受地方政府有关部门的管理和监督。三是在执行政府服务职能的事业单位中引入市场机制，或使服务职能由政府部门向民间组织、市场营利性组织转移。

建立市场经济条件下的新型政企关系，关键是给企业以平等的主体地位，即政府与企业是建立在法律基础上的对等关系，而不是领导与被领导的关系。企业是经济活动的主体，政府是社会活动的主体，两者平等共存。地方政府依法利用经济手段对宏观经济进行调控，对企业微观活动进行监管。以法律上的平等关系为基础，政府和企业之间应当是收税者与纳税者、服务者与被服务者、监督者与被监督者的关系。所有这些，都是西部地区地方政府在界定自身与企业关系时应当予以高度重视并着力加以解决的问题。

其次，加强市场制度创新能力建设，应构建制度创新的动力机制与社会环境。西部地区地方政府的市场制度创新能力普遍偏低，主要表现为：一是政府分配资源的比重较高，而市场分配资源的比重偏低，市场配置资源的基础作用依然没有充分发挥出来，政府仍然是经济资源配置的主体，致使该地区市场化程度极低。二是所有制结构创新，即推动非国有经济成长、发展的能力相对不足，致使所有制结构单一，非国有经济发展严重滞后，产值总量极其有限。地方政府市场体系创新能力普遍严重滞后，成为西部地区经济发展缓慢并逐渐拉大与东部沿海地区发展差距的重要制度因素。因此，加强地方政府市场制度创新能力建设，应当注意以下两个方面：

第一，建立制度创新的动力机制。①选择好西部地区制度变迁的方式。对于整个西部地区而言，制度变迁方式要坚持强制性制度变迁和诱致性制度变迁相结合。这是因为，不管是诱致性制度变迁，还是强制性制度变迁都不能解决所有的制度供给问题。强制性制度变迁虽然安排效率高，但其结果可能是低效的；诱致性制度变迁虽然安排的制度比较符合实际需要，但速度太慢，而且核心制度不能及时供给，安排效率较低。只有把两者结合起来，交替使用，才能使制度结构效益最好，安排效率最高，较好地满足实际需要。同时，还应当看到，由于西部地区各方面因素的作用，诱致性的制度需求难以内生。因此，在制度创新方法的使用上，应当以地方政府主导的强制性制度供给为主，培养和引导潜在的制度需求。②构建制度创新的多元主体结构，即以西部地区各省区地方政府为主导、多元主体共同存在和作用的制度创新结构。在政府主导的制度创新过程中，创新主体是单一的，其他创新主体只是被动地接受政府创新活动的结果，不能形成与政府之间产生互动的层次创新结构，因而不利于发挥制度创新对经济与社会发展的促进作用。因此，为适应经济与社会发展的需要，在坚持以地方政府为主导的同时，必须建立多元主体创新结构。③引入外部力量，突破“体制锁定”。西部地区制度创新的主体要以政府为主，城市工商业、社会中介组织和外资配合，特别是要注意和东部沿海地区携手，共同突破原有路径依赖和“体制锁定”。东部沿海地区的合作和参与，是突破西部地区原有体制锁定的重要力量。这对东部沿海地区而言，不仅是一种责任和义务，而且也是一次再发展的绝好机会。④大力发展非公有制经济。当前，西部地区非公有制经济的发展仍然存在一些体制性、政策性的制约因素，政府管理和服务仍不能完全适应非公有制经济发展的需要。地方政府要通过清理和修订限制非公有制经济发展的法律、法规和政策，消除影响非公有制经济发展的体制性障碍，充分运用经济手段、法律手段和必要的行政手段，制定公平、规范的财政、金融和投资政策，为非公有制企业发展创造公正、平等以及宽松的生存环境，促进非公有制经济在平等竞争的市场中持续健康发展。⑤培育区域产品和要素市场。产品和要素市场发育程度高，市场机制发挥的作用就大，因而对地区经济增长与发展的推动作用就大。培育产品市场和要素市场，是西部地区地方政府克服制约因素、实现地区经济稳定持续发展的根本措施。通过完善市场机制，实现要素利用和商品消费的互补，也是缩小西部地区与东部沿海地区发展差距的必然要求。因此，培育良好的市场制度而非仅仅依靠中央政府的投入支持，应当成为西部地区地方政府推进区域发展的核心内容。现阶段，寄希望于国内外资本大量进入西部地区并不现实，寄希望于中央政府对西部地区实行类似改革开放初期沿海倾斜战略也不现实。现实要求西部地区地方政府必须通过自身努力，在企业层面，鼓励非国有资本大量进入主导产业群，加快西部地区产业结构转换的速度，强化市场制度对产业结构的支撑作用，使其获取产业竞争优势；在政府治理层面，增强地方政府制度创新能力，把制度创新的重点放在培育区域产品市场和要素市场上，建立一个能够作为市场制度核心的、完善的法律法规体系，而不是仅仅争取把某些大型项目优先放在西部地区。

第二，营造制度创新的社会环境。①转变思想观念，营造良好的人文社会环境。要摒弃计划经济条件下的“等、靠、要”的传统依赖思想，充分激活地区经济增长活力；要摒弃以往缺乏市场评价的资源优势观念，认真研究将资源优势转化为市场竞争优势、经济优势的难度，避免这种转化出现盲目性、主观随意性和决策失误；要依靠市场的力量，通过政策引导吸引国内外资金、技术，特别是人才“西进”，变依靠国家“输血”发展经济为自主开发和主动创业。②建立统一市场，打破地区垄断，建立良好的市场环境。激烈的市场竞争，是形成和保持竞争优势最有效的刺激因素。在优胜劣汰的竞争规则下，激烈的市场竞争会造就一些有活力、竞争力强的企业，并能促使企业保持其所具有的竞争优势。地区垄断只会使区域内的企业养尊处优，不思进取，越保护越落后。西部地区地方政府必须打破地区垄断，消除地方保护主义，建立统一市场，为企业在市场竞争中做大做强、促进地区经济与社会发展建立良好的市场环境。③健全法治环境和政策氛围。市场经济是法治经济，健全的法制是制度创新最为关键的社会环境，是市场经济高效运行的前提。西部地区地方政府要大力加强法治建设，以形成“依法治省（区）”的社会环境。

三、提升资源汲取利用能力满足西部地区发展所需资金

资源汲取利用，是地方政府推动地区经济发展的根本所在，主要通过利用地方政府的财政收入、利用国内投资资金和吸引外商直接投资来实现。

西藏由于地处偏远地区，基础设施薄弱，科技相对落后，吸引和利用外商直接投资相对困难。因此，西藏地方政府应当把汲取利用资源（资金）的重点放在利用国内投资资金上，包括国家预算内资金、国内贷款、自筹资金以及其他资金，并积极争取中央政府财政支持。特别是作为省级民族自治地方的西藏自治区，地方政府还可以充分运用民族区域自治政策，为本地区的发展筹措建设资金。与此同时，应积极创造条件，发展地区经济，增加财政收入。

广西、云南两省区，毗邻经济发展迅速的东南亚地区，并与之有较为广泛的经济联系与人员往来，边境陆路、水路和海路交通发达。中国与东

南亚联盟的10个国家有着密切的经济贸易合作关系，并建立了“10+1”合作机制。因此，两省区地方政府应当把加强与东南亚地区的经济贸易合作、吸引外商直接投资，作为改善和提升自身资源汲取利用能力的中心任务，下大力气、千方百计吸引利用外商直接投资，发展外向型经济。

相对而言，内蒙古和新疆两省区，资源汲取利用能力较强，与广西、云南两省区处于同一水平，但其地缘优势、对外开放的条件又不及广西、云南两省区。因此，上述两省区地方政府应当通过改善投资环境、健全市场机制、增强科技实力和加强基础设施建设等途径来提升自身的资源汲取利用能力，内引外联，推动地区经济发展。

第四节　地方政府保障安全能力建设与西部地区地方治理联动的对策与建议

地方政府保障安全的能力，主要表现为领土安全保卫能力、公共危机处置能力、生态环境保护能力。因此，实现地方政府保障安全能力与地方治理的联动，就要加强领土安全保卫能力、公共危机处置能力、生态环境保护能力的建设。

一、强化领土安全保卫能力建设确保西部地区国土安全

相比内地，地处祖国边境地带的西部地区，其必须应对的国家安全内涵更为丰富，国家安全威胁更加复杂，国家安全风险更加严重，国家安全任务更加多样。

首先，加强中国共产党在西部地区领土安全保卫的领导和核心地位。中国共产党是维护我国国家领土安全的坚定执行者。在现代政治视域下，独立国家的存在是确保政治安全的基础。而现代民族国家的构成要素中，除了主权，领土也是核心因素。因此，维护国家领土安全也是政治安全的核心内容。在党的十九大报告中习近平总书记强调：“我们坚决维护

国家主权和领土完整，绝不容忍国家分裂的历史悲剧重演。……我们绝不允许任何人、任何组织、任何政党，在任何时候、以任何形式、把任何一块中国领土从中国分裂出去！”① 由此可见，自中华人民共和国成立以来，中国共产党作为执政党，在维护我国领土主权安全方面，既体现了意志的坚定性、原则的不妥协性，又展示了方式和方法的灵活性，无愧为维护我国领土安全的坚定执行者。

其次，以维护为宗旨，以政治安全为根本，以经济安全为基础，以军事、文化、社会安全为保障，以促进国际安全为依托，构筑起“既重视传统安全，又重视非传统安全，构建集政治安全、国土安全、军事安全、经济安全、文化安全、社会安全、科技安全、信息安全、生态安全、资源安全、核安全等于一体的国家安全体系”。这就要求西部地区地方政府必须牢固确立安全发展的概念。对内要坚决打击危害国家安全和稳定的一切犯罪活动，打造各族群众安居乐业的平安西部地区。在外部方向，必须坚持睦邻友好原则，与邻国共同努力，创造一个与周边国家和谐相处的安全边界。必须以问题为导向，消除影响边境安全的不利因素。

再次，构建“扶贫兜底”“整合协调”“发展共享”的利益西部地区战略，以应对陆地边境政治安全威胁。在我国西部地区，边境政治安全问题在很大程度上是利益分配问题。如何让西部地区群众，特别是当地少数民族，享受国家经济社会发展的利益，有明显的收获感，确保利益分配的可及性、公平性和共享性，是我国陆地边界治理中迫切需要解决的重大政治问题。要构建适合西部地区经济社会发展状况的利益分配机制，建构“兜底、公平、共享”的利益共同体，因此，西部地区的经济和社会发展必须真正保证其涵盖数量和质量。其一，有利于西部地区的战略必须保证其利益。利益分配要求政府在经济和社会发展中使国家的发展成果更有利于西部地区的弱势群体。要大力实施西部地区有针对性的乡村振兴项目。在加强对人才、资源、政策和法律保护的基础上，全面推进乡村振兴落地

① 习近平：《决胜全面建成小康社会 夺取新时代中国特色社会主义伟大胜利——在中国共产党第十九次全国代表大会上的报告》，人民出版社，2017，第57页。

见效。其二，要建立协调一致的利益分配格局。①要协调解决统一多民族群体利益日益分化的问题，加强对利益相关者合法权益的保护；②要监督和消除族群中“特权”群体的利益寻租，保护普通群众与弱势群体的各项权益；③必须协调和整合不同民族的利益，努力建立民族共同繁荣与平等的关系；④依靠“一带一路”倡议，建立共享的西部地区利益循环。“一带一路”倡议为中国西部地区经济发展提供了前所未有的机遇。广大西部地区的经济社会发展将达到一个新的水平，其政治安全的基础将继续巩固。各级地方政府要充分利用“一带一路”带来的战略机遇，坚持建设、共享、共赢的理念。在中央政府的指导和协调下，进一步加强与周边国家在经济、社会、文化和教育领域的合作，建立一个共享的西部地区政治安全体系。

最后，应当坚持以和平的、外交的方式妥善解决边界问题。在现代国际环境中，战争并不是解决问题的好办法。同时，即使发生过战争的国家也仍然可以通过和平的、外交的手段最终划定边界。

二、加强公共危机处置能力建设实现西部地区社会平安

西部地区公共危机的特点与发展趋势表现为：一是西部地区一般突发公共安全事件，总体上与我国其他地区发生、发展的规律相似，但也呈现出一些与其他地区不同的特点和发展趋势。二是特殊公共危机事件的诱因和发展轨迹呈复杂化趋势。基于此，地方政府非常有必要加强公共危机处置能力建设实现西部地区社会平安。

首先，增强西部地区社会整体危机意识，加强应对危机的教育。对于危机意识，不仅西部地区的政府部门与管理部门要树立，作为该地区的人民群众为了自身的利益也应当树立强烈的危机意识。只要社会整体都有对危机的防范意识，公共危机事件的发生就缺少了市场，而危机管理部门也能在危机的源头上控制好危机的发展苗头。要加强整个社会的危机防范意识，西部地区地方政府就要对全社会进行相应的教育。不仅要强化政府部门工作人员的危机管理意识和能力，还要做好对老百姓的宣传与教育工

作，科学有效地引导老百姓对危机的认识，大力传播应对危机的相关知识与技能，提高民族地区人们的自救与他救能力，从而提升整个西部地区应对公共危机的能力。

其次，健全西部地区公共危机管理的相关法律体系。制定并完善国家危机管理的法律法规和规章制度，加强西部地区地方政府应急管理法治建设，是政府危机管理系统中最重要的支撑。经过长期的发展，我国危机管理已经有了一定的基础，但是不够全面，不具有地区针对性，没有形成完整的应对体系。最关键的是我国宪法没有关于危机状态的规定，地方政府紧急管理权也没有明确的规定。所以，应完善和协调与此相关的法律，规定各种制度与权责，补充现有法律漏洞，加大立法宣传力度，做好普法工作。政府部门在应对危机中要依法办事，做到有法必依、执法必严、违法必究。

再次，建立完善的危机预警机制以及合作协调机制。西部地区公共危机事件的发生与其自身应急处理方案不全面、应急能力较弱、预警机制不健全有重大关系。西部地区地方政府有必要提前对所有可能导致危机的各个因素进行分析归纳和总结，确立危机发生的指标体系，为危机发生和处置做好各方面的应对准备。尤其要针对可能发生的情况组织模拟演练，锻炼危机管理人员的随机应变能力。划分好等级程度，针对不同等级程度的危机实施不同程度的管理。对于合作机制的建立，不仅仅局限于应对危机时各个部门之间的合作与协调，同时也包括政府与社会的合作，提高社会的参与程度。另外，结合西部地区地理位置的情况，建立国际公共危机管理合作协调机制也十分必要。

最后，积极探索化解影响社会安全各类矛盾的长效机制。维护西部地区社会稳定，必须探索建立消除社会危机根源的长效机制。要将发展经济、完善市场机制、培育公民观念、合理引导宗教活动、创新社会治理方式等措施组合在一起，形成综合治理力量，以实现西部地区的长治久安。

第一，创新西部地区公共安全治理理念。在西部地区公共安全治理过程中，需要从我国现代国家经济、社会、文化整合和区域、族群交流互融的宏观视角审视相关体制与机制，不断创新公共安全治理理念。要统筹协调发展与稳定的关系。历史经验表明，一些发展相对滞后，贫困群众相对集中的地区，恰恰也是各类不稳定因素聚集的区域。因此，加快改善民生，缩小区域发展差距和改善利益分配格局，让发展成果惠及更多民众，对促进社会稳定具有非常重要的意义。然而经济发展并不必然会带来社会稳定，只有将改善民生与加强和创新社会管理结合起来，才能真正实现西部地区社会稳定和长治久安。还要强化法治观念，在应对公共危机过程中，要坚持法治手段优先，真正做到法律面前人人平等。

第二，积极推动教育事业发展，加大力度解决就业问题。要进一步突出教育优先发展的地位，提高西部地区各级学校入学率，大力发展职业教育，尤其要加快偏远农村牧区的教育发展，以教育现代化促进区域和人的现代化。同时，要积极依托日益发达的市场机制，并辅之以必要的政策扶持，建立多元就业渠道。要探索有序扩大、引导西部地区各族群众到其他地区就业的有效途径，建立其他地区政府、企业面向西部地区的就业合作体系，从而提升当地就业率，进一步促进西部地区的社会稳定。

第三，加强国家认同、公民意识和法治观念教育。强烈的国家认同、明晰的公民权利和责任意识以及法治观念，是维护西部地区社会稳定与民族团结的基石。因此，应以教育体系和公共文化服务体系为基本依托，积极探索多层次、多角度、行之有效的国家观念、公民观念、法治观念教育方式，厘清国家与民族、宗教与社会的关系，明确族属情感、宗教信仰在社会公共生活中的领域与范围，不断增强各族群众对祖国的认同、对中华民族的认同、对中华文化的认同。

三、夯实生态环境保护能力建设西部地区美好生活家园

党的十八大以来，以习近平同志为核心的党中央系统总结人类历史发展规律、自然科学发展和社会主义经济社会发展规律，形成了习近平生态文明思想，并将生态文明建设纳入“五位一体”总体布局。习近平总书记指出，中国政府非常明确地将生态环境保护放在更加突出的位置，坚决不

能用生态环境的牺牲换取我国经济社会的暂时发展。党的十九大报告也明确提出人与自然的辩证关系，指出，为了少走弯路就应遵循自然规律，在开发自然过程中避免“人类对自然的伤害最终会伤害到人类”的我们不愿看到的局面的出现。西部地区大多地处大江大河的源头，生态资源充沛，是国家重要的资源富集区、水系源头区、生态屏障区。特殊的自然地貌和复杂的气候环境，导致其自然生态环境非常脆弱，破坏后恢复起来难度很大。因此，提升西部地区生态环境保护能力，以绿色发展理念贯穿西部地区经济社会发展，具有十分重要的意义。

首先，坚持和完善西部地区生态文明制度体系。党的十八大以来，我们党关于生态文明建设的思想和实践不断丰富与发展。在“五位一体”总体布局中生态文明建设是其中的“一位”，在新时代坚持和发展中国特色社会主义基本方略中坚持人与自然和谐共生是其中一条基本方略，在新发展理念中绿色发展是其中一大理念，在三大攻坚战中污染防治是其中一大攻坚战。这些重要部署和要求充分体现了习近平生态文明思想的精髓，体现了我们党对生态文明建设规律的把握，体现了生态文明在新时代党和国家事业发展中的地位。党的十九届四中全会颁布的《中共中央关于坚持和完善中国特色社会主义制度、推进国家治理体系和治理能力现代化若干重大问题的决定》，全面贯彻了党的十八大以来党中央关于生态文明建设的决策部署，进一步明确了坚持和完善生态文明制度体系的总体要求。基于此，西部地区在坚持和完善生态文明制度体系过程中，应贯彻落实和坚持以下五个方面：一是要践行“绿水青山就是金山银山”的理念。习近平总书记指出：“我们既要绿水青山，也要金山银山。宁要绿水青山，不要金山银山，而且绿水青山就是金山银山。”① 这是重要的发展理念，体现了人与自然和谐共生的价值取向。随着西部地区进入高质量发展阶段，生态环境的支撑作用越来越明显。要正确处理生产生活和生态环境的关系，坚持节约资源和保护环境的基本国策，坚持节约优先、保护优先、自然恢复为

---

① 中共中央宣传部编《习近平总书记系列重要讲话读本》，学习出版社、人民出版社，2016，第230页。

主的方针，形成节约资源和保护环境的空间格局、产业结构、生产方式、生活方式。二是要坚持绿色发展。这是建设美丽边疆的重要基础，也是推进西部地区现代化建设的重大原则。西部地区的发展绝不能以牺牲环境为代价，要坚持生态优先、绿色发展，建立健全绿色低碳循环发展的经济体系，从技术、经济、法治、教育等方面综合施策，倡导简约适度、绿色低碳的生活方式，从源头上推动实现绿色转型，降低资源消耗、减少污染排放、防止生态破坏。三是要加快污染防治。围绕着力解决突出环境问题，坚持全民共治，源头防治，深化体制机制改革，构建以排污许可制为核心的固定污染源监管制度体系，完善污染防治区域联动机制和陆海统筹的生态环境治理体系。明确环境治理中各主体的责任义务，政府履行主导职责，企业承担主体责任，社会组织和公众发挥参与和监督作用。四是要筑牢生态安全屏障。这是建设美丽西部的长远大计。要统筹山水林田湖草沙一体化保护和修复，加强对西部地区重要生态系统的保护和永续利用，构建以国家公园为主体的自然保护地体系，加强长江、黄河等大江大河生态保护和系统治理，开展大规模国土绿化行动，加快水土流失和荒漠化、石漠化综合治理，保护生物多样性。五是要构建生态环境保护制度体系。科学把握生态文明建设的系统性、完整性及其内在规律，按照源头预防、过程控制、损害赔偿、责任追究的思路，构建产权清晰、多元参与、激励约束并重、系统完整的生态文明制度体系，健全国土空间开发、资源节约利用、环境污染治理、生态修复的体制机制，推动形成人与自然和谐共生、协调发展的新格局。

其次，提升生态文明治理能力，持续释放制度优势。制度的生命力在于执行。只有生态环境治理能力和水平得到有效提升，各项生态文明制度和生态环境治理政策的执行才能得到有力保障，才能将制度优势转化为治理效能。提升生态文明治理能力，应当强化顶层设计、强化思想引领、升级治理技术。一是需要全面强化和优化顶层设计。进一步提升西部地区生态环境治理能力，要全面加强党对生态环境保护工作的领导，特别是强化总体设计和组织领导；要为制定系统、完善、统一的生态文明制度体系提供组织保障，确保生态文明制度体系与其他领域制度体系的系统衔接；要加快形成生态文明建设的综合决策机制，构建与生态文明建设进程相配套的目标任务体系和科学评价体系；还要增强学习能力，以开放务实的态度学习借鉴发达国家在生态环境治理方面的先进经验。二是需要增强生态文明理念引领力。建设生态文明，是一场涉及生产方式、生活方式、思维方式和价值观念的革命性变革。因此，要提升生态环境治理能力，就必须革新价值理念，转变思维方式，并推动全社会在生产生活方式上的转变。西部地区地方党委和政府应当领导和推动本地区生态治理理念的转变，从过去以利益为主要导向的治理理念转向追求生态正义价值的理念。同时，各个治理主体应转变思维方式，实现从碎片化到整体性、从生态管理到生态治理、从无序参与到多元协同的转变。此外，要坚持以人民为中心与人类命运共同体原则，不断推动生态文明话语体系的现代性转向，增强生态环境治理话语的竞争力和引领力；要培育西部地区全社会的生态意识与生态自觉，帮助公民树立绿色消费观念和低碳生活理念。三是需要更新治理技术、升级治理手段。科学技术革命是推动国家治理体系和治理能力现代化的重要工具。从技术变革的角度出发，要推动生态环境治理能力的现代化。西部地区地方政府必须综合运用各种手段、各类平台广泛开展各类形式的生态环境宣传教育，不断扩大受众面与提升影响力。同时，利用先进的信息与通信技术，构建全覆盖、一体化的生态环境监测网络，实现生态环境与自然资源的实时监控。此外，积极运用大数据战略，推进生态环境大数据应用创新，提升西部地区地方政府生态环境决策科学化与精细化的水平。以人工智能推动生态文明建设和环境治理，提高对生态环境的规划能力、监管能力、预警能力与应急能力。

再次，完善西部地区生态法制建设，建立生态环境保护机制。当前，我国西部地区生态环境保护中存在的一些突出问题，除了与人们对人与自然的关系认识不足有关以外，还与体制不完善、机制不健全、法制不完备有关。法制不仅是我国政治文明的重要内容，也是生态文明建设的关键所在。生态环境保护机制的建立与完善是生态文明建设的制度保障。因此，西部地区生态文明建设亟须建立并完善相关的法律制度。

最后，注重发挥西部地区传统生态伦理思想，激发民间生态环保力量。在生态文明建设的过程中，西部地区地方政府要把政府领导与民间自治相结合，注重发挥地方传统生态伦理的积极作用。西部地区地方政府在发展经济的过程中，在人与生态、人与人之间良性关系的基础上，应挖掘当地传统生态思想，激发民族传统生态文化，动员当地生态文明建设的民间力量，使其与政府层面的生态文明建设相辅相成，共同推进西部地区的生态文明建设。

参考文献

一、马列经典著作及重要文献

1. 马克思，恩格斯．马克思恩格斯选集：第 3 卷［M］．中共中央马克思恩格斯列宁斯大林著作编译局，编译．北京：人民出版社，1972.

2. 马克思，恩格斯．马克思恩格斯文集：第 4 卷［M］．中共中央马克思恩格斯列宁斯大林著作编译局，编译．北京：人民出版社，2009.

3. 马克思，恩格斯．马克思恩格斯选集：第 1 卷［M］．中共中央马克思恩格斯列宁斯大林著作编译局，编译．北京：人民出版社，1995.

4. 马克思，恩格斯．马克思恩格斯全集：第 30 卷［M］．中共中央马克思恩格斯列宁斯大林著作编译局，编译．北京：人民出版社，1975.

5. 毛泽东．毛泽东选集：第 1 卷［M］．北京：人民出版社，1991.

6. 毛泽东．毛泽东文集：第 7 卷［M］．北京：人民出版社，1999.

7. 邓小平．邓小平文选：第 2 卷［M］．北京：人民出版社，1994.

8. 斯大林．斯大林全集：第 2 卷［M］．中共中央马克思恩格斯列宁斯大林著作编译局，译．北京：人民出版社，1953.

9. 习近平．习近平谈治国理政［M］．北京：外文出版社，2014.

10. 习近平．决胜全面建成小康社会夺取新时代中国特色社会主义伟大胜利［M］．北京：人民出版社，2017.

11. 国家民族事务委员会．中国共产党关于民族问题的基本观点和政策［M］．北京：民族出版社，2000.

12. 中共中央文献研究室．建国以来重要文献选编：第 1 册［M］．北京：中央文献出版社，1992.

13. 中共中央文献研究室，国家民族事务委员会．毛泽东民族工作文选［M］．北京：中央文献出版社，2014.

14. 中共中央宣传部．习近平总书记系列重要讲话读本［M］．北京：人民出版社，2016.

15. 薄贵利．集权分权与国家兴衰［M］．北京：经济科学出版社，2001.

16. 陈振明，等．公共管理学原理［M］．北京：中国人民大学出版社，2017.

17. 陈庆德．中国少数民族经济开发概论［M］．北京：民族出版社，1994.

18. 董锁成，李周．中国西部大开发战略研究［M］．西安：陕西人民出版社，1999.

19. 风笑天．社会学研究方法［M］．北京：中国人民大学出版社，2001.

20. 方盛举．当代中国陆地边疆治理［M］．北京：中央编译出版社，2017.

21. 樊纲，王小鲁．中国市场化指数——各地区市场化相对进程报告（2000 年）［M］．北京：经济科学出版社，2001.

22. 国务院新闻办．《新疆的反恐、去极端化斗争与人权保障》白皮书［M］．北京：人民出版社，2019.

23. 胡宁生，张成福，等．中国政府形象战略［M］．北京：中共中央党校出版社，1998.

24. 胡鞍钢．地区与发展：部开发新战略［M］．北京：中国计划出版社，2001.

25. 胡鞍钢，等．中国地区差距报告［M］．沈阳：辽宁人民出版社，1995.

26. 韩渊丰，张加恭，张争胜．中国区域地理［M］．广州：广东高等教育出版社，2008.

27. 江世银．区域经济发展宏观调控论［M］．成都：四川人民出版社，2003.

28. 李秀林．辩证唯物主义和历史唯物主义原理［M］．北京：中国人民大学出版社，1984.

29. 李京文，钟学义．中国生产率分析前沿［M］．北京：社会科学文献出版社，2007.

30. 李春林，郭宝亮，等．中国民族自治地方行政管理［M］．呼和浩特：内蒙古人民出版社，2004.

31. 李晓东．全球化与文化整合［M］．长沙：湖南人民出版社，2003.

32. 刘登阁．全球文化风暴［M］．北京：中国社会科学出版社，2000.

33. 林毅夫，蔡昉，李周．中国的奇迹发展战略与经济改革（增订版）［M］．上海：格致出版社，上海三联书店，上海人民出版社，2014.

34. 林尚立．国内政府间关系［M］．杭州：浙江人民出版社，1998.

35. 刘本旺．参政议政用语集（修订本）［M］．北京：群言出版社，2015.

36. 刘莘．诚信政府研究［M］．北京：北京大学出版社，2007.

37. 马建中．政治稳定论：中国现代化进程中的政治稳定问题研究［M］. 北京：中国社会科学出版社，2003.

38. 马大正．中国边疆学构筑札记［M］．北京：中央广播电视大学出版社，2016.

39. 孟庆红．区域经济学概论［M］．北京：经济科学出版社，2003.

40. 施雪华．政府权能理论［M］．杭州：浙江人民出版社，1998.

41. 孙立平．重建社会——转型社会的秩序再造［M］．北京：社会科学文献出版社，2009.

42. 滕泰．新供给主义经济学［M］．北京：东方出版社，2017.

43. 滕星，胡鞍钢．西部开发与教育发展博士论坛40余位博士、教授、研究员对西部的思考与研究［M］．北京：民族出版社，2001.

44. 唐鸣．社会主义初级阶段的民族矛盾研究［M］．北京：中国社会科学出版社，2002.

45. 田德文．欧盟社会政策与欧洲一体化［M］．北京：社会科学文献出版社，2005.

46. 韦苇．中国西部经济发展报告2005［M］．北京：社会科学文献出版社，2005.

47. 汪永成．经济全球化与中国政府能力现代化［M］．北京：人民出版社，2006.

48. 王绍光，胡鞍钢．中国国家能力报告［M］．沈阳：辽宁人民出版社，1993.

49. 王学锋．城镇密集地区规划编制与管理［M］．南京：东南大学出版社，2007.

50. 王晓德．美国文化与外交［M］．北京：世界知识出版社，2000.

51. 王宁，薛晓源．全球化与后殖民批评［M］．北京：中央编译出版社，1998.

52. 吴楚克．中国边疆政治学［M］．北京：中央民族大学出版社，2005.

53. 辛向阳．新政府论市场经济、政府职能、机构改革［M］．北京：中国工人出版社，1994.

54. 夏书章．行政管理学［M］．广州：中山大学出版社，2008.

55. 俞可平．治理与善治［M］．北京：社会科学文献出版社，2000.

56. 俞可平．幸福与尊严：一种关于未来的设计［M］．北京：中央编译出版社，2012.

57. 袁少芬，李红．民族文化与经济互动［M］．北京：民族出版社，2004.

58. 杨龙．中国区域经济发展的政治分析［M］．哈尔滨：黑龙江人民出版社，2004.

59. 周平，等．中国边疆治理研究［M］．北京：经济科学出版社，2011.

60. 周平．中国边疆政治学［M］．北京：中央编译出版社，2015.

61. 周平．民族政治学导论［M］．北京：中国社会科学出版社，2001.

62. 周星．民族政治学［M］．北京：中国社会科学出版社，1993.

63. 周伟林．障碍与动力：文化经济学研究［M］．上海：上海文化出版社，1989.

64. 张国庆．行政管理学概论［M］．北京：北京大学出版社，2000.

65. 弘学．藏传佛教［M］．成都：四川人民出版社，1996.

66. 张世贤．公共政策析论［M］．台湾：五南图书出版公司，1975.

67. 张文礼．当代中国地方政府［M］．广东：广东高等教育出版社，1994.

68. 张友渔，石啸冲，王沪宁．中国大百科全书·政治学［M］．北京：中国大百科全书出版社，1994.

69. 张慕葏，程建国．中国地带差距与中西部开发［M］．北京：清华大学出版社，2000.

70. 张友伦，陆镜生，等．美国的独立和初步繁荣（1775—1860）［M］．北京：人民出版社，1993.

71. 中国科学院可持续发展研究组．2001 中国可持续发展战略报告［M］．北京：科学出版社，2001.

72. 中国大百科全书总编辑委员会《地理学》编辑委员会，中国大百科全书出版社编辑部．中国大百科全书地理学［M］．北京：中国大百科全书出版社，1990.

二、中文译著

73. 泰利斯，等．国家实力评估［M］．门洪华，黄福武，译．北京：新华出版社，2002.

74. 汤因比，池田大作．展望二十一世纪：汤因比与池田大作对话录［M］．荀春生，朱继征，陈国梁，译．北京：国际文化出版公司，1985.

75. 林德布洛姆．政治与市场：世界的政治—经济制度［M］．王逸舟，译．北京：三联书店，1992.

76. 奥斯本，盖布勒．改革政府：企业家精神如何改革着公共部门［M］．周敦仁，等译．上海：上海译文出版社，2006.

77. 傅高义．邓小平时代［M］．冯克利，译．北京：生活·新知·读书三联书店，2013.

78. 佩鲁．新发展观［M］．张宁，等译．北京：华夏出版社，1997.

79. 勒庞．乌合之众［M］．戴光年，译．北京：新世界出版社，2011.

80. 汉密尔顿，杰伊，麦迪逊．联邦党人文集［M］．程逢如，等译．北京：商务印书馆，1980.

81. 摩根索．国际纵横策论［M］．卢明华，译．上海：上海译文出版社，1995.

82. 阿尔蒙德，等．比较政治学：体系、过程和政策［M］．曹沛霖，等译．上海：上海译文出版社，1987.

83. 杰姆逊．处于跨国资本主义时代中的第三世界文学［M］//张京媛．新历史主义与文学批评．北京：北京大学出版社，1993.

84. 柏伊姆．当代政治理论［M］．李黎，译．北京：商务印书馆，1990.

85. 柯武刚，史漫飞．制度经济学——社会秩序与公共政策［M］．韩朝华，译．北京：商务印书馆，2000.

86. 卢梭．社会契约论［M］．何兆武，译．北京：商务印书馆，1997.

87. 比林顿．向西部扩张：上卷［M］．周小松，等译．北京：商务印书馆，1991.

88. 联合国教科文组织．世界文化报告（2000）——文化的多样性、冲突与多元共存［M］．关世杰，等译．北京：北京大学出版社，2002.

89. 韦伯．新教伦理与资本主义精神［M］．黄晓京，等译．成都：四川人民出版社，1996.

90. 亨廷顿．变化社会中的政治秩序［M］．王冠华，等译．北京：三联书店，1989.

91. 世界银行．1997 年世界发展报告：变革世界中的政府［M］．蔡秋生，等译．北京：中国财政经济出版社，1997.

92. 特纳．美国边疆论：英汉对照［M］．董敏，胡晓凯，译．北京：中国对外翻译出版公司，2011.

93. 奥斯特罗姆，等．美国地方政府［M］井敏，陈幽泓，等译．北京：北京大学出版社，2004.

94. 甘地，等．供应学派的税收政策与发展中国家的相关性［M］．许建国，等译．北京：中国财政经济出版社，1993.

95. 亚里士多德．政治学［M］．高书文，译．南昌：江西教育出版社，2014.

96. 罗尔斯．正义论［M］．何怀宏，等译．北京：中国社会科学出版社，1988.

97. 彼得逊．社会行为地理：综合人文地理学［M］．赫维人，译．成都：四川科学技术出版社，1989.

98. 费勒斯，凯特尔．行政过程的政治：公共行政学新论［M］．陈振明，朱芳芳，译．北京：中国人民大学出版社，2002.

三、英文文献

99. COMTE A. Cours de philosophie positive［M］. Paris: Lidrairie C. Reinuwaid, 1995.

100. ROTHKOPF D. In praise of culture imperialism［J］. Foreign policy, 1997 (107): 39.

101. WEBER M. Economy and society 1vol［M］. Berkeley: University of California Press, 1978.

102. MARKUSEN A, HALL P, CAMPBELL S, et al. The rise of the gunbelt［J］. Edward ludwig glaeser, 1991, 74 (3): 610-643.

103. RHODES R. The new governance［J］. Political studies, 1996, 44 (4): 652-676.

104. WORLD BANK. Governance and development［R］. Washington D. C.: World Bank, 1992.

四、期刊论文

105. 阿尔坎特拉，黄语生．“治理”概念的运用与滥用［J］．国际社会科学杂志（中文版），1999（1）：105-113.

106. 白利友．大数据时代的数字边疆及其治理思考［J］．云南师范大学学报（哲学社会科学版），2018，50（5）：9-16.

107. 陈国权．论政府能力的有限性与政府机构改革［J］．求索，1999（4）：41-44.

108. 陈振明．政府能力建设与“好政府”的达成——评梅利里·S. 格林德尔主编的《获得好政府》一书［J］．管理世界，2003（8）：147-151.

109. 陈瑞莲．欧盟国家的区域协调发展：经验与启示［J］．政治学研究，2006（3）：118-128.

110. 陈宇．依法治边与中国边疆治理的现代化进程［J］．学术探索，2017（11）：20-25.

111. 崔顺姬，余潇枫．安全治理：非传统安全能力建设的新范式［J］．世界经济与政治，2010（1）：84-96+156.

112. 车哲九．加快中西部发展实现各民族共同繁荣［J］．民族研究，1997（1）：39-47.

113. 曹阳．区域经济发展的差异性与制度发展的非均衡［J］．经济学家，2001（4）：67-71.

114. 曹兴．跨界民族问题及其对地缘政治的影响［J］．民族研究，1999（6）：6-13+107.

115. 邓正来．哈耶克关于自由的研究［J］．哲学研究，2008（10）：68-75+129.

116. 邓仕礼．对我国实施区域差别政策的评价与建议［J］．经济论坛，2003（12）：12-14.

117. 杜钢建．政府能力建设与规制能力评估［J］．政治学研究，2000（2）：54-62.

118. 窦立夫．论社会转型期的地方政府能力［J］．学海，2002（2）：85-88.

119. 方盛举．边疆治理在国家治理中的地位和作用［J］．探索，2015（6）：110-115.

120. 高科．地缘政治视角下的美俄中亚博弈——兼论对中国西北边疆安全的影响［J］．东北亚论坛，2008（6）：15-20.

121. 高嵩．美国人力政策体系的形成与高等教育的发展［J］．长白学刊，2007（1）：153-156.

122. 高芳英．西部开发与美国精神［J］．史林，2001（3）：93-97.

123. 郝寿义，倪鹏飞．中国城市竞争力研究——以若干城市为案例[J]．经济科学，1998（3）：50-56.

124. 胡仙芝．从善政向善治的转变——“治理理论与中国行政改革”研讨会综述［J］．中国行政管理，2001（9）：22-24.

125. 胡键．基于大数据的国家实力：内涵及其评估［J］．中国社会科学，2018（6）：183-192.

126. 黄保勤．西部民族地区经济社会现状与发展研究［J］．民族研究，1999（5）：55-65+111.

127. 何顺果．美国西部开发的历史与经验［J］．国家行政学院学报，2000（6）：82-86.

128. 姜德琪．美国西部经典开发时期的产业多元互动与启示［J］．内蒙古社会科学（汉文版），2002（3）：88-92.

129. 金泽．如何理解宗教治理在我国治理体系现代化建设中的地位与作用［J］．世界宗教研究，2019（4）：1-7.

130. 金炳镐，严庆．论民族关系发展与和谐社会构建的切合［J］．青海民族研究，2007（1）：27-31.

131. 金炳镐．现阶段我国民族问题的特点分析［J］．西南民族大学学报（人文社会科学版），2007（5）：9-13.

132.《加快中西部工业化进程研究》课题组．中西部地区工业化战略与政策研究［J］．经济研究参考，2000（2）：10-29.

133. 李晓灿．可持续发展理论概述与其主要流派［J］．环境与发展，2018，30（6）：221-222.

134. 李永升，张连业．警惕新一轮重复建设［J］．四川监察，2001（11）：43.

135. 李雪彦．政府认同的二维理论探究［J］．安徽工业大学学报（社会科学版），2010，27（3）：42-44.

136. 李伟，牛利霞．全球化背景下政府权力的分化［J］．云南行政学院学报，2001（4）：48-50.

137. 李宗植．欧盟区域政策的启示［J］．西北师大学报（社会科学版），2002（4）：94-98.

138. 吕朝辉．习近平边疆治理思想论要［J］．云南行政学院学报，2018，20（4）：49-54.

139. 刘鼎盛．中国信息化发展地区差距［J］．情报杂志，2004（7）：50-52.

140. 刘渝琳，刘丙运．我国引进外商直接投资影响因素的实证分析［J］. 国际贸易问题，2006（4）：73-83.

141. 柳建文．少数民族公民有效政治参与的影响因素及其实现途径——对西部民族地区的一项实证分析［J］．宁夏社会科学，2005（1）：9-17.

142. 罗静，冯建勇．新时代中国边疆治理的新思路新实践［J］．北京工业大学学报（社会科学版），2018，18（3）：79-88.

143. 欧阳锋，徐梦秋．默顿的科学规范论的形成［J］．自然辩证法通讯，2007（5）：42-49+111.

144. 马大正．中国边疆治理：从历史到现实［J］．思想战线，2017，43（4）：56-66.

145. 沈君积．广西资本主义工商业的社会主义改造［J］．广西民族学院学报（哲学社会科学版），1990（1）：87-93.

146. 施惟达．民族文化与扶贫［J］．思想战线，1997（4）：82-86.

147. 宋素培．美国民族政策发展脉络述评［J］．湖南省社会主义学院学报，2016，17（3）：93-96.

148. 师银燕，朱坚真．借鉴美国西部开发教训谈我国西部生态环境制度建设［J］．中央民族大学学报（哲学社会科学版），2007（4）：61-65.

149. 陶一桃．意识形态的刚性与制度创新的绩效［J］．深圳大学学报（人文社会科学版），2003（5）：17-21.

150. 唐任伍，唐天伟．2002 年中国省级地方政府效率测度［J］．中国行政管理，2004（6）：64-68.

151. 王少明，普布次仁．论习近平“治国必治边、治边先稳藏”战略思想的科学内涵与重大意义［J］．西藏大学学报（社会科学版），2017，32（4）：13-18.

152. 王晓平．制度创新：从沿海地区经验看我区经济发展的路径［J］．理论研究，2001（2）：15-18.

153. 王存教．论民族地区经济发展的制约因素与对策［J］．西北民族学院学报（哲学社会科学版·汉文），1998（1）：35-38.

154. 王戈柳．关于自治权和优惠政策探析［J］．民族研究，1997（5）：28-35.

155. 王朝才，王继洲．在建立规范的财政转移支付制度中扶持民族地方发展的措施研究［J］．经济研究参考，2004（12）：18-23+48.

156. 王绍光．顺应民心的变化：从财政资金流向看中国府政策调整［J］．战略与管理，2004（2）：51-60.

157. 汪永成．中国现代化进程中的政府能力——国内学术界关于政府能力研究的现状与展望［J］．政治学研究，2001（4）：79-88.

158. 汪永成．政府能力的结构分析［J］．政治学研究，2004（2）：103-113.

159. 汪永成，彭焱．政府能力的属性分析［J］．国家行政学院学报，2005（2）：23-25.

160. 吴楚克．建设当代中国边疆政治学应有的理论思考［J］．中央民族大学学报，2003（6）：15-20.

161. 吴家庆，徐容雅．提升地方政府能力的几点思考［J］．湖南文理学院学报（社会科学版），2004（6）：44-48.

162. 谢庆奎．论政府发展的涵义［J］．北京大学学报（哲学社会科学版），2003（1）：16-21.

163. 谢恒．制度转型：西部民营经济发展的原动力——基于东西部的比较分析［J］．邵阳学院学报，2006（3）：34-37.

164. 徐继增．西藏的社会主义改造与社会的跨越式发展［J］．西藏民族学院学报（哲学社会科学版），2002（1）：1-7.

165. 闫柏．民族自治地方政府能力循环初探［J］．云南行政学院学报，2007（6）：119-123.

166. 阎耀军．民族关系和谐的逻辑结构和系统分析模型——兼及测度民族关系和谐状况的指标体系设置［J］．中南民族大学学报（人文社会科学版），2008，28（6）：43-48.

167. 杨敏．区域差距与区域协调发展［J］．中国人民大学学报，2005（2）：26-32.

168. 杨克瑞．美国高等教育与经济的腾飞——1862 年《莫里尔法》再探［J］．内蒙古师范大学学报（教育科学版），2003（4）：1-4.

169. 余潇枫，徐黎丽．“边安学”刍议［J］．浙江大学学报（人文社会科学版），2009，39（5）：5-18.

170. 徐峰．推动区域创新发展：欧盟的经验与启示［J］．中国软科学，2016（12）：82-90.

171. 许晶华．外商直接投资与我国区域经济增长差异研究［J］．华南师范大学学报（社会科学版），2005（1）：39-46+158.

172. 左兵，饶彦久，郭小涛．宁夏农业社会主义改造的历史经验与思考［J］．宁夏党校学报，2008（1）：80-83.

173. 周平．县级政府能力的构成和评估［J］．云南行政学院学报，2002（5）：25-28.

174. 周平．大开发中的西部地方政府能力问题［J］．学术探索，2001（1）：34-37.

175. 周平．我国的边疆与边疆治理［J］．政治学研究，2008（2）：67-72.

176. 周平．全球化时代的疆域与边疆［J］．中国边疆史地研究，2014，24（3）：1-13+178.

177. 周庆智．文化差异：对现在民族关系的一种评估［J］．社会科学战线，1995（6）：250-257.

178. 张钢，徐贤春，刘蕾．长江三角洲 16 个城市政府能力的比较研究［J］．管理世界，2004（8）：18-27.

179. 张惠德，王莉，刘华．论反恐维稳背景下的出入境管控［J］．中国人民公安大学学报（社会科学版），2018，34（1）：145-156.

180. 张晓玲．可持续发展理论：概念演变、维度与展望［J］．中国科学院院刊，2018，33（1）：10-19.

181. 张宝成，青觉．民族地区政府能力的内涵与特征［J］．内蒙古师范大学学报（哲学社会科学版），2008（3）：80-83.

182. 张宝成，青觉．民族地区政府能力的现状分析及影响因素［J］．中央民族大学学报（哲学社会科学版），2009，36（2）：22-26.

183. 张宝成，青觉．民族地区政府能力建设的基本途径［J］．国家行政学院学报，2009（6）：99-103.

184. 张洁．边境地区“三非”人员跨境违法犯罪问题研究——以云南省德宏傣族景颇族自治州为例［J］．云南警官学院学报，2014（2）：82-85.

185. 张言彩．交通基础设施建设对社会经济的影响［J］．交通科技与经济，2006（6）：106-107.

186. 张俊宇．中国投资与经济增长关系的实证研究——基于基本建设投资、更新改造投资与经济增长关系的研究［J］．山东经济，2006（1）：21-23+26.

187. 郑启荣．中国周边外交的新进展与新挑战［J］．边界与海洋研究，2017，2（3）：5-10+2.

188. 郑杭生，李路路．社会结构与社会和谐［J］．中国人民大学学报，2005（2）：2-8.

189. 朱杨桂．试论新疆农业社会主义改造［J］．新疆大学学报（哲学社会科学版），1995（2）：18-22.

五、相关年鉴和法律

190. 中华人民共和国国家统计局、财政部、国家民族事务委员会、国务院发展研究中心编相关年份《中国统计年鉴》《中国财政年鉴》《中国科技统计年鉴》《中国民族年鉴》《中国经济年鉴》。

191. 有关省、自治区、直辖市相关年份地方各类统计年鉴。

192. 《中华人民共和国民族区域自治法》。

六、论文集、会议录、学位论文

193. 唐昭红．宪政国家与专利制度——解读美国 1952 年《专利法》[C]．中国知识产权发展战略论坛论文集，2005：223-225.

194. 柳建文．中国西部大开发的政治经济分析 [D]．天津：南开大学，2006.

195. 谢贵平．认同能力建设与边疆安全治理研究 [D]．杭州：浙江大学，2015.

196. 王志辉．我国西南边疆社会治理精细化研究 [D]．昆明：云南大学，2017.

七、相关报纸及网络资料

197. 云南高院通报打击毒品犯罪情况 [N]．人民法院报，2017-06-22.

198. 张民生，丁际超．围绕建设“法治边防”总目标不断提升边防执法公信力 [N]．边防警察报，2013-06-01（1）.

199. 党的十八大以来生态文明建设成就综述 [N]．广西日报，2017-08-13（003）.

200. 曹林．次生丑闻暴露舆论监督的局限 [N]．中国青年报，2013-07-20（01）.

201. 2018 年宁夏回族自治区政府工作报告 [N]．宁夏日报，2018-02-06（01）.

202. 牢记殷切嘱托推动多彩贵州精彩蝶变——党的十八大以来贵州经济社会发展实现历史性跨越 [N]．贵州日报，2021-06-30（T02）.

203. 孙发平，杜青华．新中国成立以来青海经济发展的成就、经验与启示 [N]．青海日报，2019-10-28（010）.

204. 王琼．宁夏：改革的脚步永不停顿 [N]．宁夏日报，2018-11-27（03）.

205. 赵媛．从“立柱架梁”到“内部精装”——我区改革开放 40 年教育事业发展综述 [N]．内蒙古日报，2018-12-22（02）.

206. 习近平. 决胜全面建成小康社会夺取新时代中国特色社会主义伟大胜利——在中国共产党第十九次全国代表大会上的报告［EB/OL］.（2017-10-27）［2022-09-16］. http：//www. gov. cn/zhuanti/2017-10/27/content_ 5234876. htm.

207. 布小林. 内蒙古草原存在退化沙化现象［EB/OL］.（2010-03-27）［2020-07-13］. http：//www. northnews. cn/p/130914. html.

208. 保护生态环境建设美丽西藏［EB/OL］.（2019-09-18）［2020-06-12］. http：//www. tibetcn/cn/ecology/201909/t20190918_ 6683289. html.

209. 陆宝生. 中国面临的恐怖威胁［EB/OL］.（2004-11-22）［2020-06-12］. http：//news. china. com/zh-cn/domestic/945/20041122/11973787-1. html.

210. 十大数据看新疆和平解放 70 年变迁［EB/OL］.（2019-09-25）［2020-06-12］. http：//www. xinhuanet. com/politics/2019-09/25/c_1125039737. htm.

211. 从"立柱架梁"到"内部精装"——内蒙古改革开放 40 年教育事业发展综述［EB/OL］.（2018-12-22）［2020-06-12］. http：//inews. nmgnews. com. cn/system/2018/12/22/012624281. sht.

212. 党的十八大以来广西生态文明建设综述［EB/OL］.（2017-09-30）［2020-06-12］. http：//gx. wenming. cn/zbgx/201709/t20170930_ 4442991. htm.

213. 砥砺奋进铸辉煌凝心聚力谱华章——新中国成立 70 年广西教育改革发展纪实［EB/OL］.（2019-09-27）［2020-06-12］. http：//lax. gov. cn/gkyw/sjzyxx/t3943118. html.

214. 砥砺奋进、谱写华章！新中国成立 70 年来，广西取得了这些翻天覆地的变化［EB/OL］.（2019-09-02）［2020-06-12］. https：//www. sohu. com/a/338195479_ 394179.

215. 25 个世居少数民族均有入额法官检察官我省司法质效进一步提高［EB/OL］.（2018-12-07）［2020-06-12］. https：//dy. 163. com/v2/article/detail/E2ETIP830530TF40. html.

216. 2018，新疆经济稳中有进活力增强［EB/OL］．（2019－02－01）［2020-06-12］．http：//www. xinjiang. gov. cn/2019/02/01/154256. html.

217. 2018年广西全力以赴稳增长调结构［EB/OL］．（2019－02－02）［2020-06-12］．ttps：//baijiahao. baidu. com/s？id=1624345069501541860.

218. 2018年西藏自治区生态环保工作综述［EB/OL］．（2019－01－22）［2020－06－12］．http：//xz. people. com. cn/n2/2019/0122/c138901－32561649. html.

219. 改革开放40年来西藏经济社会发展取得辉煌成就［EB/OL］．（2019－01－08）［2020－06－12］．http：//www. tjj. linzhi. gov. cn/tjj/c103486/201901/7456a3f71e4b4542848311f7001804b5. shtml.

220. 改革开放40年：内蒙古经济社会发展取得辉煌成就［EB/OL］．（2018-12-04）［2020-06-12］．https：//www. sohu. com/a/279496617_ 667741.

221. 改革开放40年：内蒙古各项事业取得了辉煌的成就［EB/OL］．（2018-12-03）［2020-06-12］．https：//www. sohu. com/a/279390006_ 469808.

222. 改革开放40年：内蒙古综合经济实力实现历史跨越［EB/OL］．（2018-12-04）［2020-06-12］．https：//baijiahao. baidu. com/s？id=1618970254152162126.

223. 改革开放四十年云南经济发展成就［EB/OL］．（2019－01－08）［2020-06-12］．http：//llw. yunnan. cn/system/2019/01/08/030173136. shtml.

224. 甘肃改革开放40年回顾与新时代改革的展望［EB/OL］．（2018-03－02）［2020－06－12］．http：//gansu. gscn. com. cn/system/2018/03/02/011915342. shtm.

225. 甘肃社会主义三大改造的完成［EB/OL］．（2011－06－09）［2020－06－12］．http：/www. npc. gov. cn/zgrdw/npc/zt/qt/qzjd90zn/2011－06/09/content_ 1658092. htm.

226. 甘肃省1000多万贫困人口成功脱贫［EB/OL］．（2018－12－20）［2020-06-12］．http：//gansu. gscn. com. cn/system/2018/12/20/012088172. shtml.

227. 广西财政支出80. 5%用于民生领域［EB/OL］．（2019－01－29）［2020-06-12］．https：//item. btime. com/06dd179np6sm7q84vrg2kfli7cb.

228. 胡锦涛在中国共产党第十八次全国代表大会上的报告：坚定不移沿

着中国特色社会主义道路前进为全面建成小康社会而奋斗［EB/OL］.（2012-11-09）［2020-06-12］. http://www.12371.cn/special/18cpcnc/baogao/.

229. 坚定不移走中国特色解决民族问题的正确道路［EB/OL］.（2019-12-05）［2020-06-12］. http://opinion.people.com.cn/n1/2019/1205/c1003-31490502.html.

230. 纪念中国共产党成立90周年：甘肃社会主义三大改造的完成［EB/OL］.（2011-06-07）［2020-06-12］. http://gsrb.gansudaily.com.cn/system/2011/06/07/012020669.shtml.

231. 进一步做好少数民族干部培训工作［EB/OL］.（2010-10-22）［2020-06-12］. http://epaper.gmw.cn/gmrb/html/2010-10/22/nw.D110000gmrb_20101022_6-03.htm.

232. 科技创新引领新疆加速跑［EB/OL］.（2018-12-11）［2020-06-12］. http://xj.people.com.cn/n2/2018/1211/c186332-32394798.html.

233. 庆祝改革开放四十年系列述评之三：党旗飒飒迎风展［EB/OL］.（2018-06-05）［2020-06-12］. http://xz.people.com.cn/n2/2018/0605/c138901-31668508.html.

234. 庆祝改革开放40周年主题新闻发布云南经济发展取得巨大成就［EB/OL］.（2018-12-13）［2020-06-12］. 2https://dali.focus.cn/zixun/d9501136d2e0dc29.html.

235. 全国高等学校重点学科名单［EB/OL］.（2007-01-01）［2020-06-12］. http://www.learnig.21.cn.com.

236. 缅甸已有6万多人次为躲避战事进入中国［EB/OL］.（2015-03-08）［2020-06-12］. http://news.sohu.com/20150308/n409468660.shtml

237. 70年，内蒙古经济社会发展“沧桑巨变”［EB/OL］.（2017-08-07）［2020-06-12］. http://www.myzaker.com/article/5987c4099490cbfd79000025/.

238. 40年改革开放，新疆发展交出靓丽答卷［EB/OL］.（2019-01-07）［2020-06-12］. http://opinion.china.com.cn/opinion_56_198556.html.

239. “三个代表”与新安全观［EB/OL］.（2003-08-12）［2020-06-

12］. http：//www. people. com. cn/GB/guandian/1033/2012129. html.

240. “数”说历史性跨越——统计数据展现改革开放40年中国经济社会发展成就［EB/OL］.（2018-08-28）［2020-06-12］. http：//www. tibet. cn/cn/index/politics/polotocs2/201808/t20180828_ 6211861. html.

241. “双一流”建设高校及建设学科名单［EB/OL］.［2020-06-12］. https：//daxue. eol. cn/syl. shtml.

242. 天堑变通途出行不再难［EB/OL］.（2020-03-11）［2020-06-12］. http：//www. xizang. gov. cn/rsxz/lydt/202003/t20200311_ 134042. html.

243. 文化强区建设稳步前进［EB/OL］.（2017-08-07）［2020-06-12］. http：//www. cssn. cn/whjs/201708/t20170807_ 3603468. shtml.

244. 公共文化服务：为人民美好生活赋能［EB/OL］.（2019-09-09）［2020-06-12］. http：//xj. cnr. cn/2014xjfw/2014xjfwws/20190909/t20190909_ 524768927. shtml.

245. 温家宝2005年5月28日在中央民族工作会议闭幕会上讲话：深刻认识我国民族关系的本质特征，努力促进少数民族和民族地区发展［EB/OL］.（2012-08-10）［2020-06-12］. http：//www. seac. gov. cn/seac/zcfg/201208/1071805. shtml.

246. 5. 22国际生物多样性日丨云南生物多样性保护多项探索和实践走在全国前列［EB/OL］.（2020-05-22）［2020-06-12］. https：//www. sohu. com/a/396946056_ 391599.

247. 我国10个省区市的贫困县脱贫摘帽［EB/OL］.（2020-03-05）［2020-06-12］. https：//News. cctv. com/20200305/ARTIJksafnlkbQvqqMoMxUZ108200.

248. 习近平主席在博鳌亚洲论坛2018年年会开幕式上的主旨演讲［EB/OL］.（2018-04-10）［2020-06-12］. http：//www. chinanews. com/gn/2018/04-10/8487230. shtml.

249. 习近平的民族观［EB/OL］.（2015-08-24）［2020-06-12］. http：//www. xinhuanet. com/politics/2015-08/24/c_ 128160466. htm.

250. 习近平：保持加强生态文明建设的战略定力［EB/OL］.（2019-

03－05）［2020－06－12］．http：//www. chinanews. com/gn/2019/03－05/8772354. shtml.

251. 习近平：伤害无辜就是触碰底线［EB/OL］．（2015－01－09）［2020-06-12］．http：//sd. people. com. cn/n/2015/0109/c356086-23498209-2. html.

252. 西藏三城镇获批国家历史文化名镇［EB/OL］．（2020－01－13）［2020-06-12］．http：//xz. people. com. cn/n2/2020/0113/c138901-33711701. html.

253. 新中国成立七十年云南取得的辉煌成就［EB/OL］．（2019-10-11）［2020-06-12］．http：//www. sky. yn. gov. cn/zgsd/04376099877089070996.

254. 新中国成立以来甘肃省公共文化设施网络建设取得重大成就［EB/OL］．（2019-07-26）［2020-06-12］．https：//www. sohu. com/a/329571902_100027529.

255. 新中国成立70年西藏各项事业取得历史性成就［EB/OL］．（2019－09－13）［2020－06－12］．http：//yn. people. com. cn/n2/2019/0913/c378440-33351779. htm.

256. 云南警方2018年缴获毒品28.29吨［EB/OL］．（2019－02－01）［2020－06－12］．http：//news. sina. com. cn/2019－02－01/doc－ihqfskcp236984. shtml.

257. 云南专项整治跨境违法犯罪一个多月缴毒1000余公斤［EB/OL］．（2020-04-16）［2020-06-12］．https：//news. sina. com. cn/o/2020-04-16/doc-iirczymi6729003. shtml.

258. 云南民族教育70年发展成绩显著［EB/OL］．（2019－08－05）［2020-06-12］．http：//www. mzb. com. cn/html/report/190830115-1. htm.

259. 云南警方端掉73个非法越境团伙"黑车"司机成内线［EB/OL］．（2015-07-16）［2020-06-12］．http：//xw. kunming. cn/a/2015-07/16/content_3965535. htm.

260. 一个意义重大的题词［EB/OL］．（2019－09－05）［2020－06－12］．http：//cpc. people. com. cn/n1/2019/0905/c69113-31338679. html.

261. 云南天保口岸遣返24名越南籍"三非"人员一年内遣返238人［EB/OL］．（2014-01-16）［2020-06-12］．http：//society. yunnan. cn/html/

2014-01/16/content_ 3040999. htm.

264. 中国2004年矿产开采业吸引外资状况［EB/OL］．［2020-06-12］. http：//www. fdi. gov. cn.

265. 国家乡村振兴局官方网站信息公开事项．全国832个贫困县名单［EB/OL］．［2014-12-23］．http：//www. cpad. gov. cn/art/2014/12/23/art_ 343_ 981. html.

后　记

本书是我及学术团队在多年研究地方治理与区域发展基础上进行的新探索和新成果，也是我主持的内蒙古自治区人文社会科学重点研究基地——内蒙古社会治理与创新研究基地重点项目“西部地区地方政府能力建设与地方治理联动研究”（2016ZJD025）的最终成果。本书的出版得到内蒙古大学公共管理学院的资助，在此表示衷心感谢。

政府能力，即政府“能干什么”“会干什么”。自政府产生以来，政府能力作为研判政府优劣的重要标准之一，已经逐渐成为人们理解和表征政府发展的一般概念。早在2000多年前，古希腊的亚里士多德在其名著《政治学》中就充分肯定了政府能力的价值，指出：“凡显然具有最高能力足以完成其作用的城邦，才可算是伟大的城邦。”世界银行《1997年世界发展报告：变革世界中的政府》极其深刻地指出，历史反复地表明：“良好的政府不是奢侈品——它是发展所必需的……如果没有有效的政府，经济的、社会的和可持续的发展是不可能的。”改革开放以来，我国经济社会发展及现代化建设取得了举世瞩目的成就，人民生活水平和生活质量大幅度提高，我国也在2010年成为世界第二大经济体。然而，在全国经济快速发展的情况下，各地区发展极不平衡，特别是西部地区与东部沿海地区相比，发展差距长期存在并有进一步扩大的趋势。这成为新时代国家治理面临的严峻问题。不仅如此，西部地区地处我国西北、西南边疆防线，由于其在自然条件、社会环境、地缘政治和国际环境等方面的特殊性、复杂性，还面临着稳定和安全方面的问题与挑战。因而，稳定、发展和安全共同构成当代中国西部地区地方治理的基本问题，成为新时代国家治理体系和治理能力现代化面临的重大现实问题。正是在这样的背景下，国内学术界掀起了研究地区发展差距和地方治理的热潮。现有文献表明，国内学术界对于西部地区与东部沿海地区发展差距的研究，主要从自然条件、历史原因、人文环境、政策环境、劳动力素质、经济结构及其运行机制转型、社会结构及其运行机制转型、地方政府间竞争等方面探讨地区发展差距及其扩大的原因，进而提出控制和缩小地区发展差距的政策建议；对于西部地区稳定和安全的研究，主要集中于民族政策、经济发展、经济结构、文化发展、民族融合、跨境民族问题、交通运输、军事制度与边疆稳定和安全的关系研究以及少数民族历史人物在边疆稳定和安全上的作用研究等。而边疆治理研究，则经历了从新中国成立伊始重点研究边疆历史、20 世纪 80 年代至 90 年代末研究中国古代边疆经济开发思想和边疆经济，直至世纪之交党中央、国务院提出西部大开发战略后我国边疆研究步入新的繁荣发展时期三个阶段。目前，国内西部地区研究、边疆研究主要集中于断代疆域史研究、疆域研究、边疆经济发展和开发研究、边疆少数民族及其人物研究、边疆治理对策性研究。特别是随着政治学研究的深入发展以及公共治理研究的兴起，国内学术界开始以政治学和公共管理学的视角与方法，以现实问题和现实需要为出发点来研究边疆治理，取得一些重大研究成果，为我们的研究打下了坚实的基础。

当前，我国已进入全面深化改革的攻坚期，推进国家治理体系与治理能力现代化作为全面深化改革的总目标具有突出战略地位，而西部地区作为维护国家稳定和安全的底线，对其的治理必然成为国家治理的重要组成部分。西部地区地方治理体系是否科学完备、治理能力是高是低、治理手段是否有效，直接影响着我国推进国家治理体系和治理能力现代化的总体进程。基于这样的认识，我们尝试将西部地区地方政府能力建设与地方治理联系起来加以探讨，力求探寻两者之间的内在关系及其作用机理，提出提升西部地区地方政府能力、实现地方善治的基本思路与可行对策，为 21 世纪中华民族伟大复兴提供一种可能的理论支撑与实践指引。

后 记

本书是集体合作的结晶。全书由任维德拟定写作大纲，并统改全部书稿；王永明、张乐参与了全部书稿的统改工作。具体写作分工如下：

导论：任维德（内蒙古大学公共管理学院）。

第一章：张乐（内蒙古大学公共管理学院博士研究生）。

第二章：崔景芳（内蒙古大学民族学与社会学学院博士研究生，呼和浩特职业学院教师）。

第三章：何娜（内蒙古大学民族学与社会学学院博士研究生，内蒙古财经大学讲师）。

第四章：王永明（内蒙古大学民族学与社会学学院博士研究生，内蒙古师范大学政府管理学院副教授）。

第五章：任博（同济大学马克思主义学院讲师，上海交通大学国际与公共事务学院博士后、南开大学政府管理学院博士、内蒙古大学公共管理学院硕士）。

第六章：曹璇（内蒙古大学公共管理学院博士研究生，呼和浩特职业学院教师）。

如前所述，由于地方政府能力建设与地方治理联动研究是一个全新的领域，本项研究工作的整个过程必然充满了艰辛。在学术团队全体成员的共同努力下，本项工作如期于 2020 年 6 月完成。我们的研究属于探索性的工作，因此，缺点、不足和错误在所难免，敬请学术界各位专家、学者以及读者批评指正。值得提及并使我们感到欣慰的是，本项研究工作的一些阶段性成果已在国内权威学术核心期刊发表，有的还被《新华文摘》《中国人民大学复印报刊资料》发表或全文转载，在国内学术界产生了一定影响。

最后，需要特别提及的是，本项研究工作得到了经济出版社的大力支持，这对于最终完成研究工作并形成鲜明的学术特色，无疑具有极大的帮助。在此，表示最诚挚的谢意。

任维德

2021 年 11 月 8 日于内蒙古大学